先秦诸子中的领导智慧

陈树文 著

清华大学出版社
北京

内 容 简 介

　　本书选取孔子、老子、庄子、管子、墨子、韩非子、鬼谷子和孙子八位圣贤先哲的思想观点进行归纳总结,使先秦诸子的领导智慧与今天西方流行的领导理论和模式巧妙地对接起来。

　　各级领导者和企业管理人员通过阅读本书,可以看到现代社会的运行离不开古老东方文化中的思想智慧,先秦诸子中的领导智慧是西方领导理论和模式的生命底色,在有了财富自信的同时,能够不数典忘祖,增强民族文化的自信。

图书在版编目(CIP)数据

　　先秦诸子中的领导智慧/陈树文著. —北京:清华大学出版社,2019(2023.5重印)
　　ISBN 978-7-302-51883-9

　　Ⅰ.①先… Ⅱ.①陈… Ⅲ.①先秦哲学-领导学-研究 Ⅳ.①B22 ②C933

　　中国版本图书馆 CIP 数据核字(2018)第 294429 号

责任编辑:杜春杰
封面设计:刘　超
版式设计:魏　远
责任校对:刘廷丽
责任印制:朱雨萌

出版发行:清华大学出版社
　　　　网　　　址:http://www.tup.com.cn,http://www.wqbook.com
　　　　地　　　址:北京清华大学学研大厦 A 座　　　邮　　编:100084
　　　　社 总 机:010-83470000　　　　　　　　　邮　　购:010-62786544
　　　　投稿与读者服务:010-62776969,c-service@tup.tsinghua.edu.cn
　　　　质量反馈:010-62772015,zhiliang@tup.tsinghua.edu.cn
印 装 者:涿州市般润文化传播有限公司
经　　销:全国新华书店
开　　本:180mm×250mm　　印　　张:22.25　　字　　数:374 千字
版　　次:2019 年 4 月第 1 版　　　　　　　印　　次:2023 年 5 月第 8 次印刷
定　　价:69.80 元

产品编号:081531-01

前言

早在十年前，我就写了《周易中的领导智慧》《三国中的领导智慧》等书，这些书出版后，我又萌生了再写一本《先秦诸子中的领导智慧》的想法。但是，由于当时我正在负责一项国家自然科学基金课题和多项省部级课题的研究，腾不出手来实现这一想法，只好带着遗憾将其暂时往后放一段时间。可是，时光荏苒，一放就是十年。2017 年 7 月初，我在整理书房的过程中看到了我十年前写的《先秦诸子中的领导智慧》的提纲和部分资料，一股追寻先秦诸子的领导智慧的动力油然而生，它不仅驱动着我立刻动笔，而且支撑着我的写作，促使我努力追寻心中的那个"主人翁"。历时十个多月，在 2018 年 5 月，我终于完成了本书，在"吾道一以贯之"的研究领导智慧的坚持上，又前行了一步。

为什么我要写《先秦诸子中的领导智慧》这本书？在世界历史上，公元前800 年至公元前 200 年，尤其是公元前 600 年至公元前 300 年，在地球北纬25°～35°，人类文明精神有了重大的突破。德国著名的哲学家和精神病学家卡尔·雅斯贝尔斯（Karl Jaspers）将这段时期称为人类文明的"轴心时代"。在轴心时代里，各个文明都出现了伟大的精神导师——中国有孔子、老子，古希腊有苏格拉底、柏拉图、亚里士多德，以色列有犹太教的先知们，古印度有释迦牟尼，他们提出的思想原则塑造了不同的文化传统，直到今天，东西方的文化和生活依然受这种文化的影响。诞生在"轴心时代"的先秦诸子思想，是我们民族优秀文化的重要组成部分，虽然这些思想产生于两千多年以前，但是其中的智慧不会因时空的变化而变质，不会因历史的风云变幻而褪色。相反，先秦诸子的思想是经过两千多年的历史验证沉淀下来的经典，其中藏在字里行间的做人之道、做官之道和治国之道的精华部分凝结了人类的共同智慧。先秦诸子思想中将修身、齐家、治国、平天下的道理讲得淋漓尽致，其中精彩的领导智慧对今天的领导活动也有着很好的指导作用。如今我写《先秦诸子中的领导智慧》一书，初心是为了帮助今天的领导者走进经典，与圣人促膝对话，聆听先哲的教诲，感悟经典，以经典启迪当下，达成一种古今的默契，完成一种致用的升华，达到王阳明所言的"知行合一"的境界。

先秦诸子众多，学派也有十几家，但是影响较大的主要是儒、道、法三家，掌握了这三家的领导智慧的核心，也就掌握了先秦诸子中领导智慧的精髓。限于篇幅，我仅选了孔子、老子、庄子、管子、墨子、韩非子、鬼谷子和孙子八位圣贤先哲。每位圣贤单列一章，分开来写，每一章十个部分，每一部分的开始直接引用原著原文，以保证思想观点的真实可信。但为了避免呆板和意思上的不连贯，本书没有机械、大段地引用原文，而是在通览原著的基础上再根据每一部分的主旨，从中拣选出思想观点进行新的排列组合和系统诠释。先秦诸子的经典著作对今人来说艰涩难懂，没有一定的古文基础很难理解其中的含义。因此，我对每一部分开头引用的原文，都做了意思解析，以帮助一般领导者理解和把握。我没有把引用的原文翻译成白话，而是用"意思是"的表达方式阐述，因为翻译讲究的是对古代汉语的恰切细致的解释和清楚表达古人遣词造句的含义，还要通过详细注释，以备读者在阅读过程中遇到不能准确理解的字词时可以参考。一方面，这对于我来说，是很艰难的；另一方面，本书不是着眼于对先秦诸子原典的文本细读，而是探索原典中的思想和智慧，只求"意思"上能与原典的思想和智慧相通，并不限于文字上的严格推敲。为了避免重复，后边的论述中再引用先秦诸子同样的原文，不再做"意思是"的赘述，如果读者在阅读中对原文理解有困难，可以回过头来查阅"意思"。

我对每一部分中圣贤的思想观点都进行了归纳总结，把一些零散的思想主张理论化、系统化，让一般领导者能相对容易地揣透主旨，进一步了解原文涉及的思想和智慧。在此基础上，我对先秦诸子的领导智慧也做了深度解读和延伸分析，解读的方式也因人因内容而异，灵活多样，有的先叙后议，有的夹叙夹议，写出来的东西都是我自己的感悟和认知。我就是通过这种感悟和认知，使先秦诸子中的一些智慧转化成了我生命中的"醍醐"，进而终身受益。

书中引用了大量的古今中外的领导案例，将生动形象的案例运用到议论性说理过程中，增强了著述的思想表达能力，增添了智慧的趣味。通过咀嚼案例的内涵，读者可以更深入细致地窥见先秦诸子领导智慧的触须，加深对相关理论更深层次的理解。同时，书中也阐明了先秦诸子的智慧不是高悬太空，而是立足人世，具有极大的应用价值。不过我要说明一点，选取这些案例时，主要为有助于思想观点的进一步解读，凡来自正史的都忠实于原意，有些从各处收集起来的实例，我也进行了一定的整理，以便更好地论证主题。至于这些实例的真伪，我没有能力去考究，在此也向实例的原创者表示敬意和谢意！

为了避免文字的枯燥乏味，为了能够更生动、更形象地表达先秦诸子的思想和智慧，本书也延续了我以往写书的风格：大量地运用了既有智慧结晶，又有永恒魅力的比喻，这些珠玉般的比喻如同绽开的花朵，把整本书渲染得明朗、绚丽多姿；如同山涧清泉，让读者听到书中流淌出的一股股圣水的清脆、爽朗，欢腾如歌，叮咚不已；如同春风拂面，使读者感受到书中缕缕哲思的清新、通透，沁人心脾，引人遐思。

把东方先秦诸子的领导智慧与今天西方流行的领导理论结合起来，做出实事求是的分析评判，这是本书的又一个特色。做学问贵在打通，无道则隔，有道则通。先秦诸子的思想智慧，从时间上讲，贯通了古今，即使到几千年后的现代，科学技术虽然达到了前所未有的发展程度，仍新颖如故，熠熠生辉；从空间上讲，贯通了东西，即使是 20 世纪中期西方逐渐形成的领导理论和模式，也没有超越东方千百年前古人的真知灼见和智慧范围。本书在先秦诸子领导智慧的理论阐述基础上，又贯通了西方相应的领导理论、模式，使其与中国先秦诸子的领导智慧一脉相承。可以说，有了这种贯通性，领导者把先秦诸子的"治道"研究得透彻了，差不多就等于把西方领导理论、模式的精要掌握在自己的手中了。西方领导学系统的理论体系，以及丰富的实践经验，对我国改革开放40 年的发展产生了积极和重大的影响。但是，照搬西方的理论、西方的模式、西化的套路，也出现了形似神不似、形神都不似的水土不服问题，而且一味崇洋媚外，忘记乃至排斥了自己的文化，也让一些人丢掉了文化自信。本书把东方先秦诸子的领导智慧与今天西方流行的领导理论、模式巧妙地对接起来的铺排，会使人们看到现代社会的运行离不开古老东方文化中的思想智慧，先秦诸子中的领导智慧是西方领导理论和模式的生命底色，让人们在有了财富自信的同时，能够增强民族文化的自信。

本书只从先秦诸子中选择了八位圣贤，关于每位圣贤又只写了十个专题，以选本的形式呈现每一种典籍所蕴含的思想智慧。当然，先秦诸子治国理政的智慧是博大精深的，对先秦诸子整体的思想智慧而言，我的选择只是管中窥豹，对本书所选择的个体圣哲的思想智慧来说，我的选择也只不过是冰山一角。所以，本书充其量也只能算作简本的《先秦诸子中的领导智慧》，有条件的领导者和读者，可以根据自己的需要和旨趣，去选择其中的一位或几位圣贤，对其著作进行全面的阅读和深入研究，扩大视野，增广智慧。

为了全书体系的完整和避免内容上的重复，专题的选择以某位圣贤的论述为主，这样有些圣贤在相关方面的论述或者被忍痛割爱，或者被引用到以某位圣贤为主的专题中去"绿叶"扶"红花"，特别是本来也应该独立成章的孟子、荀子，我也只是选择了二位先哲的部分内容，放到了其他哲人的有关论述中作为论述的补充和支撑。本书中不仅每一位圣贤的领导智慧自成体系，而且全书也自成体系，当然在个别专题中，如法治问题中，识人用人方面的题目有所重复，但是论述的角度和侧重点还是有区别的，形成同一方面的相互补充。

德国哲学家尼采说："《老子》是一口永不枯竭的井泉。"其实，先秦诸子的思想和智慧从宇宙到人生，从物质到精神，从社会到政治，无数个层面上的东西都包含其中，经受了岁月的磨蚀，具有了不朽的本质，都是"一口永不枯竭的井泉"。领导者都应该是自强不息的强者，更应该把先秦诸子的思想和智慧当作教科书、案头典，经常阅读，穿越历史的时空，与两千多年前那些睿智的灵魂进行对话，聆听从远古传来的教诲，以期寻回智慧的涵养。《先秦诸子中的领导智慧》也可以作为领导者和读者的枕边书，闲暇时信手翻阅，站在巨人的肩膀上瞭望，把从古典大智慧者身上汲取的精神因子融入自己的血液之中，凝聚成自身素质中最深沉的基质。

物理有代谢，新叶催陈叶；变换成古今，前波让后波。作为一名已过耳顺之年的大学教授，为了不负教书育人的人类亘古基业，我确实滋养出了探索万物之本的热情和精神，在本书的写作过程中也始终保有激进亢奋的姿态。虽然本书已经略窥先秦诸子领导智慧的门路，但是距离先秦诸子领导智慧的高山仍十分遥远。而且一部书要想达到精熟的程度，不仅要经过历史的沉淀，还必须经历广大读者的拷问。老子说："自见者不明，自是者不彰，自伐者无功，自矜者不长。"因此，欢迎广大读者给予批评与匡正。孔子也说："后生可畏，焉知来者之不如今也？"因此，我特别期待现在的和未来的更多一心向学的年轻读者，能够批评指正，去瑕存瑜，这对于中华民族的思想和智慧的薪火传承，具有不朽的价值和意义。我更翘首盼望有更多的年轻学者潜心于先秦诸子思想和智慧的探索和研究，并结出累累硕果。

长春华章商学院得知我在写《先秦诸子中的领导智慧》一书后，组织了十几次由各行各业的领导者、工商界的企业家参加的专题培训课程，通过备课和讲课以及课堂讨论互动，我对先秦诸子中的领导智慧又有了很多新认知。与我亦师亦友的西泠印社社员、中国楹联学会会员、中国报告文学学会会员、浙江省楹联研究会常务理事、著名书画家闫大海先生为封面创作了"老子问天"的画作，让本书增添了艺术气息，我在此向闫大海先生的深情付出和艺术造诣致敬！

作　者
2018 年 6 月于心田轩

目录

先秦诸子中的领导智慧

第一章

《论语》中的领导智慧

孔子（公元前 551 年—公元前 479 年），名丘，字仲尼，春秋末期鲁国陬邑（今山东曲阜市东南）人。孔子的祖先是宋国的贵族，属殷商后裔，他的五世祖因宋国内乱，避祸流亡到鲁国定居。孔子是我国古代著名的思想家、教育家、社会活动家、儒家学派创始人。

孔子从小勤奋好学，通礼、乐、射、御、书、数六艺，后收徒讲学，传授经书和六艺，相传有弟子 3 000 人，其中身通六艺的有 72 人，打破了西周以来学在官府的局面，是我国历史上第一位向平民传授知识的教育家。孔子出任过鲁国的中都宰，很快升任司空，最后官至司寇，政绩斐然。后遭到季氏排挤，被迫离开了鲁国，在长达 14 年的时间里奔走于列国之间，寻求做官的机会和向统治者进行游说，但他没有实现做官的愿望，其政治主张也没有被一国采纳。后在其弟子冉有的努力下回到鲁国，享受国老的待遇，并得以闻国政。晚年的孔子，一方面继续聚徒讲学，另一方面倾注大量的心血致力于《诗》《书》《礼》《乐》《易》等历史文献典籍的修订编撰，并根据鲁史编撰了我国第一部编年体史书《春秋》。孔子整理编写的这六部书被后世称为"六经"，这是孔子为保存中国古代历史文化遗产所做出的不可磨灭的伟大贡献。孔子一生的言行和事迹，有很多被他的弟子及其再传弟子记录下来，编成了语录体散文集《论语》一书。

《论语》集中体现了孔子的政治主张、伦理思想、道德观念及教育原则等，与《大学》《中庸》《孟子》合称为"四书"。通行本《论语》是东汉学者郑玄综合多种版本编撰而成，共 20 篇，约 12 000 字。内容包括政治、教育、礼仪、经济、文学、天道观、认识论等方面。

孔子学说是理学的理论基础，汉武帝以后，无论是皇家朝廷，还是学林名流，对孔子都极力颂扬，对孔子的学说也极力阐发光大。孔子学说成为两千余年封建社会的文化正统，影响极其深远。因此，历史上对孔子的评价也最多，这里不一一列举，中国最有代表性的评价就是司马迁给出的评价："《诗》有之：'高山仰止，景行行止。'虽不能至，然心向往之。余读孔氏书，想见其为人。适鲁，观仲尼庙堂车服礼器，诸生以时习礼其家，余祗回留之不能去云。天下君王至于贤人众矣，当时则荣，没则已焉。孔子布衣，传十余世，学者宗之。自天子王侯，中国言六艺者折中于夫子，可谓至圣矣！"

国外对孔子的评价也极高。

法国启蒙运动的代表人物伏尔泰在他的书中说："我全神贯注地读孔子的

这些著作，我从中吸取了精华，孔子的书中全部是最纯洁的道德，在这个地球上最幸福的、最值得尊敬的时代，就是人们遵从孔子法规的时代，在道德上欧洲人应当成为中国人的徒弟。"

美国诗人、文学家、思想家爱默生认为"孔子是哲学上的华盛顿""孔子是全世界各民族的光荣"，并表示"对于这位东方圣人极为景仰"。

联合国教科文组织在20世纪70年代将孔子列为世界十大文化名人之首。

1998年，75位诺贝尔奖的获得者在巴黎发表联合宣言，呼吁全世界"21世纪人类要生存，就必须汲取两千年前孔子的智慧"。

《论语》博大精深的思想和智慧已融入了中华民族的精神血脉里，历史的变迁不会使其失去应有的价值。《论语》中蕴含的领导思想和智慧，也是我国宝贵的文化遗产，我们应深入挖掘，将其精华加以弘扬，创造出更高的价值。

一、孔子"为政以德"的治国领导智慧

在《论语》"为政篇"中，孔子说："为政以德，譬如北辰，居其所而众星拱之。"意思是，以道德原则治理国家，就像北极星一样，自在核心的居所，所有的星辰都会围绕在它的四周运转。孔子还说："道之以政，齐之以刑，民免而无耻；道之以德，齐之以礼，有耻且格。"意思是，用政令来治理百姓，用刑法来整顿百姓，老百姓只求能免于犯罪不受惩罚，却没有廉耻之心；用道德教育百姓，用礼制去同化百姓，老百姓不仅会有羞耻之心，而且会有归服之心。

在《论语》"季氏篇"中，孔子说："不学礼，无以立。"意思是，人不学礼，就不能有成就。

在《论语》"泰伯篇"中，孔子说："恭而无礼则劳，慎而无礼则葸；勇而无礼则乱，直而无礼则绞。"意思是，恭敬而缺失礼的指导，则会徒劳无益；谨慎而无礼的节制，则会拘谨畏缩；勇猛而没有礼的制约，则会莽撞祸乱；直率而离开礼的指导，则会尖酸刻薄。

在《论语》"八佾篇"中，孔子说："居上不宽……吾何以观之哉。"意思是，不仅居于上位的人要懂得宽厚仁爱……而且一个人无论处在什么阶层都要做到宽厚仁爱。

在《论语》"颜渊篇"中，孔子说："非礼勿视，非礼勿听，非礼勿言，

非礼勿动。"意思是，不合礼的事不看，不合礼的事不听，不合礼的话不说，不合礼的事不做。

在《论语》"里仁篇"中，孔子说："好仁者，无以尚之。"意思是，喜欢仁的人，其高尚得无以言表。孔子又说："唯仁者能好人，能恶人。"意思是，只有有仁德的人，才能切实做到公正地喜爱人和憎恨人。

先秦诸子没有直接论述领导智慧的专门篇章，但是，在先秦诸子的思想中却有许许多多闪烁着领导智慧火花的思想观点，我的研究方法就是在通读先秦诸子著作的基础上，去捡拾这些火花，并将这些火花按照内在的本质联系组合成火炬。以上所列出的《论语》中的思想观点，是形散神不散，它们之间"内在的本质联系"就是"为政以德"。孔子博大精深的思想，就是以德为根本和核心的。孔子继承和发展了西周的"明德慎罚"主张，但是突出了"德"的政治意义，提出了"为政以德"的治国智慧。

孔子"为政以德"的智慧包含着君德和政德，其内涵主要有以下三个方面。

一是"德"高于君权和法律。"为政以德"就是用道德来治理国家，孔子认为"德"不仅高于君主的权力，也高于国家及法律。"为政以德"表现在法理思想上，就是"以刑辅德""以德去刑""恤刑慎杀"。孔子认为德是内在的，强调的是道德的防范和引导作用，统治者尚德就能实现百姓自愿地向善，也就是"为政以德，譬如北辰，居其所而众星拱之"。孔子的"为政以德"，并不是反对依法治国，而只是认为法治具有外在的强迫性质，依靠刑律惩罚来治理国家，不可避免地会带来很多弊端。魏武侯继位时，十分在意国内山河的险固，以为这是魏国之宝。吴起不以为然，劝告说："在德不在险，'若君不修德，舟中之人尽为敌国也'。"意思是，如果国君不修明德政，即使是同一条船上的人也会背叛而成为敌国的人。因此，"德"是治理国家、取得民心民力的主要的和更有效的方法。据史书记载，我国从夏朝开始已在国家管理中重视道德教化的德治，到了周朝时达到了鼎盛时期。

二是实行仁政和宽惠使民。实施"仁政"是"为政以德"的核心精髓，是"仁君"与"暴君"的分野标准，孔子推崇的"为政以德"的施政之道，其最本质、最核心和第一要义就是要实施以宽厚、爱人为特征的"仁政"。在《论语》一书中，孔子论及"仁"处多达一百多次，孔子一生顽强执着，就是为了推行仁政，追求仁道。孔子认为实行"仁政"要从两个方面入手，一方面为政者要通过修身养德开启"仁"心，以宽厚的态度来治理国家和对待人民："居上不宽……吾何以观之哉。"这里的宽厚态度实际就是"仁"的胸怀。他所说的"仁"就是"爱人"，在孔子眼里"好仁者，无以尚之""唯仁者，能好人"。他把爱人看成是为政者的一种美德，认为不具有"爱人"的思想，就不可能达到"仁"的标准，就失去了"仁政"的主体条件。另一方面，要求当政者在制定具体的"使民"政策时，必须充分考虑民众的利益，不"伤民"、不"害民"，而要尽可能地"利民""惠民"，给民众提供一个相对宽松的休养生息的政治环境，绝不能与民争利而厚征敛聚，竭泽而渔。

三是教民向善。这是"为政以德"的实现路径。进行道德教化，用德去教育、引导和规范老百姓，使人向善，是孔子"为政以德"的基本内容。孔子认为人的道德水准对人的行为起着规范的作用。因此，孔子认为"道之以德"是"治民之本也"，教化的目的是培养人的良好道德品质，并将教育内容分为德行、言语、政事、文学四科，而置德于诸科之上。在"道之以德"的同时，孔子认为教民向善还要"齐之以礼"。《左传》有云："礼，国之干也。"孔子也把礼治看作"为政以德"思想的具体施政纲领和"为政以德"思想得以实现的根本保证。他明确指出："不学礼，无以立""恭而无礼则劳，慎而无礼则葸；勇而无礼则乱，直而无礼则绞"。即使"道之以政、齐之以刑"只能使"民免而无耻"，只有"约之以礼"才能使老百姓知耻且自觉地来遵守。因此，要对老百姓实施礼教，使其"非礼勿视，非礼勿听，非礼勿言，非礼勿动"，通过人的礼的自觉来实现德治。在《孔子家语》"王言篇"中，孔子总结出了推行礼教的具体方法，即"七教"："上敬老则下益孝，上尊齿则下益悌，上乐施则下益宽，上亲贤则下择友，上好德则下不隐，上恶贪则下耻争，上廉让则下耻节。"意思是，君上孝敬老人，臣民就更孝亲；君上尊重高龄者，臣民就更友爱兄长；君上乐善好施，臣民就更宽厚；君上亲近贤者，臣民就重视交友；君上德行好，臣民就不做见不得人的事；君上厌恶贪利，臣民就耻于争斗；君上廉洁谦让，臣民就守持节操。孔子坚信这"七教"是"治民之本也"。统治者若能"志于道，据于德"，就可以使民"弃恶如汤之灌雪""近者悦服，远者来附，政之致也"。

孔子提出的"为政以德"的德治思想是对当时历史背景下的政治局面深刻反思的结果。孔子所生活的春秋末年，整个天下处于四分五裂的状态，原来的统治秩序已不复存在，诸侯各国各自为政，相互兼并，民不聊生。孔子理性地承担了为统治阶级规划"治国平天下"的社会责任，"为政以德"正是孔子适应社会发展趋势而设计出来的一项治国方案。孟子继承了孔子"为政以德"的思想，并提出了仁政学说，他主张以道德的方式说服人，而不以武力胁迫人。孟子在《孟子·公孙丑上》中说："以力服人者，非心服也，力不赡也。以德服人者，中心悦而诚服也。"孟子还提出"以德服人者王""得人心者得天下"等著名论断。孔孟的德政和仁政思想后经儒家学派弟子的系统发挥，《大学》《中庸》的理论提炼和概括，形成了完整、系统的治国方略，受到历代政治思想家的高度重视，对几千年的封建社会产生了巨大影响，对中华民族的文化传承，对中国古代社会的政治秩序和中国封建制度能够长时间地稳定延续起到了十分重要的作用。《论语》主要讲的就是道德问题，因此，中国很早就有"半部论语可治天下"之说。但是，孔子"为政以德"中的"德"还不是我们今天所讲的公共道德，孔子所讲的"德治"，从本质上讲，还是一种"人治"，统治者的意志就是封建道德，这样道德也就成为封建帝王统治天下的手段。而且孔子的"为政以德"的核心还是在强调君主的德行好坏与社会治理的成效问题，他认为像周文王、周武王那样的贤明君主，就能实现天下太平，但是如果是像纣王那样昏庸无德的暴君，就会导致天下大乱。《尚书》"太甲篇"中就有"德惟治，否德乱。与治同道，罔不兴；与乱同事，罔不亡"的说法。在当今社会，孔子的"为政以德"的思想虽不能直接作为治国之道，但他的"为政以德"的思想精髓以及几千年的社会实践所提供的经验仍具有重要的意义和不朽的价值，并为我们今天实施以法治国和以德治国的方略提供了不可多得的智慧资源。

孔子"为政以德"的思想是穿透时间、跨越空间的治国智慧。孔子思想在17—18世纪的法国引起了强烈的反响。百科全书派领袖霍尔巴赫反对法国和欧洲野蛮的君主专制制度，推崇孔子以德治国的政治主张，他指出："在中国，理性对于君主的权力产生了不可思议的效果，建立于真理之永久基础上的圣人孔子的道德，却能使中国的征服者亦为其所征服。"霍尔巴赫还说："征服者虽可毁坏田园村庄，可是圣人孔子的道德却能抵抗此狂风暴雨保留至今，使野蛮征服者对此亦须保持尊敬，而以之为政府施政的目标。"两千年后，在西方国家治理体系中，道德治理依然是治理主体运用的各种手段和方式中的一种。国家治理涉及法律、制度、意识形态、价值观念和伦理道德等多种治理手段，其中法律和制度在国家治理的手段中居主导地位，但道德治理也是国家治理的最重要的手段之一。法律和制度不是万能的，也有调节和触及不到的领域，在这些领域中道德调节和道德治理的力量是巨大的。法国启蒙学者卢梭认为，在那些具体的法律如政治法、民法和刑法之外，"还要加上一个第四种；而且是一切之中最重要的一种；这种法律既不是铭刻在大理石上，也不是铭刻在铜表上，而是铭刻在公民的内心里；它形成了国家的真正宪法，它每天都在获得新的力量；当其他的法律衰老或消亡的时候，它可以复活那些法律或代替那些法律，它可以保持一个民族的创制精神，而且可以不知不觉地以习惯的力量代替权威的力量，我说的就是风尚、习俗，尤其是舆论……唯有慢慢诞生的风尚才最后构成那个穹窿顶上的不可动摇的拱心石"。卢梭在这里所谈的"风尚"就是伦理和道德精神。英国的丹尼斯·罗伊德在其著作《法律的理念》中也指出，法律与道德"都在热切地推行某些行为标准，没有它们，人类社会将难以存续，而在这许多基本标准中，法律和道德彼此声援补充，构成社会生活的经纬"。可见，即使在西方法制社会的国家治理中，不仅要坚持以法律和制度为国家治理的主导方式，同时还要把道德的精神融入法律条文和法律体系之中，法律和制度的效用才能更加充分地凸显出来，治理主体才能协同社会组织及全体公民综合运用各种力量，实现社会各领域事务相互协调、相互促进、共同发展的治理目标。

二、孔子"子帅以正"的表率领导智慧

在《论语》"颜渊篇"中记载："季康子问政于孔子。孔子对曰：'政者，正也。子帅以正，孰敢不正？'"意思是，季康子向孔子询问政治，孔子说："为政者，必先正己，以身作则，你做到正直了，谁还敢不端正呢？"季康子又问孔子："如杀无道，以就有道，何如？"孔子对曰："子为政，焉用杀？子欲善，而民善矣。君子之德风，小人之德草，草上之风，必偃。"意思是，季康子又问："如果杀掉无道的人来成全有道的人，怎么样？"孔子说："您治理政事，何必动用杀戮的手段呢？您想要行善，老百姓自然就会跟着行善。上位人的品德如风，下位人的品德如草，风吹到草上，草就会随风倒向一边。"

在《论语》"子路篇"中，孔子说："苟正其身矣，于从政乎何有？不能正其身，如正人何？"意思是，如果领导者端正了自身的行为，领导政事还有什么困难呢？如果领导者自身的行为不能端正，怎能使别人的行为端正呢？孔子在回答子路问政时说："先之劳之。"意思是，当领导的要率先垂范，要使民信服必须为民事而操劳。孔子又说："其身正，不令而行；其身不正，虽令

不从。"意思是，当领导者自身端正，做出表率时，不用下命令，被领导者也就会跟着行动起来；相反，如果领导者自身不端正，而要求被领导者端正，那么，纵然三令五申，被领导者也不会服从。孔子还说："上好礼，则民莫敢不敬；上好义，则民莫敢不服；上好信，则民莫敢不用情。如是，则四方之民襁负其子而至矣。"意思是，在上位者只要崇尚礼，老百姓就不敢不尊敬；在上位者只要崇尚义，老百姓就不敢不服从；在上位的人只要崇尚信，老百姓就不敢不以真实感情回馈。如果真能做到这样，四面八方的老百姓都会背负着儿女前来投奔。

孔子的为人表率是以"正身"为起点的，也就是以为政者带头端正自己的品德、作风、行为为起点的。孔子对前来问政的季康子说："政者，正也。子帅以正，孰敢不正？"孔子还进一步指出，为政者"其身正"，就会产生"不令而行"的效应，这样从政还有什么难处呢？即"苟正其身矣，于从政乎何有？"孔子的"正身"就是示范领导，具有一般领导方法和谋略起不到的作用。当政者带头讲礼、义、信，老百姓哪有不追随、效仿的？即"上好礼，则民莫敢不敬；上好义，则民莫敢不服；上好信，则民莫敢不用情"。他还形象地把为政者之德比作风，老百姓之德喻为草，"草上之风必偃"，表达的也是同样的意思。孔子还从反面告诫为政者，自己品行不端或高高在上，指手画脚，即使下了命令，人们也不会服从，即"不能正其身，如正人何""其身不正，虽令不从"。可见，孔子"为人表率"是一切为政行为的根本，为政者的榜样是"安人安百姓"，这是一种极其深刻的领导智慧。

"子帅以正"，即领导者以德修身是实现"为政以德"的根本保证。政治必须以道德为基础，为政者实行德治，必先努力修己志仁，修行自己的品德，端正自己的行为。德是做人、做事、做官的根本。领导者的威信主要来自于两个方面：权力的威信和非权力的威信。权力的威信属于职务内权威，是由领导职位产生的，是有边界的，会因为职位的变化而改变，职务内的权威与组织及职务有关系，依靠的是强制性，人们不得不服从；非权力的威信属于职务外威信，与组织及职务没有关系，是由领导者优秀品德和人格魅力产生的，是没有边界的，有道德，就有人格魅力，就有吸引力，就有凝聚力，就有感召力，就有心甘情愿、无怨无悔的追随者，就能够被众人拥戴，就能产生权威。这种非领导职务产生的权威完全是人们发自内心的认可和服从，不会因为职位的变化而改变。领导者必须清醒地认识到：职务只能得一时之威，制度可得一事之威，品德则可得一世之威。所以，一个领导者无论是修身、齐家，还是治国、平天下，都必须立住"子帅以正"这个根本。

领导不等于领导力，权力也不意味着领导力。领导力的核心是影响力，它不是来自于领导者的位置和权力，而是来自于领导者身上散发出的人格魅力。"人格"一词，来自于希腊语"persona"（面具），原意是指演员在舞台上表演所戴的面具，后被赋予了心理学的含义，用以说明在人生的大舞台上，各类角色的人都会戴着面具来表演，这些面具就是内在人格的外在表现。人格可以归纳为，一个人在一定的环境下在需要、动机、情趣、情绪、态度、价值观、信仰、能力等诸方面表现出来的行为集合。近年来，国外心理学界提出了一个"人格模型"，被广泛认可和采用。该模型包括五种普遍的人格特征：外向型、神经质型、和善型、严谨自律型和开放型。人格魅力，是指一个人由信仰、价值观、品行、才学、情趣以及容貌等人格综合因素体现出来的感召力、影响力和凝聚力。为人表率不仅是领导者的一种永恒的美德，更是领导者才能的中心点。领导者成功的秘诀之一，就是凡事都要求达到极致，从而给下属做表率。

人格的示范作用是"为人表率"的领导智慧。示范作用是领导力的基本作用，也是领导力的外在表现。领导者的人格魅力，是一种令人信服的能力，这种能力能帮助领导者快速完成某件事。中国古代就有"三立"之说，即立德、立功、立言，其中对"德"尤为重视。古往今来，官员政要多处于执政掌权的机枢要位，其品其德塑造出来的人格魅力，对整个社会的道德风尚具有极其重要的示范和引领作用，即"君子之德风，小人之德草。草上之风，必偃"。每一个领导者有自己的职位权力和个人权力。如果领导者总是使用自己的职位权力，会使得被领导者表面顺从、暗地较劲。例如，当领导者给被领导者安排工作任务时，被领导者可能满口答应，但是却拖着不办，或不认真去办。如果领导者使用自己的个人权力，被领导者会感受到领导者的专业能力和人格魅力，并成为他们内心世界认同和敬佩的一种范式，他们就会追随领导者自愿地按照领导者的意思去办，并且力争把这件事办好。这样领导者的"个人魅力"就转变成追随者的"共同魅力"。所以，领导者要想做好工作，不能光凭职位权力，还需要发挥自己的人格魅力。领导者在领导活动中展现出了人格魅力，这种示范作用会收到立竿见影的领导力效果，领导者自己率先垂范地带头做，才能带动百姓毫无怨言地一起做。孔子倡导的"为人表率"内化就是领导者的人格魅力，外化就是强大的领导力。"做表率"就是要带头，就是要做榜样、做模范，就是要以身作则，率先垂范。"其所谓行之以躬，不言而信者欤？"领导者身体力行做在前面，不用多说就可以发挥示范引领作用。陈弘谋编著的《从政遗规》记有："当官之法，惟有三事：曰清，曰慎，曰勤。"如果领导者思想纯洁，道德高尚，行为端正，处事谨慎，勤于政事，不仅会树立良好的自身形象，赢得人民群众的拥戴，还会影响、带动一方民众的风气积极向上。

人格魅力的辐射作用是"为人表率"的领导智慧。领导者的人格魅力，是某种道德理想的集中体现，是巨大的正能量，具有无限的辐射力。领导者也是血肉之躯，生活在特定历史环境中，带有时代的烙印和局限性，但是领导者身上所特有的人格魅力，具有道德价值的永恒性，具有超越时空的辐射力，这就是为什么历朝历代有人格魅力的领导者，被当时的被领导者尊重和敬仰并极其强烈地追随着，又为当代人所追忆和怀念的根本原因。大宋王朝的开国皇帝赵匡胤的人格魅力很值得称道。赵匡胤生于一个没落世家，早年经历了生活的磨难，了解平民百姓的疾苦，他立志要改变这个社会。后来黄袍加身，当了皇帝。但他富贵后不忘本色，他心地清正，嫉恶如仇，宽仁大度，虚怀若谷，好学不倦，勤政爱民，严于律己，崇尚节俭，以身作则等，都深为后世所传颂。从塑造自身的人格魅力作为切入点来提升自己的领导力，不仅提升速度会更快些，而且产生的辐射作用也是无与伦比的。领导者的人格魅力是时代的道德标杆，引领着被领导者从领导者的人格魅力上获得担当的责任力量，从而坚定追求美好未来的信念，也引领着普通公民道德建设的价值观导向，如果每个公民都能接受从领导者的人格魅力中所辐射出来的道德思想，并砥砺自己在道德层面有所作为，全社会就能形成良好的道德氛围，进而影响和推进公民道德的建设。所以，为人表率是真理的指引力量和人格的示范力量的统一，具有归心的神奇力量。南非总统曼德拉说得好："作为领袖，最好是在后方领导，让其他人站在前线，尤其是在庆祝胜利或好事时。但在危险时，你要站在前线。这样，人们会欣赏你的领导力。"

人格魅力的感染作用是"为人表率"的领导智慧。有人格魅力的领导者具有精力旺盛、积极主动、充满活力的特征。具有人格魅力的领导者即使在疾病和衰老的状态下，依然会活力无限，给下属以极大的鼓舞和感染。领导者的感染力并非来自于嘴皮子功夫，而是来自于领导者自身的人格魅力。美国历史上唯一一位连任四届的总统——富兰克林·罗斯福，就是一个极具人格魅力的传奇领导者。1921年，在经受了小儿麻痹症的折磨之后，罗斯福只能依靠外力走路了。罗斯福一般由一个儿子搀扶着左手，右手则由拐杖支撑着，但每当罗斯福在公众场合露面时，人们却看不到拐杖，也看不到轮椅。并且面对病魔时，他表现得异常乐观自信，因此多数美国人从来不知道罗斯福的疾病。他的微笑极具感染力，即使做着自己非常讨厌的事，他的微笑仍能让人觉得他在做着自己喜欢的事。他的话语也极具感染力，他的话语像一个老父亲那样亲切动人，人们喜欢听他讲话，崇拜他，官员们也乐意为他"卖命"。当时的一个国会议员曾这样说："如果罗斯福要求我们从金门大桥上跳下去，三分之二的议员都会毫不犹豫地跳下去，不问缘由。"这就是罗斯福的人格魅力产生的强大感染力、凝聚力和辐射力，下属不仅爱戴他，而且心甘情愿地追随他。"士为知己者死"讲的就是这个道理。无论是推行新政，还是竞选总统，罗斯福的成功都离不开他那具有强烈感染力的人格魅力。

在历史上，有作为的领导者都高度重视道德的完善，清朝的名将曾国藩就提出，领导者必须完善"八德"：勤，即无论居家、居官、居军，皆以勤字为本，勤以治事，勤则不匮；俭，即俭以养廉，廉以服从；刚，即所展仪度必有不可犯之英风，未有无阳刚之气而能大有立于世者，困心衡虑，正是玉汝于成，好汉打脱牙，和血吞，咬牙立志；明，即事事求精，轻重长短一丝不差，明以应物；孝，即凡吾德意足生人感恋者，皆吾所以爱吾亲也；信，即一言不欺，一事不假，行之既久，人皆信之；谦，即居今之世要以言逊为直，有过人之行而口不自明，有高世之功而心不居，貌恭而不招人之辱，心虚则可受人之益，力除傲气，力戒自满，毋为人所笑，乃有进步也；浑，即与人忿争，不可自求万全处，不可过于武断。我们今天选择领导者的一个重要标准就是德才兼备、以德为先。

在孔子眼里，有人格魅力的领导者可以列在"君子"行列，而与之相对应的则是"小人"。领导者的人格魅力既是领导者的必修课，又是领导者的常修课。《论语》共20篇，512章，论述小人的有20余章，约占全书的1/25，领导者也应该深入研究。孔子关于小人的论述，往往都是在与君子的相对论述中展开的，从而让小人和君子形成鲜明的对照。赞成君子，否定小人；褒扬君子，贬斥小人。其目的就在于通过这种对比，让领导者（君子）以小人为镜鉴，不断提升和完善自己的人格魅力。

西方的组织行为理论认为，组织间的领导和部属之间是相互影响的，领导者能够产生领导的效能，根源于他比组织其他成员具有更大的影响力。美国著名的领导学权威史蒂芬·柯维也认为，领导的本质是影响力，或者说，领导的才能就是影响力，真正的领导者是能够影响别人，使别人追随自己的人物。领导者这种有影响力的才能是什么，史蒂芬·柯维并没有说出来。可是，早在两千多年前孔子就给出了答案：领导力中最强大的影响力就是领导者以德修身修炼出来的人格魅力。领导者强化自我修炼，修出了品德，就会在各个方面以身作则、做出表率，就会有巨大的精神感召力和影响力，就会有心悦诚服的追随者。领导者具有五项权力：合法权、报酬权、强制权、专家权、典范权（人格魅力）。前三项权力是职位权力，后两项权力是个人权力。领导者借着职位权势去支配和控制下属，对下属指手画脚，那不是领导力，那只能叫拿着鸡毛当令箭，如此取得的领导绩效只能是以零为半径的圆。个人权力中的专家权能够产生无冕领导的影响力。人格魅力更为重要，它是领导者修德正身的结果。法国管理学家法约尔在其《工业管理与一般管理》一书中也指出："领导做出榜样是最有效的工作方法之一。"当领导者在出勤方面做出榜样时，谁也不敢迟到；当领导积极、勇敢、忘我地工作时，职工也将效法他，以他为榜样。

现在，西方学者普遍认为情境和权变因素是决定领导力大小的主要因素，其实，领导力的最主要源泉还是领导者本身，也就是说，领导者的人格魅力是领导力的最主要决定因素。领导者在进行领导活动时必须首先实现"自我领导"，通过进德修身来锤炼人格魅力，挖掘领导力。领导者的人格魅力就是一本最有价值的领导学教科书，因为领导者的魅力把领导智慧撰写得淋漓尽致。西方的著名学者普拉斯也盛赞领导者的人格魅力："魅力有一种能使人开颜、消怒，并且悦人和迷人的神秘品质。它不像水龙头那样随开随关，突然迸发。它像根丝巧妙地编织在性格里，它闪闪发光，光明灿烂，经久不灭。"美国成功学大师拿破仑·希尔也曾说："真正的领导能力来自让人钦佩的人格。"一个卓越的领导者要想提高自己的领导力、影响力，就要用自己的人格魅力去征服被领导者，让被领导者做出忠诚的承诺和不惜任何代价去实现承诺。

三、孔子"君子九思"的内省领导智慧

在《论语》"季氏篇"中，孔子说："君子有九思：视思明，听思聪，色思温，貌思恭，言思忠，事思敬，疑思问，忿思难，见得思义。"意思是，做

一个君子，有九个方面的事要用心思虑：看到一件表面的事物要想到是否看明白了本质；听到什么事情要想到是否听清楚、听懂了，有无偏听轻信；与人交往时要想到脸色是否温和友善；为人处世要想到自己的态度是否恭敬；言谈时要想到是否诚实、忠于事实真相；做事时要想到是否谨慎敬业；有问题和疑难时要想到如何向别人请教；自己要发怒时要想到是否会带来灾难性后患；见到利益时要想到是否符合义的准则，该不该得。

在《论语》"颜渊篇"中，孔子说："内省不疚，夫何忧何惧？"意思是，自己问心无愧，那还有什么忧愁和恐惧呢？

在《论语》"子路篇"中，孔子说："与人忠。"意思是，凡事尽心竭力，忠诚不二。

在《论语》"公冶长篇"中，孔子说："不义而富且贵，于我如浮云。"意思是，用不义的手段得到富贵，我把那些富贵视如过眼的天上浮云。

孔子的"九思"，讲的就是"内省"。所谓"内省"，就是自我省察和纠正在做人和做事实践中的偏差，从而不断提升做人的道德修养和做事的智慧。孔子说："内省不疚，夫何忧何惧？"孔子的弟子曾参也说："吾日三省吾身，为人谋而不忠乎？与朋友交而不信乎？传不习乎？"古往今来，凡是为民族、为国家做出卓越贡献的人，无不是道德修养和智慧极高的人。两千多年前的孔子能根据人生经历，以"九思"的形式总结出做人和做事的智慧，为今天的领导者留下了宝贵的精神财富。

明察秋毫是"视思明"的智慧。"视思明"，就是看的时候就要思考是否真正看清楚了。古人云："目睹为视，见微为明。"领导者要看的内容很多，看人、看事、看问题等。不管看什么，都不能一叶障目，不见泰山，不能被浮云遮住眼。看人，要透过人的外表看到他的内心；看物，要透过它的表象看到它的本质；看问题，要透过它的表层看到它的底里。为了把人、物和问题看明白，还要仔细地看、深入地看，要明察秋毫，要见微知著。为了要把人、物和问题看得正确，还要放在不同的环境中看，放在不同的历史条件下看。要把人、物和问题看得全面，不仅要个别看，还要一般看，不能盲人摸象，只见树木，不见森林；不仅要从局部看，还要从全局看；不仅要站在自己的角度去看，还要站在别人的角度去看。只有把人、物和问题放在多维度中去全面地看、深入地看、系统地看、辩证地看，才能够从秋毫的发端和变化中，探索事理，把握规律。

先秦诸子中的领导智慧

看得准不准，明不明，关乎领导活动在选人做事和解决问题方面的成效。所以，"视思明"当为领导者修心融智的第一功夫。

从善如流是"听思聪"的智慧。"听思聪"，就是听到什么事情时要思考是否听清楚、听懂了。"听"是领导者获得准确的感性材料和获得正确决策的意见以及建议的重要途径。听得是否清楚明白关系到事情结局的成功和失败。听明白的方法也反映出一个领导者的素养和智慧。要听明确，领导者就要认真地听、耐心地听、全面地听。不要带着观点去听，不要带着态度去听，要客观地去听；不要偏听，要兼听，不能只听颂歌，还要听犯颜直谏的批评声；不要只在办公室电话里听、会议室听，还要深入第一线、深入群众中去听。领导者尤其要虚怀若谷，礼贤下士，善于纳谏，从善如流；既要听取观点相同的人的意见，又要善于倾听与自己意见不同的人的意见，特别是要从别人的批评和谴责声中听出真知灼见，获得领导智慧。当然，人心复杂，并非每个人都能坦然地表露自己内心的想法，有些人有时甚至还会出于某种目的刻意隐藏真实意图。领导者要仔细分辨它的真假对错，去伪存真，如果不加分辨就匆匆忙忙做出判断，很容易失误。

宽厚亲民是"色思温"的智慧。"色思温"，就是与人交往时要想到自己的脸色是否温和友善。领导者的面部表情是一种无声的语言，有时比语言更能打动人或者更伤害人。如果领导者有一颗公仆之心，就能宽厚亲民，在接待群众时就会有一颗热爱之心，面色就温和，说话就和气，神态就彬彬有礼、平易近人，就会产生亲和力和向心力，进而增添领导力。如果领导者不甘做人民的"铺路石"和"孺子牛"，就会故作高深，在人前一天到晚绷着脸要权威。其实，权威不是靠绷脸绷出来的，相反，脸绷得越紧，人们越不买账，权威也建立不起来。所以，领导者一定要"色思温"，好好修炼和培育自己宽厚亲民的爱心。

谦谨恭敬是"貌思恭"的智慧。"貌思恭"，就是为人处世要想到自己的态度是否恭敬。"貌"是外在形象，"恭"是内心虔诚。外"貌"内"恭"是一个统一体，内心虔诚，外貌自然谦和。心理阳光的领导者，面貌上也一定微笑热情，温和友善；脸色纠结、凶神恶煞的人，内心一般也是积雪千丈、阴险狡诈的。领导者要把尊重、诚信、宽容、厚道作为与人相处的基本心态，在上级面前神态谦恭而不谦卑，在下级和群众面前举止谦和而不凶恶，这种"貌思恭"的智慧会赢得上级的认可和赏识，也会赢得下属的敬佩与支持，甚至能为自己的发展和自己所承载的事业的发展拓宽更大的空间。相反，若领导者缺失一颗虔诚的心，就会对上媚眼屈膝，百依百顺，助纣为虐；对下骄傲自满，飞扬跋扈，称王称霸。最终得不到为人正派的上级领导的认可，也为下属们所不齿，甚而断送自己的前程，损害自己所承载的领导事业。

忠于事实是"言思忠"的智慧。"言思忠"，就是言谈时要思考是否诚实、忠于事实真相。忠诚是领导者最重要的品质之一，所以，孔子一贯主张"与人忠"。忠于事实，就是说话要忠诚，按事实说话，句句都是发自肺腑的真话、实话，对上级、对下属、对家人、对朋友，都用心说话，表里如一。面对大是大非的问题，要坚持原则、刚正不阿、襟怀坦荡、光明磊落，不讲违背事实和违背良心的话，言行一致。那种违背事实而信口开河，专讲大话、空话、套话，或者专讲永远正确的废话的领导者，无忠实可言，不会为群众认可，因此，他永远不可能成为一名真正有影响力的领导者。

严肃认真是"事思敬"的智慧。"事思敬"，就是做事要想到谨慎敬业。"敬"是指办事谨慎，严肃认真。孔子主张"敬事"，教导弟子"执事敬"。领导要做的工作都不是随随便便就能做好的。只有仔细思考、周密准备、对工作一丝不苟、兢兢业业、任劳任怨，敢于自我加压、自我超越，在困难面前不退缩，在问题面前不回避，在荣誉面前不伸手的"敬事"领导者，才能把领导活动中的每一项工作做好。那种没有事业心和使命感，不敢担当，不愿奉献，消极、敷衍、怠工的领导者，决然干不出一番事业。

释疑解惑是"凝思问"的智慧。"凝思问"，就是碰上疑难问题要思考是否需要求教。善于发问，不耻下问，化解疑惑，立德增智，是有智慧的领导者的一大特征。在千头万绪的领导工作中，遇到一些疑难和困惑在所难免，面对困惑和问题时，要"知之为知之，不知为不知"，对"不知"的问题不能不懂装懂、自以为是，要学孔子"每事问"和"不耻下问"，这样才能不断地充实提高自己，心明眼亮、考虑周详、措施得当，才能避免工作中的瞎指挥和盲目蛮干，才有利于适应工作中不断提出的新要求和解决工作中不断出现的新问题。

冷静克制是"忿思难"的智慧。"忿思难"，就是愤怒之前要想可能带来的后患。有人研究过，人的一生有大约十分之三的时间处于情绪不佳到极端愤怒的状态。愤怒是情绪失控的表现，人在发怒状态思维混乱，理性丧失，无助于问题的解决，倒是会把问题搞得更为复杂、更糟糕，为此付出更大的代价，甚至造成无法挽回的后果。人们常说"冲动是魔鬼"，发怒比魔鬼更可怕，"上帝开出去的最沉重的罚单就是给那些没有制怒定力的人"。领导者需要学会克制自己的情绪，任何情况下都不能凭个人情绪信马由缰，失去仪态。但丁说过："测量一个人的力量大小，应该看他的自制力如何。"美国前国务卿鲍威尔也说："在所有显示力量的事物中，克制最能给人留下印象。"遇事不慌、遇事不怒，冷静、沉着，细致、从容应对，是非常高的素养，需要不断地修炼与磨砺。有智慧的领导者必须攻读这门必修课，做到"猝然临之而不惊，无故加之而不怒"，这就能够防止和避免不良情绪给工作和人际关系带来的危害。

重义轻财是"见得思义"的智慧。"见得思义"，就是在得到利益和好处之前要先审视是否符合义。"义"是儒家的伦理范畴，是指思想和行为合宜的道德或道理。重财轻义之人，必然会为小利而忘大义，为小利而忘大害，这种人就像为了吃到捕鼠夹子上的诱饵而搭上了性命的老鼠。宋代吕本中在他所著的《官箴》中说："当官之法，惟有三事，曰清、曰慎、曰勤。"其中的"清"，指的就是清廉，即清清白白、干干净净。但是有些领导者不以"不义而富"为耻，反以"不义而富"为荣，以权入股，坐收渔利，搞权力寻租而大发横财，还自以为这样做很聪明，从历史上和近年的腐败案件来看，往往是一人作奸，全家坐监，家破人亡，臭名被永远钉在了耻辱柱上。真正有智慧的领导者懂得"见得思义"，以义为上，乐于义然后取。在各种各样的诱惑来袭时，能够重义轻财，干净做事、廉洁奉公，不要自己不该得的东西，不伸手去拿自己不该拿的东西。所以，领导者在充满各种利益诱惑面前，要像孔子那样"不义而富且贵，于我如浮云"，做到"苟非吾之所有，虽一毫而莫取"。

孔子的"九思"，内涵丰富，思想深刻，涵盖了为人处事及修养的方方面面，是关于人的行为规范和要求，领导者应该不断学习、深刻领会，经常以"九思"为行为准则检视自己，要求自己，在践行感悟的基础上，不断地增修养、塑品格、开眼界，做一个真正成熟和成功的领导者。

四、孔子"三戒三畏"的自律领导智慧

在《论语》"季氏篇"中，孔子说："君子有三戒：少之时，血气未定，戒之在色；及其壮也，血气方刚，戒之在斗；及其老也，血气既衰，戒之在得。"意思是，君子有三条戒规：少年时，血气还不成熟，警戒迷恋美色；壮年时，血气方刚，警戒争强好斗；老年时，血气已经衰弱了，要戒除贪得无厌。孔子还说："君子有三畏：畏天命，畏大人，畏圣人之言。"意思是，君子有三种敬畏：敬畏天命，敬畏地位高、德行高的人，敬畏圣人的言论。

孔子讲的"君子有三戒",其中的"戒"字,《说文解字》上说:"戒,警也",本义就是警戒、禁戒、防范。我们可以引申为"自律"的意思。孔子认为人生理上的血气,会随着人年龄的变化而呈现出三种状态:第一种状态是"少之时,血气未定";第二种状态是"及其壮也,血气方刚";第三种状态是"及其老也,血气既衰"。与此相对应分别列出三个警戒:一是少年血气未定的时候,不应该放纵,即"戒之在色";二是血气方刚的时候,不应该好勇斗狠,即"戒之在斗";三是血气衰弱的时候,不应该贪得无厌,即"戒之在得"。从字面上看,孔子是针对少年、壮年和老年分别提出的"三戒",但我们理解孔子的"三戒"不能机械地按年龄段对号入座,对于身处任何年龄阶段的人来说,都要做到三戒。也有的人从养生的意义上来谈三戒,我认为这只是一个方面,而且也不是最重要的方面,最重要的应该从社会的意义上来理解三戒,对任何人,尤其对领导者来说,任何年龄阶段和任何时候都需要戒色、戒斗、戒贪,人世的波澜就兴于对色、斗、贪的心猿意马,有了这三戒的金色盾牌,就能抵挡各种诱惑的利箭。

领导者警戒美色的诱惑。色字头上一把刀,人一定要抵御住美色的诱惑,否则一旦掉入美色的深渊,不仅会把你的身体搞垮,把你的家庭搞垮,而且也会毁掉你的美好前程。警戒美色的诱惑,对领导者而言,最主要的就是要杜绝权色交易。贪官之所以走上"绝"路,往往都和"色"有着千丝万缕的联系。拥有权力的官员和形象气质俱佳的女人,一旦在利益的驱使下失去自我约束力,就会发生权色交易,甚至坠入情网而不能自拔,而且越陷越深。权色交易,小可以谋利生财,大可以让天下风云变色。历史上唐明皇与杨贵妃之间的权色交易,绝对可以称得上这方面的典型案例。唐玄宗最初宠爱的女人是武惠妃。武惠妃死后,唐玄宗伤心不已,整天茶饭不思。总管太监高力士看出了唐玄宗的心思,告诉唐玄宗寿王李瑁有一个妃子叫杨玉环,是位绝世佳人。唐玄宗一听,心情大悦,马上让太监将儿媳接进宫中侍酒。杨玉环天资聪颖,能歌善舞,此时,中年的唐玄宗面对年轻美丽的儿媳妇,兽性大发,不能自已,但杨玉环毕竟是他的儿媳妇,他还是要顾忌一下传统的伦理道德。于是,在高力士的策划下,唐玄宗钦封杨玉环为"太真人",并让其自请出家为女道士,但很快又接回后宫加封为贵妃。为了稳住寿王李瑁,高力士游说李瑁:第一,皇上宠幸儿媳妇,必然会对儿子另眼相看。第二,唐玄宗一直很喜欢寿王,如果寿王妃在玄宗面前多用点心思,说不定玄宗会废掉太子,而改由寿王来继承大统。第三，玄宗与儿媳年龄相差三十多岁，客观上讲，寿王还有重新拥有杨贵妃的机会。听了高力士这些人不人鬼不鬼的话，寿王李瑁也只好忍气吞声，眼巴巴地看着父皇将自己的女人搂在怀中。在这场权色交易中，虽然唐玄宗不久就将一个韦姓的美女赠送给了寿王，但寿王也没当上太子，在抑郁寡欢中死去。而杨家人却大受其益。杨贵妃受宠后，她的大姐被封为韩国夫人，三姐被封为虢国夫人，八姐被封为秦国夫人。她的哥哥杨国忠本是一个不学无术的无赖，竟被提拔为宰相，身兼四十多个要职，可谓权倾天下，声势显赫。最终的结果是，唐玄宗虽然满足了自己的无耻兽欲，但是也差点儿葬送了大唐江山。"安史之乱"使强大的唐王朝变得千疮百孔，从此一蹶不振，杨贵妃也"宛转蛾眉马前死"。这种权色交易的可悲结局，今天的领导者应该引以为戒。

领导者要警戒权力斗争。领导者都想有个好的前程，甚至期望成为人中之龙。但是权力这种资源毕竟具有稀缺性。有的人为了争夺作为稀缺资源的权力，而把自己置于无休止的争斗之中，使出各种手段，把大好的时光和精力耗费在阴谋诡计当中，更有甚者把自己逼上了一条不归路。政治权力本来是公共性质的，一旦为个人或某个社会集团所私有时，就具有强烈的排他性，人类情感中的力量是无法消解这种排他性的，即使在血缘关系最近的亲情中争权斗争也总是演化成骨肉相残、手足相屠的血腥方式。汉朝七国之乱，刘氏同姓相残；西晋的八王之乱，司马氏相残；隋朝，杨广杀太子杨勇；唐朝，李世民在玄武门杀兄诛弟；宋朝，太宗赵光义杀太祖赵匡胤，而后登基，史称"斧声烛影"；明朝，明英宗和明景帝兄弟之争；清朝，康熙晚年，九子夺嫡之争。以上这些事件都是近亲争权的明证。

今天的领导者，要清醒地认识到自己手中的权力是人民和国家赋予的，只能为了人民和国家的利益"公用"，不能围着个人利益"自用"，更不能把权力当作自己升官发财的阶梯。

领导者要警戒贪欲。一些领导者之所以会贪到如痴、如狂、如疯的程度，原因就在于他们内心欲念极端作祟，难以约束控制。欲望的闸门一旦打开，各种诱惑便会随之而来。如若不能正确面对，及时警戒，守住初心，权欲与贪欲就如同山上滚下的雪球，会越滚越大。正如唐朝政治家陆贽所言："贿道一开，展转滋甚，鞭靴不已，必及衣裘；衣裘不已，必及币帛；币帛不已，必及车舆；车舆不已，必及金璧。"一步一步把人引入贪腐的泥淖。最终不仅权力和钱财都留不住，还会落得身败名裂、锒铛入狱的悲惨结局。因此，领导者为了所领导的事业，也为了自己的平安和家庭的幸福，必须警戒贪欲，在诱惑与法纪之间，应有定力，懂得自制，晓得轻重，经得住考验，守住底线就不会陷入无边的欲望的罪恶漩涡而不能自拔。这样就能在任何诱惑面前行止有度，外无愧于人，内无愧于心。明代名臣曹鼐年轻时任山东泰安典史，负责维持治安、缉捕盗贼。一次，他从外地押解一名绝色女贼回城，夜宿荒郊野庙。晚间，女贼使出浑身解数频频挑逗。为了提醒自己抵住诱惑，曹鼐便用纸写下"曹鼐不可"四字，贴于墙壁。在此后的仕途中，曹鼐常以这四字自律，终成一代名相。"曹鼐不可"也成了自觉抵制诱惑的代名词。这种"不可"精神值得今天的领导者大力发扬。

敬畏是自律的又一种形式，是自律的开端。所谓"敬畏"，是指敬重和畏惧。敬畏是个一体两面的组合词，"敬"是指恭敬、敬重、彬彬有礼，表达的是一种人生态度、一种价值追求，是对事物人格化的一种尊重；"畏"即畏惧，害怕，不敢违背，不敢逾越，表达的是一种行为的警示界限，是对自身言行的一种自律。孔子讲的"君子有三畏：畏天命，畏大人，畏圣人之言"，这里实际涉及三个方面：天命关乎发展规律，大人关乎社会规则，圣人之言关乎道德规范。正是对这三个方面的敬畏，才构成了人类社会存在和发展的基础，构成了理想的社会政治生活秩序、伦理道德秩序和精神秩序的前提。"敬"与"畏"具有双重内涵，由"敬"生"畏"。"敬"是为了实现人生理想、信念而主动进取的行为，体现的是有所为的精神；"畏"是与实现人生理想、信念背道而驰的不轨行为的自我约束，体现的是一种有所不为的精神。"敬畏"，就是鼓励人要为实现理想信念而自强不息，又教导人凡事要有如临深渊的畏惧，有如履薄冰的谨慎，心正意诚地去为人处世。现在人们使用"敬畏"一词，更偏重于"畏"的含义。有了"敬畏之心"，就有了"边界意识"，就能够自觉恪守底线、遵守规矩，"不敢越雷池半步"。孔子的"三畏观"应该成为我们领导者的座右铭，这对于提升社会的正气，促进反腐倡廉建设意义重大。

敬畏是做人之本、成事之道、从政之德、治国之基本。中国古人对"敬畏"有很多精辟论述，除了孔子的"三畏"，还有"有所畏者，其家必齐；无所畏者，必怠其睽"的警语；有"凡善怕者，必身有所正，言有所规，行有所止，偶有逾矩，亦不出大格"的格言；有"洊雷，震；君子以恐惧修省"的告诫；有"畏则不敢肆而德以成，无畏则从其所欲而及于祸"的真知；有"畏法度者最快乐"的卓见。所以，人有所畏才好。

遵循规律就是"畏天命"的智慧。"天命"是超越人间意志的主宰者，即为自然规律和社会规律。种牡丹得花，种蒺藜得刺。想让蒺藜开出牡丹花，绝对不可能，这是自然规律。自然是人类赖以生存和发展的环境，不敬畏自然规律，干违背自然规律的蠢事傻事，就会受到自然规律的惩罚。恩格斯早就在《自然辩证法》一书中警告人类："不要过分陶醉于我们对自然界的胜利。对于每一次这样的胜利，自然界都报复了我们。"社会也是如此，凡有此事，必有与此事存在着内在的本质联系的理，也就是社会规律。对社会规律没有敬畏心，以"不知"为"知之"，自以为是，自作主张，就会被社会规律的回应反作用。代表着自然规律和社会规律的"天命"是人生和事业的最后的决定者。古人常说的"举头三尺有青天""头顶三尺有神明，不畏人知畏己知""人可欺，天不可欺"，就是告诫人们要敬畏天命。人能敬畏天命，信仰就有所皈依，行止就有法度。所以，天命是为君子者的领导者必须敬畏的，只有小心谨慎地对待天地自然和社会规律来增强自我适应能力，才是正道。

遵守规范就是"畏大人"的智慧。所谓"大人"，是约束你、管教你、组织你、领导你的组织和人以及由这些领导人组织制定的法令、纪律、政策，还有赋予你权力并对你行使权力进行监督的广大民众等。只有对组织、对权力、对法纪、对民众这些"大人"怀有存乎一心的敬畏，才能唤醒内心深处的道德律令，使守纪律、讲规矩成为行动自觉，面对组织不阳奉阴违，面对权力不忘乎所以，面对诱惑不迷失自我。《周易》上说："夫大人者，与天地合其德，与日月合其明，与四时合其序，与鬼神合其吉凶。先天而天弗违，后天而奉天时。天且弗违，而况于人乎？况于鬼神乎？"相反，对管你的"大人"毫无敬畏，甚至反骨横生，专门对抗"大人"，对领导者组织制定的法令、纪律、政策毫无敬畏，上有政策，下有对策，甚至拧着干、对着干，怎么可能成为国家之栋梁？个人野心和贪欲膨胀，就会忘乎"大人"，以为自己能逃过惩罚。一旦形成傲慢和侥幸心态，就会把组织当私产，把法纪当虚设，把权力当财富，把下属当家臣，把贪腐当回报，对"大人"就不会有一丝的敬畏，就很容易突破底线，如激流放舟，一发不可收拾。所以，"畏大人"当成为领导者护身的金科玉律。

遵守规范就是"畏圣人之言"的智慧。所谓"圣人之言"，是哲人、智者、大德启迪、教化、警示人的言语。圣人之言经过长期的实践检验和历史沉淀，已经成为社会生活规范、道德法则和思想行为标准。霍去病屡立战功，获得了高官厚禄，但他把个人的享受搁在一边，一心以国家利益为重。河西战役胜利后，汉武帝为了奖励他的卓越战功，特意命人在长安为他建造了一座豪华住宅，叫他去看看是否满意。霍去病谢绝了汉武帝的好意，气概豪壮地说："匈奴未灭，何以家为！"这句传诵千古的名言就是霍去病光辉一生的写照，也是霍去病在显贵的待遇和国家的责任之间如何做出选择的"圣人之言"。还有宋仁宗庆历五年（1045 年），范仲淹因提倡改革被贬至邓州，在遭受政治上的无情打击之后，他既没有消极颓废，随波逐流，也没有降志辱身，与邪恶势力同流合污，而是留下了"先天下之忧而忧，后天下之乐而乐"这一千古绝唱的"圣人之言"。如果说"大人"的威严在于权力和法纪，那么"圣人"的威严就在于道德和规范。"圣人之言"是善的化身。"畏圣人之言"，生活会有所规范，思想行为就有标准。相反，一旦失去对"圣人之言"的敬畏，视"圣人之言"为耳旁风，思想防线就会悄然失守，精神堤坝就会轰然倒塌。其结果便是既阻碍了自身的发展，又干扰和破坏了事业的发展，为正人君子所不齿。德国哲学家康德有一句名言："有两样东西，我们愈经常愈持久地加以思索，它们就愈使心灵充满日新月异、有增无减的景仰和敬畏：在我之上的星空和居于我心中的道德法则。"所以，在金钱至上、道德沦丧、良知泯灭、寡廉鲜耻等社会现象泛滥的今天，领导者保持了对"圣人之言"的敬畏之心，就保持了良知。

对"天命"的把握以及对"大人"和"圣人之言"的敬畏，是一种心性向善的自律机制，是一个领导者永远保持清醒头脑和心智的基础。心存敬畏的领导者就可能延续激情、延续成功，实现人生的终极目标。

世界上大凡有作为的领导者都会自定戒律，以此来严格要求自己。美国独立运动的先驱、《独立宣言》的起草人——本杰明·富兰克林，给自己制定了十三条戒律严格的"道德格言"："① 节制欲望：在吃饭与喝酒上要有节制；② 自我控制：对待别人要有克制忍让，不可怀有仇根；③ 沉默寡言：少说废话；④ 有条不紊：所有的物品都要井然有序，所有的事情都要按时去做；⑤ 信心坚定：信守诺言，出色地完成你所承诺的任务；⑥ 节约开支：把钱用在对自己、对别人都有益的事情上，不要错花一分钱；⑦ 勤奋努力：永远要抓紧时间做有益的事情，不要浪费时间；⑧ 忠诚老实：不要说有害于人的谎话，要表里一致；⑨ 待人公正：不以不端的行为或者办事不诚实去伤害别人；⑩ 保持清洁：保持身体、衣服及房间的清洁卫生；⑪ 心胸开阔：不要为令人不快的区区琐事而心烦意乱，悲观失望；⑫ 谨言慎行：要使你的言行符合每一条道德标准；⑬ 谦虚有礼：要像耶稣和苏格拉底那样立身处世，谦虚有礼。"富兰克林这十三条自定的戒律，细致到吃喝穿戴、待人接物等生活细节之中，正是对"生活琐事"的自我约束，才成就了他一生的伟大，"伟大得平凡"。

五、孔子"听言观行"的鉴人领导智慧

在《论语》"颜渊篇"中记载，樊迟问孔子什么是智慧，孔子曰："知人也。"就是说，孔子认为，为政者的智慧，在于识别人。

在《论语》"尧曰篇"中，孔子说："不知言，无以知人也。"意思是，不懂得分辨别人说的话，就不可能真正识别这个人。

在《论语》"卫灵公篇"中，孔子说："巧言乱德。"意思是，表面动听实际虚伪的花言巧语是败坏道德的。孔子还提出通过观察众人的评价去识别人："众恶之，必察焉；众好之，必察焉。"意思是，大家厌恶他，一定要去考察他；大家喜欢他，也一定要去考察他。

在《论语》"学而篇"中，孔子说："巧言令色，鲜矣仁。"意思是，那种花言巧语和一副讨好人的面孔的人是很少有仁德的。孔子还提出通过观察某人的孝道去识别人："君子务本，本立而道生。孝弟（悌）也者，其为仁之本与。"意思是，君子专司根本的事务，根本建立了，治国做人的原则也就有了。一个人孝顺父母，敬爱兄长，这就是仁的根本啊！

在《论语》"宪问篇"中，孔子指出："其言之不怍，则为之也难。"意思是，说话大言不惭的人，往往很难实现自己的许诺。

在《论语》"子路篇"中，孔子说："刚毅木讷近仁。"意思是，一个具有坚韧不拔、不屈不挠的精神和注重实际、身体力行的作风，不花言巧语，不虚伪浮夸的人，距离仁德便不远了。孔子还说："君子于其言，无所苟而已矣。"意思是，君子对于自己的言行是负责的，从不马马虎虎对待。

在《论语》"里仁篇"中，孔子认为德行好的君子要"讷于言而敏于行"。意思是，君子要忍而少言，不要口无遮拦，信口开河，要三思而后说；但办事情一定要积极敏捷、果敢坚决、雷厉风行。孔子还说："古者言之不出，耻躬之不逮也。"意思是，古人不轻易把话说出口，就是怕说出来做不到而蒙受耻辱。

在《论语》"公冶长篇"中，孔子说："始吾于人也，听其言而信其行；

今吾于人也，听其言而观其行。"意思是，以前我对人的态度是，只要听到他说的话，便相信他的行为，今天我对人的态度，是把他的言语和行动对照起来加以观察，不仅要看他说什么，更要看他做什么。

在《论语》"为政篇"中，孔子说："视其所以，观其所由，察其所安，人焉廋哉？"意思是，观察他正在做事的行为目的和动机，观察他过去的所作所为的方式和方法，观察他的心安于什么情况，即他行为的志向和情趣，这个人还能如何隐藏呢？

人是能言语会交流的万物之灵，《春秋》"谷梁传"中说："人之所以为人者，言也；人而不能言，何以为人？"孔子"识人"的智慧，首先体现在"察言"上，孔子说："不知言，无以知人也。"孔子从大量的社会现象中发现一些花言巧语、装出和颜悦色的人，很少有仁心，即是"巧言乱德""巧言令色，鲜仁矣"。但这种人却有很大的迷惑性，对这样的人要小心识别。舜和禹对谗言、巧言、后言、无稽之言也极为厌恶。当然，人除了"能言"，还有"能行"，人的活动主要就是"言行"。"言"与"行"之间有两种状态：言行一致和言行不一致。孔子"识人"的智慧还集中体现在"观行"上，通过观察某人的"行"与"言"的离差状态去识别人。用孔子自己的话来说就是："始吾于人也，听其言而信其行；今吾于人也，听其言而观其行。"孔子认为，通过"观行"，一个人是忠是奸就会原形毕露，即"视其所以，观其所由，察其所安，人焉廋哉"。说话大言不惭的人，往往很难实现自己的许诺，因为"其言之不怍，则为之也难"。孔子的弟子中有一个叫宰予的，可算是口齿伶俐，能言会道。起初，孔子很欣赏他的口才，但后来从他的行为中看出了真相：他是一个没有仁德而又懒惰之徒，大白天竟然不读书不听讲，躺在床上睡懒觉。后来孔子骂他"朽木不可雕也"。相反，孔子对那些诚实勤奋但不善言谈的人则大加赞许，称其是"讷于言而敏于行"的君子。

通过"观行"来鉴别人才，孔子还做了其他一些具体的论述。如孔子还倡导通过"孝行"来考察、识别、任用官员。"孝"是一个人最基本的品行，是做人的根本，也是做一个领导者的根本，那种不爱自己的父母，对父母不尽孝道的人，又怎么能够去爱社会关系的人，对父母不尽孝道的人又怎么能够有社会责任感？汉代采用举孝廉的办法考察、识别、任用官员，是对孔子"君子务本，本立而道生。孝弟（悌）也者，其为仁之本与"这一识人智慧的弘扬。再如，孔子还提出通过观察众人的评价去识别人："众恶之，必察焉；众好之，必察焉。"因为有的人可能坚持真理或者主持正义而被"众恶之"；有的人可能摧眉折腰或阿谀奉承而得"众好之"。孔子把这种没有是非观念、欺世盗名的好好先生称为"乡愿"，是"德之贼也"。因此，对"众恶之"和"众好之"这两种被极端评价的人，一定要对其慎重考察和鉴别，以免错失了有是非标准、敢于坚持原则的良才，错选了不分是非而趋炎附势、道德败坏的伪君子。

西汉刘向在《说苑》"尊贤篇"中记载："哀公问于孔子曰：'人何若而可取也？'孔子对曰：'夫弓矢和调，而后求其中焉；马悫愿顺，然后求其良材焉；人必忠信重厚，然后求其知能焉。今有人不忠信重厚而多知能，如此人者，譬犹豺狼与，不可以身近也。是故先其仁信之诚者，然后亲之，于是有知能者，然后任之。故曰亲仁而使能。夫取人之术也，观其言而察其行，夫言者所以抒其胸而发其情者也，能行之士，必能言之，是故先观其言而揆其行。虽有奸轨之人，无以逃其情矣。'哀公曰：'善。'"这段话的大致意思是，鲁哀公问孔子："选择什么样的人委以重任？"孔子回答说："弓与箭调合好了才能使它射中目标，马老实驯顺了才能使它成为良材。人也要忠诚敦厚了，然后才能看他是否有智能。现在有人并不忠诚敦厚却多有智能，这样的人像豺狼，不可以和他亲近。所以首先要选择忠诚敦厚的人，然后才能与他亲近；这个基础上才能对有智能的人委以重任，这就叫作'亲进仁义的人再任用有才能的人'。这种选用人才的方法，就是观其言而察其行。语言是用来抒发胸臆、表达情感的，能够做到的人，必能说出来，所以先观其言而后对照他的行为。以他的话对照他的行为，即使是奸邪的人，也会原形毕现。"鲁哀公听了，说："好！"

孔子"听言观行"的"鉴人"智慧历经几千年仍然具有不灭的光辉。

我们通过"听言观行"来认识和选拔领导者，就要注意和坚持"言行一致"的标准。言行一致，就是说的和做的完全一样，表里如一。孔子强调君子要对自己说出的任何一句话负责任，能做到的和已经做到的就说，不能做到的和没有做到的则不说，以避免说了做不到而遭人耻笑，即"君子于其言，无所苟而已矣""古者言之不出，耻躬之不逮也"。中国古代哲人都要求正人君子必须言行一致。宋代赵善璙在《自警篇·诚实》中说："力行七年而后成，自此言行一致，表里相应，遇事坦然，常有余裕。"《礼记·中庸》曰："言顾行，行顾言。"切不可"自食其言""面诺背背""阳是阴非"，所以朱熹认为"信是言行相顾之谓"，要求"口能言之，身能行之"。领导者言行一致的最重要体现就是把自己所说过或承诺过的话用担当精神去负责落实。领导活动的业绩都是干出来的，不是说出来的；领导活动中遇到的问题，都是在实干中解决的；领导活动追求的目标和愿景，都是在实干中实现的。言行一致的领导者，才是忠诚干净担当的表率。唐朝一代名相姚崇，勇于任事，在玄宗时代提出了著名的"十事要说"，全部得到玄宗的采纳，大大提升了朝廷施政的能力和水平，玄宗盛世，姚崇功不可没。姚崇临终前总结为政经验，只谈四个字"崇实充实"。意思是，为政之道，只有崇实，才会国库充实，才会国家安定，百姓安居乐业。

我们通过"听言观行"认识和选拔领导者，还要鉴别和淘汰"言行不一致"的"两面人"。荀子从用人的角度，告诫治国者一定要识别那种"口言善，身行恶"花言巧语而干坏事的"两面人"，荀子称这种人是"国之妖也"。告子曾对墨子说："我（能）治国为政。"墨子对他说："政者，口言之，身必行之。今子口言之而身不行，是子之身乱也。子不能治子之身，焉能治国政？""两面人"的表现是，说一套，做一套，台上一套，台下一套，对上一套，对下一套，政治上阳奉阴违，工作上弄虚作假，只会承诺，不能践诺，口号很响，表态很紧，但就是只想当官不干事，只想出彩不出力，懒政怠政。更有甚者，人前好话说尽，人后坏事做绝。"两面人"的行径，背离了从政道德，冲击了社会价值观，必然会失去群众的信任，会失去民心。《左传》有言："华而不实，怨之所聚也。"因此，在选拔和任用领导干部时，一定要唾弃那些言行不一致的人。

六、孔子"任而能信"的换心领导智慧

在《论语》"颜渊篇"中记载："子贡问政。子曰：'足食，足兵，民信之矣。'子贡曰：'必不得已而去，于斯三者何先？'曰：'去兵。'子贡曰：'必不得已而去，于斯二者何先？'曰：'去食。自古皆有死，民无信不立。'"意思是，子贡向孔子请教处理国家政务的办法。孔子说："只要有充足的粮食、充足的战备以及人民的信任就可以了。"子贡问："如果迫不得已要去掉一项，三项中先去掉哪一项？"孔子说："去掉军备。"子贡又问："如果迫不得已还要去掉一项，两项中去掉哪一项？"孔子说："去掉粮食。自古人都难逃一死，但如果没有人民的信任，国家就难以立足了。"

在《论语》"阳货篇"中记载："子张问仁于孔子。孔子曰：'能行五者

于天下，为仁矣。'请问之。曰："恭、宽、信、敏、惠。恭则不侮，宽则得众，信则人任焉，敏则有功，惠则足以使人。'"意思是，能把"恭、宽、信、敏、惠"这五种品德推行于天下，就是做到"仁"了。"恭"就是庄重，庄重就不会被人侮辱；"宽"就是宽厚，宽厚就能得到众人的拥戴；"信"就是诚信，诚信就能得到别人的重用；"敏"就是勤敏，勤敏就能取得成功；"惠"就是慈惠，慈惠就能很好地号召人。在"阳货篇"中，孔子还说："信则人任焉。"意思是，诚实就会赢得别人的信任。

在《论语》"八佾篇"中记载："定公问：'君使臣，臣事君，如之何？'孔子对曰：'君使臣以礼，臣事君以忠。'"意思是，君主任用臣子要符合礼的规范，臣子侍奉君主要用忠心。

在《论语》"子路篇"中记载，孔子的弟子仲弓向他请教如何治理政事，孔子的回答简明扼要："举贤才"。这一篇中还记载："仲弓为季氏宰，问政。子曰：'先有司，赦小过，举贤人。'"意思是，冉雍担任季氏的总管，求教孔子为政之事。孔子说，首先让各级官员承担各自的职责，不计较小失小过，提拔优秀的人才。

在《论语》"卫灵公篇"中，孔子说："无为而治者，其舜也与？夫何为哉？恭己正南面而已矣。"意思是，自己不亲自操劳事务而使国家得到治理的，大概只有舜是这样的吧！

孔子高度重视诚实信任问题。孔子认为，"仁、义、礼、智、信"为儒家"五常"，并指出"能行五者于天下，为仁矣"。孔子还把"信"作为其传道兴学的"四教"（文、行、忠、信）的内容之一。在子贡向孔子求教治国理政的智慧时，孔子提出了三个重要的方面：足食，足兵，民信之。可是要是在三个选项中只能择其一时，该如何选择？孔子说就选择"民信之"，这种选择的理由是"自古皆有死，民无信不立"，足见其对"信"的重视程度。信任是治理国家最关键的一条。一个缺乏信任的民族没有希望，一个缺乏信任的国家没有未来。

孔子对舜在治国理政中充分授权和信任各级领导者，使他们发挥出了积极性和创造性，进而达到了无为而治的领导境界倍加赞赏："无为而治者，其舜也与？夫何为哉？恭己正南面而已矣。"为什么舜会取得这样好的治理结果？原因是取信于民。正如孔子的弟子子夏所说："君子信而后劳其民。"意思是，君子受到信任才能够役使百姓。从为臣的方面来说，最想知道的是自己是否在为一个好君主工作，这个君主是否值得信赖。从君主的角度来看，最想知道的是臣子们是否尽职尽责地工作，对自己是否有效忠之心。怎样实现君与臣相互之间的认可度？在孔子看来，就是"礼"和"忠"的互换，也就是"君使臣以礼，臣事君以忠"，而"礼"与"忠"的互换的基础就是信任。可见，信任也是领导者赢得下属之心的最好方式。朱熹也认为"事上使下，皆必诚意交孚，而后可以有为"。反过来说，一个领导者没有信用就没有立足之地，一个国家不能得到老百姓的信任就要垮掉。

信任不仅仅是指被领导者对领导者的信任，在领导关系中，也包括领导者对被领导者的信任。孔子认为领导者对被领导者信任程度越高，由此所产生的被领导者的信心度也就越高，这也是领导成效的最根本性因素。这也可以看作信任机制的一种互动循环理论模型，此模型的生成机理是：当领导者的所作所为值得被信赖时，被领导者就会信任他们，支持他们，并主动拿出最大的热情投入工作，展现出实现组织愿景和使命的行为。反过来，被领导者因得到了领导者的信任，在心理上会产生安全感、归属感和责任感，从而增强工作的自信心和工作的主动性、积极性，创造出更好的工作绩效，赢得领导更多的信任与支持。这就在组织内生成了一个重复信任行为的良性循环机制。在信任机制循环模型中，循环的开端和循环的主导作用在于领导者通过自身的领导行为向被领导者输送信任。

领导者要用"不疑"的用人原则向人才传递信任。人才是事业成功之本，这就是为什么当孔子的弟子仲弓请教治理政事时，孔子只说了"举贤才"三个字的原因。一个优秀的领导者，会把人才当作最重要、最稀缺、最宝贵的资源，像爱护自己的眼睛一样去爱护人才。领导者对人才的"不疑"，就是爱护人才的最重要体现。欧阳修说过："凡任人之道，要在不疑。宁可艰于择人，不可轻任而不信。"爱默生也说过："你信任人，人才对你忠实。"对人才大胆使用，不因苛责小过而丧失了人才，也就是孔子讲的"先有司，赦小过，举贤人"。如果领导者对人才既用又疑，这必然会使人才没有安全感、认同感和责任感，领导怀疑人才，人才猜疑领导，领导顾虑重重，事事不放心，人才提心吊胆，纵然有过人的天赋，也难以发挥作用。对人才的"不疑"再具体讲就是相信人才的道德品质，理解人才的内在欲求，认可人才的工作态度，肯定人才的工作才智，保护人才的健康成长。特别是当人才被误解、冤枉时，更要勇于站出来，该说话时要说话，该承担责任时要承担责任。当领导向人才传递这样的信任时，人才自然就会尽智、尽心、尽力地工作来回报领导的信任。这样才能把各项事业建立在永续发展的根基之上，并长久地保持在良性循环的轨道上。

领导要通过授权让下属得到"全权处理"的信任。领导者不仅要坚守"用人不疑"的原则，还要将权力放开。把工作分派给下属，并且授权给他们，宽容下属在行使所授权力中出现的小过。当下属的工作遭到外界质疑时，领导应该站在他们这一边，为他们辩护，这都是信任的重要体现。领导者该授给下属的权力，自己守着不放，就是对下属能力的不信任。一个不受领导者信任，不能放手去做事的下属，其做本职工作的责任心也不会很强烈。相反，一般的下属都会因领导的信任而心生感激，在制度的监督之外，还会产生自己良心上的监督，相对地也会产生责任心，对工作的期望值就不仅是为了满足生存需要，而且会自然地升华为实现人生价值的追求。松下幸之助在谈到他的经营哲学时说过这样精彩的话：管理下属的方法、要诀很多，但最重要的还是信赖他人，把工作完全交给他。

领导者要用诚实博取信任。美国首任总统华盛顿小的时候，有一天用小斧头砍倒了他父亲心爱的一颗樱桃树。父亲非常气愤，扬言要好好教训那个砍树的人。而华盛顿在盛怒的父亲面前诚恳地承认了自己的错误。父亲被感动了，称华盛顿的诚实比所有樱桃树都宝贵得多。华盛顿成为美国总统后，也保持了这种诚实的品质，赢得国民的盛赞。可同样是美国总统，尼克松因在"水门事件"中撒谎，引发了信任危机而被迫引咎辞职；克林顿也因为在不光彩的"性丑闻案"中说了谎，亵渎了诚信道德而险遭弹劾，在政史上留下污点。

信任是流淌在领导者和被领导者灵魂里的清泉，它可以拯救灵魂，滋养灵魂，让领导者和被领导者心灵充满纯洁和自信，一切有成效的领导活动都是以这种信任为先决条件的。

七、孔子"以和为贵"的亲善领导智慧

在《论语》"学而篇"中，孔子说："礼之用，和为贵。"意思是，礼的实际效用，以和谐最为贵重。

在《论语》"颜渊篇"中，孔子说："四海之内，皆兄弟也。"意思是，普天之下的人，都是自己的兄弟姐妹。

在《论语》"卫灵公篇"中，孔子说："己所不欲，勿施于人。"意思是，

自己不想做的事，就不要强迫别人去做。

在《论语》"雍也篇"中，孔子说："己欲立而立人，己欲达而达人。"意思是，自己要通达，有所作为，也要尽心尽力帮助别人通达，有所作为。

在《论语》"述而篇"中，孔子说："子之所慎：齐，战，疾。"意思是，孔子所谨慎小心对待的是斋戒、战争和疾病这三件事。

孔子是"以和为贵"的最早提出者，孔子提出的这个观点是与他所处的春秋末期的历史背景有关。在奴隶社会，各等级之间的区分和对立是极其严格的，上一等级的人，以自己的礼节显示其威风；下一等级的人，则怀着畏惧的心情唯唯诺诺地遵从。但到春秋末期，这种丝毫不能紊乱的社会等级界限开始裂解，子弑父、奴弑主、臣弑君的现象已经常发生。对此，孔子提出"礼之用，和为贵"的主张，其目的是缓和不同等级之间的对立，使他们之间的关系不至于破裂，以稳定社会秩序。"和"是孔子思想中占有终极地位的概念，具有丰富的内容和广泛的覆盖面，包括：① 人与人之间的"和"。孔子要求人相互尊重、爱护，并把对家族的亲情关系扩展到全社会范围，把全天下的人都视为自己的亲人一样友好相处。即"四海之内，皆兄弟也"。要实现这样的"和"，孔子认为必须做好两件事：一是自身要注重修身养性。为此，孔子要求人们"己所不欲，勿施于人"。二是帮助别人共同发展。这就是孔子说的"己欲立而立人，己欲达而达人"。② 国与国之间的"和"。国与国之间最大的失和，就是战争。孔子对战争一直是像厌恶疾病一样反感的，所以他说："子之所慎：齐，战，疾。"③ 天与人之间的"和"。两千多年前的孔子就深刻地认识到天人之和是人与自然可持续和谐发展的规律，他认为，达到"中和"的境界，天地就各居其位，万物才可以生长繁育，即"致中和，天地位焉，万物育焉"。

研读孔子"以和为贵"的思想，我们可以汲取很多难能可贵的领导智慧。

"以和为贵"是外交的智慧。国家与国家的关系最好的状态就是"以和为贵"。中华民族历来是一个爱好和平的民族，这种爱好和平的智慧就来源于儒家"以和为贵"的思想。据《左传》记载，公元前716年，郑庄公入侵陈国，大获全胜。但是在往年，郑庄公曾请求与陈国讲和，陈桓公就是不答应。大臣五父劝谏说："亲仁善邻，国之宝也。"意思是亲近仁义，与邻国友好相处，这是立国的法宝。陈桓公不听劝谏，不"以和为贵"，惨遭大败。同为左丘明所著的《国语》"晋语二篇"中也有："夫固国者，在亲众而善邻。"体现出和谐万邦，与天下人为善的博大智慧。在处理国与国关系上最不和谐、最没有智慧的方式就是发动战争。而且这往往是以大欺小的国家惯用的做法。中国古代的军事著作《司马法》中就发出过警告："国虽大，好战必亡。"意思是，国家即便再强大，喜欢战争也必然会灭亡。用今天的话说，就是处于霸主地位的国家，如果总是以战争的方式来处理国际事端的话，那么最终也逃脱不了"必亡"的命运。只有"以和为贵"，各国都回到对话的平台上，以和平的理念来解决国际争端，才能建立和维持世界的和平。"协和万邦"的思想深深嵌入了中华民族的精神世界，连民间的谚语"亲望亲好，邻望邻好"，也浸润着这种精神。中国在历史上曾长期居于世界大国地位，但从未留下殖民和侵略他国的记录。"协和万邦"至今依然是中国解决当代国与国之间的许多突出难题、处理国际关系的基本理念和智慧。"协和万邦"的外交政策既共享了国际社会普遍的理想价值，反映了人类在全球化时代的共同愿望；同时也体现了中华民族自己的政治、经济、文化特色和智慧。

"以和为贵"是治国的智慧。孔子"以和为贵"的思想，在中国历史上曾经起到了促进民族团结，维护祖国统一的重大作用。作为中国主要民族的汉族，在历史上就是由许多民族融合而成，后来的汉族又和几十个少数民族一起共同组成了中华民族，中华民族在"以和为贵"的精神作用下，密切团结而成为一个统一强大的国家。中华民族是一个多元的统一体，与此相适应，中华文化也是一个多元的统一体，这种多元的统一正是儒家"和"的思想体现。民族的融合力、凝聚力，民族文化的同化力相互作用、相互影响，这种作用和影响的机理就是"以和为贵"精神的共同认知和践行。"和"是中华民族和中华文化的特征向量，"以和为贵"应该成为治国者的生命信仰、思维基础和治理国家始终不渝的行为方向。

"以和为贵"也是理政的智慧。治政中最好的局面就是"政通人和"。"政通人和"是社会政治生活的内在结构和各方面关系处于相对均衡、相对和谐、相对稳定的政治秩序状态，即政治系统内部各要素之间在"和"的目标下，达到一种相互依存、相互制约、相互促进的良性互动状态。"政通人和"这种状态也可以叫作"政治和谐"。那么如何能够达到"政和"的状态？《孔子家语》给出的智慧是："宽以济猛，猛以济宽，政是以和。"大意是，治政以宽松与严峻相互补充，政事就和谐。也就是说，治政有宽、猛两种手段，两种手段必须"和"才能发挥出治政的作用。政治环境宽松，会营造出一种民主的气氛，使民众心情舒畅。但政治环境过度宽松，容易让坏人有机可乘，制造混乱和事端，破坏社会的稳定。政治环境严峻，可以严肃法纪，产生震慑力，使坏人不敢轻举妄动。但政治环境过度严峻，又会逼得一些坏人铤而走险，一般的人的主动性和创造性也会受到压抑。政治环境的宽松与严峻达到了"和"的平衡状态，就能优势互补，去掉"不和"的弊端，形成"政和"的社会局面。政治和谐，是构建和谐社会的基础和保障，政治和谐有助于推动和谐社会的建设和发展。

"以和为贵"是社会治理的智慧。"和"也是孔子社会治理智慧的精髓所在。孔子追求的社会就是以"和"为本质，人与人之间相互配合协调，各守其位的和谐社会。从几千年前发展至今，"以和为贵"已成为中华文化的基本精神，成为中国人的核心价值追求和处世原则。在社会治理中大力倡导和谐社会理念，弘扬"以和为贵，和气生财""远亲不如近邻""重义轻利、礼尚往来"等传统文明礼仪，有利于实现社会矛盾从事后处置向事前防范转变，把社会矛盾消灭在萌芽状态乃至未萌芽之前；有利于化解社会矛盾纠纷，防止非对抗性的、非原则性的一时的矛盾激化，并发展到不可调和的地步；有利于发挥公众参与的力量，提升人们的融入感和主人翁意识，能极大地增强社会矛盾的调节功能，最大限度地防止、减少和弱化社会矛盾和社会冲突的产生。"仁""礼""和"是孔子儒学思想体系的三个基本支点，因此，孔子的"以和为贵"的社会治理智慧，是以和为本，又要兼顾"礼"和"仁"，彼此相辅相成，不可偏颇，更不可去一而行。"以和为贵"的社会治理，通过对话、沟通、交流的方式，以礼待人，以仁悦人，以情感人，以理服人，以人心换人性，用自己的仁礼的真诚忠恕去感召人、感化人，消除彼此心中的隔阂，重新建立彼此的信任，人们就会相安无事、友好共处，进而最大限度地降低维稳成本，达到社会治理的最高境界。

"以和为贵"是企业管理的智慧。企业的人际关系错综复杂，有企业与企业之间、企业与员工之间、管理者与被管理者之间、员工与员工之间的关系。而这些关系又因为人们的文化与信仰不同以及生活和工作经历的差异而变得更加复杂。"以和为贵"是调节这些复杂关系的智慧。若企业的这些关系中的任何一方都能"以和为贵"，那么人与人之间就能够相互沟通、相互理解、相互支持，各种矛盾就都可以化解，劳动效率也会大大提高。西方人际关系理论的创始人梅奥（George Elton Mayo，1880—1949 年）就深谙"以和为贵"的奥妙。梅奥是美国行为科学家、美国艺术与科学院院士，梅奥于 1924—1932 年在美国芝加哥郊外的西方电器公司霍桑工厂主持进行了著名的霍桑试验，找到了提高劳动生产率的途径，创立了人际关系学说。梅奥认为：① 影响生产效率的根本因素不是工作条件，而是工人自身。人不应该是"经济人"或"理性人"，而是"社会人"，人是情感和理性的共同产物，因此，金钱不是刺激积极性的唯一动力。② 在决定工人工作效率的因素中，工人为团体所接受的融洽性和安全感较之奖励性工资有更为重要的作用。生产率主要受工人在集体劳动中的和谐状态和"士气"影响。③ 组织中存在着非正式团体，它有自己的感情取向和规范并往往能强烈左右团体成员的行为。因此，梅奥提出的提高劳动效率的管理措施中，其中重要的一条就是建立面谈和调解制度，以消除不满和争端，最大限度地实现和谐。被誉为"经营之神"的松下幸之助也十分重视"以和为贵"在企业管理中的作用。他说："事业的成功，首在人和……一群人在一起做事情，最重要的是同心协力，团结一致。"松下幸之助道出了松下企业以及世界上所有成功企业的管理秘诀。

"以和为贵"是包容的智慧。世界上没有不长草的花圃，领导活动的舞台上也不是清一色的君子。这就要求领导者要有君子、小人并容的雅量。有智慧的领导者面对矛盾、摩擦、误会、纠纷等，多谦让少争执，多包容少排斥，不长"小心眼"，不耍"小阴谋"，不搞"小圈子"，尤其是面对怒发冲冠的冲突者，更要冷静容忍。包容是一种良好的心态，是自信者的微笑，是博大的胸怀，是宽广的气量，是"以和为贵"的境界。历代圣贤都大力推崇宽恕容忍的人格精神。孔子的学生子贡曾经问孔子："先生，有没有一个字可以作为终身奉行的原则呢？"孔子回答："那大概就是'恕'吧。""恕"就是宽容。荀子也曾经说过："君子贤而能容罢，知而能容愚，博而能容浅，粹而能容杂。"佛家说："精明人，不使人无所容。"古希腊有位哲人也说："学会宽容，世界会变得更广阔，忘却计较，人生才能永远快乐。"宽容的心是一把伞，撑得开，收得起，在收放自如中享受内心深处溢出的自在。宽容精神是滴翠的绿叶，是吐艳的花朵，是领导者身上散发出来的最迷人的"人和"魅力。

八、孔子"和而不同"的差异领导智慧

在《论语》"子路篇"中，孔子说："君子和而不同，小人同而不和。"意思是，君子在人际交往中能够与他人保持和谐相处的友善关系，但在对具体

问题的看法上却不盲目苟同。小人在对问题的看法上迎合别人的心理、附和别人的言论，但在内心深处却没有与人和睦相处的态度。孔子还说："如其善而莫之违也，不亦善乎？如不善而莫之违也，不几乎一言而丧邦乎？"意思是，国君说的话，如果是有道理，无人敢违抗，自然是很好的；如果国君说了不正确的话，而无人敢争辩和纠正，那就近乎是一句话可以亡国了。

在《论语》"为政篇"中，孔子说："君子周而不比，小人比而不周。"意思是，君子团结而不勾结，小人勾结而不团结。

在《论语》"卫灵公篇"中，孔子说："君子矜而不争，群而不党。"意思是，君子庄重拘谨与世无争，虽然相聚在一起但不结党为奸。

"和而不同"就是不同的元素按照内在的有机联系组成了有机的系统，产生了可持续的放大功能。"和而不同"中的"和"，揭示了社会事物的多样性统一。"和"指的是不同事物之间的和谐、平衡或统一，是差异互补的"和"，正是这种"和"，才使世上万物品类丰富，相辅相成，也使万物处之有道，共生共长，发挥出更大的共同效益。"和而不同"的对立面是"同而不和"，"同而不和"就是同一元素，没有质上的差别，只是量上的叠加，因而也没有形成内在的有机联系和系统性的放大功能。"同而不和"中的"同"，则指事物的绝对一致、等同，不可能产生新事物，而只能产生衰败。自然界和人类社会就是和则相生，同则不继的。因此，"和而不同"是自然界和人类社会的普遍规律。"君子和而不同，小人同而不和"是孔子思想体系中的重要组成部分，是从社会和人伦的角度所提出的一个重要理念，体现了孔子思想的深刻哲理和高度智慧。"和"的更深刻内涵，就是群体必须有共存的文化心理、信仰和价值观念，以及在此基础上的共同目标和共同的行为规范，遵守这种共同的行为规范的君子就能团结而不勾结，相聚而不为奸，而违背这种共同的行为规范的小人就是勾结而不团结，狼狈为奸，即"君子周而不比，小人比而不周"。朱熹用"乖戾"这一概念，从反面注解"和"的真义："和者，无乖戾之心。"凡是与共同的目标和常道相背离的，相抵触的，不合理的，就是"乖戾"。孔子讲的"小人比而不周"，就是这种"乖戾"的典型表现。"不同"者，社会个体和角色的多样性也。群体的融洽和谐必须建立在承认和尊重社会个体差异性，努力通过对人与人之间角色、身份差异性的肯定，促进其彼此间的相互认同、尊重、理解和关爱，而不结党营私，即"君子矜而不争，群而不党"才能真正把社会维系成一个乐群、爱群、协群的和谐的整体。

孔子的"和而不同"思想是孔子在继承春秋以前"和""同"观念，以及史伯、晏婴"和同之辩"基础上提出来的，与史伯、晏婴的观点一脉相承，而且具体的阐释也极其一致。《国语》"郑语篇"记载，周太史史伯在回答郑桓公"周其弊乎"时指出：周幽王舍弃正直之士而重用奸诈之徒，是"去和而取同"；然而，"和实生物，同则不继。以他平他谓之和，故能丰长而物生之。若以同裨同，尽乃弃也"。由于周幽王取同而去和，因此周朝的衰亡是必定的。《左传》"昭公二十年篇"记载，齐景公有位宠臣梁丘据，齐景公对晏婴说："唯据与我和夫！"晏婴对曰："据亦同也，焉得为和？"齐景公问："和与同异乎？"晏婴答："异。"他解释道："和如羹"，用醋、酱、盐、梅、水、火与鱼肉相烹煮，"和"也如同各种声音相辅相成的音乐，"先王之济五味、和五声也，以平其心，成其政也"；君臣关系应当是"和"而不是"同"，即臣要在"君所谓可"中指出其"否"，在"君所谓否"中指出其"可"，这就会"政平而不干，民无争心"；但是，"今据不然。君所谓可，据亦曰可。君所谓否，据亦曰否。若以水济水，谁能食之？若琴瑟之专一，谁能听之？同之不可也如是"。所以，孔子尖锐地指出，君主"如不善而莫之违"，那就是"一言丧邦"。在《论语》"子张篇"中，子贡说孔子如果"得邦家者"，其理想是"动之斯和"，意思是不同主体互动沟通而达致和谐。

求同存异是"和而不同"的领导智慧。首先，领导活动是以群体为特征的，而群体是由各个不同的个体组成的。个体存在于群体中，群体又以个体为基础，两者互相依存，互相制约，互相促进。但是，不同个体之间是存在差异的。一方面，这种差异的存在是客观的，对领导活动也是必要的；另一方面，任其个性差异自由散淡，就会影响群体的聚合效应，使群体不能形成一个重拳出击的"合力"，就会弱化领导力。正确的处理办法就是"求同存异"。个体只有树立正确的人生观和价值观，才能与群体共同进步，共同发展。《礼记·中庸》中说："万物并育而不相害，道并行而不相悖。小德川流，大德敦化，此天地之所以为大也。"意思是，万物同时生长而不相妨害，日月运行四时更替彼此不相违背。小德就像流行的河水一样浸润滋养万物，大德使万物全都充实地生长、变化、发展，天地之所以大，原因就在于此。领导活动是多彩的，领导者与被领导者之间是平等的，我们整个社会的生存法则不是冲突、对抗，而是并育，领导活动中被领导者"小德川流"与领导者"大德敦化"也是一起生长互不残害的。"小德川流"汇聚成"大德敦化","大德敦化"成就"小德川流"。你好了对我好，我好了对你好，求同存异、包容互补，对大家都好。日本的田代茂树对孔子"和而不同"的智慧领会得很透，在其《怎样当企业领导》一书中指出："气质相似的人聚在一块儿并没有什么好处。能够把秉性各异、富有个性的人团结在一起工作，是一个公司力量强大的原因之所在。"

善纳诤言是"和而不同"的领导智慧。物理学上有个"负反馈"概念，意思就是使输出起到与输入相反的作用，使系统输出与系统目标的误差减小，系统趋于稳定。对负反馈的研究也是控制论的核心问题。金鱼没有负反馈，喂它多少食物它就吃多少，最后撑死了。人有负反馈，吃饱了就不再吃了，就活得好好的。领导者个人都有认识的局限性和片面性，也就是说，每个领导者身上都有"盲点"，自己的思想和观点以及由此做出的领导决策也不免会存在着这样或那样的问题，如果"搞一言堂"，搞100%的求同思维，不允许不同的观点和不同的意见存在，没有负反馈的氛围和渠道，领导者认识的局限性得不到补充，错误的决策得不到纠正，领导活动就会失败。领导者绝不能沉浸在"好话"的声浪中，要善于听取周围的"反调"声音，特别是在刺耳的"反调"里，往往会有合理化的建议，有真知灼见。没有摩擦就没有磨合，有争论才能产生高论。领导者绝不能被总是唯唯诺诺、点头称是的下属包围。因此，一个领导集体中，在目标上"求同"的前提下，必须在具体的意见上"存异"，兼容并蓄。有不同的思想观点和对同一件事情有不同的看法是正常现象，这也是"和而不同"的规律使然，领导者通过这种不同的思想观点和看法，可以获得负反馈，可以从不对称性中获益。相反，如果讨论研究问题时，每个人的看法都一致，只能说明根本没有人在用大脑独立思考。因此，与自己的见解不同的意见或看法不能称之为"异端"，不要轻易去攻击异己的言行。"否定之否定规律"是唯物辩证法的三大规律之一，这一规律告诉我们，从否定的方面得到肯定的认识会更深刻、更透彻。因此，领导者要有宽容多元思想的心态，要善于从否定自己的意见和建议中完善自己的认识和决策。不听小人谗言，倾听君子诤言，绝不以昏为"明"，这是"和而不同"智慧的重要警示。

群而不党是"和而不同"的领导智慧。群而不党的意思是能够合群，但是不结私党。领导活动是以群体的形式进行的，群体分为正式群体和非正式群体，正式群体是经过权力机构的承认或批准而形成的群体。正式群体的核心是"公"字，只有追求组织或者公众的根本利益，没有私利私求。"合群"，是指合在正式群体中。非正式群体是在正式群体中，由于人们社会交往的特殊需要，依照个人的利益以及好恶感、心理相容与不相容等情感性关系，而自发或偶然结合在一起的群体。诸如正式群体中的一些小团体都属于非正式群体。所谓"私党"就是从这些"小集团"和"小圈子"中产生，或者以"小集团""小圈子"的群体形式出现，为谋得个人私利而干坏事。从历史上看，那些搞阴谋诡计的人大都搞派别活动，搞封建依附那一套，就是"小山头""小圈子""小团伙"那一套，就是门客、门宦、门附那一套。可见"私党"是正式群体肌体上的毒瘤，危害极大。欧阳修写过一篇《朋党论》，对朋党的严重危害做了深刻分析，许多朝代就是亡于朋党。因此，有智慧的领导者一定要让自己领导的正式群体群而不党，首先自己不搞那些"小山头""小圈子"，而且对于那些以利禄相勾结，以升迁相依附，而互相组成的"小山头""小圈子"，必须出重拳予以清理和打击，以净化正式群体的生态环境。

周而不比是"和而不同"的领导智慧。周而不比，就是以公正之心对待天下众人，没有预定的成见及私心，不徇私护短。领导者在上下关系、人际关系中，不能搞亲疏，不能搞团伙、帮派，不能搞利益集团，切忌从个人恩怨、得失、利害、亲疏出发用分别心看事待人。否则，对"自家人"徇私护短，平时你罩着我，我护着你，你帮着我，我关照着你，大家沆瀣一气，捞取好处，久而久之就会形成"腐败生态链"。尤其是在选拔干部时，要"周而不比"，任人唯贤，绝不能搞任人唯亲的"关系网""潜规则"之类的东西。如果在用人上只想着自己的"七大姑八大姨"，只想着自己的关系链上的人，而这些人不论水平高低，能力大小，照样提拔重用，而对大批德才兼备的人视而不见，必然会造成庸者上、能者下的"逆淘汰"局面，这对事业发展贻害无穷。古今中外的历史教训告诉我们，那些篡位夺权、祸国殃民的奸佞恶人，都是从任人唯亲的路线中走出来的。而那些精忠报国的贤良君子，几乎都是从任人唯贤的路线中选拔出来的。《东周列国志》结尾诗中有两句诗："总观千古兴亡局，尽在朝中用佞贤"，说透了奸佞小人和贤良君子与国家和社稷的存亡关系，值得我们今天的领导者深思和借鉴。古代祁黄羊出以公心外举不避仇，内举不避亲，演绎了"周而不比"的佳话。

九、孔子"过犹不及"的中庸领导智慧

在《论语》"先进篇"中记载："子贡问：'师与商也孰贤？'子曰：'师

也过，商也不及。'曰：'然则师愈与？'子曰：'过犹不及。'"意思是，子贡问孔子：子张与子夏相比较，哪位更好些？孔子回答说："子张做事往往过头，而子夏则做不到位。"子贡说："这样看子张比子夏更好些吗？"孔子说："过头与不足都是不好的。"

在《论语》"子罕篇"中，孔子提出："毋意，毋必，毋固，毋我。"意思是，不臆测，不武断，不固执，不主观。

在《论语》"述而篇"中记载："子温而厉，威而不猛，恭而安。"意思是，孔子温和而又严厉，威严而不凶猛，谦恭而又安详。

在《论语》"尧曰篇"中，孔子指出："君子惠而不费，劳而不怨，欲而不贪，泰而不骄，威而不猛。"意思是，君子给人以恩惠，自己又不过度耗费；役使老百姓，老百姓却没有怨恨；有欲望，又不贪心；泰然自若，又不傲慢；威严，又不凶猛。

在《礼记》"中庸篇"中，孔子说："君子中庸，小人反中庸。君子之中庸也，君子而时中。小人之中庸也，小人而无忌惮也。"意思是，君子中庸，小人违背中庸。君子之所以中庸，是因为君子随时做到适中，无过无不及；小人之所以违背中庸，是因为小人肆无忌惮，思维和行为偏走极端。孔子又说："喜怒哀乐之未发，谓之中；发而皆中节，谓之和。中也者，天下之大本也；和也者，天下之达道也。致中和，天地位焉，万物育焉。"意思是，人们的喜怒哀乐没有表现出来，这叫作"中"，表露出来但符合常理，这叫作"和"。"中"是天下的根本；"和"是天下共同遵循的道理。到达了"中和"，天地便在自己的位置上运动了，而万物都开始生长发育了。

孔子最早提出"中庸"的概念，这一概念贯穿整个孔子学说的始终，起着纲领性的作用。何谓"中庸"？"中"就是合情合理、恰到好处的一种尺度，"庸"就是保持这种"合情合理、恰到好处"的一种常态。孔子认为世上一切事物在发展的过程中会呈现出三种状态：不足、过度、中正。"不足"和"过度"都不利于事物的发展，即"过犹不及"，只有"中正"才符合事物发展的要求。宋代著名理学家朱熹给《四书章句集注·中庸章句》加注说："中者，不偏不倚、无过不及之名。庸，平常也。"孔子提出在处理事情上，既要有主见，又不能主观武断；既要有一定的指归，又不能固执，即"毋意，毋必，毋固，毋我"。中庸之道的理论基础是天人合一。中者天下之正道，庸者天下之定理。天人合一的真实含义是"参与天地，化育万物"，这就必须通过"致中和"，才能达到"天地位焉，万物育焉"。中庸之道在中国人心中居极重要的位置，"中国"两字所包含的意义，不止于地文上的印象，更重要的含义是"以中立国"的智慧上的正道。"中庸"也早已经成为中国人生活的规范。中国人喝茶，讲究的是清茶淡香，若是过浓，就会苦得喝不下去，如果太淡，又感觉没有茶味，只有适中才能既可口又提神。罗素曾经很准确地指出："在艺术上，中国人竭力求精细，在生活上，中国人竭力求合情理。"

　　"执中持中"是领导者成就伟业的哲学智慧。社会发展的本质规律是，事物之间是有本质联系的，这种联系又经常处于发展变化之中，而且变是绝对的，不变是相对的。具体到"庸"和"中"之间的逻辑联系是，"中"是"庸"的逻辑起点，"中"是静态的，"庸"是动态的；"中"是本质论，"庸"是方法论；"中"是对事物存在和发展本质的认识，"庸"是处理和实现具体事物的方法。"中"决定着"庸"；"庸"实践着"中"；"中"是认识论，"庸"是实践论。"中"和"庸"还具有时效性，是"时中"，是"与时偕行"而不是僵化死板的。"中"和"庸"的这种必然联系，要求领导者带着领导活动内在"中"的要求，在领导活动外部环境，包括自然的和社会的环境中寻求"庸"的实现方法，也就是使领导活动的内在要求在现有的外在环境与条件下，得到最适宜的、最恰当的、无过与不及的实现。历史上那些伟大的领导者和贤哲都深谙"执中持中"的领导哲学智慧。中国记载政治公文最早的史籍《书经》中记载，当尧禅位之时，劝告其继承者舜说："咨尔舜，天之历数在尔躬，允执厥中，四海困穷，天禄永终。"《中庸》上说："舜好问而好察迩言，隐恶而扬善，执其两端，用其中于民。"亚圣人孟子曾经赞美汤说："汤执中，立贤无方。"孔子"执中持中"的哲学智慧，是具有永久的真理性和现实主义的伟大思想。宋朝的洪迈在其《容斋随笔》中也说："天下万事不可过，岂特此也？虽造化阴阳亦然。雨泽所以膏润四海，然过则为霖淫；阳舒所以发育万物，然过则为燠亢。赏以劝善，过则为僭；刑以惩恶，过则为滥。仁之过，则为兼爱无父，义之过，则为为我无君。执礼之过，反邻于谄；尚信之过，至于证父。是皆偏而不举之弊，所谓过犹不及者。"意思是，天下的各种事情都不可过分，难道只有人事是这样吗？就连阴阳造化也是如此。下雨是为了滋润广袤的大地，但是过分了就会发生洪涝灾害；阳气上升是用来培育万物生长的，然而过分了就会造成酷热干旱。奖赏是对善德的鼓励，过分了就是僭越；刑罚是为了杜绝恶行，过分了就是枉滥；

过于仁慈，就会兼爱不顾自己的父亲；行义过分，就会自私而忘记忠君的责任。太过于礼貌，邻居会觉得你在献媚；太讲信义，就会到了指证自己父亲过失的地步。这些都是偏执的行为，把好事做得过分了，就和达不到效果是一样的。杭州灵隐寺里有一副对联写得好："人生哪能多如意，万事只求半称心。"这个"半"字之道，就蕴含了"执中持中"的深邃智慧。

"执中持中"是一种最具成效的领导方法。孔子的中庸思想，为观察、思考、分析和解决领导活动中的问题，提供了正确的方法。《南华经》中说："庸就能用，用就能通，通就能得。"中庸提倡的是过犹不及，执中致和，也就是在对立的两极之间寻求比较适中的方法和解决方案。如在制定发展战略上，既要"致广大"，又要"极精微"；在处理事务上，既要有主见，又不能主观武断；既要有一定的指归，又不能固执，也就是"毋意，毋必，毋固，毋我"。在治国理政中，既要施民以恩惠，又不能过度耗费；役使老百姓，老百姓却没有报怨；有欲望，又不贪心；贫穷也不要心浮气躁，富贵也不能为富不仁；泰然自若，又不傲慢；失败时不要心灰意冷，成功时不要得意忘形；威严，又不凶猛；在上级面前不要低三下四，在下级面前不要专横跋扈。这种分寸的把握，就体现了中庸之道，即"君子惠而不费，劳而不怨，欲而不贪，泰而不骄，威而不猛"。据《左传》记载，子产临死前，曾告诉他的接班人子大叔说，为政的关键，在于针对不同的对象，或宽或猛，宽猛适中。孔子称这种宽猛相济所达到的适中状态为"中和"。孔子自己就在立身处世和思想修养方面践行中庸之道，平日待人温和而又严厉，威严而不凶猛，庄重而又安详，即"子温而厉，威而不猛，恭而安"。在决策上，领导者既要"择善固执"，防止动摇不定，优柔寡断；又要"从善如流"，避免执迷不悟，刚愎自用。在选拔任用人才上，既要尊贤，又要容众。在履行职责上，既要到位、就位，又要忌越位、错位。在个人的情绪上，可以"乐"但不能"淫"，可以"哀"但不能"伤"，可以"怨"但不能"怒"。人们的喜怒哀乐没有表现出来，这叫作"中"，表露出来但符合常理，这叫作"和"。"中"是天下的根本；"和"是天下共同遵循的道理，即"喜怒哀乐之末发，谓之中；发而皆中节，谓之和。中也者，天下之大本也；和也者，天下之达道也"。所有这些领导方法都是在反对极端性和绝对化，追求"执其两端，用其中"，即把左右两个极端把握住，在两个极端之间寻求适中的方法，平衡各种力量、各种倾向，做出恰当的优化选择。

总之，对于领导者来说，"执中持中"的中庸之道既是一种精深的领导哲学智慧，又是一门精湛的领导方法与艺术。如果领导者既能悟透属于哲学层次的领导思维方式，又能娴熟地运用属于方法层次的领导艺术，那么就能够认识和把握住领导活动在不同时间里和不同情况下的"中"，领导活动就能驾轻就熟，进止自如。这就像一只手，始终紧握拳头是不正常的，只张不合也是不正常的，一定要拳掌舒卷自如，这才正常。所以，凡事要适可而止，要不偏不倚，这就是我们从中庸之道里获得的最有价值的智慧资源。

孔子的中庸思想在西方也广受推崇。与孔子同时代的意大利哲学家、数学家、文学家毕达哥拉斯在《金言》中说："一切事情，中庸是最好的。"古希腊的哲学家亚里士多德也提出了类似中庸的思想，他明确指出："我们首先必须注意，过度和不及，均足以败坏德行……例如，关于体力和健康的情况，运动太多和太少，同样损伤身体；饮食过多或过少，同样损害健康，唯适度可以产生、增进、保持体力和健康。"亚里士多德还举出了很多如何合乎中道的例子，如关于荣誉和耻辱，其中道是适度的自豪，其过度是虚荣，不及是卑贱。又如关于金钱的取与舍，中道是乐施，过度是挥霍，不及是吝啬。再如关于快乐和痛苦，中道是适度节制，过度是放荡，不及是不愿行乐。公元 6 世纪的希腊诗人潘季里特在祷告诗中也写道："无过不及，庸言致祥，生息斯邦，乐此中行。"梭伦也认为"自由不可太多，强迫也不可过分"，中庸才能防止极端。

在国外，还有个类似于"中道"的"黄金分割律"。黄金分割律的提出人是古希腊的毕达哥拉斯，他在当时十分有限的科学条件下大胆断言：一条线段的某一部分与另一部分之比，如果正好等于另一部分同整个线段的比，即 0.618 033 988……那么，这样的比例会给人一种美感。黄金分割率，是一个神奇的无理数，在数学中，在建筑、美学、艺术、音乐，在几乎人类生活的一切领域里，都可以找到它的存在。后来，这一神奇的比例关系被古希腊著名哲学家柏拉图誉为"黄金分割律"。"黄金分割律"以及后来的黑格尔的"正、反、合"观点，都包含了不偏不倚的适中思想。东西方文化的精华在"中道"上的交汇，具有无穷的意味，值得我们细细品读。

十、孔子"学而不厌"的为学领导智慧

在《论语》"雍也篇"中，孔子说："知之者不如好之者，好之者不如乐之者。"意思是，知道怎么学习的人，不如爱好学习的人；爱好学习的人，又不如乐于学习的人。孔子又说："力不足者，中道而废。"意思是，能力不足

的人，是坚持不到最后的，只会半途而废。孔子还说："君子博学于文。"意思是，君子广泛涉猎文献知识来丰富自己的头脑。

在《论语》"学而篇"中，孔子说："学而时习之，不亦说乎？"意思是，学过的内容要及时地温习，不是也会从中获得快乐吗？

在《论语》"公冶长篇"中，孔子说："敏而好学，不耻下问。"意思是，天资聪明而又好学的人，不以向地位低贱、学识差的人请教为耻。

在《论语》"述而篇"中，孔子说："学而不厌。"意思是，勤奋学习而不倦怠。孔子又说："不愤不启，不悱不发。举一隅不以三隅反，则不复也。"意思是，不到他努力想弄明白而憋闷的程度不要去开导他；不到他心里明白却不能完善表达出来的程度不要去启发他。如果教给他一个方面，他却不能以此来说明另外三个方面，就不要用同一种方法重复教他了。孔子还说："三人行，必有我师焉。"意思是，几个人一起同行，其中必定有值得我学习的老师。孔子也说："亡而为有，虚而为盈，约而为泰。"意思是，没有却假装有，空虚却装作充实，穷困却装作富有，这样的人难有常守的恒心。

在《论语》"子张篇"中，孔子说："学无常师。"意思是，凡有点学问、某些方面见长的人都是老师。

在《论语》"泰伯篇"中，曾子说："以能问于不能，以多问于寡，有若无，实若虚，犯而不校。"意思是，有能力的人也要向无能力的人请教，知识丰富的人也要向知识贫乏的人请教；有学问要像没学问一样，满腹经纶要像一无所知一样，别人冒犯我不要计较，就是要多问、多容、多接受意见。孔子又说："学如不及，犹恐失之。"意思是，学习就要不断进取，好像长跑竞赛，总怕追赶不上，追赶上了又怕被甩掉。

在《论语》"为政篇"中，孔子说："温故而知新，可以为师矣。"意思是，重温学过的知识，可以在这个基础上掌握新的知识和解决新遇到的问题，这样的人可以做老师了。孔子还说："学而不思则罔，思而不学则殆。"意思是，学习而不思考，人会被知识的表象所蒙蔽；苦思冥想而不学习，则会因为疑惑而更加危险。

守田者不饥，读书者不贱。人类天生就是钻石的原石，不经过打磨就不能散发出超越万物的光彩。孔子是个伟大的教育家，特别重视学习，在《论语》中开篇就讲："学而时习之，不亦说乎？"《论语》中有关学习的论述也是最多的。仅就以上从《论语》中节选的部分内容，也可以窥见孔子关于学习的深邃思想：① 学习必须端正态度。学习态度是一个人对学习所持有的稳定的心理倾向，以及由此产生的行为倾向性。对待学习的心理倾向和行为倾向，主要体现在学习的兴趣上，孔子认为以学习为乐的人就端正了学习态度，即"知之者不如好之者，好之者不如乐之者"。② 学习必须有毅力。学习是个日积月累的过程，学习的成效在于坚持不懈的意志力。对待学习必须勤奋，不能倦怠，也就是"学而不厌"。荀子也曾经说过："学不可以已。"学习上没有"不可已"的坚持力，就会半途而废，所以孔子说："力不足者，中道而废。"学习就要像赛跑一样，不断向前，才能不被别人甩到后面，即"学如不及，犹恐失之"。③ 学习必须讲究方法。孔子认为，学习的过程就是不断思考的走心走灵的过程，他说："学而不思则罔，思而不学则殆。"孔子在学习的方法上还主张对学过的内容要不断地温习，从中获得快乐，获得新的知识，亦即"学而时习之，不亦说乎""温故而知新，可以为师矣"。④ 学习必须内容广博。孔子主张应广泛涉猎，就是"君子博学于文"。孔子是这么说的，孔子本人也是这么学的、这么教的。其弟子颜回说："夫子循循然善诱人，博我以文，约我以礼。"意思是，孔子以文献、文化知识使颜回博学，又以礼使颜回在博学的同时坚守学习的要旨。⑤ 学习必须虚心求教。孔子认为，学习来不得半点虚伪和装腔作势，不能"亡而为有，虚而为盈，约而为泰"，而是要"以能问于不能，以多问于寡，有若无，实若虚"。孔子特别强调"学无常师""三人行，必有我师焉""敏而好学，不耻下问"。⑥ 学习必须达到目的。关于学习的目的，孔子强调是"学以致用"，就是用自己学到的知识和自己的能力服务社会，建功立业。学习的目的决定学习的境界。一个人学习的目标和追求越高，他的个人潜能就会发挥得越好，学习的毅力就越强，学习的成就就越大，他也注定不是一个平庸的人。

学习是人类的一个永恒主题，伴随着人类进步历史的全过程。学习是人通晓事理、陶冶情操、增长智慧的主要道路；学习也是一个人获得领导资格和胜任领导工作的基本途径；学习更是领导组织获得可持续的竞争优势和生机活力的重要前提和基础。所以，领导者一定要给自己、给部下留出学习的时间和机会。只有乐于学习、善于学习的领导者，才是一个不断进步的成熟的领导者。所以，古人讲"饱读经学世事明""腹有诗书气自华"。只有乐于学习、善于学习的领导组织，才能顺利发展壮大。

领导干部学习的目的不是要单纯成为博学者，而是要"学以致用"。领导干部肩负千钧重担，做的是大事业，需要有高远的大志向。古人"学以致用"的目的是"为天地立心，为生民立命，为往圣继绝学，为万世开太平"。今天的领导者是富国裕民的栋梁之才，学习的目的不是实现小家小我，而是实现国家繁荣富强，人民幸福安康。有了这样的学习目的，就有了巨大的学习动力。

学习的内容要广博。领导工作综合性、系统性强，不仅要"关注脚下"，还要"关注星空"，需要多方面的知识积累。就学习本身而言，如同挖井，开口要宽，井才能挖得深。立足本职工作领域所需业务知识的要求，缺什么学什么，学深学透，才能消除"本领恐慌"。领导者还应当广泛涉猎专业化以外的多方面相关知识，包括经济、法律、科技、历史、文化、管理、国际和信息网络等领域的新理论、新观点、新知识、新事物，通过学习拓宽知识结构，促使自己在思维方式、思想观念、心理意识、行为能力和科学方法等方面的全面提升，不断提高学习的效率和素养。

学习的收获大小在于是否有好的方法。要学有所获、学有所得、学有所成，不仅要乐于学习、勤于学习，而且要掌握好的学习方法。学习方法是会学习的能力。联合国教科文组织的埃德加·富尔先生预言："未来的文盲，不再是不识字的人，而是没有学会怎样学习的人。"领导者在学习的过程，要借鉴和总结行之有效的学习方法，才能让知识真正入耳、入脑、入心。如"学而时习之""温故而知新"等方法，就能解决一读了之、过目即忘的问题。

向各个领域的大家学习。朱熹说，天下事有大根本，有小根本。大家多是研究大根本的，大家在学问上取得的辉煌成就，经历了时间的检验与沉淀，也得到了人们的认可和盛赞，具有超越时空的精神魅力，后人很难望其项背。博览大家之书，从"圣人之言"中可以开阔器宇，思接灵慧；可以读出大气度、大胸襟、大气象；可以收获超于常人的眼界与视野，培养出全局眼光、历史眼光。因此，领导者必须具有"大根本"素质。

向人民群众学习。中国自古就有"知屋漏者在宇下，知政失者在草野"的说法。"宇下""草野"就是人民群众，广大人民群众拥有无穷的智慧和力量。善于向群众学习，就要放下架子，拜群众为师。孔子讲得好，"三人行，必有我师焉"。拜群众为师，就要降低身段，俯下身子，深入实际，深入基层，"不耻下问"，从人民群众的鲜活思想中汲取营养，从人民群众生动的实践创造中提炼"真经"，寻求工作创新的思路和途径，使领导决策更科学，更符合民情，更体现民意，更惠及民生。

43

向历史学习。今天的现实是从昨天发展而来的，今天遇到的许多事情和问题可能会与历史上发生的事情和问题有"惊人的相似之处"，因此古人说"以史为镜，可以知兴替"。中国的历史、世界的历史是极为宝贵的精神遗产，其中蕴含着十分丰富的治国理政经验，包含着许多对国家、社会、民族及个人成与败、兴与衰、安与危、正与邪、荣与辱、义与利、廉与贪等的思考。晚清中兴名臣左宗棠曾写过一副对联自勉自励："身无半亩，心忧天下；读破万卷，神交古人。"领导者必须具有"心忧天下"的情怀和胸襟，必须学习和了解历史，去"读破万卷，神交古人"。这不仅能拓宽知识面，吸收和借鉴前人在修身处事、治国理政等方面的智慧和经验，而且可以更加清晰地认识规律，把握方向，提高思维层次和领导水平。

学习的关键在于思考。思考对于学习的重要性，就是孔子说的"学而不思则罔，思而不学则殆"。善于思考才能看到别人看不到的东西，体悟到别人体悟不到的东西，掌握到别人掌握不到的智慧。就学习的本身而言，对学到的东西思考得越多，认识就越透，把握就越准。就学习的目的而言，要联系实际往深处思考，往关系国家安危、民族存亡的重大战略问题上思考，往社会的热点、难点问题上思考，往工作中需要破解的危局、困局上思考，往前沿的问题和敏感的问题上思考，这样才能把各种知识融会贯通，增强对本职工作的规律性认识，达到"学以致用"的目的。

孔子"学而不厌"的思想是放之四海而皆准的超越时空的智慧。"第五项修炼"是美国麻省理工学院教授彼得·圣吉，在总结以往理论的基础上，通过对4 000多家企业的调研而创立的一种具有巨大创新意义的理论。在他1990年出版的《第五项修炼：学习型组织的艺术和实务》一书中明确提出了"学习型组织"的管理理念，以及如何通过五项修炼来打造一个有超强学习力的学习型组织。该书连续三年荣登全美畅销书榜榜首，在世界各地掀起了一阵阵学习的热潮，并于1992年荣获世界企业学会（World Business Academy）最高荣誉的开拓者奖（Pathfinder Award）。由于其创新价值，并由于其已在无数美国企业中得到了成功的应用，引起理论界及企业的浓厚兴趣，在短短几年中，被译成二三十种文字在全世界发行，它不仅带动了美国经济近十年的高速发展，并在全世界范围内引发了一场创建学习型组织的管理浪潮。学习型组织的本质特征就是"善于不断学习"，主要强调四个方面的学习：一是"终身学习"。即组织中的每个人都充满学习的热情和能力，养成终身学习的习惯，形成组织良好的学习氛围，促进组织成员在工作中持续不断地学习。二是"全员学习"。即组织的决策层、管理层、操作层都要全心投入学习，尤其是经营管理决策层。决策层是决定着企业和组织的发展方向和命运的重要阶层，面对社会经济发展日新月异，新情况、新技术、新知识、新问题层出不穷，只有不断学习、不断进步才能够满足科学决策的需要。三是"全过程学习"。即学习必须贯彻于组织系统运行的整个过程之中，通过保持全过程的学习能力，及时铲除发展道路上的障碍，不断突破组织成长的极限，从而保持持续发展的态势。四是"团体学习"。即不但重视个人学习和个人智力的开发，更强调组织成员的合作学习和群体智力（组织智力）的开发，并能在团体学习的过程中不断地互相启发、互相提高。学习型组织的真谛在于：一方面，通过拥有比竞争对手更快更好的学习力，保证企业的生存，使组织具备不断改进的能力，能够拥有长期竞争力；另一方面，学习更是为了实现个人与工作的真正融合，使人们在工作中不断地自我成长和进化。

第二章

《道德经》中的领导智慧

老子，姓李名耳，字聃，出生于春秋时期陈国苦县厉乡曲仁里（今河南省鹿邑县太清宫镇），生活于约公元前 571 年—公元前 471 年。老子曾在东周国都洛邑（今河南洛阳）任守藏史（相当于国家图书馆馆长），曾修改过周守藏之史。他博学多才，是我国春秋末年伟大的思想家、哲学家、文学家和史学家，又是道教学派的创始人，被尊为道教始祖。从汉代起，历代帝王就开始到河南鹿邑去祭拜老子。

今存世有《道德经》，又称《老子》《五千言》《老子五千文》，分上下两篇，原文上篇《德经》、下篇《道经》，不分章，后改成前 37 章为《道经》，第 38 章之后为《德经》。《道德经》以哲学意义之"道德"为纲宗，论述修身、治国、用兵、养生之道，而多以政治为旨归，核心精华是朴素的辩证法，主张无为而治，被誉为"万经之王"，为其时诸子所共仰，是现今全球文字出版发行量最大的著作之一。

中国历代名人对老子和《道德经》都给予了极高的评价。

孔子周游列国时曾到洛阳向老子问礼。孔子对老子的评价是："老聃，真吾师也！""鸟，吾知其能飞；鱼，吾知其能游；兽，吾知其能走。走者可以为罔，游者可以为纶，飞者可以为矰，至于龙，吾不能知其乘风云而上天。吾今日见老子，其犹龙邪！"

司马迁在《史记》中评价老子："究天人之际，通古今之变，成一家之言。""老子修道德，其学以自隐无名为务。居周之久，见周之衰，乃遂去。"

唐太宗李世民评价老子："在诸子百家中堪称老子天下第一！"

明朝朱元璋亲自给《道德经》作注，并称《道德经》是"斯经乃万物之至根，王者之上师，臣民之极宝"。

在国际上，老子被誉为东方三大圣人之首，被美国《纽约时报》评为世界古今十大作家之首。20 世纪 80 年代，据联合国教科文组织统计，在世界文化名著中，译成外国文字出版发行量最大的是《圣经》，其次就是《道德经》。

《道德经》微妙玄通，包罗万象，其中蕴藏着经典而又实用的领导智慧，具有恒久的感发人、启迪人的力量，值得今天的领导者反复研读与借鉴。

一、老子"道法自然"的顺性领导智慧

在《道德经》"第十六章"中，老子曰："知常曰'明'。不知'常'，

妄作凶。"意思是，懂得"常"的道理称之为"明"，不懂得"常"的道理，违反天道而妄自行动就会遭遇凶险。

在《道德经》"第二十五章"中，老子曰："人法地，地法天，天法道，道法自然。"意思是，人效法于地，地效法于天，天效法于道，道效法于自然规律。

在《道德经》"第二十九章"中，老子曰："圣人去甚，去奢，去泰。"意思是，圣人必须去掉过分的、奢靡的、极端的想法和做法。

在《道德经》"第三十七章"中，老子曰："道常无为而无不为。"意思是，"道"并没有经常作为，但世间万物无一不是它所为。

在《道德经》"第四十二章"中，老子曰："道生一，一生二，二生三，三生万物。"意思是，道生成一个统一，这个统一体裂变而生成阴阳二气，阴阳二气又产生了交合形态的三，交合形态的三继续变化就生成了万物。

在《道德经》"第五十一章"中，老子曰："道生之，德畜之，物形之，势成之。是以万物莫不尊道而贵德。"意思是，道生成万物，德养育万物，万物开始有了形状，大自然的变化之势促成了万物发育成熟，所以，万物没有不崇敬"道"而尊重"德"。老子还曰："道之尊，德之贵，夫莫之命而常自然。"意思是，道受到人们的尊崇，德为人们所珍贵，没有人有心给"道"和"德"授予爵位，而是自然而然之理所致。

在《道德经》"第五十九章"中，老子曰："治人事天，莫若啬。"意思是，治理民众、推行天道，没有比收敛精神、积蓄元气更为重要的了。

在《道德经》"第六十二章"中，老子曰："道者，万物之奥。"意思是，道是天地万物得到深藏而庇荫的地方。

在《道德经》"第六十四章"中，老子曰："以辅万物之自然，而不敢为。"意思是，辅助万物按客观规律自然地内生演化，而不敢主观武断地强行作为。

"道"是老子哲学思想的核心，"道法自然"是老子哲学中一个十分重要的命题。"道法自然"中的这个形而上的"道"，是难以用语言来表达的，也不能用名词概念来界定，是一种超时空、超自然的永恒主宰，即"道者，万物之奥"。老子认为，"道"是天地万物生成之本，即天地万物都是由道化生的，即"道生一，一生二，二生三，三生万物"。那么"道"的规律又是什么呢？老子说"人法地，地法天，天法道，道法自然"，这就是说，人的行为要效法地，地要效法天，天要效法道，而道则要效法自然，以自然为法则。老子"道法自然"中的"自然"，是指宇宙万物本来存在的状态和自然而然的规律。虽然"万物莫不尊道"，但道却以其自身的尺度——"自然"作用于万物，"道"的运行是以宇宙本来自然而然的法则为规律。"道"是以其自身的尺度——"自然"作用于万物，但它对万物自然的活动方式并不强制，不采取任何反自然的行为，而是顺其自然，让万物自行活动，即"道之尊，德之贵，夫莫之命而常自然"。早在尧帝时代，尧就认识到君王治国，管理天下百姓的政事活动，关键在于研究和顺应自然节令。商朝的箕子就对大禹吸取了父亲用堵的方法治水失败的教训，采取疏而不堵的方法（即顺应自然之道）而大加推举。

老子把天、地、人一气贯通，把"道"和"自然"一气贯通，贯通的目的是说人，这是因为：只有人才有认识的能力，通过对天地万物的观察和体悟发现蕴含其中的"自然"之道；也只有人才有"法"的主观能动性，才能效法天地万物的"自然"之道，将其作为指导自己行为的根本法则。人类也是自然的一分子，也必须遵循宇宙万物间这一最普遍的原则，不能以人类自身的尺度为唯一的价值取向去改造自然。老子说"以辅万物之自然，而不敢为"，"不敢为"是强调不要把人的主观意志强加于自然万物，要尊重万物本来的真实状态和顺应万物本来的内在规律。人的力量与自然相比是非常渺小的，人的生命又是非常脆弱的，若违反自然规律，恣意妄为，就必然会给人类自身带来毁灭性的灾难。所以，老子告诫人类："知常曰明。不知常，妄作凶。"凡是不自然的事不要"妄作"，反自然的事情更"不敢为"，这才是理性自觉。从 17 世纪起，西方国家无视自然规律，以科学与技术为手段，以大自然的征服者自居，恣意大幅度掠夺自然。结果，在陶醉于"无与伦比的工业文明"时，却制造了严重影响人类生存和发展的自然环境的恶化问题，佐证了老子"妄作凶"的明断。

当然，"不敢为"不是说人类在自然面前没有任何活动和作为，而是不能以"道法自然"对立的倾向，采取任何反自然的控制和干预行为去改造自然，这样必然会遭到自然的惩罚性回应。相反，那些符合道的事情则必须"道法自然""以辅万物之自然"，要依照万物自身的尺度，遵循万物的自然本性和规律以有为为之，通过活动和作为，达到人与自然的动态的平衡，即"天人合一"的状态，整个自然界就会呈现出一派欣欣向荣的景象，人类与自然界就能实现和谐发展。

用领导规律来指导具体的领导工作就是"道法自然"的智慧。老子"道法自然"中的"自然",是指宇宙万物本来存在的状态和自然而然的规律。所以,道的基本规律就是自然。这里的"自然"不是我们现在所说的自然界,而是指自然而然,即事物本身按照自己的规律自然而然地发生和发展,不需要任何外在力量的强制和干扰。事物的自然本性,只能顺应不能改变。改变生理自然导致病态,改变伦理自然导致道德沦丧,所以老子说"以辅万物之自然,而不敢为"。自然界有其自身发展的内在规律,人类社会的发展也有其内在的规律,领导活动也只有顺应自然规律和社会规律,才能取得领导成效。领导者每天都在从事领导工作,对领导工作应该非常熟悉,但事实上,很少有人敢说自己对自然规律和社会规律以及由此制约的领导活动领域的内在规律非常清楚。而如果不清楚这些规律,仅凭经验、凭直觉来做领导工作,就会将自己的意志强加于领导活动,从而乱作为、胡作为,不仅不能实现由必然王国向自由王国的转变,实现科学、有效的领导,而且这些违背规律而任意"妄作"的行为还会给领导活动造成难以估量和难以挽回的巨大损失。因此,领导活动要达到"无为而无不为"的最高境界,就要善于探索和正确把握自然规律、社会规律和领导活动中的客观规律,从人与自然关系的大法则、大视野出发,把这些规律自然而然地运用到治国理政领域,这就是保持顺其自然而不妄为的领导理性。爱默生也曾经说过:"真正成功的人,是和大自然达成了良好的互动关系。"还说:"一切力量都源自天地万物,遵守自然法则的心灵,就能顺应天下大势,就能靠着它们的力量强壮起来。"

返璞归真也是"道法自然"的智慧。道教认为,人原初的本性是淳朴和纯真的,是近于"道"的本性的,所以我们常说儿童天真无邪。但随着年龄的增长,再加上社会中名誉地位和财色的诱惑,人的功名意识和财色欲念会萌生和泛滥,不断地侵袭原有的生命元真,消耗掉原有的质朴天性,若恶欲膨胀无止,将会严重损害一个人的心性和生命健康,更会导致一个人在社会上身败名裂。而学道修道,其目的就是要去掉外在的装饰,使生命恢复原来的质朴状态,也就是我们常说的返璞归真。对于今天的领导者来说,返璞归真就是摆脱身外之物对心灵的桎梏,超越功名、利禄、得失而回归自然。只有丢掉穷奢和过分的私欲,才能建立起人与万物之间互利共生、相互依存、融合无间的和谐关系,才能做到一荣俱荣,一损俱损,才符合"长生久视之道",从而达到天人和谐的境界。这就是老子说的"治人事天,莫若啬"。宋代司马光在《训俭示康》

一文中生动地阐释了"成由俭，败由侈"的道理："古人以俭为美德，今人乃以俭相诟病……俭，德之共也；侈，恶之大也……夫俭则寡欲，君子寡欲，则不役于物，可以直道而行；小人寡欲，则能谨身节用，远罪丰家……侈则多欲。君子多欲则贪慕富贵，枉道速祸；小人多欲则多求妄用，败家丧身；是以居官必贿，居乡必盗。"一个领导者，腐化堕落首先总是从自身的变化开始的。或恋权，或贪钱，或好色，或嗜酒，或使气，忘乎所以欲壑难填，就会以权谋私，违纪犯法，最终弄得身败名裂。领导者返璞归真了，就能塑造出"金刚不坏之身"，就会有"先天下人之忧而忧，后天下人之乐而乐"的情怀，就会自然而然地把全部心思用在领导工作中，在为民谋利益的同时，自己也能过上庄子所追求的"洒心去欲"的平淡、简单的生活。美国通用电气公司（GE）前总裁、世纪 CEO 杰克·韦尔奇依据老子的"为道日损"的思想，提倡"无为式"的"简单的管理"。

德国著名哲学家莱布尼茨是较早接受老子思想影响的西方哲学家，早在 17 世纪，他从到过中国的传教士那里了解了中国的哲学思想和文化，还曾经翻译《道德经》，根据老子的阴阳学说提出二进制思想。他说老子提出的"道"："这是一个宇宙最高的奥秘！"并高度赞扬道："中国人太伟大了，我要给太极阴阳八卦起一个西洋名字——'辩证法'。"德国哲学大师黑格尔（1770—1831 年）在《历史哲学》中说："中国人承认的基本原则是理——叫作'道'……道为天地之本、万物之源。中国人把认识道的各种形式看作是最高的学术……老子的著作，尤其是他的《道德经》，最受世人崇仰……每一个命题，都要完全按照太极图的正（阳）反（阴）合（中）的三维形式，这就是我的三段式解读法。"法国哲学家德里达（1930—2004 年）认为："整个西方思想与民族精神，都以逻各斯为中心概念。逻各斯是西方民族精神的最高概念，道是中华民族精神的最高概念，二者惊人的相似，可以说逻各斯与道同在。"德国著名哲学家海德格尔说："老子的'道'能解释为一种深刻意义上的'道路'，即'开出新的道路'，它的含义要比西方人讲的'理''精神''意义'等更原本，其中隐藏着'思想着的道说'或'语言'的'全部秘密之所在'。"

二、老子"无胜于有"的高超领导智慧

在《道德经》"第一章"中，老子曰："故常无欲，以观其妙；常有欲，

以观其徼。"意思是，所以要从经常见不到形体之处来深刻体察道的奥妙；从经常显露其形体之处感知万物的归宗。老子又曰："无名天地之始，有名万物之母。"意思是，无名是天地的发端，有名是天地的归宿。

在《道德经》"第十一章"中，老子曰："三十辐共一毂，当其无有，车之用。埏埴以为器，当其无有，器之用。凿户牖以为室，当其无有，室之用。有之以为利，无之以为用。"意思是，三十根车辐集中安在一个毂上，毂中必须是空的，车才能起作用。踩打揉合陶土制作成器皿，器皿中间必须是空的，器皿才能有盛装食物的作用。建造房屋，墙上必须开凿门窗，屋中必须是空的，这才能够有居室的作用。"有"让万物具有效用，而"无"才能让"有"发挥作用。

在《道德经》"第四十章"中，老子曰："天下万物生于有，有生于无。"意思是，天下万物从"有"生成，"有"从"无"中生成。

在《道德经》"第四十三章"中，老子曰："无有入无间。"意思是，无形的东西可以进入没有间隙的东西。

老子把"无胜于有"看作事物发展的一个规律。在现实生活中，人们往往只看到有形的、表面的东西，看不到无形的、本质的东西，只看到实有的东西在起作用，而看不到包含在事物之中的无形的东西同样起作用，甚至起到有形的东西不可替代的作用。事物的有形实体，是事物存在的硬件，但无形的东西才是事物真正的灵魂、真正的价值所在。无形的东西可以进入有形的东西之中，无形的东西可以进入没有间隙的东西中，无形的力量可以进入万物，无所不入，就是"无有入无间"。正是这种"无有入无间"的作用力，开辟天地，化生万物，亦即老子说的"天下万物生于有，有生于无"。老子为了说明"有"与"无"的作用，列举了车轮、器皿、门窗三个例子，第一个例子是："三十辐共一毂，当其无有，车之用。"中国古代车轮是由 30 根辐条与毂构成的，毂就是车轮轴心部分，毂是空心的，车轮才可以滚动，才能有"车之用"。第二个例子是："埏埴以为器，当其无有，器之用。"埏埴是一种陶器器皿，器皿是空心的，才能有"器之用"。第三个例子是："凿户牖以为室，当其无有，室之用。"建造的房屋的墙上必须开凿门窗，屋中必须是空的，人才能居住。墙壁上开出门窗才能使人进出便利，只有这样，才能有"室之用"。老子通过这三个例子，形象论述了有与无之间相互依存、相互转化的辩证关系：物体实有部分能够带来便利，是依赖于它的空无部分产生的作用，也就是"有之以为利，无之以为用"。老子认为宇宙间的万事万物都产生于看得见的"有"，而这看得见的"有"又产生于宇宙间本原状态的"无"，即"天下万物生于有，有生于无"。老子还把无与有之间的转化看作观察万物而深刻体察"道"的一条路径，"故常无欲，以观其妙；常有欲，以观其徼"。从老子的这些深厚思想体系中流淌出来的是"无胜于有"的高超领导智慧。领导智慧在一定程度上就在于正确认识和巧妙运用无中生有、无胜于有，化腐朽为神奇。英国科学家霍金曾经说过，他自己就是在老子的"天下万物生于有，有生于无"的思想启示下，提出了"宇宙创生于无"的理论。

领导观念是"无胜于有"的智慧。观念是人类支配行为的主观意识，观念给领导活动提供了一种思维模式，领导智慧的最高体现集中表现在以观念为基础的思维模式上。思维模式使领导智慧产生真正的力量，这种力量是无形转为有形的制胜力量。领导活动的成功，首先是观念的成功。没有领导观念的更新，就不会有领导工作的突破；没有领导观念的领先，就不会有领导工作的率先；没有领导观念的超越，就不会有领导工作的跨越。理论上的重大突破，实践上的重大发展，工作上的重大进步都是以观念更新为先导，但同时又是观念更新的结果。观念的更新程度直接决定着领导工作的创新力度，也决定着领导活动的发展方向和速度。更新观念是领导活动中一项永不竣工的工程。

领导文化是"无胜于有"的智慧。我们已经进入了一个知识驾驭劳动、文化驾驭物质的时代，我们不能用那些机械的工业时代的观点、价值、观念来审视这个时代。知识驾驭劳动、文化驾驭物质要求我们具有与工业时代完全不同的观点、价值和观念，这就需要文化上的发展与创新。与有限、有形的物质资源不同，文化是一种无形、无限的资源，具有"无有入无间"的特殊效能，它通过传递可以持续地扩增，而且用之不竭。在领导活动中，有价值的文化是一种极其重要的无形脉动，发出来的能量有着可以挖掘的巨大潜力，一旦被挖掘出来就会以其无形之力战胜所有有形之力。美国有一本书叫《基业长青》，书中用了大量的事实资料和文字阐释了保证企业长足发展和永续存在的最基本的东西不是企业的技术设备等有形的东西，而是有实无形的企业文化。文化是"无胜于有"的最重要的元素，经得起时间的沉淀和岁月的风化，因而具有最大和最持久的历史承载力，任何组织要使基业长青，就必须建设好自己的组织文化。

无边界组织是"无胜于有"的智慧。现代组织管理理论认为,组织的边界壁垒增加了成本,阻碍了资源的流动和最佳配置,降低了效率和效益。其实,组织边界因形成的原因不同造成的弊端还有林林总总,例如因为等级、头衔形成的垂直边界会造成官僚作风盛行;职能部门形成的水平边界会阻碍信息传播和内部资源共享;客户和企业之间的外部边界会导致纷争不断;等等。处于重重边界包围中的组织,要想不被束缚而窒息,就必须打破组织边界的壁垒,实现组织无边界。组织无边界,道是无形胜有形,在无形之中生成有形的东西,就能摆脱自我限制,释放潜能,就能使信息、资金、智力、权力得到更自由的流通和更优化的配置。

三、老子"执古御今"的前瞻领导智慧

在《道德经》"第十四章"中,老子曰:"视之不见,名曰'夷';听之不闻,名曰'希';搏之不得,名曰'微'。此三者,不可致诘,故混而为一。其上不皦,其下不昧。绳绳兮不可名,复归于无物。是谓无状之状,无物之象,是谓'惚恍'。迎之不见其首,随之不见其后。执古之道,以御今之有。能知古始,是谓道纪。"意思是,看起来看不见,称之为"夷",听起来听不到,称之为"希",摸起来摸不着,称之为"微"。这三者的来源不可诘难,因为它们是混为一体的。其上不明亮,其下不昏暗。它茫茫无际涯不可称名,又回到空无的状态,这叫作无形状的形状,无物象的物象,这就是"惚恍"。迎面看不见它的头部,随后看不见它的尾部。根据上古的大"道"运行规律,来驾驭今天的发展。能够知道上古发展的原始,这就掌握了"道"的纲纪。

在《道德经》"第六十四章"中,老子曰:"其安易持,其未兆易谋;其脆易泮,其微易散。为之于未有,治之于未乱。"意思是,事物在安静状态时容易保持,在其还没有出现变化端倪时易于改变它。在它处于脆弱状态时容易将其打碎,在它处于微小状态时容易将其散尽。要作为在事故还没有发生时,要治理在还没有发生混乱时。

"执古御今"这里的"古",可以宽泛地理解为历史。英国哲学家培根说过:"读史使人明智。"史书中蕴藏着大智慧,这种智慧具有超越时间和空间的穿透力。今天领导活动中遇到的很多事情也许在历史上也发生过,可以在历

史上找到影子，历史上人们处理这些事情蕴藏的智慧，可以作为今天的借鉴。这就是老子提出的"能知古始，是谓道纪"，掌握了"道"的纲纪，也就能够驾驭今天领导活动中杂乱纷纭的现实，这就是"执古之道，以御今之有"。无论是升平之世的经验、衰乱之世的教训，还是悲惨历史的记忆、大国崛起的辉煌，都是前人在当时的环境下付出巨大的代价换来的，包含着使人明智的哲理和规律。我们的今天就是从历史中发展而来的，因此，如果领导者能够认识到政治智慧与深邃的历史规律是紧密地联系在一起的，那就能够"执古之道，以御今之有"。《周易》中也说："引而伸之，触类而长之，天下之能事毕矣。"掌握自古存在的自然法则，遵循自然法则的演化和延伸，就能通晓万物运作的规律，就能驾驭和解决今天不断出现的新情况和新问题。

历史规律就是一台"望远镜"，有了这台"望远镜"，领导者就有了前瞻的眼光，就不会被眼前的乱花迷眼，也不会被眼前的浮云遮眼。规律无形、无色、无声，看不见、摸不着、听不到，并超越时空而存在，既不见尾又不见首，也就是"其上不曒，其下不昧。绳绳兮不可名，复归于无物。是谓无状之状，无物之象，是谓惚恍。迎之不见其首，随之不见其后"，但是，从历史的"惚恍"里是可以透视出规律的，历史与现实、未来是相通的，正因为有这种割不断的联系，所以规律是有连续性和发展性的。古今事物都是有联系的，领导者认识和掌握了历史发展规律，就能够正确地制定领导的方向、发展的战略。美国詹姆斯·库泽斯和巴里·波斯纳合著的《领导力》中指出：有前瞻性是卓越领导者必须具备的品质和素质。人们希望领导者们知晓前进的方向，关心组织的未来。如果领导者希望其他人能加入征途，他们就必须知道要向何处去和去实现怎样的愿景。

历史的规律又是一台"显微镜"。事情的发展总有发端，发端就是一种兆头，千里之堤，溃于蚁穴；百尺之室，焚于隙烟。能从事情发展的兆头预感或判断出事情将往哪方面发展，这就叫见微知著。影响社会稳定的重大矛盾问题在发展初期都有一些苗头性表象，有一个从无到有、从小到大、从轻到重的演变规律。端起了这台"显微镜"，领导者就能见微知著，在兆头出现的第一时间解决问题，代价最小，效果最好。所以老子认为，当事情稳定时就容易把握，当事情还没有出现某种迹象时就容易谋划，当事情处于脆弱的状态时就容易分解，当事情还很细小时就容易消散。现实是由过去（历史）发展而来，未来是现实的发展。现实和未来事物都能在历史中找到基因。在历史的规律这台"显微镜"下，在与历史事件"惊人相似"的对比研判中，领导者若能在各类矛盾初现端倪时就介入、化解、处置，就能避免未来"堤溃""室焚"的祸患和灾难。

《后汉书》"丁鸿列传"记载了一则故事：东汉和帝即位时仅十四岁，由于他年幼无能，便由窦太后执政，她的哥哥窦宪官居大将军，国家的军政大权实际上落入窦太后的兄弟窦宪等人手中。他们为所欲为，密谋篡权。看到这种情况，许多大臣心里很着急，都为汉室江山捏了把汗。大臣司徒丁鸿就是其中的一个。丁鸿很有学问，对经书极有研究，对窦太后的专权他十分气愤，决心为国除掉这一祸根。几年后，天上发生日食，丁鸿就借这个当时认为不祥的征兆，上书和帝，建议趁窦氏兄弟权势尚不大时，早加制止，以防后患，这样才能使得国家长治久安。他在奏章里说："杜渐防萌，则凶妖销灭。"和帝本来早已有这种打算，于是采纳了他的意见，并任命他为太尉兼卫尉，进驻南北二宫，同时罢掉窦宪的官。窦宪兄弟深知罪责难逃，便都自杀了，因此避免了一场可能发生的宫廷政变。

对于"执古御今"的价值，古代圣贤们也是有共识的。"且欲防微杜渐，忧在未萌"的意思是当错误的思想和行为刚有苗头或征兆时，就加以预防与制止，坚决不让它继续发展。在《元史》"张桢传"中就有这样的箴言："有不尽者，亦宜防微杜渐，而禁于未然。"明朝的陆采在《怀香记》"鞠询香情"中说："自家不能防微杜渐，却怨谁来？"通览历史，从历史中取得借鉴，察知事物的发端，理智地面对未来，是领导者应该具备的智慧。

四、老子"百姓之心"的为心领导智慧

在《道德经》"第四十九章"中，老子曰："圣人无常心，以百姓心为心。善者，吾善之；不善者，吾亦善之；德善。信者，吾信之；不信者，吾亦信之；德信。圣人在天下，歙歙焉，为天下浑其心，百姓皆注其耳目，圣人皆孩之。"意思是，圣人没有私心，把百姓的心作为自己的心。善良的人，我善良地待他；不善良的人，我也善良地待他；这样才可以使人人向善；守信的人，我信赖他；不守信的人，我也信赖他；这样才可以使人人守信。圣人处于天下，收敛自己的意欲，而把百姓的心愿浑然一体作为自己的心愿。百姓的耳目都专注着圣人，圣人都把百姓当作孩子对待。

在《道德经》"第六十六章"中，老子曰："江海所以能为百谷王者，以其善下之，故能为百谷王。是以圣人欲上民，必以言下之；欲先民，必以身后之。是以圣人处上而民不重，处前而民不害。是以天下乐推而不厌。以其不争，故天下莫能与之争。"意思是，江海之所以能成为百川归顺之地，是因为它居于百川的下位，所以能成为千百河谷之王。因此，遵循道的圣人要成为百姓之上的统治者，必须对百姓言语谦和；要想站在百姓之前，必须把自己的利益放在百姓利益之后。因此，圣人虽位居百姓之上而百姓并不感到沉重；虽身居百姓之前而百姓不觉他能造成侵害。所以天下的百姓都乐意拥戴他为自己的领导而不感到厌倦。不为谋私而与百姓相争，所以天下为私妄为的人谁也无法与之争雄。

当官的宗旨，一言概之，就是要无私为民。一个秉承和践行这一宗旨的领导者，没有私心，不会用手中的权力去谋取个人的私利，会把老百姓的心作为自己的心，把老百姓的心愿作为自己的心愿，用手中的权力为老百姓谋福祉。这就是老子所说的"圣人无常心，以百姓心为心"和"圣人在天下，歙歙焉，为天下浑其心"。"不知地理难为将，不知民心难为相。"周公就是"以百姓之心"为心的典范，他要君臣上下"不腆于酒"，以减轻百姓的负担，他还告诫自己的弟弟康叔，要"知稼穑之艰难""闻小人之劳""能保惠于庶民"。康叔因此而制定了一系列德政保民的措施，把卫国治理得井井有条，使得卫国很快就出现了经济繁荣昌盛、社会和谐稳定、百姓安居乐业的大好局面。

老子的"以百姓心为心"是极高明的领导智慧，这种智慧的第一个亮点是，要想成为百姓之上和百姓之前的领导者，就要俯下身子，弯下腰，以言语谦和的姿态对待百姓，把自己的利益放在百姓的利益之后，这样就会赢得百姓永不厌倦的力举和心悦诚服的拥戴，也就是老子说的"欲上民，必以言下之；欲先民，必以身后之"和"处上而民不重，处前而民不害。是以天下乐推而不厌"。这种智慧的第二个亮点是，"以百姓心为心"，这样不仅不与百姓相争，而且把百姓的利益放在第一位，即使没有更高的位置，也只是暂时的；相反，那些为私而跑官要官的人和滥用手中权力任意妄为的人，即使有更高的位置也是暂时的，迟早会被百姓们厌倦和唾弃，结果则是"以其不争，故天下莫能与之争"。

"以百姓心为心"的领导者，最显著的特征就是"亲民"。为官者要时时刻刻心中装着老百姓，做老百姓的贴心人。亲民者，民恒亲之。这是古往今来的先贤圣哲的共同认知和践行的准则，孟子曰："乐民之乐者，民亦乐其乐；忧民之忧者，民亦忧其忧。乐以天下，忧以天下，然而不王者，未之有也。""亲民"的领导者会真正把自己放在百姓的位置上，切身体会百姓之难，解百姓之苦。唐开元初年，宋璟出任广州都督，发现当地百姓习惯用竹木茅草盖房子，既不舒适耐用，又经常发生"火烧连营"的灾害，于是他便倡导以砖瓦建造房屋，如此既舒适耐用，又能避免火灾。因以亲民之心为民谋利，宋璟被誉为"有脚阳春"。只有当好百姓的贴心人，才能当好百姓的带头人。鲁迅先生因其"俯首甘为孺子牛"的拳拳亲民之心，而彰显出了思想的深邃和情怀的博大。

"以百姓心为心"的领导者，工作的出发点和风向标就是"为民"。领导者"为民"就要知道民心所在，民心所向，不能搞自拉自唱、自我欣赏，要始终把百姓的期盼作为工作的方向，把百姓的意见和建议作为参考坐标，以此来不断校正自己的言行。把百姓的评价作为检验工作成效的最高标准。领导者一定要深知，是老百姓给了自己一个施展才能的舞台，必须在舞台上尽心、尽力、尽职、尽责，为百姓摇旗呐喊，为百姓鞠躬尽瘁。只有这样，百姓才能为你捧场，为你喝彩，你也可能因此而实现自己的政治理想和抱负。

"以百姓心为心"的领导者，工作的根本出发点和落脚点就在于"惠民"。百姓利益无小事，领导者要把百姓的呼声当作第一信号，把百姓的需要当作第一选择，多听百姓"心"声、知百姓"心"事。把实现好、维护好、发展好百姓的根本利益作为自己思考问题和开展工作的出发点和落脚点。"惠民"绝不能停留在领导者嘴上，必须内化成领导者的情怀，见诸于扎实具体的行动。"惠民"特别需要换位思考，只有和百姓换位思考，才能贴近百姓心窝对他们的悲喜感同身受。刮风时做百姓的一堵墙，下雨时做百姓的一把伞。

"以百姓心为心"的领导者注重"敬民"。百姓之心是江山，江山就是百姓之心。古人"百姓载舟覆舟"之说，讲的就是这个道理。"百姓心"是明镜，是标尺。作为一名领导者必须知道手中的权力是百姓给的，必须把"百姓心"铭刻在自己的灵魂深处，要时时刻刻对百姓和权力怀有敬畏之心，时时刻刻把百姓放在最重要的位置，谦卑地对待和倾听百姓之言，发自内心地尊重百姓，做百姓最忠实的公仆。有了这样一颗对百姓的敬畏之心，就有了情为民所系、权为民所用、利为民所谋的好官的真挚动人的情怀，以及做得正、行得正的为官基础和保障。正如古人所云："凡善怕者，必身有所正，言有所规，行有所止，偶有逾矩，亦不出大格。"

"以百姓心为心"的领导者，对待下属有人情味。领导者要领导好下属不能只运用手中的权力和相应的规章制度，还要紧紧抓住下属的心。下属都有渴望被领导者重视之心，如果领导者对下属多一点人情味，多一些人性关怀，下属就会因被尊重、被关怀而产生归属感，他们就会快乐地工作和生活，如此，领导活动就会充满生机和活力。可见，领导者"以百姓心为心"的人情味，会产生投桃报李的效应。孔子也说过："君使臣以礼，臣事君以忠。"孟子说得更具体些："君之视臣如手足，则臣视君如腹心；君之视臣如犬马，则臣视君如国人；君之视臣如土芥，则臣视君如寇仇。"西方有一项关于领导科学研究的报告表明，一个领导者的成功 80% 的因素来自于情感方面，只有 20% 的因素来自智力方面。有人情味不仅是一种涵养，也是一种领导境界，因此，有智慧的领导者一定要更有人情味，把下属的成长进步和冷暖疾苦挂在心头，千方百计地替他们排忧解难，而他们也会与你心连心、心贴心。

五、老子"自知者胜"的内求领导智慧

在《道德经》"第二十二章"中，老子曰："不自见，故明；不自是，故彰；不自伐，故有功；不自矜，故长。"意思是，不固执己见，所以能明智；不自以为是，所以能是非昭彰；不自吹自擂，所以能有功；不自高自大，所以才能保持长久。

在《道德经》"第三十三章"中，老子曰："知人者智，自知者明。胜人者有力，自胜者强。"意思是，能认识别人的叫作有智慧，能认识自己的叫作高明。能战胜别人的叫作有力量，能战胜自己弱点的叫作坚强。

在《道德经》"第七十一章"中，老子曰："知不知，尚矣；不知知，病也。"意思是，对于某些事物，知道自己有所不知，是高尚的认知精神；本来不知道却自以为是，这是求知上最糟糕的病态。

在《道德经》"第七十二章"中，老子曰："圣人自知不自见；自爱不自贵。"意思是，圣人只求能自知，而不自我表现，只求能自爱，而不自显尊贵。

在老子看来，人的"自知"是一种能力，是一种境界，即"圣人自知"。人最难看清的就是自己，因而人最缺的也就是"自知"。一般人都是朝外看，

对别人说长道短。其实，不把自己作为观看的对象，是不能"自知"的。因此，"自知"，首先就要正视自我，敢于承认自己的弱点和无知，即"知不知，上矣"。反过来，不敢承认自己的缺点或者不懂装懂，这就是一种病态，即"不知知，病也"。"自知"也要反省自我，反省自我才能达到明智，即"自知者明"。人最难得的就是有自知之明，这不只是因为"身在此山中"而"难识庐山真面目"，更是因为人们通常都不会自我反省、忏悔。盲目的"自见""自是""自伐""自矜"，不仅纠正不了已经存在的过错，还会放大原有的错误和造成新的过错。所以，老子强调能够"自知""自爱"而不"自见""自贵"才能成为圣人，即"圣人自知不自见；自爱不自贵"。荀子也从正面阐释清楚了反省自我和无过错的关系，即"君子博学而日参省乎己，则知明而行无过矣"。"自知"，还要完善自我，完善自我就要有自我批判的认错心理，拿出勇气，向自我挑战，纠正自己的缺点与过错，对自己的心灵污染进行大扫除，以达到"自胜者强"的境地。

"自知者胜"的根本原因在于自知的人明白自己想干什么，能干什么，必须干什么。想干什么，就是知道自己的愿望、理想和目标是什么，并将其作为自己心中始终不灭的一盏指路明灯；能干什么，就是知道自己的能力圈多大，核心能力圈的范围，不干超越负载能力边界的事；必须干什么，就是知道与自然环境、社会环境化敌为友，并善用这些资源干成事，以求更好地生存和发展。

领导活动是在风雨中铿锵前行，在纷扰的变数中奋力博弈，影响成败的因素很多，因此，"自知"尤为重要。

"自知"能让人洞明事物。自知是对自己的认识，是对自己的优势和劣势的认知，也是对自己生命价值的理解和领悟。自知是认识事物本质的基础。自知者通过外物反观自己、了解自己，再以本明之智、虚静之心关照外物，最终获得能够知晓事物的本质和发展变化规律，领悟"天道"的能力。不自知的人，刚愎自用，自以为是，受外物的烦扰而不能净化心念，不能洞明事物之理，无法获得认识"天道"的枢机。这种人小无力为家，大无力为国。所以，领导者只有自知，才能真正地战胜自己，达到老子所讲的"自知者明""自胜者强"的状态，获得驾驭万般事物的能力。

"自知"使人奋进。自知者不自满，不会夜郎自大，也不会犯"不知知"那种错误。相反，他们有"知不知"的高尚精神，明白自己愚钝，与别人有差距，但不气馁，知不足而以勤勉克，则必能裨补阙漏，有所成就。古希腊大哲学家苏格拉底就一再告诫他的弟子："你知道一件事，就是你一无所知。"清朝学者阎若璩自幼口吃，"入学，读书千遍犹未熟"遭到同学耻笑。但他并不灰心，勤读苦思，废寝忘食，终于在 30 岁时写成《尚书古文疏证》八卷而彪炳史册。即使"天资愚顽"之流，只要"自知"，只要足够勤奋，即便是不能像雄鹰那样一飞冲天，也可以远飞万里。哈佛商学院终身教授、著名领导力专家约翰·科特研究了美国数百个成功的企业家，发现他们有一个共同特征："有很高的自我评价，始终不断地反省自己的成功之旅，加深自己对成功的理解，认为自己的行为代表正确的方向，他们都有很强的自信心和进取精神。"在人才济济的大环境中，特别是在无人注意和推荐自己的情况下，你不要向外找原因，而应该向内问问自己够不够被注意和被推荐的分量，自知不够分量，就通过奋进积累分量。在自知自己能力的基础上，要抓住机会，把自己的能力、本事展示和推销出去，这就是"自信心和进取精神"。压在盐车下的千里马，自知自己的能力，引颈长鸣，发出金玉之声，才有了伯乐识马的故事。

"自知"就不会自我膨胀。自知者通过正确地剖析自己，找准能使心中天平平衡的砝码，明确自己的基本条件，包括能力、学识、水平、性格、志向等优势、劣势、潜能，认清自己所处的外部环境及其变化趋势，既不自以为是、自我炫耀，又不刻意抬高自己；既有自爱之心，又有谦卑之礼。也就是做到了老子所讲的"不自见""不自是""不自贵""不自矜"。

"自知"能让人知进知退。人生和事业如棋局，进不一定赢，退不一定输。自知者能把进退的智慧演绎得无比精彩。楚汉相争之初，刘邦自知兵力不如项羽之精，强弩不如楚师之劲，因而面对强敌，量力示弱，甘守贫瘠之地而忍气吞声，终于赢得了时机，壮大了自己，转败为胜，建立了汉朝基业。越国国王勾践被困于会稽山时，自知难与吴国一拼到底，因而甘为吴王之奴，忍辱负重，卧薪尝胆，最终灭了吴国，雪了国耻，成就霸业。越国的大夫范蠡，自知与越王可同患难，却难共欢乐，在帮助勾践战胜吴国之际急流勇退，转仕为商，不仅富甲一方，身家性命也得以保全，而且开创了陶朱事业，成为"商圣"。水自知不如巨石之坚，因而绕流，终东汇于海。弱草自知不如风力之猛，因而弯腰顺伏，终得绿意盎然。

古代圣贤们对"自知"的价值是有共识的。孔子提倡"反躬自问"。在《孟子》"离娄"中，孟子也提出"行有不得，反求诸己"。意思是，做事情不成功，遇到了挫折和困难等问题，要反躬自省，不要怨天尤人。在《韩非子》"喻老"篇中，韩非子也说："知之难，不在见人，在自见。"战胜别人是"向外求"，战胜自己是"向内求"。"自知"就是"内求"。人最大的对手不是别人而是自己。真正的强大，不是战胜别人，而是战胜自己。这就是老子所说的"胜人者有力，自胜者强"。"内求"就是向内看，自察、自省，善于认识自己、掂量自己、控制自己，这是一个漫长的学习、磨炼、修行的过程，也是领导者绕不开的修炼过程。

老子"自知者胜"的智慧，贯穿于东西方人类发展的整个过程。德国哲学家尼采说过："生命中最难的阶段不是没有人懂你，而是你不懂你自己。"世界著名的管理大师彼得·德鲁克对老子的"自知者胜"也有深刻的领会，他指出："因为信息时代取代工业时代，世界无边的竞争、放权自由的管理模式，未来的历史学家会说，这个世纪最重要的东西不是技术和网络的更新，而是人类生存状况的重大改变。在这个世界里，人将拥有更多的选择，他们必须积极地管理自己。"这里"积极地管理自己"的基础就是"自知"。不"自知"，就决然不能"管理自己"。无论社会时代如何变化，无论科学技术如何突飞猛进，也无论社会竞争如何激烈，因"自知"而"积极地管理自己"所产生的强大轴心力量都是取得成功的关键所在。

六、老子"不言之教"的身教领导智慧

在《道德经》"第二章"中，老子曰："是以圣人处无为之事，行不言之教。"意思是，因此，圣人以"无为"的自然法则对待和处理世事，不用空洞的语言教训别人，而用"不言"的形式实施教化。

在《道德经》"第五章"中，老子曰："多言数穷，不如守中。"意思是，说得太多就会加速陷入困境，不如保持虚静的状态。

在《道德经》"第二十二章"中，老子曰："少则得，多则惑。"意思是，索取得少反而会有更多的收获，索取得多反而会使头脑迷惑。

在《道德经》"第二十三章"中，老子曰："希言自然。"意思是，"道"总是自然运行而无须多"言"的，少施政令就能顺乎自然。

在《道德经》"第四十三章"中，老子曰："不言之教，无为之益，天下希及之。"意思是，无言的形式进行的教化，无为的方式获得的益处，天下很少有能与此相比的。

在《道德经》"第五十六章"中，老子曰："知者不言，言者不知。"意思是，有智慧的不任意多谈，随便乱说的没有智慧。

在《道德经》"第七十三章"中，老子曰："不言而善应。"意思是，天不说话，但四季的变化总是善于响应规律而运行。

"不言之教"是道法自然的智慧。老子认为，少说话，多办事，是合乎自然之理的，即"希言自然"，而且"少则得，多则惑"，因此"知者不言，言者不知"。孔融的《临终诗》中就有这样的诗句："靡辞无忠诚，华繁竟不实。"漂亮话说过了，就像花开得过分繁盛而不结果实一样。老子还认为，治国理政上善之人的高明之处在于具有"处无为之事，行不言之教"的大智慧。关于领导的本质，传统理论认为是职位权力，即合法权、报酬权和强制权，但实际上这些硬权力只是领导发挥效能的一种外在的辅助力量，而本质是内在的东西，"外在的辅助力量"是不能作为领导的本质的。按照组织行为学的理论，领导者与被领导者之间是一种相互影响的关系，领导者的组织、决策、指挥、控制、协调、监督等活动，都是领导者对被领导者施加影响力的过程，领导实现其效能的好坏，决定于领导者对被领导者影响力的大小。因此，领导的本质就是影响力。而对被领导者而言，对其影响最大的因素不是领导者的职位权力，而是领导者的个人权力，即专家权和典范权（人格魅力）。人有一种天性，从幼儿开始，便有强烈的模仿大人行为的心理倾向，这种心理倾向在成年后仍然是人的行为的主导力量。这种心理倾向的主导力量除了会对法定的领导权威产生畏惧心理和服从心理，更多的、更重要的是对领导者表率行为的模仿心理，对杰出人物的崇敬心理和对卓越领导智慧的钦佩心理，可以肯定地说，领导影响力主要来自于个人权力，尤其是典范权，现代领导力理论就提出，领导力的第一法则就是领导者以身作则。领导者在为下属、为他人树立表率和榜样时，会产生一种"不言而善应"的魅力。所以，以德自立、以德施政、以德服众的 "身教"所产生的领导者行动的感召力和影响力比语言强过百倍，这就是老子所说的"不言之教，无为之益，天下希及之"。

"不言之教"是表率的智慧。"不言之教"讲的就是身教，是一种通过领导者自身的表率作用给予被领导者心灵上的感染，令被领导者在敬佩不已的心力驱动下，激活潜能，自觉追随领导者去实现组织目标和任务的领导智慧。"不言之教"坚持身教重于言教的原则，强调的是为政不在言多。话说得过多，反而会使自己加速陷于困境，不如"希言自然"，发挥表率的不可替代作用。罗曼·罗兰也说过："要撒播阳光到别人心中，总得自己心中有阳光。""不言之教"是对领导干部政治品格和做人操守的最基本、最简洁的规范，领导者只有把秉公用权、廉洁用权作为底线，确保公权行使不越轨、不谋私；把用心涵养为民务实清廉的公仆情怀和舍得自我牺牲的精神充分地植入自己的领导行为中，传达给被领导者，才能够在不知不觉中成为被领导者心目中的坐标。这种没有言辞的教化就像润物细无声的"毛毛雨"，不断地滋润着被领导者的心灵，它们会像禾苗一样生机勃勃，茁壮成长。当然，领导者为人表率，行"不言之教"，不能简单化地归结为事必躬亲或带头冲锋陷阵，最重要的是把自己所要表达的领导理念，包括价值观、原则、标准、伦理道德、理想和实践方法等，通过自己的行为传达给被领导者，这才是为人表率、行"不言之教"的领导内涵。据《史记》记载，汉朝的李广将军，尽管家境不富裕，但能清廉自守，与士兵们同甘共苦，每次获得的赏赐都全部分给部下，带兵打仗途中每到无粮无水的困境之时，一旦找到粮食或水源，不等到所有的将士都饮过之后，他是不会接近水源的；不等到所有的将士都吃过之后，他是不会吃东西的。在与匈奴作战中，李广不仅足智多谋，而且冲锋在前、勇猛过人。李广这种个人权力（专家权和典范权）让下属觉得他可钦、可敬、可信、可爱，忠心地拥戴他，由此产生的无声影响力和内驱力激励着下属追随他，为国家边疆的安宁出生入死，浴血奋战。

"不言之教"是"抓典型"的智慧。典型是一面旗帜，代表着高尚的人生境界和道德追求，具有强烈的感染力和吸引力，能够产生非凡卓越的示范、鼓舞和拉动作用。领导活动中的一个重要智慧，就是善于发现典型、宣传典型、运用典型，使先进典型发挥引导的作用，使典型效应成为群体效应、社会效应。抓典型不同于一般的说教，它能够把一般号召与个别指导结合起来，把领导活动的目标和要求具体化、形象化，让一般群众学典型事迹、走典型道路、创典型业绩，从而增强领导活动的针对性、指导性和实效性，避免一般号召和空洞说教所造成的"多言数穷"的困境。典型的成长和典型的宣传推广有其自身的特点和规律。既然是典型，那么一个时期的典型就不能树得太多、太滥，否则就会冲淡典型的特点和作用，这也就是老子所说的"少则得，多则惑"。领导者既要做学典型活动的倡导者、组织者，又要做学典型活动的带头实践者。

"不言之教"是善应的智慧。领导者与被领导者是一个互动的关系，领导者的"身教"是不是有成效,检验的标准就是看被领导者有没有"善应"。如果一个领导者虽然做到了"希言自然",少言、谨言,甚至无言,但是没有取得实际成效,没有给民众带来实际好处,没有给民众的期待一个满意的回应,那么民众是不会对这样的领导者以及他的领导活动做出善应的。民众是从自己的实际利益和迫切愿望来期待领导者、选择领导者和评价领导者的。按照老子的思想,领导者不说话却能善于回应被领导者和民众的利益诉求,被领导者和民众就会自然而然地产生一种强大的感恩力和回应力,从而汇聚成真正的领导力,这就是"不言而善应"的真谛。以上的意思用今天的话来说,就是领导者只有在行动上而不是口头上坚持以民众满意为目标,想群众之所想,急群众之所急,实现好、维护好、发展好最广大民众的根本利益,群众才满意,也因此才会赢得最广大民众的"善应"。领导者这种"不言而善应"的态度和行为,对于提升领导活动的领导力是至关重要的。古希腊历史学家色诺芬曾经说过:"领导人无论倡导什么,只要表明他自己最擅长履行,就很少会遭到手下人的蔑视。"这句话讲的就是领导者的身教胜于言教的善应之理。

身先士卒也是"不言身教"的领导智慧。领导者身先士卒不仅会唤起下属的崇敬感,让下属心甘情愿地追随其左右,而且为下属树立了尽职尽责的榜样,下属也可以从领导者身上看到领导者赞成和提倡的东西,以及获得如何提高领导力的工作经验。美国海军上将韦斯利·麦克唐纳有一次在给军队高官们讲演时,就表达了自己对领导者身先士卒的认知:"确定一个方针,那就是身先士卒。做到这一点,必要的时候就会出现在那里……每一次,你都要在一线留下自己的脚印。"美国军队和以色列军队的座右铭是:"跟随我!"。身先士卒是战场上赢得胜利的利器,它带来的是"一马当先,万马奔腾"的势不可挡的力量。

"身教"在特定的条件下,能起到杀一儆百的震慑作用。据《史记》"孙子吴起列传"中记载,吴王阖闾故意考验孙武的兵法功夫,挑选了 180 名宫女接受孙武训练,并由他的两名宠妃负责卒长之职。刚开始,纵使孙武三令五申表明不听军令便会执行军法,可这些宫女都不把孙武的号令当回事,于是孙武按照军纪将作为卒长的两名吴王宠妃斩首,即使吴王阻止亦不予理会。众宫女见孙武使出了"杀手锏",顿时变得严肃起来,对孙武的军令绝对依从,很快从柔弱的宫女变成了强兵。吴王阖闾见孙武斩杀了自己的宠妃非常生气,欲斩孙武,但伍子胥说孙武是在树立军威,没有罪。吴王听后仔细想了一想,牺牲两名宠妃换取一位深通兵法的奇才是绝对值得的，于是，拜孙武为最高统帅。

拿破仑曾经说过这样一段话："大众微不足道，伟人则是一切……征服高卢的不是罗马军队，而是凯撒；令罗马人在城中发抖的不是迦太基军队，而是汉尼拔；影响及于印度流域的也不是马其顿军队而是亚历山大大帝。"拿破仑这段话是在强调领导者在领导过程中发挥着不可替代的作用。但是领导者如何发挥出他们影响组织中成员的重要作用，拿破仑没有给出答案。权力和权威正是领导者影响他人，引导组织达成目标的力量源泉。德国的马克斯·韦伯（Max Weber，1864—1920年），是著名社会学家、政治学家、经济学家、哲学家，是现代最具生命力和影响力的思想家之一，也是第一个对"权力"和"权威"进行区分和理论剖析的人，他指出：权力是"一个人或一些人在某一社会行动中，甚至是不顾其他参与这种行为的人进行抵抗的情况下实现自己意志的可能性"。而权威则是"一个人在相信他或她实施影响的权利合法性的基础上要求别人服从的可能性"。韦伯把权威模式分为三类：传统权威模式（统治者的权力由世袭得到，统治者与被统治者是主子与臣民的关系）、超凡权威模式（也称作个人魅力权威模式，权力来源于领导者个人的英雄气概或非凡的气质，领导者与被领导者是敬仰和效忠关系）、法定权威模式（权力来源于法定程序和法律规定，服从者服从的是法律而不是某一个人）。当然，韦伯所做的划分只是相对的，连他本人也反复强调，在实践中这三种权威的纯粹形态并不存在。我把研究聚焦在个人魅力权威模式上，个人魅力所产生的领导权威来自于两个方面作用力的耦合：一方面来自于领导者个人的为人表率的"不言之教"的人格力量和个人业务专长具有超凡的特征，产生了不同凡响的特殊吸引力和出色的感召力，成就了魅力型的领导者；另一方面，领导者的追随者们也从心理上表现出对领导者的拥戴和效忠，以及由此产生的献身精神和服从力。两个方面的主导方面就是领导者超人的魅力和非凡的才能。

七、老子"知盈处虚"的知止领导智慧

在《道德经》"第九章"中，老子曰："持而盈之，不如其已；揣而锐之，不可长保；金玉满堂，莫之能守；富贵而骄，自遗其咎。"意思是，与其让端着的水满溢出来，不如及时将其止于未满时。把铁器的尖锻击得锐利锋芒，不可能长久锐利。金玉堆满堂上，谁能长久守住。富贵了又骄纵，就是给自己招

来祸乱。

在《道德经》"第十五章"中，老子曰："古之善为士者，微妙玄通，深不可识。夫唯不可识，故强之为容：豫兮，若冬涉川；犹兮，若畏四邻；俨兮，其若客；涣兮，其若冰之将释；敦兮，其若朴；旷兮，其若谷；混兮，其若浊……保此道者不欲盈。夫唯不盈，故能蔽而新成。"意思是，上古善于遵循"道"的人，幽微奥妙，深远通达，深奥得令人不可认识。唯有这样的不可认识，所以只能勉强地形容它：缓慢审慎啊，犹如在冬天渡过大河；迟疑戒备啊，好像畏惧四周邻国的进犯；庄严自持啊，好像外出作宾客；松垮涣散啊，好像坚冰即将融化；敦敦朴朴啊，好像未被加工的木材；空旷豁达啊，好像山谷；混沌不明啊，好像浊水……保持这种"道"的要义的人不要求充盈。因为不求充盈，故而能心怀坦荡，破旧立新，成就无限。

在《道德经》"第二十八章"中，老子曰："知其荣，守其辱，为天下谷。为天下谷，常德乃足，复归于朴。朴散则为器，圣人用之，则为官长。"意思是，虽然知道什么是荣耀，却安守卑辱，甘愿作天下的川谷。甘愿作天下的川谷，永恒的"德"才会丰足，回复到纯朴的"道"，纯朴的"道"循环散开就会成为万物，圣人灵活运用它们，就会成为它们的长官。

在《道德经》"第四十四章"中，老子曰："甚爱必大费，多藏必厚亡。故知足不辱，知止不殆，可以长久。"意思是，过度吝啬财物必然造成更大的耗费，过多地储藏财物必然会带来更大的损失。知道满足就不会招致侮辱，知道适可而止就不会遇到危险，这样才可以保持长久安全。

在《道德经》"第六十三章"中，老子曰："圣人终不为大，故能成其大。"意思是，圣明贤哲的人，始终不自以为大，所以能够成为伟大的人物。

"知盈处虚"就不要把事情做满。根据事物发展变化的规律，凡事不可做过了头，过头就会走向事物的反面。杯子里的水太满了就会溢出来，刀锥的锋芒如果太锐利了就会被折断，财富太多了就会被人觊觎，太过于娇奢的人就会引来祸殃。因此，一个人如果成功了，就更要调整自己的心态，否则结果就会向着反向发展。老子对天道在盈虚的交替运行的规律以及对盈满者的危害也是有深邃的认知，他的"持而盈之，不如其已；揣而锐之，不可长保；金玉满堂，莫之能守；富贵而骄，自遗其咎"就是从反面阐释这种智慧，提醒人们要始终有"知盈处虚"的态度。李沆《题六和塔》诗中说："经从塔下几春秋，每恨无因到上头。今日始知高处险，不如归卧旧林丘。"作者悟到了"高处险"，能够知满知虚，知足知止，"归卧旧林丘"，也是深得"知盈处虚"的天理。

"知盈处虚"就不会得意忘形。人的最大毛病就是得志猖狂。事业大通或盛满之时，人最容易志气骄姿，一个人发了财，有了地位，或者有了学问，自然气势就很高，得意就忘形了，因而也最容易走下坡路，甚至走向事物的反面。古人说得好，"成名每在穷苦日，败事多因得志时"。显达与衰落绝非一成不变的，一盈一虚，一消一长，万物皆同此理。由古至今，有功劳的人容易遭致猜忌和诋毁，一个人若是有了一定的功劳和名望，能够"知盈处虚"，安于处在不显耀的位置，就能避开谗言，强而不折。当修养真正到达"知盈处虚"的境界时，无论处于何种境地，都会乐天知命，惕励自省，安之若素，甘作天下的川谷。这就是老子告诫人们"知其荣，守其辱，为天下谷"的智慧。

"知盈处虚"就不会贪婪。贪婪是领导者内心深处的一颗钉子，不拔出来就会刺得你痛苦不堪。"知盈处虚"最重要的就是要处理好名与利和自身价值的关系。每个人的内心深处都有欲望的火种，由于欲望的存在，人类社会才有了发展的动力，但是"嗜欲深者天机浅"，欲望过度，发展成为贪婪，就会为了名和利而妄为，就会极大地危害社会发展。心正邪不侵。有了"知盈处虚"的知止智慧，淡泊虚荣，看淡利益，能对贪婪进行有效遏制，就不会被贪婪玷污人格，就不会被贪婪推向万丈深渊而能长久平安。这就是老子"知足不辱，知止不殆，可以长久"的智慧。

"知盈处虚"就能谦虚谨慎。有功德而不自夸。功劳大、地位高的人，能保持谦卑的态度，就是在成就自己的自信与自觉。《周易》从四个方面论述了谦卑的好处：天的规律是亏损盈满者，补益不满的谦虚者；地的规律是变易盈满者，充实谦虚者；"鬼神"的规律是损害盈满者，福荫谦虚者；人道的规律是讨厌盈满者，喜爱谦虚者。一个善于领导的人，应该是一个知识面宽广的通才，其谦虚谨慎如履薄冰，若畏四邻；其公正厚道如未琢之玉，见素抱朴；其胸怀如山谷江河，虚空宽阔；与民众的关系如水乳交融，浑然一体。合格的领导者应始终保持这些品德、素质、智慧和能力，永不自满，不断创新。这就是老子所说的"古之善为士者，微妙玄通，深不可识。夫唯不可识，故强之为容：豫兮，若冬涉川；犹兮，若畏四邻；俨兮，其若客；涣兮，其若冰之将释；敦兮，其若朴；旷兮，其若谷；混兮，其若浊……保此道者不欲盈。夫唯不盈，故能蔽而新成。"谦虚的人处在尊高之位，道德会更加光明，处在卑下之位，其德行也难以被人超越，所以只有永不自满的人，才能不断地吐故纳新，继续发展。"盈"就像一个气球，会越吹越大，随时释放一些气体，使其"虚"一些，不仅会避免爆炸，还会腾出空间获取更多新的收获。诚如老子所言："圣人终不为大，故能成其大。"

"知盈处虚"也为历代贤者所倡导。晋代葛洪《抱朴子》"臣节篇"中说："畏盈居谦，乃终有庆。"北宋的林逋在《省心录》中说："器满则溢，人满则丧。"南宋的朱熹也说过，凡名利之地退一步便安稳，只管向前便危险。明朝的方孝孺说："虚己者进德之基。"明代的《增广贤文》中也说："知足常足，终身不辱；知止常止，终身不耻。"

今天的领导者必须记住：放荡功不遂，满盈身必殃。能"知盈守虚"，才能立足进德之基，炼成立身之本，才能有辽阔天宇一样的高远与稳健和广袤大地般的厚实与凝重，才能始终立于不败之地。

八、老子"为而不争"的善胜领导智慧

在《道德经》"第八章"中，老子曰："夫唯不争，故无尤。"意思是，唯有不与人争名利论短长，才不会招来怨恨和冲突。

在《道德经》"第六十七章"中，老子曰："我有三宝，持而保之：一曰慈，二曰俭，三曰不敢为天下先。"意思是，我有三件珍宝，我掌握它并保护着它：第一件叫作慈爱，第二件叫作节俭，第三件叫作不敢在天下争先。

在《道德经》"第六十八章"中，老子曰："善为士者，不武；善战者，不怒；善胜敌者，不与；善用人者，为之下。是谓不争之德，是谓用人之力，是谓配天，古之极也。"意思是，善于做将帅的人不逞其武力。善于打仗的人不会忿怒而战。善于战胜敌人的人可以不战而屈人之兵。善用人才的人总是在众人面前表示谦下。这就叫作不与人争斗的德行，也叫作善于借用别人力量的能力，还叫作与天相配的自然之道，这就是自古以来最高深的道理。

在《道德经》"第七十三章"中，老子曰："天之道，不争而善胜。"意思是，自然的规律就是这样公正，不去争权夺胜利却善于取得胜利。

在《道德经》"第八十一章"中，老子曰："圣人不积，既以为人，己愈有；既以与人，己愈多。天之道，利而不害；圣人之道，为而不争。"意思是，圣人是不存占有欲望和冲动的，而是尽力去创造事物照顾别人，他自己也因此

而更为富有；天地的运行规律是有利于万物而不损害万物，圣人之道是对人作奉献而从不与人争利。

老子把"天之道，利而不害；圣人之道，为而不争"作为《道德经》的结束语，是有深远含义的。"利而不害""为而不争"是智慧处理人与自然、人与社会、人与自身关系的不二纲要。其中的"为而不争"虽然仅仅四个字，所见远大，说透了"为"和"不争"的辩证关系。"为"就是替天行道，脚踏实地地去做"利而无害"的好事；"不争"就是践行圣人之道，心胸开阔，思远豁达，不争名争利。老子辩证法思想最突出的一点，就是以"反"的手段达到"正"的目的，即"反者道之动"。一心一意去"为"的人，必然淡于世俗中名利和地位的竞争，如此，既利于别人，亦利于自己，就不会招来怨恨和灾祸，这就是"夫唯不争，故无尤"，"不争而善胜"；反过来，用尽心思去"争"的人，则往往会忘记"为"，是以压倒别人为能事，因此，好斗好争性太强必然遭到外部反对势力的发难，会面对巨大压力。对待名利、地位的事理，几乎人人心知肚明，但是知行合一则是很难的。"争"蕴藏着伤害的因子，会酿造出形形色色的人祸。这个世界的喧嚣、怨恨、冲突摩擦和尔虞我诈都是争名、争利、争地位的结果，明里争，暗里争，大利益争，小便宜也争，争得天昏地暗、人仰马翻。

老子所说的"善为士者，不武；善战者，不怒；善胜敌者，不与"，就体现着古往今来的最高深的行为准则，即"是谓配天，古之极也"。孔子有句类似的话是"矜而不争"，意思是骨子里的矜是气节，流露于外只能是骄纵。君子内心高洁，但姿态是谦下的。《宋元学案》中有句话："胜人人必耻，下人人必喜。耻生竞，喜生敬。""为而不争"的智慧就体现在"耻"与"喜"、"竞"与"敬"关系的微妙把握中。

老子的"不争之德"，是自我克制的盾牌，也是克敌制胜的法宝。人不争则是非不生。有德行、有功力的人，不是去争那"一口气"，而是把那"一口气"咽下去，不会损伤自己，别人也占不到便宜。人世间谁都会与功名利禄和地位荣耀过招，但怎样去获得功名利禄和荣耀地位，每个人的态度和价值取向截然不同。有的人以个人利益为核心，一生争夺功名虚荣，为了尽尝人间七情五味，尽失人格，甚至失去自由和生命。有的人则以为民众谋利益为宗旨，把老子的三宝"一曰慈，二曰俭，三曰不敢为天下先"奉为圭臬。

有所作为是"为而不争"的智慧。当领导的要有所作为，这是"利而不害"的天道要求，也是当官的本质要求。当官不作为，谈何为老百姓谋取利益和福祉，这是任何人都心知肚明的道理。如果领导者占着职位不作为，就是在浪费职位资源。如果领导者在心中装着天下民众的根本利益和长远利益，有一种目标远大、胸怀全局的开阔眼界，他就会努力做好事、做善事、做大事、做有利于他人和天下人的事，而丝毫不与民争利，不伤害民众的利益。领导者去"为"，而不去"争"，虽然不争，但最终的结果是没有人能与你相争了，也就是老子所说的"夫唯不争，故天下莫能与之争"。

淡化名利是"为而不争"的智慧。古往今来争名、争利、争权、争色的事几乎每天都在发生。那些不择手段热衷于争名于朝、争利于市的人，在进退去留、功名利禄面前，忘乎所以，摩拳擦掌，互不相让，争得死去活来，稍不如意就怨天尤人，牢骚满腹，更有甚者"不为而争"。他们什么事都不做，却什么利都想得，晋升的机会更不会放过。人生中真正的竞争对手是自己而不是别人，是自己内心深处的那种名利心。这种名利心会生出种种欲望，像龙卷风一样把贪婪的人无情地卷走。最终都是以悲剧的结局为"人为财死，鸟为食亡"添加了注解的反面教材。

顾全大局是"为而不争"的智慧。大局是带有根本性、决定性和方向性的特征，当领导的必须做到正确认识大局、自觉服从大局、坚决维护大局，把工作放到大局中去思考、定位。当大局利益与自我利益发生冲突时，不争自我利益，要以大局利益为重，放弃自我的利益，保全大局利益；当局部和全局在利益上发生矛盾的时候，计利当计天下利，不争局部利益而争全局利益，在一定条件下，局部的小失正是全局的大得所必须付出的代价。忍辱负重也是"为而不争"的智慧。忍辱负重顾全的是大局，着眼的是未来，维护的是根本利益。有智慧的领导者，为了不让谋划好或者发展好的全局被打破，他们不仅能够忍受住一时之苦，一时之耻辱，一时之委屈，而且能凡事忍让不争，忍辱不辩。蔺相如为国家进言献策，用其三寸不烂之舌和视死如归的勇气，为赵国做出了很多贡献，凭自己的才能当上宰相，地位胜过了老将军廉颇，所以廉颇就千方百计为难他、侮辱他。而蔺相如以大局为重，千方百计地避开和廉颇的冲突，为此蔺相如的部下都为他感到不平。廉颇后来也受到了教育，为了国家大局，到蔺相如府上负荆请罪，成就了"将相和"这一流传千古的美谈。苦楚、耻辱、委屈在小格局中会得到强化，相反，在大格局中会被淡化。

"为而不争"的人内心最强大，即使身在荆棘丛中，也能保持独立的人格，含笑如花。那些争利于市、争名于朝的人内心最虚弱，为了名和利不惜典当自己的人格。

英国哲学家、数学家、逻辑学家、历史学家、文学家伯特兰·阿瑟·威廉·罗素（Bertrand Arthur William Russell，1872—1970年）曾经指出：人类有两种本能的冲动，即"占有冲动"和"创造冲动"。"占有冲动"是要把事物据为己有，但世间的事物都有一个定数，你占有得多了，别人占有得就少了。当人类的"占有冲动"膨胀起来，为了在一定量的事物中多得一杯羹，就必然会日日处在相争甚至相杀中。与此相反，"创造冲动"是要创造某物出来，这些创造物的数量往往是无限的，如诗歌、美术、音乐、思想等。创造者不仅仅自己获得收益，更是乐于创造出东西来与别人分享，我得到了，你也得到了，大家都得到了，并没有减少自己的收益反而增加了自己和大家的收益，这就达到了老子所说的"既以为人，己愈有；既以与人，己愈多。天之道，利而不害；圣人之道，为而不争"的至高智慧状态。

九、老子"柔之胜刚"的尚柔领导智慧

在《道德经》"第八章"中，老子曰："上善若水。水善利万物而不争，处众人之所恶，故几于道。居善地，心善渊，与善仁，言善信，政善治，事善能，动善时。"意思是，最善的人就像水一样，水善于给万物带来利益却又不与万物争锋。它处于众人所厌恶的地方，所以能更接近于"道"。智慧人就要像水那样，居住要选择善地，心地要保持善良，待人要坚持善仁，说话要坚持善信，施政要达到善治，办事要做到善能，行动要抓住善时。

在《道德经》"二十二章"中，老子曰："曲则全，枉则直，洼则盈，敝则新，少则得，多则惑。是以圣人抱一为天下式。"意思是，委屈才能保全，弯曲才能伸直，低洼才能充盈，破旧才能更新，少取就会得到，多取就会迷惑。因此圣人坚守大道为天下的楷模。

在《道德经》"第四十章"中，老子曰："反者，道之动；弱者，道之用。"意思是，事物向相反的方面变化，是"道"的运动规律，柔弱就是"道"发挥作用的地方。

在《道德经》"第四十三章"中，老子曰："天下之至柔，驰骋天下之至

坚。"意思是，天下最柔弱的东西，能穿透天下最坚硬的东西。

在《道德经》"第四十五章"中，老子曰："大成若缺，其用不弊。大盈若冲，其用不穷。大直若屈，大巧若拙，大辩若讷。静胜躁，寒胜热。清静为天下正。"意思是，最完美的东西，好像有残缺，但是它的作用却是永不衰竭的；最充盈的东西，好似空虚，但是它的作用却是不会穷尽的。最直的东西，好似弯曲；最灵巧的东西，好似最笨拙；最卓越的辩才，好似出言迟钝。清静能够战胜躁动，寒冷能够战胜暑热。清静无为才能统治天下。

《道德经》"第七十三章"中，老子曰："勇于敢则杀，勇于不敢则活。"意思是，勇于凭刚强去做事就会死，勇于凭柔弱行事就会活。

在《道德经》"第七十六章"中，老子曰："人之生也柔弱，其死也坚强。草木之生也柔弱，其死也枯槁。故坚强者死之徒，柔弱者生之徒。是以兵强则灭，木强则折，强大处下，柔弱处上。"意思是，人活着的时候，身体的筋肉是柔软的，但是当死了之后，就变得僵硬了。草木有生命的时候是柔软的，但死了之后就变得枯槁了。所以说坚硬是走向死亡之路，而柔软才是生命之旅。自以为兵力强大则容易灭亡，树木强壮则容易折断。那么，如果太过于逞强好胜，反而会处于劣势，顺势柔弱的反而占了上风。

在《道德经》"第七十八章"中，老子曰："天下莫柔弱于水，而攻坚强者莫之能胜，以其无以易之。弱之胜强，柔之胜刚，天下莫不知，莫能行。"意思是，天下最柔弱的就是水了，然而能攻破坚强的东西没有能胜过水的，也没有别的东西能代替它这种能力。所以弱能胜强，柔能胜刚，天下没有人不知道这个道理，但就是没有人能践行。

"柔之胜刚"是辩证思想的智慧。柔和刚是力量的两个方面，在一定条件下可以相互转化。刚，表面上看是一种有形之力，而且看似其力锋芒、咄咄逼人、势不可挡；柔，则是一种无形之力，看似软弱无力，其实蕴藏着力量，其力藏而不露。两种不同的力之间并不是以孤立的状态存在的，而是可以向着对立面转化的。老子以其独特而深邃的哲学慧眼洞察到了这种转化的枢机："反者，道之动；弱者，道之用。"老子认为刚柔这两种力量在转化过程中是"尚柔"的："人之生也柔弱，其死也坚强。草木之生也柔弱，其死也枯槁。故坚强者死之徒，柔弱者生之徒。是以兵强则灭，木强则折，强大处下，柔弱处上。"柔之胜刚，就是以一种无形之力去战胜另一种有形之力。春风无形无力却能吹来一地新芽和满园春色。老子刚柔转化的辩证思想和"尚柔"的智慧贯穿在他的整个《道德经》中，如他的"大成若缺，其用不弊。大盈若冲，其用不穷。大直若屈，大巧若拙，大辩若讷。静胜躁，寒胜热。清静为天下正。"就鞭辟入里地阐释了这种思想。

"柔之胜刚"是弱者生存的智慧。柔和刚相比，表面上是弱者，这里的弱，并非卑微，它不过是柔的一种表现形式，在这种弱的下面积聚和蕴藏着能量，形成与刚相对的另一种极端力量。老子观察水象并领悟到"天下莫柔弱于水，而攻坚强者莫之能胜，以其无以易之。弱之胜强，柔之胜刚"的道理。水虽然柔弱，但它可以在最为坚硬的东西中奔流，天长日久积累起来的力量能够水滴石穿，能够突破任何阻力一路向前。"柔弱"的生存智慧在于：明知何为刚强，却安于守弱；明知何为高贵，却甘守卑微。时机未成熟时，能够挺住，羽毛未丰满时，懂得让步。隐藏自己的锋芒，让强者对手没有攻击的着力点，强者对手也会把弱者排列在竞争者之外，放松对弱者的警惕和围攻，这就让弱者拥有了生存和生长的契机。

"柔之胜刚"是大智若愚的智慧。老子的《道德经》中虽然没有直接使用"大智若愚"这个词汇，但是有"大巧若拙"的说法，两者意思是差不多的。老子所讲的"曲则全，枉则直，洼则盈，敝则新，少则得，多则惑"，就是对"大智若愚"的做人智慧做的最通透的诠释。因此，圣人坚守大道为天下的楷模，即"是以圣人抱一为天下式"。现实中有两种类型的智愚组合：外智而内愚，这是名副其实的愚；外愚而内智，这才是真正的大智。外智者，工于计巧，惯于张扬，装腔作势，凡事斤斤计较，吃不得半点亏，动则就示强示刚，往往是自招祸殃而早亡。内智者，看来好像愚笨，在处理很多日常事务时达观、大度，不露锋芒、不拘小节，甚至显得很傻、很迟钝、很吃亏，在低调中修炼自己，在"愚"中等待时机。在事关根本大事上却做得很出色，很成功。智愚之间真正的区别在于内里而不是外在。谁能做到"大智若愚"，谁就可以在人生舞台上立于不败之地，谱写出"天下之至柔，驰骋天下之至坚"的人生和事业的壮丽篇章。

"柔之胜刚"是上善若水的智慧。老子说："天下莫柔弱于水，而攻坚强者莫之能胜。"老子也不无遗憾地说："弱之胜强，柔之胜刚，天下莫不知，莫能行。"因此，老子以水喻人，认为具备高尚道德、能够以身作则的领导者应具备似水一样"善利万物而不争"的品格和践行"柔之胜刚"的若水智慧。

老子还提出，领导者要达到上善若水的境界就要从七个方面努力："居善地，心善渊，与善仁，言善信，政善治，事善能，动善时。"老子提出的"七善"行为组合，也是领导力的最高境界。石油大王洛克菲勒先生就很有"上善若水"的智慧。有一天，一位不速之客冲到他的办公室，对他恣意谩骂了十几分钟，周围的职员都感到无比气愤，以为洛克菲勒一定会用墨水瓶砸他，或叫保安员赶走他。但洛克菲勒只是停下手中的活儿，用和善的神情注视着这位攻击者。对方越暴躁，他就显得越和善。这个无礼之徒没有遭到对抗，他的拳头打在了棉花上。最后，他在洛克菲勒的桌子上又敲了几下，依然没有得到回应，只得悻悻然地走了。洛克菲勒就像根本没发生任何事一样，继续正常工作。古希腊的著名思想家、科学家、哲学家泰勒斯把他自己的哲学观点高度概括为："水生万物，万物复归于水。"他的格言就是"水是最好的"。如果领导者能够在领导活动中效法水的"七善"特点，就等于从本原上"彻悟"了领导智慧，就无往而不利。

"柔之胜刚"是柔性化的管理智慧。老子认为"反者道之动"，道的运动变化规律总是朝相反的方向发展。因此，要保持住刚强，不要立足于正面，而要立足于反面，不要就刚强而求刚强，而要运用柔弱而反求刚强。现代管理理论和管理实践已经从过去的注重制度建设的刚性化管理向更加注重文化、价值观、情感等柔性化管理转变。人在本质上是"文化的动物"，文化与价值观等因素作为一种柔性的力量道势如水、自然流注，对人的影响是无形的、潜移默化的。如果说，制度管理是解决员工想偷懒而没有机会的问题，那么文化管理解决的是员工有机会也不偷懒的问题。正是因为文化的这种"柔"性力量在打动人、感染人、熏陶人、塑造人上有不可替代的作用，所以，"文化管理"这种柔性化的管理已经成为当代管理的发展趋势。

"柔之胜刚"的智慧，也为历代先贤圣哲所推崇。诸葛亮说："善将者，其刚不可折，其柔不可卷，故以弱制强，以柔制刚。"苏辙说："道无形无声，天下之弱者莫如道。然而天下之至强莫加焉，此其所以能用万物也。"柔弱不是脆弱，不是虚弱，而是柔韧，具有内在不断成长的生命力。"柔弱胜刚强"是老子长期思考的智慧认知，既是老子的为人处世之道，也是领导者应该奉行的治国理政之道。

老子"上善若水"的柔弱胜刚强的智慧，也深深地影响了 19 世纪俄国批判现实主义作家、思想家、哲学家托尔斯泰，1884 年 3 月 10 日，托尔斯泰在日记中写道："做人应该像老子所说的如水一般。没有障碍，它向前流去；遇到堤坝，停下来；堤坝出了缺口，再向前流去。容器是方的，它成方形；容器是圆的，它成圆形。因此它比一切都重要，比一切都强。"

十、老子"无为而治"的太上领导智慧

在《道德经》"第十章"中，老子曰："载营魄抱一，能无离乎？专气致柔，能如婴儿乎？涤除玄鉴，能无疵乎？爱民治国，能无为乎？天门开阖，能为雌乎？明白四达，能无知乎？"意思是，你能把精神和形体合一，而不相互背离吗？你能聚结精气以致柔和温顺，像婴儿一样淳朴吗？你能清除名与利等各种尘垢，使心灵得到净化，而没有污浊吗？你能热爱百姓，勤劳为民，遵行自然规律，无为而治吗？你能在感官与外界的对立变化相接触中，不受五官的困惑，使思想与行为始终保持谦虚谨慎的状态吗？你能理解洞明各种情况，而不玩弄权术和心机吗？

在《道德经》"第十七章"中，老子曰："太上，不知有之；其次，亲而誉之；其次，畏之；其次，侮之。信不足焉，有不信焉。悠兮其贵言。功成事遂，百姓皆谓：'我自然。'"意思是，最上等层次的君主，使老百姓没有感觉到他作为领导的存在而又时时刻刻在他的领导之中；次一等的君主，尽量多办善事，使老百姓愿意亲近他，对他有良好的口碑；再次一等的君主，只会作威作福，使老百姓畏惧他；最次一等的君主，鱼肉百姓，祸国殃民，遭到老百姓的轻侮谩骂进而推翻他。君主缺乏诚信，老百姓就会有不信任的心理。最上等的君主清净悠闲，重视自己的言语而不轻易发号施令，却能实现功业和把各种事情办理得顺顺利利，老百姓都说："这就是我们自然自在的生活。"

在《道德经》"第二十九章"中，老子曰："将欲取天下人为之，吾见其不得已。天下神器，不可为也，不可执也。为者败之，执者失之。是以圣人无为，故无败；无执，故无失。"意思是，打算治理天下却又施行有为之政，我看他是达不到目的的。天下这个神圣的东西，是不可以妄为的，是不能用力把持的。谁妄为谁就要失败；谁用力把持谁就要失去天下。因此，圣人施行无为之政，所以没有失败；不强行把持，所以没有失去天下。

在《道德经》"第三十二章"中，老子曰："始制有名，名亦既有，夫亦将知止，知止可以不殆。"意思是，天下需要管理就开始立制，就有了名称，

名称既然有了，就有了分寸，就要有所制约，适可而止。知道制约、适可而止就能避免危险。

在《道德经》"第五十七章"中，老子曰："我无为，而民自化；我好静，而民自正；我无事，而民自富；我无欲，而民自朴。"意思是，我若无为，百姓自然地会化育；我喜好清静，民风自然会端正；我不生事，百姓自然会获得富足；我心无私欲，百姓间之风气就自然会更加淳朴。

在《道德经》"第六十章"中，老子曰："治大国，若烹小鲜。"意思是，治理大国要像煎小鱼一样。煎小鱼，不能多加翻动，多翻动就容易煎碎了。这句话比喻治大国应当无为。

在《道德经》"第六十三章"中，老子曰："为无为，事无事。"意思是，治理国家最好的是要把无为当作为，把无事当作事。

在《道德经》"第七十五章"中，老子曰："民之难治，以其上之有为，是以难治。"意思是，老百姓为什么难于治理？是由于在他们上边的君主违背规律有所妄为，政令烦乱，因而难以治理。

在老子看来，领导方式和领导方法可分为四个层次，相应有四种不同的领导效果：从自低而高的层次等级上讲，最低一等，领导者有贪婪的欲望，以权谋私又乱用权力叨扰民众，民众轻侮和谩骂他，即"侮之"；再上一等，领导者诚信不足，又运用手中的权力胡作非为，硬性指挥，民众害怕他，即"畏之"；又上一等，领导者按规章制度发号施令，民众亲近并赞誉他，即"亲而誉之"；最高层次的领导方式和最理想的领导智慧是领导者以诚信对待百姓，明确责任义务和权利，不轻易发号施令，不叨扰民众，不惹是生非，民众不知道谁在领导他们，但他们的主动性、积极性和创造性却被调动和发挥出来了，即"不知有之"。老子最推崇的就是这种"不知有之"的"太上"领导方式和领导方法，这也就是"功成事遂，百姓皆谓：'我自然。'"的"无为而治"的领导智慧。

老子所推崇的"无为而治"的领导模式，是领导者自然无为，民众则自然有为。"无为"并非领导者什么都不做，而是在遵循大千世界的规律，尊重人的个性的基础上，有所为，有所不为。具体说，就是领导者总揽全局，运筹帷幄，制定出科学、合理、周密的法律、制度、规范，民众有本可依，有法可循，分工明确，职责清晰，在"不知有之"的感觉中，就能尽心尽责地完成本职工作。也就是说，如果领导者能够做到"无为"，民众就会自我教育；如果领导者不惹是生非，民众就会按规章制度办事；如果领导者不叨扰，民众就会过平安富足的生活；如果领导者没有贪婪的欲望，民众自然就朴实善良。"无为而治"的领导模式能使领导活动和领导过程形成宽容与和谐的环境和氛围，人们心态放松，情绪饱满，能积极、主动、自觉地工作，尽情地施展聪明才智，挥洒创造性才华，开创宏伟事业，实现人生价值。这样的领导者看起来似乎悠闲自如、从容不迫，不轻易发号施令，实则如同润物无声的化雨春风，与民众形成一种自然而融洽的关系。"我无为，而民自化；我好静，而民自正；我无事，而民自富；我无欲，而民自朴"，这样的领导模式把领导行为提升到无形的程度，是领导智慧的"太上"境界。相反，"将欲取天下人为之，吾见其不得已。天下神器，不可为也。为者败之，执者失之"。因此"圣人无为，故无败；无执，故无失"。

"无为而治"虽然是道家提出的治国原则和境界，但是儒家也有同样的认知。孔子也认为古代圣王舜就是无为而治的典范："无为而治，其舜也与。夫何为哉？恭己正南面而已矣。"孔子明确主张，善于治理天下的君主就应该以尧舜为榜样，不要事必躬亲，要把着力点放在提升自身的心性修养上，以"正其身"的表率行为来影响、教化被领导者，从而达到"己不劳而天下治"的目的。荀子在《荀子》"天论篇"中也同样认为："大巧在所不为，大智在所不虑。"意思是，最大的巧妙在于不为而成，而不是大劳而成；最高的智慧在于不虑而成，而不是大虑而成。荀子在《荀子》"王霸篇"中也指出："守至约而祥，事至佚而功，垂衣裳，不下簟席之上，而海内之人莫不愿得以为帝王。夫是之谓至约，乐莫大焉。"意思是，作为一个统治者，必须力求做到以最简约的、最方便的、最轻松的、最快乐的方式和方法，来应对和处理最复杂、最麻烦、最痛苦的事情以成就事业。

老子所推崇的"无为而治"的"太上"领导境界，也就是现代领导学所推崇的"情境领导"和"自我领导"。美国的组织行为学家肯·布兰查德（Ken Blanchard）与保罗·荷西（Paul Hersey）二人首创"情境领导"的学说。1969年，他们出版了经典作品《组织行为的管理》（Management of Organizational Behavior）一书，书中所介绍的"情境领导"立刻受到瞩目。情境领导是在组织中帮助部属发展自我，自动自发、自我领导，以最大的热情和创造性来实现特定的目标或任务的一种领导模式。"情境领导"和"自我领导"不是不要领导，而是一种帮助被领导者为实现集体目标、集体合作、共同愿景而自己领导自己，自己指挥自己的领导模式。这种领导模式的成效取决于部属的工作能力、工作意愿和领导者所提供的支持行为、指导行为之间的互动关系和交互作用的程度上。领导无形和无形领导，是最高层次的领导智慧。

善于授权是"无为而治"的领导智慧。现实中，任何一个能干的领导者的领导范围都是有限的，如果超过一定的范围，必然会造成自顾不暇、效率低下，并最终导致整个领导系统的紊乱和失衡。授权领导是解决这个问题的一把金钥匙。所谓"无为而治"，关键在于领导者能够"放手"，即授权，把亲力亲为的一些事交给下属去做，把下属从幕后推到台前，自己隐退到幕后。削减来自上面的高压，催生自下而上的力量。通过有效授权，领导者从权力的烦恼中走出来，将庞大的组织目标轻松地分解到不同人身上，同时将责任分给更多的人共同承担，而自己则"为无为，事无事"。被授权者有明确目标和责任，摆脱了依从，增强了自我管理能力，会更加投入、更有创造性地工作，这种"九牛爬坡，个个出力"，彻底打破了"上之有为""民之难治"的局面，这正是"无为而治"智慧的真正体现。尧帝说："帝力于我何有哉。"他从不高高在上，作威作福，也从不对百姓的日常生产生活横加干预，即不妄为，不强为，他遵循自然规律，顺百姓而行，达到了无为而治。当然有为与无为不是割裂开的，仍如老子所言"有无相生"。授权后，领导者要站在高处，统领全局，掌握方向，出主意，培养和引导下属，从而实现个人目标与组织目标的共赢。而在具体事务上处"无为之事"，持超脱态度，当"甩手掌柜"，特别是在授权以内的事要深谙"治大国，若烹小鲜"的智慧，不干预，不折腾，这样才能使有为蕴涵在无为之中，无为驾驭在有为之上。《贞观政要》记载，贞观四年的一天，唐太宗问萧瑀："我跟隋文帝比起来，你认为怎么样？"萧瑀坦然地说："隋文帝勤勉治国，从黎明直到日落不停地批阅全国的书表奏章。隋文帝召集大臣们进宫议事，常常忘记吃饭时间就命令侍从把饭送上来，边吃边议事。"唐太宗笑道："公只知其一，不知其二。隋文帝总怀疑大臣对他不够忠心，大权小权都由他一个人独揽，大事小事都由他一人做主，不任群臣，他虽很辛苦，领导成效却很低。我怎么敢像隋文帝那样？天下地方那么大，四海的人这么多，国事千头万绪，只有请大臣们去商量办事，遇到大事报告宰相认真考虑，有了妥当的办法，再报告我准奏，然后执行。天下各种事情，都由皇帝一个人来定，那怎么能行呢？如果皇帝一天处理十桩事，其中五桩事处理得尽善尽美，另外五桩处理得不好，一天出五条差错，日积月累，年复一年，谬误积起来，岂不是要毁坏国家吗？把事情交给下属办，自己高瞻远瞩，专事考核官员的功过，于国于己不更好吗？"李世民算是悟透了"无为而治"的领导智慧。拿破仑也曾经说过具有异曲同工之妙的话："领导就是当你身边的人忙得发疯，又或者变得歇斯底里的时候，你依然能够沉着和正常地工作。"

善造场势是"无为而治"的领导智慧。物理学上有个"场效应"的概念。所谓"场"，是指物质存在的一种非物质形态。所谓"场效应"，就是场的动态作用所产生出的波及、吸引和凝聚效应，如磁场、电场、力场等。领导活动中也存在一种"场效应"。美国著名管理学家洛伯说："对于一个经理人来说，最要紧的不是你在场时的情况，而是你不在场时发生了什么。"领导者创造一个无形的"领导场"，将被领导者吸入场中，被领导者几乎感觉不到场力的存在，然而"场力"就像投入水塘的石子能激起水波层层荡漾一样波及和施加到每个被领导者身上，这种场效应既无影又无踪，却又无处不在。随着领导组织规模的扩大和领导部门层次的增多，再精明能干、智慧超群的领导者，也是体力、能力、智慧和时间有限的"人"，而不是法力无边的"神"。"人有限"与"事无限"的矛盾，除了授权在小事上"无为"，而在大事上"有为"，就是要营造"领导场"，然后领导者从场中央到场边缘，把被领导者从场边缘和场外吸进场中央，并通过场势场力向众多的被领导者传递"用精神统领人""用制度约束人""用满足需要激励人"的巨大领导力，增强被领导者的荣誉感和责任心，激发被领导者的工作热情，去创造性地做好"无限的事"。

这里还有重要的一点需要指出，能够实现老子所讲的"不知有之"的"太上"领导境界，并非一般领导者所能企及的，必须是卓越的领导者才能达到。卓越领导者的标准是什么？老子提出了六项标准，即在领导者个人修养上"载营魄抱一，能无离乎"，在工作作风上"专气致柔，能如婴儿乎"，在政治上"涤除玄鉴，能无疵乎"，在治国上"爱民治国，能无为乎"，在思想作风上"天门开阖，能为雌乎"，在处理政务上"明白四达，能无知乎"。2500多年前，老子提出的这六项标准，涵盖了对今天的领导者德、能、勤、绩、廉以及领导作风建设考核要求的全部内容，不能不让人心生感叹：太伟大了！

西方自由主义经济学思想与老子的"无为而治"的智慧有相近和相通之处。法国重农主义学派是自由主义经济学思想的发端，该学派认为人类社会与自然界都存在着内在的发展规律，即自然秩序。经济自由主义的代表人物亚当·斯密认为，利己心是自然赋予人的天性，追求个人利益也就是自然之理，因此，对追求个人利益的活动就不应限制。亚当·斯密还认为，私利与公益是在"一只看不见的手"（价值规律）的作用下，一步一步走向和谐与均衡的，这就是自然秩序的本质。据此，亚当·斯密对"自然秩序"有了新的认知：第一，整个社会是有自然秩序的；第二，自然秩序不需要人为干预，能够自发进行调节。亚当·斯密在其《国富论》一书中讲到，在自然的经济秩序下，国家和政府不是完全放任不管，国家还要发挥"守夜人"的作用，但它的职能是："第一，保护社会，使其不受其他独立社会的侵犯。第二，尽可能保护社会上各个人，使之不受社会上任何其他人的侵害和压迫，这就是说，要建立严正的司法机关。第三，建设并维持某些公共事业及某些公共设施。"可以看出，西方的自由主义经济思想中的"自然秩序"与老子讲的"无为而治"是一脉相承的，都认为社会和经济的运行存在着不以人的意志为转移的客观规律，人类的行为和制定出的各种法则符合这些规律，社会和经济就会健康、有序、高效地自我发展、演化和运行，也就是通过无为和不干预，最终达到"无所不为"和利益的实现。令人赞叹的是，老子的认知比亚当·斯密的认知早了两千多年。英国当代哲学家克拉克（J.J.Clarke）说："现代经济由市场影响的原理就是源于老子的无为而治"。有的英国学者也曾经指出，市场经济思想的真正鼻祖不应是英国人亚当·斯密，而是提出"无为而治"思想的中国老子，如"我无为而民自化……我无事而民自富"等。

第三章

《庄子》中的领导智慧

庄子（约公元前 369 年—公元前 286 年），名周，字子休（亦说子沐），宋国蒙（现安徽蒙城县，也有说是河南民权县）人，东周战国中期著名的思想家、哲学家和文学家，创立了华夏重要的哲学学派庄学，是继老子之后，战国时期道家学派的代表人物，后世将他与道家始祖老子并称"老庄"。

庄周曾经做过漆园吏，一生著书十余万言，书名《庄子》，现存共 33 篇，分内篇、外篇、杂篇，在哲学、文学上都有极高的研究价值。庄周的想象力极为丰富，语言运用自如，灵活多变，能把一些微妙难言的哲理说得引人入胜。据传，又尝隐居南华山，故唐玄宗天宝初，诏封庄周为南华真人，称其著书《庄子》为《南华真经》，并与《老子》《周易》合称"三玄"。

《庄子》受到了历代的先贤名家的推崇。

晋朝郭象《南华真经序》："通天地之统，序万物之性，达死生之变，而明内圣外王之道，上知造物无物，下知有物之自造也。其言宏绰，其旨玄妙。"

唐朝成玄英《南华真经疏序》："夫庄子者，所以申道德之深根，述重玄之妙旨，畅无为之恬淡，明独化之窅冥，钳揵九流，囊括百氏，谅区中之至教，实象外之微言者也。"

宋朝褚伯秀《南华真经义海纂微》："南华老仙益病列国战争，习趋隘陋，一时学者局于见闻，以纵横捭阖为能，掠取声利为急，而昧夫自己之天。遂慷慨著书，设为远大之论，以发明至理，开豁人心。"

明朝陆西星《南华真经副墨》："庄子南华三十二篇，篇篇皆以自然为宗，以复归于朴为主，盖所以羽翼道德之经旨。其书有玄学，亦有禅学，有世法，亦有出世法，大抵一意贯串，所谓天德王道皆从此出。"

清朝宣颖《南华经解》："南华，老子之后劲，而佛氏之先声。大抵痛人凿性遁天，桎梏名利，拘墟见闻，而为解其缚者也。"

鲁迅先生对庄子文章的评价极高，说庄子文章"汪洋辟阖，仪态万方，晚周诸子之作，莫能先也"。

《庄子》思想内容广博深厚，纵横开合，挥洒恣肆，意趣横生，其中也映照出了独具特色的领导智慧光辉，今天的领导者应当仔细研读和品鉴，融己之智慧，以铸造领导事业的成功与辉煌。

一、庄子"九征之法"的观人领导智慧

在《庄子》"列御寇篇"中，庄周说："孔子曰：'凡人心险于山川，难于知天。天犹有春秋冬夏旦暮之期，人者厚貌深情。故有貌愿而益，有长若不肖，有顺怀而达，有坚而缦，有缓而釬。故其就义若渴者，其去义若热。故君子远使之而观其忠，近使之而观其敬，烦使之而观其能，卒然问焉而观其知，急与之期而观其信，委之以财而观其仁，告之以危而观其节，醉之以酒而观其侧，杂之以处而观其色。九征至，不肖人得矣。'"意思是，孔子说："人心比山川还要险恶，研究人心比预测天象还要困难；天还有春夏秋冬和早晚循环的周期变化，可是人却外貌复杂多变心机深藏不露。有的人模样憨厚谦恭却内心骄横跋扈，有的人貌似厚道却心术不正，有的人外表拘谨通达事理而内心却急躁，有的人外表坚韧而内心却懈怠涣散，有的人表面舒缓而内心却很凶悍。所以人们开始趋赴仁义的，犹如荒漠中行走口干舌燥急就泉水解渴，而后来他们抛弃仁义也像是逃离火场避开烈火烧身。所以考察君子，就把他派到远方去来观察他是否忠诚，把他安排在眼前工作来观察他是否恭敬，给他烦难的工作考察他是否有能力，突然间让他回答问题来观察他的智慧高低，给他急促的期限来观察他是否讲信用，把钱财委托给他来观察他是否廉洁，告诉他所面临的危险来观察他是否有节操，让他喝醉酒来观察他是否有仪则，把他安排在男女杂处的地方来观察他是否好色。上述九种表现一一得到证验，不肖的人也就自然被挑拣出来。

庄周的"九征"识人用人标准，概括起来是两个方面：德和才。德的方面包括忠诚、敬慎、信誉、仁、节操、侧、色欲，才的方面包括能力、智识。"九征"即通过九种征验，超越人的表面现象而认识其本质。忠诚，是指忠于事业、忠于上司，这是做领导者的第一品质要求，古今中外概莫能外。君子慎独，人前人后，恪忠行事；小人则表里不一，有人监督会虚伪地表现忠诚，没人监督就会原形毕露，目无法纪，牢骚满腹。那么如何来观察一个人的忠诚度呢？就是把他派到远方，监督薄弱的地方，看他脱离你的视线的表现以断其忠心，即"远使之而观其忠"。君子素其位而行，即使是再近的距离，也始终知道自己的身份，对领导保持应有的礼仪与尊敬；而小人与领导关系亲密以后，就会恃宠而骄、轻慢无礼，甚至势压其主，对这种人的识别，与"远使之"相对，庄周的考察策略是"近使之而观其敬"。一般的工作只需要一般的能力，所以，从一般性的工作中鉴别不出一个人的特殊能力，如果给考察对象安排繁杂琐碎的公务，多有挑战性的工作和处理危机性的任务，多重工作的重压之下，看他能否游刃有余，借以观察是否具有非凡的工作能力，即"烦使之而观其能"。智识是领导者的又一个必备条件。大家皆知的常识或有准备状态表现出来的智识是不难的，也体现不出来一个人的真才实干，而在猝不及防的情况下提问或突击式地检查，看他是否胸怀全局、应付裕如，才能考察出他是否有渊博的才学，即"卒然问焉而观其知"。诚信自古以来就被看作立政之本，是建立良好的合作关系的基石，儒家倡导"上好信，则民莫敢不用情"，法家提出"小信成则大信立，故明主积于信"。平时，人都能做到信誓旦旦，而在危急时刻，需要付出时，很多人就会打退堂鼓，不守信用。因此，只有在紧急情况下才能考察出一个人是否恪守信用，即"急与之期而观其信"。庄周这里的"仁"是廉洁的意思。廉洁与否会影响领导者的公信力和威望，这就是古语所讲的"公生明，廉生威"。一个人不掌管财物是很难分辨出其是否廉洁的，如果放手委托他主管财务，就能考察出他是否生贪念，起盗心，即"委之以财而观其仁"。庄周这里的"节"是节操的意思。一个人是否有节操光看其常态下的表现是容易被蒙蔽的。将考察对象置于某种危难处境中，所表现出来的临危不惧、处变不惊、持守节操的精神，才是最真实的，也是最可行的，所以要"告之以危而观其节"。酒有乙醚，具有一定的麻醉作用，能调动起平时潜伏着的第二兴奋神经系统，将人醉之以酒，他就会有意无意地去掉伪装，呈现出人性的底色，还原本真仪态，观察到他平时不能显现的真实情志，即"醉之以酒而观其侧"。好色之徒是不能当领导者的，如何考察一个人是否好色呢？庄周提出的考察方法就是让被考察对象处在男女混杂的环境，与异性充分接触，看其是否乱性，即"杂之以处而观其色"。

　　庄周的"九征"之法，概括起来讲，就是将人放到九种情境中观其表现，察其品德，识其才能，其中德的方面占七项，才的方面占两项，为我们今天的领导者提供了识人、用人的考量标准和考量方法，这九种考量标准和方法都是建立在人性化的基础上，全面且有针对性，实现了对人才的综合的、深度的考察。当然，人性复杂，试图用几种方法就把人性最深处的东西探究得一清二楚，纯属自欺欺人，而且识人、用人是有范式没定式。因此，领导者在识人、用人时，要借鉴庄周的"九征"之法，既不能拘泥此法，也不能生搬硬套，要根据具体被考察人的特点灵活掌握和运用。古代的一些卓越的领导者在识人、用人上都有很多独到的见解，也需要领导者去揣摩和研究，从中汲取识人和用人的智慧。这里介绍两个案例，以启迪领导者的心智。

早年，苏东坡和章惇过从甚密，无话不谈。章惇任商州令的时候，苏东坡任凤翔府节度使判官。一天，两人在山中游到仙游潭的时候，前面是悬崖峭壁，只有一座独木桥相通，桥下是万丈深渊。章惇提出让苏东坡在绝壁上留下墨迹，苏东坡不敢过独木桥，章惇却不慌不忙地走过独木桥，把绳子系在树上，很从容地在陡峭的石壁上写了"苏轼章惇来"几个字。苏东坡见此情境不由得长叹道："能自判命者，能杀人也！"章惇大笑。苏东坡认为，一个不珍惜自己生命的人也不会珍惜别人的生命。后来章惇当上宰相，大权在握，原形毕露，残酷整治政敌，他甚至提出掘开司马光的坟墓，暴骨鞭尸。章惇对苏东坡也不手软，把苏东坡贬到偏远的惠州。苏东坡在惠州以苦为乐，写有这样的诗句："为报诗人春睡足，道人轻打五更钟。"诗句传到京城，章惇看到苏东坡在逆境中也能这么逍遥，妒火中烧，睡不着觉了，再下毒手，又把苏东坡贬到更偏远的儋州（今海南），这是仅比满门抄斩罪轻一等的处罚。

清朝中兴功臣曾国藩，也有独到的识人眼力。一天，李鸿章带了三个人才去拜访曾国藩，曾国藩出门了，李鸿章让这三个人在门口等着。曾国藩回府时，看到大门口站着三人，他左看一眼，右看一眼，中间也看一眼，没说话就进屋子了。李鸿章问曾国藩，外面三个人怎么样，能用否。曾国藩说："左侧之人可用，但只可小用；右侧之人万万不可用；中间之人可用，且可大用。"李鸿章不解，问他为什么。曾国藩说："左边那个人，我看他一眼，他也看我一眼，我再看他一眼，他就低下头，不敢看我了。说明这个人心地比较善良，但气魄不够强大，所以可以任用，但只能小用。右边那个人，我看他时，他不敢看我，但我不看他时，他却偷偷看我，很明显这个人心藏狡黠，所以万万不能任用。而中间这个人，我看他一眼，他也看我一眼，我盯着他良久，他也不卑不亢地看着我，这个人心怀坦荡，气魄非凡，可以重用他。"听了曾国藩对这三个人的评价，李鸿章恍然大悟，并重用了中间那个人，他就是后来成为淮军著名将领、台湾第一巡抚的刘铭传。而李鸿章带来的那两个"人才"，早已消失得无影无踪了。

二、庄子"八疵四患"的除害领导智慧

在《庄子》"渔父篇"中，庄周说："且人有八疵，事有四患，不可不察也。非其事而事之，谓之摠；莫之顾而进之，谓之佞；希意道言，谓之谄；不择是非而言，谓之谀；好言人之恶，谓之谗；析交离亲，谓之贼；称誉诈伪以

败恶人，谓之慝；不择善否，两容颊适，偷拔其所欲，谓之险。此八疵者，外以乱人，内以伤身，君子不友，明君不臣。所谓四患者：好经大事，变更易常，以挂功名，谓之叨；专知擅事，侵人自用，谓之贪；见过不更，闻谏愈甚，谓之很；人同于己则可，不同于己，虽善不善，谓之矜。此四患也。"意思是，人有八种毛病，事有四种祸患，领导者不可不明察。八种毛病是：不是自己职分以内的事非要插手去管，叫作"揽"；没人理会却强求往跟前凑，叫作"佞"；察言观色，专拣好听的话曲意迎合对方发言，叫作"谄"；混淆是非而一概奉承，叫作"谀"；喜欢背后说别人的坏话，叫作"谗"；挑拨故交、离间亲友关系，叫作"害"；称赞和自己同流合污的坏人，诋毁与己不和的好人，叫作"慝"；不分善恶美丑，两面三刀，暗中攫取别人的东西，叫作"险"。有这八种毛病的人，对外扰乱别人，对内伤害自身，因而道德高尚的君子不和他们交朋友，圣明的君主不选他们作臣子。四患是：喜欢做惊天动地的大事，随意改变常情常理、变更常规常态，标新立异以猎取功名，这叫作"叨滥"；自恃聪明专行独断，仗势欺人而刚愎自用，这叫作"贪顽"；知过不改，听到劝说却变本加厉，这叫作"狠戾"；别人的意见和自己相同就认可，如果和自己的意见相左，即使是好的也认为不好，这叫作"傲慢"。这就是四种祸患。

《庄子》通篇大都浓缩了作者毕生的生活经历、人生体验和学术思想等方面的内容，每篇文章短小精悍，阐述的修身养性、做人做事的深刻道理，读来发人深省。在"渔父"这篇文章里，庄周假托孔子向渔父请教，并借渔父之口指出了喜欢炫耀智巧的人为人行事通常有"八疵四患"。"八疵"即"非其事而事之，谓之揽；莫之顾而进之，谓之佞；希意道言，谓之谄；不择是非而言，谓之谀；好言人之恶，谓之谗；析交离亲，谓之贼；称誉诈伪以败恶人，谓之慝；不择善否，两容颊适，偷拔其所欲，谓之险"。"八疵"中除了"包揽"与"阴险"两种病之外，其余"逞舌、谄媚、阿谀、谗言、贼害、邪恶"等六种病都与"口舌"有关。渔父指出这"八疵"之后，明确指出：这八种毛病，对外会扰乱别人，对内会伤害自己，君子不能交这样的朋友，明君不能用这样的臣子，即"此八疵者，外以乱人，内以伤身，君子不友，明君不臣"。"四患"即"好经大事，变更易常，以挂功名，谓之叨；专知擅事，侵人自用，谓之贪；见过不更，闻谏愈甚，谓之很；人同于己则可，不同于己，虽善不善，谓之矜"。"叨滥、贪顽、狠戾、傲慢"这四患，根源于自我观念、自我中心、自我膨胀，为了一己的私利，就会完全不顾及他人的权益和利益。

一个人为了追逐富贵名利，心就会被世间纷乱所困扰，产生或大或小的振幅，振幅大的最终就会跌入"八疵四患"的困恶泥潭。有"八疵四患"的奸佞之徒，对组织领导活动危害极大，领导者在选人用人时，也必须警惕明察，绝不能让这种人混入组织之中，更不能让他们窃取要害位置，一旦发现组织中有害群之马，必须以壮士断腕的气魄坚决予以清除。《庄子》"徐无鬼"中记载：黄帝到具茨山去拜见大隗，方明赶车，昌宇做陪乘，张若、隰朋在马前导引，昆阍、滑稽在车后跟随。来到襄城的旷野之地，七位圣人都迷失了方向，正巧遇上一位牧马的少年，便向牧马少年问路，说："你知道具茨山吗？"少年回答："知道。"黄帝又问："你知道大隗居住在什么地方吗？"少年回答："知道。"黄帝说："真是奇怪啊，这位少年不只是知道具茨山，而且知道大隗居住的地方。请问你知道怎样治理天下吗？"少年说："治理天下，也没什么了不起的。我幼小时独自在天下游玩，碰巧生了头眼眩晕的病，有位长者教导我说'你游览在襄城旷野上，要注意日出而游，日入而息'。如今我的病已经有了好转，我打算游历更远的地方。至于治理天下恐怕也就像牧马一样罢了，我又何须去多说呢！"黄帝说："治理天下，固然不是你操心的事。虽然如此，我还是要向你请教怎样治理天下。"少年听了拒绝回答。黄帝见这个少年十分聪明，还是坚持问他如何治理天下。少年说："治理天下，跟牧马哪里有什么不同呢！也就是把危害马群的坏马去除而已！"黄帝听了叩头至地行了大礼，口称"天师"，然后离去。组织群体中那些"八疵四患"的人就是"害群之马"。决不能肆意放纵这些"八疵四患"的害群之马，否则，其他人已收敛的恶习也就会死灰复燃，甚至如决口洪水酿成大患。

去除"八疵四患"的害群之马，也不是轻而易举的事情，既需要领导者有观察力，善于识别，更需要领导者有魄力，有担当精神。鲁定公十四年（公元前496年），已经56岁的孔子任鲁国大司寇摄行相事，他上任后仅仅七天，就以"五恶"的罪名下令诛杀了当时鲁国乱政的谄媚恶人少正卯。少正卯的五条罪恶：一是心达而险，二是行辟而坚，三是言伪而辩，四是记丑而博，五是顺非而泽。这五种罪恶用今天的话说就是：内心通达明白却邪恶不正，行为邪僻而顽固不改，言论虚伪而说得有理有据，记诵一些丑恶的东西而且十分博杂，赞同错误的言行还进行润色。以当时的律令，常人只要犯其中一条，就"不得免于君子之诛"，而少正卯却"五毒"俱全，如果不处以极刑，就会破坏社会稳定。尽管少正卯是当时的名大夫，孔子也毫不留情将其处死。《淮南子》中对孔子的这一做法给予高度的认可和评价："孔子诛少正卯而鲁国之邪塞。"明代大儒王阳明深知"破山中贼易，破心中贼难"，但是在面对祸国害民的"山中贼"时他也严惩不贷。他曾经说：譬如父母同生十子，八子为善，二人背逆，要害八人。父母须除去二人，然后八人才得以安生。这样的选择虽然让人痛心，但家国天下，大义为先。王阳明剿灭了其他山贼后，当时以池仲容为首的山贼心生害怕，被迫投降。王阳明看出他们是假降，清醒地认识到"审其贪残终不可化"，不杀掉他们必"养寇贻害"。尽管有下属劝他不要杀池仲容等人，以免断了山贼来降之路，但王阳明还是"复决歼贼之念"，并最终把他们杀掉，免除了后患。

领导者自己也要审视有无"八疵四患"，如果有就必须敢于正视，清除这些害处，否则就会与成功绝缘。领导者只有清除"八疵"，肃清"四患"，才能不断提升和完善自我。荀况曾经说得很明白："君子博学而日参省乎己，则知明而行无过矣。"自我反省与自我除害，是一种人格境界，更是一种"行无过"的大智慧。

三、庄子"不越樽俎"的定位领导智慧

在《庄子》"逍遥游篇"中，庄周写了这样一段话："尧让天下于许由，曰：'日月出矣，而爝火不息；其于光也，不亦难乎？时雨降矣，而犹浸灌；其于泽也，不亦劳乎？夫子立而天下治，而我犹尸之；吾自视缺然，请致天下。'许由曰：'子治天下，天下既已治也；而我犹代子，吾将为名乎？名者，实之宾也；吾将为宾乎？鹪鹩巢于深林，不过一枝；偃鼠饮河，不过满腹。归休乎君，予无所用天下为！庖人虽不治庖，尸祝不越樽俎而代之矣！'"意思是，尧帝想把天下禅让给许由，于是对许由说："有你这样光明的太阳和月亮都已经升起在天空上了，可是像我这样微小的炬火还在燃烧不息；它要同太阳和月亮比光辉，岂不是很难吗？有你这样应季的雨水及时而降了，可是我还在继续提水灌田，这种费力的灌溉对于广袤大地的润泽岂不是徒劳无益吗？先生您若能站在国君的位置上，天下就会大治，可是我还无所作为地居于国君之位；我越看越知道自己缺乏治国能力，想请您出来取代我治理天下。"许由回答说："你治理天下，天下已经实现了大治，而我再去替代你，难道我将是为了获得

名声吗？'名'不过是'实'派生出来的次要的代号；难道我还要去追求这种次要的代号吗？鹪鹩在森林中筑巢，顶多就占用一棵树枝；偃鼠到河里饮水，也不过是喝饱肚子而已。你还是收起这种想法，继续治理天下吧，我没有治理天下的作用啊！厨师就是不下厨房去做祭祀的饭菜，祭祀主持者也不应该越俎代庖的！"

尧帝是华夏上古时期的著名帝王，"三皇五帝"中的五帝之一。尧帝出行遇见大隐士许由，发现许由是大贤，就要让天下给他，要拜他为师。尧帝很谦虚地把自己定位为"爝火"，把许由比作"日月"，而"爝火"是不能与"日月"争光辉的。由这种比喻引申到治理天下，尧帝认为自己虽然在国君的位置上，但缺乏治国能力，即"我犹尸之""自视缺然"，而认为许由有治国理政的能力，可以治理天下，即"子立而天下治"。尧帝做了这样的定位，决定禅让天下给许由，即"请致天下"。许由也很有定位的智慧，认为尧帝已经把天下治理得很好了，自己再去替代尧帝，只是徒有虚名，而"名"不过是"实"派生出来的，"实"是主，"名"是宾，即"名者，实之宾也"。圣人为道之实，而不为圣之名。鹪鹩在茂密的树林里筑巢栖息，不过只需要一根树枝，而不可能把整个树林都占有。偃鼠在河里喝水，也不过是喝饱肚子而已，而不可能把整条河的水都喝完。亦即"鹪鹩巢于深林，不过一枝；偃鼠饮河，不过满腹"。所以，许由对尧说，你回去吧，你要禅让给我的天下，对我来说根本没有什么用，即"归休乎君，予无所用天下为"。在古代的祭祀活动中，需要置办大量的祭品，这里面很多祭品都是食物，所以需要专门的庖人来治办。祭品治办好了，用礼器樽以盛酒，俎以盛肉，摆在礼案上，然后尸祝才可以向神祷告。即使庖人不治办祭品，尸祝也不会跨过礼器去替代庖人来治办祭品，即"庖人虽不治庖，尸祝不越樽俎而代之"。

庄周通过尧让天下的寓言故事，阐述了"君不足贵，权不足惜"的观念，再通过许由的话"予无所用天下为"表明了自己的政治态度，把"逍遥游"的思想又提高到了一个层次。但是，许由最后这句话"庖人虽不治庖，尸祝不越樽俎而代之"，今天也用来比喻不能超出自己职责范围去处理别人所管的事。诚能如此，不也是一种"逍遥"吗？

"不越樽俎"的定位是有序开展领导活动的智慧。领导活动是有组织结构和秩序的，各个领导者都有自己的职责，工作范围也是很清楚的，也有确定的相应责任。如果"不越樽俎"，每个层级层面的领导者都有自己的活动空间和职责范围，各司其职，领导只做好监督监察工作，不在下属的具体工作上面与其"华山论剑"，领导活动就会有序地开展，每个领导者的合力才能达到一加一大于二的效果。"不越樽俎"的反面就是"越俎代庖"。从领导活动的角度讲，就是有的领导者抢下级的活儿干。有"越俎代庖"行为的领导者，其思想上的任意性和行动上的随意性，往往打乱了其他领导者的正常工作秩序和工作部署，会损伤或削弱他们肩负责任的愿望和工作的积极性，还会造成依赖、沮丧、埋怨或对抗情绪。特别是有的领导者分配给下级领导者一些颇有难度的工作任务时，怀疑下级领导者的能力不足，于是便火速援助，亲自替他们扛起重任，造成下级领导的责任心丧失殆尽，取而代之的是意志消沉和漠不关心的工作态度。所以，"越俎代庖"既浪费了领导者自己的精力，舍本逐末，影响了工作大局；又挤压了下级的工作空间和拓展空间，挫伤了下级的积极性，导致他们只会被动应付，不会主动作为，使他们没有了主见和责任感，实在是费力不讨好。杰克·韦尔奇曾有句名言："管得少就是管得好。"有一次，诸葛亮正在亲自校对公文，主簿杨仪径直入内劝他说："治理国家是有制度的，上司和下级做事是有分别的，不能互相混淆。请让我以治家作个比喻：现在有一个人，命奴仆耕田，婢女烧饭，雄鸡报晓，狗叫盗贼，牛拉重车，马跑远路；家中事务无一荒废，要的东西皆可满足，悠闲自得不用操心，每天吃饭饮酒而已。忽然有一天，想要亲自去做所有的事情，不用奴婢、鸡狗、牛马，结果劳累了自己的身体，让琐碎事务弄得疲惫不堪，精神萎靡，却一事无成。难道他的才能不及奴婢和鸡狗吗？不是，而是因为他没有守住一家之主的职责。所以古人说'坐着讨论问题，做出决定的人是王公；执行命令，亲身去做事情的人，称作士大夫'。因此，丙吉不过问路上杀人的事情，却担心耕牛因天热而喘；陈平不去了解国家的钱、粮收入，而说'这些自有具体负责的人知道'。丙吉和陈平都懂得各司其职的道理。如今您管理全国政务，却亲自校改公文，终日汗流浃背，不是太劳累了吗？"领导者"越俎代庖"，上下相侵，对自己的身体而言，也是一种伤害，诸葛亮的早逝就是个例子。所以，杨主簿说的"为治有体，上下不可相侵"，应为今天的领导者铭记。治国理政必须有一定的章法，上下级之间的职责不能混淆，要各安其位、各负其责，不无为、不乱为。

"不越樽俎"的定位也是正确处理好领导班子里的正副职关系的智慧。在领导班子中，对正职总体的定位是：领导班子中居于核心地位，起着主角作用，既要发挥集体领导下的负全责的作用，又要发挥副职分工负责下的主动配合作用。对副职的总体定位是：在领导班子中居于辅助地位，起着协助作用，是正职的左膀右臂，对分管的工作负责，他既是正职的被领导者，又是下属的领导者；既是决策的参与者，又是执行者。正职"不越樽俎"的定位智慧是，从全局出发，深谋远虑，掌握大方向，善于出主意、拿办法，特别是要善于适应客观形势发展需要，及时拿出新对策，不断开创新局面；要善于组织指挥，使各部门、每位领导和组织成员各就其位，各效其用，发挥整体效能；要充分相信和依靠副职。不要随意干预和插手属于副职职权范围内的事，对副职做出决定的事，只要基本上正确，就不要轻易去否定或更改，更不要越过副职直接去处理应由副职处理的事务。要善于发现人才，并敢用和会用，调动一切积极因素，为领导活动的高效运转创造良好条件。副职"不越樽俎"的定位智慧是，要有配合、协助正职的主体意识，维护正职的权力和核心地位，自觉服从正职的领导，在正职授权范围内辅佐不离位，发挥自己的主观能动性，积极地创造性地开展工作。副职必须明确自己分管工作的任务、范围、权限，不能不管也不能乱管，到位不越位，补位不空位。要按正职的要求去分管，经常向正职请示汇报，对正职没有授权的，不能轻易越权、表态，更不能擅自做主。在成绩和荣誉面前，不争名利，不计得失，虚心谦让。在公开活动中，不争座次，不抢镜头，不出风头，始终注意维护正职的形象，突出正职的权威。

"不越樽俎"的定位还是防止下级越权行事的智慧。越权行事就是架空领导，就是下属侵犯了本属领导职权范围的权责，如有的下属先斩后奏，事前以某种手段或某种借口决定了本不该自己决定的事，事后再向领导汇报，造成木已成舟的结果，迫使领导认可，牵着领导"鼻子"走。更有甚者，不把领导放在眼里，凡事自己说了算。越权损害了领导者的权威，而越权的下属又不具备这种领导职务，负不了这方面的责任，必然造成工作局面的混乱，其危害是不言而喻的。为了控制越权问题，必须严格界定权限的范围，一般情况下，下属必须在权限的范围内行事，"不越樽俎"，不准"先斩后奏"，更不允许发生"斩也不奏"的侵权行为。

四、庄子"葫芦大樽"的妙用领导智慧

在《庄子》"逍遥游篇"中，有这样一段记载：惠子谓庄子曰："魏王贻我大瓠之种，我树之成，而实五石。以盛水浆，其坚不能自举也。剖之以为瓢，则瓠落无所容。非不呺然大也，吾为其无用而掊之。"庄子曰："夫子固拙于

用大矣！宋人有善为不龟手之药者，世世以洴澼絖为事。客闻之，请买其方百金。聚族而谋曰：'我世世为洴澼絖，不过数金；今一朝而鬻技百金，请与之。'客得之，以说吴王。越有难，吴王使之将，冬与越人水战，大败越人，裂地而封之。能不龟手一也，或以封，或不免于洴澼絖，则所用之异也。今子有五石之瓠，何不虑以为大樽，而浮于江湖，而忧其瓠落无所容？则夫子犹有蓬之心也夫。"意思是，惠子对庄周说："魏王送给我大葫芦种子，我把它栽种成藤后，结出的大葫芦能装五石的东西。我用大葫芦去装水，但是它不硬实以致承受不住水的重量，提起来就会破碎。我把它一剖两半做瓢用，则又因瓢没什么东西好装，瓢还太大，也没有地方放。这个葫芦不是不够大，而是因为太大了而没有什么用处。我为此而把它砸烂了。"庄周说："先生真是笨拙不善于使用大东西啊！宋国有一户善于调制防止冻裂手药物的人家，世世代代以漂洗丝絮为业。有个客商听说了此事，想出百金的价格购买他们的药方。全家族人聚集到一起商量后认为'我们世世代代在河水里漂洗丝絮，也不过收入几两银子，而今天可以卖到百金的好价钱，还是把药方卖给他划算'。这个客商得到药方后，就去游说吴王。正巧越国进犯吴国，吴王派他统帅大军抗敌。冬天在水上跟越军交战，吴军有防治冻裂手的秘方，打败了越军，吴王划出一些土地封赏他。能使手不皲裂，药方是同一个，但有的人用它获得了巨大的封赏，而有的人只能靠他在水中漂洗丝絮不冻伤，这就是由于使用方法的不同而造成的巨大差异。如今你有容下五石的大葫芦，为何不考虑将其制成大的腰舟，游弋于江湖之中，却反倒担心葫芦太大无处可容呢？先生还是心窍被乱草蓬塞而不通透啊！"

在《庄子》"秋水篇"中，庄周假借蛇与风的对话写道："蛇谓风曰：'予动吾脊胁而行，则有似也。今子蓬蓬然起于北海，蓬蓬然入于南海，而似无有，何也？'风曰：'然。予蓬蓬然起于北海而入于南海也，然而指我则胜我，鰌我亦胜我。虽然，夫折大木、蜚大屋者，唯我能也。'故以众小不胜为大胜也。"意思是，蛇对风说：我靠我的脊柱和腰胁而行走，还是像有脚行走。如今你呼呼地从北海刮起，又呼呼地刮入南海，却没有留下有脚而行的形迹，这是为什么呢？风说：是的，我可以呼呼地从北海刮到南海，但是有人用手指头触碰我，我就吹断不了他的手指；有人以脚踢踏我，我也吹断不了他的腿脚。这是我的"不胜"。但是折断大树，掀翻大房屋只有我能做到，这是我的"胜"。所以，要用许多小的不胜造就大胜。

有用与无用之间存在着辩证关系：首先，不论是就物体来说，还是就人而言，有用和无用都不是绝对的，而是相对的，在一定条件下是可以互相转化的。庄周以和惠子轻松对话的形式把一个高深的哲学辩证法问题表达得通俗易懂：具有"实五石"的大葫芦，用它去装水，它的坚固程度不够就承受不住水的重量，即"其坚不能自举也"；"剖之以为瓢"，瓢又太大而没有地方放。可是，要是把大葫芦"以为大樽"做成船"而浮于江湖"，就能派上大用场。庄周还以风为喻阐明了这一深刻的哲学道理。风可以从北海刮到南海，但是以指头触碰，它就抗拒不了；以脚踩踏，它也抗拒不了。这是风的"不胜"。但是"折大木、蜚大屋"只有风能做到，这是风的"胜"。两者比较起来，"不胜"是"小"，"胜"是"大"。所以，庄周说："故以众小不胜为大胜也。"其次，任何一种事物，在某种情况下，对某些人和事来说是用处很小，而对另外一些人和事来说可能用处很大。庄周讲到的宋国这家"善为不龟手之药者"，发明这种药的目的只是"免于洴澼"，其所得"不过数金"。但客商重金购得此药方后，用于国家的战争，使吴国打败了入侵的越国，吴王划出一些土地封赏他，即"裂地而封之"。同一个药方之所以产生巨大的价值离差，就是因为这个客商有眼光，"所用之异也"。还有，有用与无用都是相对的，手心与手背同在一只手上，手背握不住东西，手心却可以；出拳靠的是手背，手心形不成拳头。和平盛世，金银玉石是宝，兵荒马乱年代米粮衣服是宝。黄金做鞋掌不如铁。所以，一个东西有用或无用，不能只看眼前的、具体的用处，还要从相对的方面、大的方面、长远的眼光来看待。庄周看待事物与惠子看待事物的不同之处在于，惠子从我出发，看待事物是否"有用"。庄子则从物我出发，即要看我会不会用这物，会用其长处，就是大用。孟子的学生乐正克在其《学记》中说过具有同样意思的话：用鼓奏不出美妙动听的歌曲，但没有鼓，歌曲就不能完美动听；水没有五颜六色，但没有它，各种颜色就不会鲜艳悦目。

庄周"葫芦大樽"变无用为有用的辩证思想也为领导者选人用人提供了智慧。知人善任，用人所长，是识人用人所应遵循的基本原则，也是被古今中外的无数事实所证明的正确用人之道。然而，人各有所长，亦各有所短，人才也不是完人。因此，用人重要的是先要识人，古语说："仁莫大于爱人，智莫大于知人。"如何用人取决于你用怎样的眼光来认识人、了解人、看待人。有的领导者寄希望于身边都是全才、精英，往往一味地盯着部属的短处，就会觉得没有有用的人才，深深地陷入"无人可用"的苦恼，又造成人才的"闲置"与

"荒废"。有的领导者知道金无足赤，人无完人，能够摒弃"求全责备"的狭隘识人用人思想，尽可能去认识和发现人才的长处，并充分挖掘其潜力，扬长避短，发挥其作用，使更多的人才脱颖而出，具有施展才华的空间，能够找到存在的价值。善用长处固然厉害，而从短处中挖掘长处，更是识人用人的高妙之招，是变无用为有用的眼光和智慧。在平常人看来，短就是短；在有见识的人看来，"短"可能蕴含着"长"。领导者若能准确、辩证、客观地分析每一个人才的"短"处，善于"短中见长"，敢于"用人之短"，变短为长，就能实现用人效能的最大化，人才就不会成为"沉没的资本"，天下便没有不可用之人，昔日的"无用之人"很可能成为大用之材。唐代的柳宗元曾讲过类似"葫芦大樽"的故事：有一个木匠，技能极差，自家的床都修不好，却扬言能造屋子，柳宗元觉得此人很可笑。后来，在一个大的建筑工地上，柳宗元再见到这个人时，只见他发号施令，指挥众多的工匠奋力做事，现场秩序井然。柳宗元大为惊叹，险些因自己原来的看法忽略了一个优秀的工程组织管理人才。管理上讲"人适其事，事宜其人"的原则。聪明的领导者与平庸的领导者的天壤之别在于：善于发现并最大限度地利用下属的优点，把他们放在最有利于发挥其优点的岗位上。

庄周"葫芦大樽"变无用为有用的辩证思想，还告诉领导者世上根本没有绝对无用的东西，只是利用的方式不同罢了。同一种事物，利用方式的不同，或者放在不同的情境里，往往会有不同的价值。世界上没有垃圾，只有放错了地点的好东西。美国人罗伯特用几年时间收集了被人当作垃圾扔掉的七万多件"失败产品"，据此创办了一个"失败产品陈列室"，每件产品都配上了发人深省的解说词。"无用"的"废品"展览给人以真实深切"有用"的"成功"的警示，开展后观者如潮，给罗伯特带来了不菲的收入。有位哲人说："失败的味道挺苦，包含其间的道理却是甜的。"罗伯特别出心裁地经营"失败"，就是把没用的"苦"变成了有用的"甜"。

敌对的东西在有智慧的领导者眼里还是很有用的东西。唐代思想家柳宗元写过一篇《敌戒》，文章开头就说："敌戒皆知敌之仇，而不知为益之尤；皆知敌之害，而不知为利之大。"文中举了一连串的例子，说明"敌存灭祸，敌去召过"的道理。德国诗人席勒说得好："朋友是宝贵的，但敌人也可能是有用的；朋友会告诉我，我可以做什么，敌人将教育我，我应当怎样做。"同样的道理，错误的东西对人认识真理也是非常有用的。泰戈尔哲理诗中有句名言：

"当你把所有的错误都关在门外时，真理也就被拒绝了。"这句话向世人揭示出了"错误"也有"有用"的价值。平时多读些看似无用的书，多做些看似无用的功，在将来某一时刻也许会对你的人生和事业有很大的帮助，领导者也应当切记，不能急功近利，不能用短视的实用主义观点来衡量有用或没用。

五、庄子"用志不分"的匠心领导智慧

在《庄子》"达生篇"中，有这样的一段精彩描述：仲尼适楚，出于林中，见佝偻者承蜩，犹掇之也。仲尼曰："子巧乎！有道邪？"曰："我有道也。五六月累丸二而不坠，则失者锱铢；累三而不坠，则失者十一；累五而不坠，犹掇之也。吾处身也，若厥株拘；吾执臂也，若槁木之枝；虽天地之大，万物之多，而唯蜩翼之知。吾不反不侧，不以万物易之翼，何为而不得！"孔子顾谓弟子曰："用志不分，乃凝于神，其佝偻丈人之谓乎！"意思是，孔子到楚国去，走进一片竹林，看见有位驼背老人用一根竹竿在树上粘蝉，就像在地面上捡东西一样自如。孔子就说："先生真是手巧啊！有什么门道吗？"驼背老人回答："我有门道。经过五六个月的练习，在竹竿头累叠上两个珠子而不会坠落，粘蝉失手的情况就不多了；再累叠上三个珠子而不坠落，那失手的情况就会十之有一了；累叠上五个珠子而不坠落，就会像在地面上捡蝉一样容易了。我站立的身子就好像是接近地面的断木，我举杆的手臂就像枯木的树枝一样稳定；虽然面对的天地无穷大，万物品类也无限多，但我却一门心思在注意蝉的翅膀上，从不思前想后、左顾右盼，绝不被花花绿绿的万物所袭扰而转移对蝉的翅膀的专注力，这怎么不能使在树上捕蝉就像在地上捡蝉一样呢？"孔子转身对随行的弟子们说："做事心志不分散，凝聚专注的精神，也就是说的这位驼背老人的情况啊！"

在《庄子》"养生主篇"中，同样有一段精彩描述：庖丁为文惠君解牛，手之所触，肩之所倚，足之所履，膝之所踦，砉然向然，奏刀騞然，莫不中音。合于《桑林》之舞，乃中《经首》之会。文惠君曰："嘻，善哉！技盖至此乎？"庖丁释刀对曰："臣之所好者道也，进乎技矣。始臣之解牛之时，所见无非全牛者；三年之后，未尝见全牛也；方今之时，臣以神遇而不以目视，官知止而神欲行。依乎天理，批大郤，导大窾，因其固然，枝经肯綮之未尝，而况大軱乎！良庖岁更刀，割也；族庖月更刀，折也。今臣之刀十九年矣，所解数千牛

矣，而刀刃若新发于硎。彼节者有间而刀刃者无厚，以无厚入有间，恢恢乎其于游刃必有余地矣。是以十九年而刀刃若新发于硎。虽然，每至于族，吾见其难为，怵然为戒，视为止，行为迟，动刀甚微，謋然已解，如土委地。提刀而立，为之四顾，为之踌躇满志，善刀而藏之。"这段大意是，有个厨师丁给文惠君宰牛。他的手接触牛的地方，肩膀靠着牛的地方，脚踩着牛的地方，膝盖顶住牛的地方，都发出哗哗的响声，刀子刺进牛体，发出霍霍的美妙音乐旋律，既合乎《桑林》舞曲的节拍，又合乎《经首》乐章的节奏。文惠君说："嘿，好哇！你的技术怎么高超到这种地步呢？"厨师丁放下屠刀，答道："我喜好的是事物的'道'，它比技术更高。我宰牛之初，眼里看到的都是整头的牛；宰了三年之后，就不再看到整头的牛了；现在，我用精神去接触牛，不再用眼睛看它，感官的知觉停止了，只凭心的会意在活动。顺着牛体自然的生理结构，击入大的缝隙，顺着骨节间的空处进刀；依着牛体本来的组织进行解剖，脉络相连、筋骨聚结的地方，都没用刀去碰过，更何况那粗大的骨头呢！好的厨师，每年才换一把刀，因为他们用刀割肉；一般的厨师，每月就换一把刀，因为他们用刀砍断骨头。现在，我的这把刀用了十九年了，它宰的牛有几千头了，刀口还像刚从磨石上磨出来一样。因为那牛体的骨节有空隙，刀口却薄得像没有厚度，把没有厚度似的刀口插入有空隙的骨节，宽宽绰绰的，刀刃的运转大有余地。因此，它用了十九年，刀口却像刚刚从磨石上磨出来的一样锋利。虽说是这样，每当遇到筋骨交错聚结不好下手的地方，我就小心翼翼地，目光因此集中到一点，放慢动作，使刀非常轻，结果哗的一声牛的肉和骨头就分开了，像泥土一样散落在地上。我提着刀站起来，环顾一下四周，感到心满意足，这时才把刀擦拭干净收藏起来。"

　　这两则寓言可按一则算，因为都讲了"用志不分"的道理。第一则寓言，用形象化说理的手段讲出了匠人之心。佝偻老人体质异于常人，但在捕蝉的技能上非常人所能比。佝偻老人之所以能够熟练地捕到蝉，是因为他专心致志苦练技巧和注意力高度集中。注意力的高度集中，在心理上只注意蝉的翅膀，而不注意周围的世界同时存在的其他东西，即"虽天地之大，万物之多，而唯蜩翼之知。吾不反不侧，不以万物易之翼"。佝偻老人把思想感情，把整个心灵，灌注到蝉的翅膀上去，与蝉的翅膀相契合、相拥抱，从而达到"神与物游"的境界，在树上捕蝉也就像在地上捡蝉一样了。佝偻老人说的就是"用志不分，乃凝于神"的专注匠心。

第二则寓言的原意是用来说明养生之道的，其实从另一个角度分析，也是讲出了匠人的精神。故事先描述庖丁解牛的高超技艺，即"手之所触，肩之所倚，足之所履，膝之所踦，砉然向然，奏刀騞然，莫不中音。合于桑林之舞，乃中经首之会"。然后，庖丁由"技"论"道"，任何事物都有它内在的规律性，通过"用志不分"，即从开始的"所见无非全牛者"再到"未尝见全牛"的目不旁骛，专心致志，经过长期实践和善于思考，就能认识和掌握规律，从而发挥主观能动性，"依乎天理""因其固然"，避开"枝经肯綮"与"大軱"，只找空隙处下刀，每当遇到筋骨交错聚结的地方，即"至于族""其难为"时，就更加聚精凝神，把目光集中到这一点上，放慢动作，使刀非常轻，结果就会"谋然已解，如土委地"。如此可见，"用志不分"的匠心是掌握事物发展规律必须具有的心志。世界上的事物都有自身的规律，掌握了规律就能四两拨千斤。这就需要"用志不分"的专一和不断反复的实践，庖丁能够一刀下去，刀刀到位，就在于他掌握了牛的结构和组织机理，这种掌握来自于反复实践，即"所解数千牛"。庖丁用精彩绝伦的技艺证明："用志不分"的匠心，加上反复实践，特别是经历实践中的挫折甚至是失败的洗礼，才能成就精湛的技艺。

按照自然规律，冬天和夏天不能同时形成，庄稼和野草也不能一块儿长大。社会的法则也表明：思想不专注是干不成任何事业的。神经学家认为：你不在意阅读、看或听的内容，你就不会记住它。黄石公说过：最悲哀的情形，莫过于心神离散；最大的病态，莫过于反复无常。獐的奔跑速度比马快，但它们之所以常常被猎人捕获，就是因为它们总是分心，回头张望。唐朝的柳宗元在《江雪》诗中写道："千山鸟飞绝，万径人踪灭。孤舟蓑笠翁，独钓寒江雪。"山野大雪中老人垂钓，是钓不到鱼的，但是老人却钓到了"用志不分"的专注境界，钓到了追求者独有的情怀。

"用志不分"的匠心是有智慧的领导者应该达到的心境。从古至今，东方、西方都始终在倡导一种"匠人精神"。其实，"匠人精神"就是一种职业精神，它是职业道德、职业能力、职业品质的综合体现，是从业者的一种职业价值取向和行为表现。"匠人精神"具体包括爱岗敬业、精益求精、专注执着、追求卓越等方面的内容。竭尽全力做好自己从事的工作，哪怕再微不足道的一件事，只要你能够静下心来，驻足发力，做到极致，做到完美，就是"匠人精神"。古人讲："一事精致，便能动人。"说得晓畅透彻一些，匠人的精神是在"心"

不在"匠"。一流的工匠有着一流的心性。佝偻老人捕蝉和庖丁解牛的故事告诉我们的不正是只要心到、神到，就能达到出神入化的巅峰吗？清朝的纪晓岚说："心心在一艺，其艺必工。心心在一职，其职必举。"成就匠心，需要的就是"用志不分"。只要在某一行业或某一职业上"用志不分"，反复练习，经受住岁月打磨，任何人都能掌握一门精湛的技艺。匠心绝不单单指机械加工者应具有的精神，它有着更宽广的意思，它涵盖着各行各业的从业者都应该具有的精神。尤其是领导者，从事的领导事业更需要专业，并且敬业，也就是更需要匠心。在物欲横流的今天，哪位领导者能够保持纯真高洁、心无旁骛的心境，谁就会成为"用志不分，乃凝于神"的得道者。

"用志不分"也是所有组织成员必须具有的精神。这个时代飞舞着各种各样的价值观，很容易让人迷失。所以领导者要大力培育和倡导这种"用志不分"的匠心精神。在任何岗位或工作上的成员若拥有匠心精神，就不会满足于普普通通的工作表现，而是会把平凡的工作做得出类拔萃，即使是枯燥乏味的事也能兢兢业业、精雕细琢地做好。无论技术多么精湛，若仅仅只有技术，都很容易被超越，唯有匠心精神是无法超越的，它是卓越带来的回报，具有永恒的价值。

现在社会上流行一个说法和做法叫"跨界"，"跨界"可以增加轨道，可以获得成长的新元素，有助于培养出复合型人才。但不是人人都适合"跨界"，而且人人都"跨界"，那行业的专业性就会消失，匠人和匠人精神将不复存在。西方的成功学有一条重要的法则——"回归优势"。《周易》讲"各正性命"，"正"也就是"止于一"。找准自己最具"优势"的"一"，并以"用志不分"的精神，在这个"一"上凝心聚力，精益求精，你就会成为独具个性风采的匠人或专业人才，进而实现自我价值。

六、庄子"善游忘水"的简单领导智慧

在《庄子》"达生篇"中，庄周描述了一个寓言故事：颜渊问仲尼曰："吾尝济乎觞深之渊，津人操舟若神。吾问焉，曰：'操舟可学邪？'曰：'可。善游者数能。若乃夫没人，则未尝见舟而便操之也。'吾问焉而不吾告，敢问何谓也？"仲尼曰："善游者数能，忘水也。若乃夫没人之未尝见舟而便操之也，彼视渊若陵，视舟之覆犹其车却也。覆却万方陈乎前而不得入其舍，恶往而不暇！以瓦注者巧，以钩注者惮，以黄金注者惛。其巧一也，而有所矜，则

重外也。凡外重者内拙。"意思是，颜渊问孔子说："我曾经在觞深过渡，摆渡人驾船的技巧神极了。我问他：'驾船可以学会吗？'摆渡人说：'可以的。善于游泳的人很快就能驾船。假如是善于潜水的人，即使他以前没见到船也会熟练地驾起来就走。'我再问他怎样学习驾船而他却不告诉我，请问他的话说的是什么意思呢？"孔子说："善于游泳的人也很容易就能学会驾舟驶船，这是缘于他们熟知水性而没有怕水的心理。至于那些善于潜水的人虽然从未见过舟船，而一见到舟船就能熟练地驾驶，是缘于他们看待水中的深渊就如同看待陆地上的山坡一样，看待水中的翻船就犹如看待陆地上车子退了几步一样。船的翻沉和车的倒退乃至万事万物呈现在他们眼前的景象根本乱不了他们的内心，他们到哪里、遇到什么情况怎么不能从容以对呢！用瓦片下赌注心无挂碍，往往赌技精湛；用玉钩下注就心有畏惧，而影响正常水平发挥；用黄金下注就会头脑发昏，而技能拙劣。赌博技巧没变，但因心有所顾忌了，太看重身外之物的输赢了，内心就变得笨拙了。"

庄周还描述了一个寓言故事："孔子观于吕梁，悬水三十仞，流沫四十里，鼋鼍鱼鳖之所不能游也。见一丈夫游之，以为有苦而欲死也，使弟子并流而拯之。数百步而出，被发行歌而游于塘下。孔子从而问焉，曰："吾以子为鬼，察子则人也。蹈水有道乎？"曰："亡，吾无道。吾始乎故，长乎性，成乎命。与齐俱入，与汩偕出，从水之道而不为私焉。此吾所以蹈之也。"孔子曰："何谓始乎故，长乎性，成乎命也？"曰："吾生于陵而安于陵，故也；长于水而安于水，性也；不知吾所以然而然，命也。"意思是，孔子在吕梁山游览，看见瀑布有几十丈高，流水溅出的水沫流出四十里远，鼋鼍鱼鳖也不能游动的地方，却惊奇地看见一个男人在那里游泳，孔子以为他是因痛苦而想寻短见的人，便吩咐弟子顺着河岸去救他。谁知这个人游了几百步远又上岸了，披着头发，哼着小调，在塘埂下神闲逍遥。孔子赶上去问他，说："我以为你是鬼怪，但仔细看你，确实是人，请问游泳有道术吗？"那人说："没有，我没有什么道术。我从这里的水的流势起步，顺着水的本性起落，不知不觉就成功了。与漩涡一起进入水流的中心，与涌出的流水一起浮出水面，顺从水的流动方向而不逆动，这就是我游泳的方法。"孔子问："什么叫从这里的条件起步，顺着水的本性成长，不知不觉就成功了？"那人说："我生在山区就安心住在山上，这就是从这里的条件起步；长在水边就安心住在水边，这就是顺着水的本性成长；我不知道为什么会成功而成功了，这就是不知不觉的成功。"

与其他先秦诸子对"道"的表达方式不同的是，庄周往往通过以编织寓言故事的方式，阐发"道"的真谛。在这里，庄周首先借助孔子的一句话"善游者数能，忘水也"，来阐述了外在顾虑影响人的内心世界的变化，进而影响到技能的生成和技能作用发挥的机制。善于游泳的人往往忘记水的存在。善于潜水的人，即使没有划过船，也敢于撑船出没于江河湖海，因为他觉得水的深渊和陆地上的丘陵一样，有风浪翻了船，同车行陆上倾倒或倒退没有什么两样，扶正了就是了，即"没人之未尝见舟而便操之也，彼视渊若陵，视舟之覆犹其车却也"。忘水游泳，率性操舟，乃至万事万物呈现在他们眼前的景象心中都无所顾惜，就是"覆却万方陈乎前而不得入其舍，恶往而不暇"，如此怎能不自由轻松地畅其所能呢？庄周又以赌博为喻，揭示外物扰乱内心的道理。用瓦片作为赌注的人心理淡然而能发挥出更高的技能，用玉钩作为赌注的人心中顾虑重重而发挥不出水平，用黄金作为赌资的人则心脑昏昏而技能拙劣。其实，各种赌注的赌博技巧本来没有差异，就是心思的沉重程度不同才出现了水平技巧上的巨大差别，这就是把身外之物看得太重了，即"以瓦注者巧，以钩注者惮，以黄金注者惛。其巧一也，而有所矜，则重外也"。最后一语道破主旨思想：凡是看重身外之物的人，其内心便有负担，思想必然笨拙，亦即"外重者内拙"。这句话反过来说，就是忘却外物才能真正凝神。身心融入太虚中，忘掉物我，内心无扰，就能够静守纯然状态，就可以看到万事万物的发展变化规律，根据内觉的事物发展变化规律的要求顺势而为，就会无往而不自适，技艺也自然能够精湛。庄子的人生智慧就是空灵的智慧，逍遥的智慧，是"天地与我并生，万物与我为一"的自在智慧。

第二则寓言故事中，庄周借着吕梁男子能在"悬水三十仞，流沫四十里"的急流中畅游无碍的表现，通过孔子与吕梁男子拐弯抹角的对话，描述了从实践中能够达到熟能生巧、由技入道的自由境界，即"始乎故"，就是"生于陵而安于陵"；"长乎性"就是"长于水而安于水"；"成乎命"就是"不知吾所以然而然"。他追求深邃大道的密码是"不为私"。最终水成为了他的习惯、本性和生命的一部分，即达到了"与天为一"，"畅达生焉"之累，顺乎自然，全身心"从水之道"，与水"齐俱入""汩偕出"浑为一体，身与物化，以致物我两忘，获得真正的自由，这就是"不知所以然而然"的境界。这种境界，就是摒除各种外欲后，心神简单的境界，即"道"的境界。庄子借技艺来打比喻，其目的在谈道，然得道者的境界与"善游忘水"入神时的精神状态恰有某种程度的相合。

还原本真是"善游忘水"的简单领导智慧。还原本真的领导智慧，要求凡事都要真正地认识和掌握事物的本质联系及其发展变化的规律，规律就是处于本真质朴的简单状态。在庄子看来，自然质朴之物保有天然之韵，人们只有崇尚自然，达到"自然""朴素"的状态，才能忘掉外在的追逐，消解心灵上的偏执，破开自己的囚笼，使物我之间同体融和，才能认识到和把握住自然本真的规律。最有价值的道理其实是最朴素的道理，很重要的道理其实是很简单平常的道理。这就是洞察世事后的返璞归真，真正的智慧就是洞察事物的本真和相互关系。领导活动中的规律、基本原理、方法也是极其简单的，简单到一两句话就能说明白，这就是所谓"真传一句话，假传万卷书"。因此，在领导活动中必须强调要以简为尚，简单才能把问题看得更透、更清楚，万事万物才能在你的眼里和心里还原成本真，才有利于探寻并抓住事物的本质联系和发展规律。按照事物的规律去做事，就能够借助规律本身的力量，顺万物本性，使物物各遂其性，如同"善游忘水"，没有丝毫的造作，随大自然的变化而变化，物来顺应，与大化为一，即与道为一。如此，随健行不息的大道而游，事业的成就自然天广地阔，无限丰饶。

化繁为简是"善游忘水"的简单领导智慧。复杂是制造问题和产生问题的根本原因。把简单问题复杂化，很多事情就难以解决。把简单问题复杂化是由思维惯性决定的。很多领导者在工作中一遇到重要的问题，就会去想复杂的解决方法，所以很多复杂的事情都是从领导脑子里想出来的。其实，无论多么复杂的问题都可以用最简单的方法去解决。领导活动可谓是错综复杂，领导者做事的思维和方法应该从简切入，以简驭繁，要像发射的火箭挣脱重力牵制凌空而去、直奔目标一样，想尽办法甩掉影响工作效率的障碍，最简捷、最直接地实现领导绩效最大化的目标。领导的层级越多、层级之间的关系越复杂，越容易让人在纷繁复杂中茫然而不知所措；领导活动的各种理论、标准、规章、制度越眼花缭乱，就越会让人无所适从。领导智慧的全部奥秘就在于越简单越好。因此，在领导活动中必须坚持化繁为简、以简驭繁的领导理念和方法，在形式上崇尚自然，在内容上追求简单，在精神上回归本真。领导者务必学会把复杂变"简单"，用智慧创造"简单"，力求使领导活动变得最有效率和效益。简单虽然表面看起来很平淡，但实际上它是以做减法的方式把自己腾空，轻装简行，去走更远的路。所以，简单才是最本真的一种形态，因而也是最理想、最好的一种形态。简单也是一种最独特的哲学，充满朴素的辩证法则——"大道归一"，这个"一"就是事物的本质，包含着万物的共性，即万物共同具备的内涵，领导者若能从纷杂的万事万物中抓住了"简单"的"一"的本质，一切复杂的问题都会迎刃而解，诚如老子所言："若人守一，万事毕。"领导者一旦拥有了化繁为简的智慧，就有可能实现"无为而治"。

举重若轻是"善游忘水"的简单领导智慧。把领导活动看得很深奥是因为没有看穿实质，把问题搞得越来越多、越来越复杂就是因为没有抓住主要矛盾和主要矛盾的主要方面。再复杂烦琐的事情从简单入手，循序渐进就能做成。领导者举重若轻的能力来自于对领导活动"还原本真"规律的认知和运用，来自于"化繁为简"物我两忘的专一。举重若轻很简单，但简单并不容易做到。诸葛亮的学识、智慧、才能世间罕有，但他也有明显的缺点：不懂得举重若轻。刘备托孤之后，他总是挂怀自身的存在，不能"善游忘水"，亲理细事，"夙兴夜寐，罚二十以上皆亲览焉"。深知事必躬亲将导致"形疲神困，一事无成"，可他知其不可而为之，最终劳累过度而英年早逝，未能完成匡复汉室的重任。领导活动虽然很多，但也有主次、轻重之分，如果领导者把注意力和主要精力用在了细枝末节上，必然会忙得焦头烂额，空劳其身心，也耽误事业。举重若轻不是"弃重"，而是为了更好地举重，不过于斤斤计较细节问题，以平和的心态直面重任。举重若轻的领导者具有大局意识、大局观念，站得高、看得远、想得深，善于抓大事、抓中心、抓关键。以有事之心处无事，以无事之心处有事，以做大事之心做小事，以做小事之心做大事。有看透大事者的超脱，看透小事者的豁达，大事抓到底，小权放到位。领导者只有把大局性和关键性以外的各种事情都合理地分配到相应的负责人身上，当好"场外主教练"，不跟球跑，也不完成技术动作，才能在"有所为""有所不为"中四两拨千斤，在难关和临危之中心平气和地做出惊人之举。

"善游忘水"的简单，可以让领导者拥有一颗朴素平静的进退之心。过于繁杂炫目的事物会令人心浮气躁，把握不住进退的尺度。人世间之所以有复杂的人我、是非、内外、事理的矛盾缠绕，皆源自于一个"贪"字，要想平衡由于人的自然本性和外物追逐引起的精神散乱，就要善于去贪就简，也就是善于"空"，善于"破"，善于"消解"，善于"遮拨"，善于"排遣"，如此才能使心灵得到宁静与解脱，才能"纵浪大化中，不喜亦不惧"，充分享受"简"所带来的朴实无华的快乐。因为简单，才能悟透生命之轻，轻如飞花、落霞、雨丝；因为简单，才能体验心灵之静，静如夜空、幽谷、小溪。这就达到了庄周提出的"朴素而天下莫能与之争美"的逍遥境界，在与天地精神共生中，获得一种大自在。

美国的沟通管理顾问公司詹森集团总裁兼执行长的比尔·詹森，从1992年开始进行"追求简单"的研究，调查对象由初期的460家企业2 500名人士，扩大到1 000家企业35万名人士，其中也有美国银行、花旗银行、默多克与迪士尼等世界知名企业。通过长期观察企业领导者和员工的工作模式，他找到了造成工作量过大、效率低下的最主要原因——"缺乏焦点"。因为没有"焦点"，工作目标就不清楚，就会浪费大量的时间重复做同样的事情或者做不必要的事情；因为没有"焦点"，就会遗漏关键的信息，浪费太多时间在不重要的信息上；因为没有"焦点"，就会抓不到重点，一件事情就必须经过反复沟通。根据多年调查研究的结果，比尔·詹森先后出版了《简单就是力量》《简单工作，成就无限》《简单的威力》三本书，详细阐述了作为卓越的高效能领导者如何化繁为简，抓住焦点，做最重要的事的策略与方法。

七、庄子"哀乐利害"的情欲领导智慧

在《庄子》"盗跖篇"中，庄周说："人卒未有不兴名就利者。"意思是，人们没有不想树立名声并获取利禄的。庄周又说："夫声色滋味权势之于人，心不待学而乐之，体不待象而安之。夫欲恶避就，固不待师，此人之性也。天下虽非我，孰能辞之！"意思是，至于说到乐声、美色、滋味、权势对于每一个人，不用学心里就自然喜欢，身体不需要仿效而早成习惯。欲念、厌恶、回避、俯就，本来就不需要师传谁都知道，这是人的天性。天下人即使都说我的看法错了，可谁又能摆脱这种天性呢！

在《庄子》"庚桑楚篇"中，庄周说："贵富显严名利六者，勃志也。容动色理气意六者，谬心也。恶欲喜怒哀乐六者，累德也。去就取与知能六者，塞道也。此四六者，不荡胸中则正，正则静，静则明，明则虚，虚则无为无不为也。"意思是，高贵、富有、显达、威严、声名、利禄六种情况，全是使意志悖乱的因素。容貌、举止、美色、辞理、气息、情意六种情况，全是禁锢心灵的因素。憎恶、欲念、欣喜、愤怒、悲哀、欢乐六种情况，全是牵累德性的因素。离去、靠拢、贪取、施与、智虑、技能六种情况，全是阻碍大道的因素。

四个方面各六种情况的功利欲望是束缚人的心灵的，去掉常在胸中震荡彰显其欲望的这些束缚，那么心中就可不受干扰而恢复平正状态，内心平正就会宁静，宁静就会明晰透彻，明晰透彻就会空灵，空灵就能发现自然万物的周而复始的变化规律，而理解物质变化的最终归宿是回归物质本原，进而融入空的"虚静"，虚静就能领悟到"无所作为而又无所不为"的真谛。

庄周发现，人有来自于个体生命自身的情欲之困，凡人都爱好名利，即"人卒未有不兴名就利者"。也就是说，爱好名利为人之本性所固有，是与生俱来、不需后天培养的。所以庄周说："夫声色滋味权势之于人，心不待学而乐之，体不待象而安之。夫欲恶避就，固不待师，此人之性也。"这种人的秉性是谁也摆脱不了的，即"孰能辞之"。在庄周看来，哀乐之情与利害之欲虽然为人之本性固有，可是情欲却是造成人精神负累的重要因素，即"容动色理气意六者，谬心也。恶欲喜怒哀乐六者，累德也。去就取与知能六者，塞道也"。但是利害之欲和哀乐之情都是"生之害也""天下之至害也"，是必须予以超越的。所以，庄周指出了超越的路径："此四六者，不荡胸中则正，正则静，静则明，明则虚，虚则无为无不为也。"这样，身心就能超越情欲的羁绊，摆脱各种各样的忧虑痛苦，在高度自由的境界里"心游万仞""视通万里"。庄周自己就是因崇尚自由而不应楚威王拜相之聘，就是"不兴名就利"的楷模。有一天，庄周正在濮水边垂钓，楚王派遣两位大臣先行前往致意，说："楚王愿将国内政事委托给你来掌管，因而劳累你了。"庄周手把钓竿头也不回地说："我听说楚国有一神龟，被杀死的时候已经活了三千年了，楚王用竹箱装着它，用巾饰覆盖着它，珍藏在宗庙里。这只神龟是宁愿死去为了留下骨骸而显示尊贵呢，还是宁愿活着在泥水里拖着尾巴呢？"两位大臣说："宁愿拖着尾巴活在泥水里。"庄子说："你们走吧！我仍将拖着尾巴生活在泥水里。"

领导者必须要对"高贵、富有、尊显、威严、声名、利禄"这些人的秉性方面所具有的情欲进行理智的控制。因为这些情欲是人遭受磨难的根源。老子曾经说过："五色令人目盲；五音令人耳聋；五味令人口爽；驰骋畋猎令人心发狂；难得之货令人行妨。是以圣人为腹不为目，故去彼取此。"意思是，色彩太杂使人眼花缭乱，声音太乱使人耳朵难辨，味道太多使人味觉失调，纵情打猎使人内心张扬发狂，稀奇的宝贝使人为了得到而不择手段。所以圣人只求维持基本的生存生活需要，而摒弃声、色、味等的物欲诱惑。伊朗有句谚语：

"最大的仇敌，莫过于自己的情欲。"情欲虽然可以使人得到一时之欢，但这一时之欢的满足不是满足，而是一种失去自我的放逐。西汉的刘向讲："嗜欲者，逐祸之马也。"所以，情欲即杀机，被欲望控制时，精神生活必然空虚，对名利权势就会不停地追逐，对那些曾经的得失、胜败、悲欢难以释怀，所以烦恼无量，轻则捶胸顿足，重则倒在自己的欲壑中不能自拔。领导者因为手中有权力，所以与常人相比，面临的诱惑更多，但是领导者必须明白，世界不是以你为中心的，你必须学会等待，学会控制自己的情感和行为。因此，领导者对"谬心""累德""塞道"的情欲，必须严加控制。自我控制是强者的本能，最考验一个人的心性。把理性升华到最高点，就能把情欲降到最低点，能在浮躁中淡定，在利益前从容，抛弃世俗的羁绊，坚守精神的阵地，有了这种罕见的品质，心灵才会保持正念。"正则静，静则明，明则虚"，"虚静"能使人发现自然万物的周而复始的变化规律，从而清醒地知道所有的拥有终将失去，爬得再高终要下来。领导者的尊严与领导者个人的欲望成反比，对一件东西你想得到的欲望强烈，就会变得低三下四，让别人瞧不起你；但当你对这件东西无动于衷的时候，保持一种平和心境，你才不会在欲望的丛林中忘乎所以，即"此四六者，不荡胸中则正"，尊严就会在你心中拔地而起，别人也会尊敬你。

孟子曰："养心莫善于寡欲。"意思是，希望心能够正，欲望越少越好。孟子对欲望的理解很值得每一个人借鉴和推崇。哲人曾说：人之所以痛苦，不是因为拥有的太少，而是想要的太多。正是因为欲望太多，也就意味着失望越多，结果造成心里贫穷，活得很痛苦。其实每个人心中都有一只情欲的老虎，不过德行高尚的人能够节制自控，不任其跑出来为害而已。所以，一个人如能做到清心寡欲，把欲望控制在一个自己能够驾驭的合理范围内，就能在生活领域中的各个方面抵制住诱惑，从而保持身心爽然，真正获得平安之福，清心之禄，寡欲之寿。

庄周的"哀乐利害"也是一种恬淡智慧，对今天的领导者也很受用。人欲不可绝，亦不可纵。过分的欲望在心里作祟，会使人心生烦恼，甚至会给人带来灾祸。摆脱过分的欲望的最好办法就是保持恬淡。恬淡，就是清净淡泊，不追求名利。恬淡是心中的一方净土，可以在追逐名利的浮躁社会中平定心神，得到事物的真味真性。恬淡，是出淤泥而不染的心境，是高山流水的情怀。恬淡可以比作清水，平时喝在嘴里虽然没有特别的滋味，可是一旦失去了它人就不能生存。领导者能够心怀恬淡，就能打开名缰利锁，放下功名富贵之心，就能够在灯红酒绿中不迷失自我，就能做到荀子所讲的"不诱于誉，不恐于诽"。宋朝的范仲淹在其《岳阳楼记》中也讲："心旷神怡，宠辱皆忘。"明朝的海瑞就是一个恬淡的清官，他提倡"不以誉喜，不以毁怒"。领导者能恬淡寡欲，不追逐物欲的洪流，不为外在的东西所侵扰，内心就更明晰澄澈，心思也就更敏捷，工作的思路也就会更开阔。明朝的薛宣在其《读书录》中说出了这个道理："欲淡则心虚，心虚则气清，气清则理明。"诸葛亮也说过同理的话："非淡泊无以明志，非宁静无以致远。"领导者恬淡寡欲，不去承载那么多沉重的附庸，才有人格的独立和灵魂的自由，才会一生清白地投入工作，才能一门心思敬业、乐业。《菜根谭》里说："此身常放在闲处，荣辱得失谁能差遣我；此心常安在静中，是非利害谁能瞒昧我。"相反，不恬淡的领导者就会汲汲于富贵，戚戚于贫贱，以一毫私利自蔽，以一毫私欲自累，被身外的利害得失所牵制，内心就笨拙，神志就昏乱，做事就不可能成功。整个灵魂让钱财、权欲和虚荣心这三种东西折腾煎熬，活得不洒脱、不自在，最终也会因此而身败名裂。唐朝的杜牧就写过这样警示的诗句："莫言名与利，名利是身仇。"

"哀乐利害"的恬淡智慧，也告诉领导者要保持一种低姿态，尤其不要在权力、利益、名誉层面上苦心钻营。成功了，不要等待享受名誉，更不要到处炫耀，要知道山不炫耀自己的高度，并不影响它耸立云端的英姿；海不炫耀自己的深度，并不影响它容纳百川的胸怀；地不炫耀自己的博大，并不影响它厚载万物的功德。领导者保持低姿态，就会有孔子所说的"从心所欲而不逾矩"的洒脱，有朱熹所说的"事理通达而心气平和，品节详明而德性坚定"的随和。低姿态，说到底就是用恬淡的平和心态来看待世间的一切。如果把钱财、权欲和虚荣心比作"催命符"的话，那么，保持一种宁静恬淡的心境就是"护身符"，保你在人世间安心自在地走得更远。

"哀乐利害"的恬淡，也是人生的福分。恬淡就能养心，弘一大师在其《格言别录》中也说："涵容是待人第一法，恬淡是养心第一法。"《黄帝内经》中讲：心养好了就能去病，无病才是最大的福分。在复杂的社会环境中，人生不可能十分圆满，生活也不可能事事如意，总要经历磕磕碰碰，品尝苦涩与无奈，经历挫折与失意，如果没有恬淡的心态，一捧就飘，一骂就跳，这样就会活得劳心劳神，所以老子说："宠辱若惊，贵大患若身。"恬淡寡欲，就能够看破红尘，意志坚定，方向明确，追求高远，不被贪念俘虏，永保名节与自由之身。所以，人生在世，坚守"恬淡"，不亦乐乎？

德国哲学大师叔本华就曾经发出这样的感慨："欲望是人类痛苦的根源。"特别是那些不合理的欲望，更是经不起利益的诱惑，也更是陷入痛苦的根源，因为"天欲祸之，必先福之""人见利而不见害，鱼见食而不见钩"。只有真正领悟庄周"哀乐利害"的智慧，才能心境淡泊悠远，坚持"非分之财不取"的原则，才能与欲望带来的痛苦绝缘，沾染不到凡世的尘埃，在人生的道路上才有拾级而上的从容、闲庭信步的淡然。

八、庄子"以天属者"的交友领导智慧

在《庄子》"山木篇"中，记载了这样一段对话：孔子问子桑雽曰："吾再逐于鲁，伐树于宋，削迹于卫，穷于商周，围于陈蔡之间。吾犯此数患，亲交益疏，徒友益散，何与？""子桑雽曰：子独不闻假人之亡与？林回弃千金之璧，负赤子而趋。或曰：'为其布与？赤子之布寡矣；为其累与？赤子之累多矣。弃千金之璧，负赤子而趋，何也？'林回曰：'彼以利合，此以天属也。'夫以利合者，迫穷祸患害相弃也。以天属者，迫穷祸患害相收也。夫相收与相弃亦远矣。"意思是，孔子问桑雽道："我两次被鲁国驱逐，在宋国遭到伐树的耻辱，在卫国遭遇了被铲除足迹的羞辱，在商、周之地又陷入穷困处境，在陈国和蔡国之间受到围困。我蒙受了这么多的灾难，亲戚故交越来越疏远我了，弟子朋友也离我而去，这是为什么呢？"桑雽说："你自己没有听说过假国人出逃的事吗？林回抛弃了价值千金的玉璧，而是背着小孩儿逃亡。有人对此发表议论说：'林回是为了钱财吗？小孩儿的钱没有多少；他是为了怕拖累自己吗？小孩儿的拖累是很大的。那么舍弃了价值千金的玉璧，背着小孩儿逃亡，为了什么呢？'林回说：'那块价值千金的玉璧与我是以利益相合，这个小孩儿与我是天性相连。'以利益相合者，一旦遭遇困境、灾祸、忧患和伤害，就会四分五裂，互相抛弃；以天性相连者，一旦遭遇困境、灾祸、忧患和伤害，就会同舟共济，相互帮助。相互帮助与相互抛弃相比较真是天壤之别了。"

庄周在这段话里，道出了择友交友的智慧，交友主要有两种方式，一种是道义之交。道义之交追求的是"相知"，古人讲"相识满天下，知心能几人"。相知之交的基础不是权力和金钱等利益，而是天性相连的忠诚与正直，在这个基础上交到的朋友，平时平淡相处、心心相印，关键时刻会风雨同舟、肝胆相

照、生死与共。林回能"弃千金之璧，负赤子而趋"，就是一种道义之交的行为，林回这样做不是为了钱，因为"赤子之布寡"，也不是怕拖累自己，因为"赤子之累多矣"。那为什么会做出弃璧而背着小孩儿逃亡的选择呢？林回的解释感人肺腑："彼以利合，此以天属也。"是为了天性相连而做出的选择。在林回眼里，以天性相连者在遭遇灾难忧患的困境时，能够挺身而出，出手相救，即"以天属者，迫穷祸患害相收也"。另一种是势利之交。势利之交结成的朋友关系，经受不住风风雨雨的洗礼和患难的考验。林回若与主人是一种势利之交，就会舍弃小孩儿而背着"以利合"的千金璧逃亡。林回一针见血地指出：以利益相合者，一遇到灾难忧患的困境时，就会背信弃义，彼此抛弃，即"以利合者，迫穷祸患害相弃也"。相互帮助的道义之交和彼此抛弃的势利之交两相比较，真是有着天壤之别啊！所以庄周慨叹道："夫相收与相弃亦远矣。"《淮南子》中也有同样的意思表达："行合趋同，千里相从；行不合趋不同，对门不通。"俗话也说："君子以同道为朋，小人以同利为朋。"

领导者除了亲戚关系、同事关系，也存在朋友关系。如何择友交友，是一个非常现实的问题，选择什么样的人作为朋友，以什么方式和朋友交往，这是思想意识和道德水准问题，更是一个智慧问题。领导者应该借鉴庄周讲的择友交友的智慧，不能以利害关系作为择友的标准。以利害关系交到的朋友，信奉的是"人为财死，鸟为食亡"的功利主义哲学，以利害关系相合的朋友，是人间势利徒，利害关系还在，会表现出一种披肝沥胆的假象或临时现象，一旦财散金尽就会把你一脚踢开，或者剜你的肉来补他的疮，甚至落井下石，卖主求荣，赤裸裸地暴露出人性中最肮脏的一面，这就是庄周所说的"以利合者，迫穷祸患害相弃也"。诸葛亮也说过同样很有智慧的话："势利之交，难以经远。"唐朝的孟郊说："有财有势即相识，无财无势同路人。"民间用顺口溜来形容这种势力小人是"用着菩萨求菩萨，用不着菩萨骂菩萨""看见大佛朝上拜，看见小佛踢一脚"。连西方的拜伦也说："趋炎附势的人，不可与其共患难。"

那么，择友的标准应该是什么呢？就是正义、忠诚和信赖，一句话，就是道义之交。建立在道义基础上的朋友关系，所守者道义，所行者忠信，所惜者名节，同声自相应，同心自相知，不仅顺境中相互提携、相互帮助，即使是在逆境中，也不弃不离，患难与共，这就是庄周所赞成的"以天属者，迫穷祸患害相收也"。诸葛亮也说："士之相知，温不增华，寒不改叶，能贯四时而不衰，历夷险而益固。"唐朝的柳宗元说："君子谋道不谋富。"意思是，君子致力于谋求道义而不致力于谋求财富。当然这句话并非说"君子"就不应该追求自身合理的利益，而是强调在追求自身利益的时候，要遵循一定的社会道德规范，不能利欲熏心，不择手段，损人利己。墨子也说："万事莫贵于义。"意思是，天下万事中，没有什么比道义更可贵的了。势利之交出乎情，道义之交出乎理，情易变，理难忘。所以，势力之交不终年，唯道义之交可以终身。因此，领导者交朋友时一定要选择道义之交。

是不是"以天属者"之友，不是口头上说出来的，而是在艰苦和患难（即"迫穷祸患害"）中鉴别出来的。阿拉伯有一句民谚："如果你的朋友甜得像蜜，你不要去舔。"甜言蜜语的交情最容易变味，高尚的朋友来自于岁寒之交。俄罗斯也有这样的谚语："一起吃过大袋盐，然后方能交朋友。"农民要挑选良田耕作，挑选良种播种，才能获得好的收成。同理，交朋友也是这样。真正的"以天属者"的朋友，是一个灵魂跳动在两个躯体里。"以天属者"的道义之交不是蘑菇，不能生长在森林里，它是大爱，只能生长在人心里。

司马迁在《史记》"管仲列传"中记载：春秋时期的管仲，青年时与鲍叔牙过往甚密，鲍叔牙知道管仲是个贤才。管仲家境贫困，常常欺骗鲍叔牙，鲍叔牙从不将这事声张出去。后来鲍叔牙服事齐国的公子小白，管仲服事公子纠。到了小白立为桓公的时候，公子纠被杀死，管仲也被囚禁。鲍叔牙就向桓公举荐管仲。管仲被录用以后，在齐国掌相事，齐桓公因此而称霸，多次会合诸侯，匡救天下。后来管仲说："当初我贫困的时候，曾经同鲍叔牙一道做买卖，分财利往往自己多得，而鲍叔牙不将我看成贪财之徒，他知道我贫穷。我曾经替鲍叔牙出谋办事，结果事情更加困窘和无法收拾，而鲍叔牙不认为我愚笨，他知道时机有利和不利。我曾经三次做官又三次被国君斥退，鲍叔牙不把我当无能之人看待，他知道我没遇上好时运。我曾经三次打仗三次退却，鲍叔牙不认为我是胆小鬼，他知道我家中还有需要赡养的老母。公子纠争王位失败之后，我的同事召忽为此自杀，而我被关在大牢中苟且偷生，鲍叔牙不认为我无耻，他知道我不会为失小节而羞，却为功名不曾显耀于天下而耻。生我的是父母，知我的是鲍叔牙啊！""以天属者"的道义之交的朋友才是可以通心的。

西方的先哲也对势利之交的朋友嗤之以鼻，亚里士多德曾经说："是朋友，就不会把称放在他们中间。"而对"以天属者"的道义之交的朋友则倍加赞誉，亚里士多德说："挚友如异体同心。"

九、庄子"精诚之至"的沟通领导智慧

在《庄子》"渔父篇"中，庄周写道："孔子愀然曰：'请问何谓真？'客曰：'真者，精诚之至也。不精不诚，不能动人。故强哭者虽悲不哀，强怒者虽严不威，强亲者虽笑不和。真悲无声而哀，真怒未发而威，真亲未笑而和。真在内者，神动于外，是所以贵真也。'"意思是，孔子肃然悲切地说："请问什么是真呢？渔父回答：'所谓的真，就是精诚心达到了极致。不精心不真诚，不能感动人。所以，故作哭状的人虽然外表显得极其哀伤而实际上并不哀痛，强作发怒面孔的人虽然表面严厉而其实并没有威严，强作亲切的人虽然面容堆笑而实际上并不和悦。真正的悲痛是没有哭出声就让人感到哀伤，真正的愤怒是没有发作就让人感到威严，真正的热情是还没有笑就让人感到和悦可亲。人的内心存在真性，人的外表就会表露这种神情，这就是真情可贵的原因。'"

在《庄子》"人间世篇"中，庄子借助于孔子的名义说道："无听之以耳而听之以心。"意思是，不要用耳朵去倾听，而要用心灵去倾听。

在《庄子》"说剑篇"中记载：庄子入殿门不趋，见王不拜。王曰："子欲何以教寡人，使太子先？"曰："臣闻大王喜剑，故以剑见王。"王曰："子之剑何能禁制？"曰："臣之剑，十步一人，千里不留行。"王大悦之，曰："天下无敌矣！"庄子曰："夫为剑者，示之以虚，开之以利，后之以发，先之以至。愿得试之。"王曰："夫子休，就舍等命，令设戏，请夫子。"王乃校剑士七日，死伤者六十余人，得五六人，使奉剑于殿下，乃召庄子。王曰："今日试使士敦剑。"庄子曰："望之久矣。"王曰："夫子所御杖，长短何如？"曰："臣之所奉皆可。然臣有三剑，唯王所用，请先言而后试。"王曰："愿闻三剑。"曰："有天子剑，有诸侯剑，有庶人剑。"王曰："天子之剑何如？"曰："天子之剑，以燕谿石城为锋，齐岱为锷，晋魏为脊，周宋为镡，韩魏为夹；包以四夷，裹以四时，绕以渤海，带以常山；制以五行，论以刑德；开以阴阳，持以春秋，行以秋冬。此剑，直之无前，举之无上，案之无下，运之无旁，上决浮云，下绝地纪。此剑一用，匡诸侯，天下服矣。此天子之剑也。"文王芒然自失，曰："诸侯之剑何如？"曰："诸侯之剑，以知勇士为锋，以清廉士为锷，以贤良士为脊，以忠圣士为镡，以豪杰士为夹。此剑，直之亦无前，举之亦无上，案之亦无下，运之亦无旁；上法圆天以顺三光，下法方地以

顺四时，中和民意以安四乡。此剑一用，如雷霆之震也，四封之内，无不宾服而听从君命者矣。此诸侯之剑也。"王曰："庶人之剑何如？"曰："庶人之剑，蓬头突鬓垂冠，曼胡之缨，短后之衣，瞋目而语难。相击于前，上斩颈领，下决肝肺。此庶人之剑，无异于斗鸡，一旦命已绝矣，无所用于国事。今大王有天子之位而好庶人之剑，臣窃为大王薄之。"王乃牵而上殿。宰人上食，王三环之。庄子曰："大王安坐定气，剑事已毕奏矣。"于是文王不出宫三月，剑士皆服毙自处也。

这段话的意思是，庄子缓步地进入殿内，见了赵文王也不行跪拜之礼。赵文王说："你想拿什么来开导我，还让太子先作引见。"庄子说："我闻听大王喜好剑术，所以用剑术来晋见大王。"赵文王说："你的剑术能遏阻剑手、战胜对方吗？"庄子说："我的剑术十步之内可杀一人，行千里也无人能阻拦。"赵文王很高兴，说："你的剑术天下无敌了！"庄子说："懂得剑术的人，把弱点有意显示给对方，让其感到有机可乘而被诱导，在对手发起攻击后，抢先击中对手。但愿能为大王比试一下我的剑法。"赵文王说："先生先回客舍等待，我将安排好击剑比武大会再请先生。"赵文王用七天时间让剑士们比武较量，死伤六十多人，从中挑选出五六人，让他们拿着剑站在殿堂下，这才请来庄子。赵文王说："今天先生可以与剑士们切磋剑术。"庄子说："我期望已久了。"赵文王说："先生习惯用长剑还是短剑？"庄子说："我的剑术长短都行。但我有三种剑，任大王选用，请让我先说明白了再进行比试。"赵文王说："愿意听你说说这三种剑。"庄子说："有天子之剑，有诸侯之剑，有百姓之剑。"赵文王说："天子之剑是什么样？"庄子说："天子之剑，用燕谿的石城山做剑尖，用齐国的泰山做剑刃，用晋国和卫国做剑脊，用周王畿和宋国做剑环，用韩国和魏国做剑柄；用境外的蛮夷来包扎，用一年的四个季节来围裹，用渤海来缠绕，用恒山做系带；靠五行来制衡，靠刑律和德教来论断；遵循阴阳的变化而进退，春夏的时令掌握在手，秋冬的到来而运行。这种剑，向前直刺锐不可当，举剑向上所向披靡，按剑向下无物可拦，挥动起来旁若无人，向上斩断浮云，向下斩断地维。使用这种剑，可以匡正诸侯，归服天下人。这就是天子之剑。"赵文王听了茫然自失，说："诸侯之剑什么样？"庄子说："诸侯之剑，用智勇之士做剑尖，用清廉之士做剑刃，用贤良之士做剑背，用忠诚圣明之士做剑环，用豪杰之士做剑柄。这种剑，向前直刺也锐不可当，举剑向上也所向披靡，按剑向下也无物可拦，挥动起来也旁若无人；对上效法于天而随顺日月星三光，对下取法于地而随顺春夏秋冬四时，居中则随顺民意而安定四方。使用这种剑，犹如雷霆震撼，四境之内无不归服来听从国君的号令。这就是诸侯之剑。"赵文王说："百姓之剑又怎么样？"庄子说："百姓之剑，全都头发蓬乱、鬓毛突起、帽子低垂，系着粗实的帽带，衣服紧身，瞪大眼睛，气喘语塞。在人前相互刺杀比试，上能斩断脖颈，下能刺出肝肺，这就是百姓之剑，与斗鸡没什么两样，一旦命绝，对国事毫无补益。而今大王拥有天子的地位却喜好百姓之剑，我私下认为大王不应当如此浅薄。"赵文王于是拉着庄子的手走到殿上。厨师献上饭菜，赵文王围着坐席绕了三圈。庄子说："大王安坐下来稳定心气，剑术之事我已向您启奏完了。"于是赵文王三月不出宫门，剑士们都在住所里自刎而死。

《庄子》是一部经典。经典的最大特点就是博大精深并具有解释的空间。以上援引《庄子》的内容，也具有很大的解释空间，在这里，我仅从"沟通"的角度，探究其中的不朽智慧，为今天的领导者提供借鉴。

沟通是人与人之间、人与群体之间思想与感情的传递和反馈的过程，目的是求得沟通者与被沟通者思想达成一致和感情的通畅。而要达到这个目的，就必须把沟通牢固地建立在真诚（即真实诚恳）的基础上。今天中外的沟通学者有一个共识，即"真诚"是人与人沟通与交流的纽带。最可贵的是，两千多年前庄周就有了这种认知，他认为，沟通必须有"精诚之至"的真情，才能产生动人心魄的沟通效果，他说："不精不诚，不能动人。故强哭者虽悲不哀，强怒者虽严不威，强亲者虽笑不和。真悲无声而哀，真怒未发而威，真亲未笑而和。真在内者，神动于外，是所以贵真也。""贵真"是庄子思想的重要内容，其含义非常宽泛，就其人际关系的沟通而言，就是要求人们以真性情、真精神这种内在的真诚去沟通，这样才会取得良好的沟通效果，而任何的矫情和伪善只能适得其反。东汉末年，刘备三顾茅庐，诚心诚意求贤若渴的举动打动了南阳卧龙诸葛亮的心，最终答应出山与刘皇叔共图匡扶汉室大业，在青史上留下了"三顾频烦天下计，两朝开济老臣心"的真诚佳话。领导者应该始终牢记诚心具有无穷的力量，是心灵最宽阔、最畅达的通道。古语有云："精诚所至，金石为开。"

沟通就是人与人的交流，也是心与心的对话。庄周在肯定了语言对于人际交流、沟通的作用的同时，将交往过程中人与人内在的心灵相契置于沟通中更为重要的地位。庄周强调沟通的智慧在于"无听之以耳而听之以心"。在庄周看来，与人共处、交往能够用语言表达各自的意见，达到语言层面的交流。但是，你没有"听之以心"，当你与别人沟通时，就顾及不到别人的心，沟通达不到心坎上，那么再好的言语都没有用。如若能从对方的一个眼神、一抹微笑、一番说辞、一次义举意会和领悟到被沟通者的"心声"，才能实现心灵上的相契和内在精神世界交融的人我之通，沟通才会产生最好的效果。

庄周在肯定"贵真"和"听之以心"的沟通作用的同时，也认为语言在沟通中具有独特的说服作用，而且庄周也把语言的沟通智慧践行到了极致。我就以《庄子》"说剑篇"为例，来解读庄周的语言沟通智慧。庄周懂得沟通语言的运用要注意频率上的共振。现代沟通学上也有句术语叫"对频道"。对上"频道"沟通者与被沟通者才能走心。人和人之间，有了真正"走心"的认同感和共振之后，才能真正开始进入沟通过程。庄子冒着生命危险去游说赵文王放弃滥杀无辜、好好治理朝政，如何"对频道"呢？庄周知道赵文王喜好比武弄剑，因此，就以"剑"作为媒介，开始沟通。当庄周"入殿门不趋，见王不拜"时，赵文王问："子欲何以教寡人。"庄周说："臣闻大王喜剑，故以剑见王。"赵文王一听说剑，兴趣就上来了，忙不迭地问到了论剑的核心问题，即"子之剑何能禁制"。庄周回答得很干脆："臣之剑，十步一人，千里不留行。"赵文王的情绪发生了根本性的变化，由原来的剑拔弩张变成"大悦之"。沟通讲究三种要素：一是场景；二是气氛；三是情绪。庄周把这三种要素都营造出来了，为深入沟通奠定了良好的基础。庄周知道论剑只停留在口头上是说服不了人的。因此，在论完剑法后，主动提出"愿得试之"。赵文王遂定下七日后进行比试。其间，赵文王让自己的剑士们比武较量，死伤六十多人，从中挑选出五六人准备和庄周比剑。当赵文王问庄周："夫子所御杖，长短何如？"庄周通过巧妙的回答又开始了深入的沟通，说："臣之所奉皆可。然臣有三剑，唯王所用，请先言而后试。"赵文王说："愿闻三剑。"庄周谈论赵文王最感兴趣的事情，牵动着赵文王的心一步一步往前走。庄周说：一为天子之剑，能"上决浮云，下绝地纪"，"此剑一用，匡诸侯，天下服矣"，使赵文王闻之"芒然自失"；二为诸侯之剑，能"上法圆天以顺三光，下法方地以顺四时，中和民意以安四乡"，此剑一用"如雷霆之震也，四封之内，无不宾服而听从君命者矣"；三为庶民之剑，能"上斩颈领，下决肝肺"，"无异于斗鸡，一旦命已绝矣，无所用于国事"，并一针见血地指出"今大王有天子之位而好庶人之剑"，"臣窃为大王薄之"。庄周与赵文王沟通时，将恰当的语言艺术与娴熟的理的艺术融合一体，极具威力，不仅自身被他人所理解，还带来了双方共同的愉悦感。于是赵文王牵着庄周来到殿上，招待庄周，赵文王围着坐席绕了三圈后落座。庄周说："大王安坐定气，剑事已毕奏矣。"在电光石火之间，庄周以巧语妙论的沟通保全了自己的性命，实现了沟通的主旨：让赵文王放弃了滥杀无辜、全心治理朝政。沟通语言是把双刃剑，既能伤人也能救人，全在于沟通者的运用之功。庄周的巧言论剑，仅发一力，即当千斤之功，当属语言沟通艺术的典范。

西方组织行为学的创始人梅奥通过"霍桑试验"发现了"经济人"假设的缺陷，他指出：大多数人在选择获得物质利益最大化的追求之外，还有人际关系的需求，人的行为除了经济理性的思考外，更多的时候是受感情支配，感情在很大程度上能左右逻辑思考，人们最重视的是工作中与周围的人友好相处，所以，人为了维系与同事的感情而愿意放弃自己的经济利益。梅奥人际关系论的建立为西方管理沟通理论奠定了基础。西方也有学者认为，梅奥首次提出了沟通在管理中的作用。1938 年，被誉为现代管理理论之父的美国管理学家切斯特·巴纳德认为，组织是一种人的相互关系的协作系统，它的存在及其活动是以信息沟通为条件的。西方的系统组织学派达成的共同认知是：组织沟通是一个系统的共同依赖的过程。美国通用电气公司前总裁杰克·韦尔奇说："公司领导不是在真空中领导，必须透过组织内外与人沟通，来帮助其员工发挥他们的潜能。发现优秀人才可以通过各种各样的渠道。但我一直相信你遇到的每一个人都是另一场面试。因此，最好的 CEO 应该时刻记着一句话——沟通、沟通、再沟通！"沟通与组织领导活动密不可分。没有沟通，就没有组织领导活动。可以这样说，组织领导活动，第一是沟通，第二是沟通，第三还是沟通。因此，沟通是每一个领导者的必修课。如果今天的领导者能在喧嚣的世间和纷繁的工作中，静下心来悟一悟《庄子》中的沟通智慧，那么对修好沟通这门课程和增强自己的组织沟通能力是大有裨益的。

十、庄子"内圣外王"的境界领导智慧

在《庄子》"天下篇"中，庄周说："是故内圣外王之道，暗而不明，郁而不发，天下之人各为其所欲焉以自为方。悲夫，百家往而不反，必不合矣！后世之学者，不幸不见天地之纯，古人之大体，道术将为天下裂。"意思是，所以，内圣外王的大道暗而不明，闭塞而不发挥，天下的人各按自己的目的尽取自为术方。可悲啊！百家各行其道而不知回返，肯定就不能相合了。后世的学者，不幸见不到天地的纯真和古人的整体学说，如此一来，道术必将被天下

割裂了啊！庄周又进一步阐述了"内圣外王"的内涵："独与天地精神往来，而不敖倪于万物。不谴是非，以与世俗处……上与造物者游，而下与外死生、无终始者为友。其于本也，弘大而辟，深闳而肆；其于宗也，可谓稠适而上遂矣。虽然，其应于化而解于物也，其理不竭，其来不蜕，芒乎昧乎，未之尽者。"意思是，独自与天地精神往来，但又不轻视万物，不拘泥于是非，可以与世俗相处……与造物主同游，下与置生死于度外、不分终始的人为友。他论述的大道，博大而通透，深广而畅达；他论述道的宗旨，可以说是和谐妥贴而上合天意。然而，他对于事物变化的反应和解释，其理不枯竭，其说背离于道，茫然暗昧，没有止境。庄周还说："以天为宗，以德为本，以道为门，兆于变化，谓之圣人。"意思是，以天的自然规律为活动的宗旨，以德行的修养完善为做人的根本，以道的法则为出入生死的门径，精通万物变化的征兆和端倪，这样的人就可称之为圣人。

在《庄子》"天道篇"中，庄周说："夫虚静恬淡寂漠无为者，万物之本也。明此以南乡，尧之为君也；明此以北面，舜之为臣也。以此处上，帝王天子之德也；以此处下，玄圣素王之道也。以此退居而闲游，江海山林之士服；以此进为而抚世，则功大名显而天下一也。静而圣，动而王，无为也而尊，朴素而天下莫能与之争美。"意思是，虚静、恬淡、寂寞、无为，是万物的根本。明白这个道理而在帝王之位，就像唐尧作为国君；明白这个道理而在臣下之位，就像虞舜作为臣属。懂得这个道理而处于尊上的地位，就是帝王治世的大德；懂得这个道理而处于庶民百姓的地位，就通晓了老子那样的玄圣和孔子那样的素王所具有的道德。懂得这个道理退居闲游，江海山林的隐士就心悦诚服；懂得这个道理进身仕林而安抚世间百姓，就能功名卓著而使天下归一。空静而成为内圣，作为而成为外王，无为也能得到尊贵，保持朴素的本真，天下就没有任何东西可以与其争美了。

在先秦文献中，庄周首次提出了"内圣外王"的经典思想。庄周说："是故内圣外王之道，暗而不明，郁而不发，天下之人各为其所欲焉以自为方。悲夫，百家往而不反，必不合矣！后世之学者，不幸不见天地之纯，古人之大体，道术将为天下裂。"庄周的"内圣外王"之道，是庄周有关道术之全体大用思想的完整体现。庄周还进一步阐述了"内圣外王"的内涵，其云："独与天地精神往来，而不敖倪于万物。不谴是非，以与世俗处……上与造物者游，而下

与外死生、无终始者为友。其于本也，弘大而辟，深闳而肆；其于宗也，可谓
稠适而上遂矣。虽然，其应于化而解于物也，其理不竭，其来不蜕，芒乎昧乎，
未之尽者。"由此可知，"独与天地精神往来"是内圣，"不敖倪于万物"是
外王；"不谴是非"是内圣，"与世俗处"是外王；"上与造物者游"是内圣，
"下与外死生、无终始者为友"是外王；"其于本也……可谓稠适而上遂矣"
是内圣，"其应化解物……未之尽者"是外王。

庄周的"内圣外王"，概括起来说，"内圣"，就是内有圣人之德；"外
王"，就是外施王者之政。在庄周看来，由"内圣"到"外王"的过程，其实
质就是领导者的道德修养和人格魅力的不断超越自我，在具备行王道之德行的
基础上，认识规律，遵循规律，最终达成"天人合一"的过程，即"以天为宗，
以德为本，以道为门，兆于变化，谓之圣人"。"内圣"的目的在于"外王"，
"外王"是"内圣"的外显与延伸。那么如何实现外王（即平治天下）？庄周
指出根本在于"夫虚静恬淡寂漠无为者，万物之本也。明此以南乡，尧之为君
也；明此以北面，舜之为臣也。以此处上，帝王天子之德也；以此处下，玄圣
素王之道也。以此退居而闲游，江海山林之士服；以此进为而抚世，则功大名
显而天下一也。静而圣，动而王，无为也而尊，朴素而天下莫能与之争美"。
虚静、恬淡、寂寞、无为，是万物的根本。明白这个道理而在帝王之位这就是
圣人——王道（王天下）之间的互相统一关系，圣人之所以为圣人，其具备行
王道之德，而王道之行也必须仰赖于圣人。这样圣人行仁政而王天下，而非借
强力而霸天下，其"独与天地精神往来"的"内圣"是一种境界，其"不敖倪
于万物""与世俗处"的"外王"亦是一种境界。于是"内圣"与"外王"在
一种超越境界中实现了统一，并使圣人虽然没有神妙的功能，但是却能无所待
而游心于万物终始之无穷。

"内圣外王"虽然是庄周首次提出来的，但是庄周所阐释的"内圣外王"
之道与孔子的儒家思想是贯通的。"内圣外王"，其内涵通俗地讲，"内圣"
就是通过修身做一个品德高尚的人；"外王"就是齐家、治国、平天下。一个
人尤其是为政者高尚的道德品质和境界，就是儒家所极力倡导的"仁"。在"内
圣"方面，儒家主张"为仁由己"，一个人能不能成为品德高尚的仁人，关键
在于自己，即"我欲仁，斯仁至矣"；在"外王"方面，儒家强调"仁政""礼
治""德治"，视礼仪原则为"天之经，地之义"。因此，注重以伦理道德教
化天下百姓，从而达到天下大治的目的；在"内圣外王"的相互关系方面，儒

家认为，内圣是基础，外王是目的。只有内心的不断"修己"，才能成为"仁人""君子"，才能达到"内圣"，也只有在"内圣"的基础之上，才能够"安人""安百姓"，进而安邦治国，达到"外王"的目的。"内圣"只有达到"外王"的境界才有意义，"外王"实现了，"内圣"才达到了最终目的。"内圣"和"外王"是不可割裂的，"内圣"是"外王"的前提和条件，而"外王"又是"内圣"的内在要求和外在的事功。儒家一直强调：以不仁而得国家者，古来有之；以不仁而得天下者，古来没有之。"内圣"与"外王"两个路向统一起来才能有所成就，才能被社会认同。"内圣外王"的相互统一也是儒家学者们追求的最高境界。"内圣外王之道"是中国思想之精华所在，一直到今天对中国社会都有很大的影响。梁启超说："'内圣外王之道'一语包举中国学术之全体，其旨归在于内足以资修养而外足以经世。"

我们可以用今天的领导活动来解读庄周"内圣外王"的含义。所谓"内圣"，是就领导者道德修养的成就而言，主要阐释领导者如何提升自己的道德水平，提升自我的精神境界，最终实现典范权（即人格的魅力）与领导活动本身的完美结合；所谓"外王"，是就所成就的事功而言，主要阐释领导者个体人格境界得到提升的基础上，如何通过依道而行的方式，最终实现"平治天下"的最高理想。"内圣外王"也就是为政者的人格理想与政治理想的高度结合。作为一个领导者既应当注重自己的道德修养，不断修炼自己的内心、品德以成就德业；又应当注重培养自己的领导能力、才华以成就事业，只有将二者合而为一，才是一个卓越的领导者，才能取得领导活动的辉煌成就。

第四章

《管子》中的领导智慧

管仲（约公元前 723 年—公元前 645 年），姬姓，管氏，名夷吾，字仲，谥敬，颍上人（今安徽颍上），周穆王的后代，春秋时期法家代表人物。

管仲是一位具有经国济世才能的卓越的经济学家、哲学家、政治家、军事家。齐桓公元年（公元前 685 年），管仲任齐国宰相，主持国政，被尊称为"仲父"，辅佐齐桓公 40 年。管仲在任内大兴改革，富国强兵，政绩卓著，帮助齐桓公实现了称霸诸侯的理想。管仲的一生，不仅建立了彪炳史册的功勋，还给后世留下了一部以他名字命名的巨著——《管子》。书中记录了他的治国思想和言论，对后世影响深远。现存的《管子》一书，是由西汉刘向根据收集到的 389 篇（也有说 564 篇）文字，经过删减重复部分，最后辑录 86 篇，后来因种种原因又遗失 10 篇，现存 76 篇。《管子》一书，从政治、军事、经济、意识形态、外交等领域提出的治国理政的理论与原则皆名垂千古，特别是《管子》所确立的经济思想，指导了中国封建经济几千年。

历代先贤对管仲及其著作《管子》都有极高的赞誉。

孔子对管仲的历史业绩的评价是："民到于今受其赐。微管仲，吾其被发左衽矣！"

司马迁在《史记》中说："齐桓公以霸，九合诸侯，一匡天下，管仲之谋也。"

管仲也被现代人誉为"法家先驱""圣人之师""华夏文明的保护者""华夏第一相"。

《管子》从法治思想、经济思想、伦理道德思想、人才思想等方面进行论述，形成了立足万世的经邦治国思想智慧，若领导者深入钻研《管子》这部经典，寻圣贤之思，窥大道之理，会领略到意旨更为丰富的领导智慧。

一、管子"必先富民"的治国领导智慧

在《管子》"治国篇"中，管仲说："凡治国之道，必先富民。民富则易治也，民贫则难治也。奚以知其然也？民富则安乡重家，安乡重家则敬上畏罪，敬上畏罪则易治也。民贫则危乡轻家，危乡轻家则敢凌上犯禁，凌上犯禁则难治也。故治国常富，而乱国常贫。是以善为国者，必先富民，然后治之。"意思是，大凡治国的道理，一定要先富民，人民富裕就容易治理，人民贫穷就难以治理。怎么知道是这样的呢？人民富裕就安心乡居生活而爱惜家园，安乡爱

家就恭敬君上而畏惧刑罪，敬上畏罪就容易治理了。人民贫穷就不安居在家乡，轻视自己的家园，不安心乡居和轻视家园就敢于冒犯君上和违犯法令，冒犯君上和违犯法令就难以统治了。所以治理稳定的国家中人民长久富裕，动乱频发的国家中人民长久贫穷。因此，善于治理国家的君主必须首先使人民富裕起来，然后才容易治理。

在《管子》"牧民篇"中，管仲提出："凡有地牧民者，务在四时，守在仓廪。国多财则远者来，地辟举则民留处，仓廪实则知礼节，衣食足则知荣辱。"意思是，凡是一个国家的君主，务必抓好四时农事，以确保足够的粮食储备。国家财力充足，国外的老百姓就能自动迁来，荒地开发得好，本国的老百姓就能安心留住。仓库里堆满了粮食，老百姓就知道礼仪往来；衣食无忧了，老百姓就知道荣誉与耻辱。

在《管子》"形势解篇"中，管仲讲："明主之治天下也，静其民而不扰，佚其民而不劳。不扰则民自循；不劳则民自试。故曰：上无事而民自至。"意思是，贤明的君主治理天下，让老百姓安居乐业，而不横加干扰，让老百姓休养生息，不被役使而无所劳累。不被横加干扰，百姓就能自动安守本分；不被役使而无所劳累，百姓就能自由发展。所以说君主无为而治，百姓就会自主发展。

从上面的论述中，我们可以清楚地看出，管仲提出的"治国之道"就是"必先富民"。人类社会发展的终极目标就是要消灭贫穷。从这个意义上说，管子这一方略适合于任何时代的任何国家和任何民族。管仲的"治国之道""必先富民"，是从当时的历史条件出发提出的方略。管仲所处的时代正值诸侯割据向全国统一的过渡时期，面临的历史任务主要有两个：巩固新生的封建制度和促进全国的统一。齐桓公有这个意愿出面主持天下秩序，进而实现霸主地位统一全国的梦想。管仲作为齐国的宰相，当然不希望齐国存在诸侯割据的情况，相反，希望齐国成为诸侯的霸主进而实现统一全国。从愿望和目标上讲，管仲和齐桓公是一致的，但是在实现这个愿望和目标的路径上是有分歧的。齐桓公主张通过强军强国来实现这一愿望和目标。管仲主张通过先富民来实现强国的愿望和目标。齐桓公发动了几次战争失败后，对自己主张的强军强国的方略产生了动摇和怀疑。管仲站在齐国的立场，经过深思熟虑，提出了富民强国的方略。管仲提出的富民强国的方略与巩固新生的封建制度和促进全国的统一这两大历史任务之间是紧密联系的。富民强国是巩固封建制度的基础，也是实现全国统一的基础。

富民与强国的根本利益是一致的，但在具体实施的过程中存在着富民与强国的实现程度和优先性的问题。很多人认为强国为先，而管子则认为强国必须先富民，即"凡治国之道，必先富民。民富则易治也，民贫则难治也"。富民为国家富强提供物质基础，民众的富足是国家强盛的有机组成部分。贫穷的民生支撑不起来强盛的国家，百姓富裕了，国家就不可能贫穷。孔子也说："百姓足，君孰与不足？百姓不足，君孰以足？"秦始皇的强国之梦因其横征暴敛、不顾老百姓死活而成为南柯一梦。汉初轻徭薄赋、休养生息的政策让老百姓得到了喘息的机会而大力发展经济，才有了民富国强"文景之治"的盛世。同时，一个国家民众的富足能提升民众的精神文明水平，即"仓廪实则知礼节，衣食足则知荣辱"；也能提升民众对当下生活状态的认同感与自豪感，产生社会向心力和凝聚力。所以，富民也是维护社会秩序，实现社会安定的基础，因此管仲说："凡有地牧民者，务在四时，守在仓廪。国多财则远者来，地辟举则民留处。"管仲又从正反两个方面对"必先富民"进行了对照鲜明的论述：一方面"民富则安乡重家，安乡重家则敬上畏罪，敬上畏罪则易治也"，另一方面"民贫则危乡轻家，危乡轻家则敢凌上犯禁，凌上犯禁则难治也"。在此基础上得出了"治国常富，乱国常贫"的正确结论，概括出了"必先富民"，"然后治之"的领导智慧。

管仲将富民作为治国的第一要务，这在先秦诸子中是首屈一指的。正是由于齐桓公认识到富民对于增强国家经济实力的巨大作用，抓住和抓好了治国必先富民，齐国才得以发展壮大起来。

管仲"富民强国"的思想，也为后来的圣人先哲们所认同。在《论语》"子路篇"中记载："子适卫，冉有仆。子曰：'庶矣哉！'冉有曰：'既庶矣，又何加焉？'曰：'富之。'"意思是，孔子到卫国去，冉有为他驾车。孔子说："人口真多呀！"冉有说："人口已经够多了，还要再做什么呢？"孔子说："使他们富起来。"在《商君书》"赏刑"中，商鞅也指出："民之欲富贵也，其阖棺而后止。"意思是，老百姓求富贵的欲望，直到死后盖上棺材了才彻底息止。管仲"富民强国"的思想和治国模式，也为后来人所效法，法家奉行"以法为本、以利为导"的治国理念和模式，践行的就是管仲"富民强国"的思想和模式。近三千年过去了，虽然历史的背景已经发生了巨大的变化，但是，管仲的

"必先富民"的强国思想对今人的治国理政仍然具有极大的智慧启迪作用。

以经济建设为中心就是"必先富民"的领导智慧。经济是政治、社会和文化的基础，治理国家必须先从经济入手，并以经济建设为中心。以经济建设为中心，是一个国家兴旺发达和长治久安的根本大计，也是"必先富民"的根本要求。以经济建设为中心，要求领导活动中的各项工作都必须服从和服务于经济建设；以经济建设为中心，必然要把发展生产力摆在首位。发展生产力是经济建设的必要基础和条件，没有生产力的发展，就没有所谓的经济建设。能发展生产力则民富，不能发展生产力则民穷。贫困国家要致富，落后国家要强大，必须发展生产力。领导活动中的各项工作都必须以解放生产力和发展生产力为出发点。只有不断地促进生产力的发展，民众日益增长的美好生活需要才能不断地得到满足。

官不扰民是"必先富民"的领导智慧。整个人类经济发展史，就是人们求生存、谋发展的过程。这个过程表明了一个自然之理：人们为了生存和发展，只能努力生产，没有别的选择。所以民众不用号召、不用组织、不用命令、不用强迫，就会努力生产，民众知道何种情况下互助合作，何种情况下自主单干。作为政府和官员只要尊重民众求生存谋发展的人性，为他们营造出宽松的发展环境和提供必要的服务就行了，即"明主之治天下也，静其民而不扰，佚其民而不劳。不扰则民自循；不劳则民自试。故曰：上无事而民自试。"俗话也讲：官不扰民，民自富。东汉末年的宗室大臣刘宠，曾三任会稽太守。在其任职期间，革除烦苛政令，禁察官吏扰民，政绩卓著。后升为将作大匠，离别会稽郡时，有五六位龙眉皓发的老叟自若邪山谷间赶来为他送行，每人持百钱以赠刘宠。刘宠说：诸位老者何必如此？这几位老叟说：我们这些没有见过世面的人，从未见过郡守。只知别的郡守任职时，常派官吏到民间搜刮地皮，他们一来就鸡飞狗跳，日夜不宁。自从您来之后，"狗不夜吠，民不见吏"，乡亲们过上了安稳的日子，如今听说您就要离开这里，我们特地前来表达自己的一点心意。刘宠回答说：我做的哪里有你们说的那样好呢！刘宠执意不收，只取一钱投入河中，河水顿时清澈见底。故刘宠被称为"一钱太守"。

关注民生建设是"必先富民"的领导智慧。悠悠万事，没有比民生更大的事了。所以管子再三强调："为政之道，以厚民为本。治国之道，必先富民。"中国自古以来就将"民生"与"国计"相提并论，并产生了"民惟邦本，本固邦宁""政之所兴，在顺民心""忧民之忧者，民亦忧其忧""民为贵，社稷次之，君为轻"等重视民生的箴言。关注民生、重视民生、保障民生、改善民生一直是政府和领导者的义务与责任。民生的要素主要是衣、食、住、行、教育、就业、医疗和其他生活需要。领导者要清醒地认识到，民生就是工作的方向，是工作的出发点和落脚点。民生体现民心，民生凝聚民心，社会和谐在民生。把解决民生问题看作是最大的政治，把改善民生问题当作是最大的政绩。郑板桥在公元 1746—1747 年出任山东潍县知县时曾题诗："衙斋卧听萧萧竹，疑是民间疾苦声；些小吾曹州县吏，一枝一叶总关情。"这首诗写的是作者在衙署书房里躺卧休息，听到窗外阵阵清风吹动着竹子，萧萧丛竹，声音呜咽，作者由凄寒的竹子声音联想到了老百姓的疾苦，好像是饥寒交迫中挣扎的老百姓的呜咽之声，充分体现了作者身在官衙心系百姓的情怀。所有的"父母官"的心都要和老百姓的点点滴滴忧愁紧紧联系在一起。郑板桥由风吹竹摇之声而联想到百姓生活疾苦，寄予了作者对老百姓命运的深切的关注和同情，一个封建时代的官吏，能如此关心民生问题，确实难能可贵，堪称今天领导者学习的榜样。

二、管仲"以民为本"的宗旨领导智慧

在《管子》"霸形篇"中记载，有一次，酒席宴上，齐桓公问管仲怎样统治民众，成就霸业。管子对曰："君若将欲霸王举大事乎，则必从其本事矣。"桓公变躬迁席，拱手而问曰："敢问何谓其本？"管子对曰："齐国百姓，公之本也。"管仲与齐桓公这段对话的意思是，齐桓公问管仲怎么成就霸业，管仲说："君主您要成就霸王的伟大壮举，那就必须从它的根本事情上做起。"桓公移动身体离开席位，拱手问管仲："什么是举大事的根本？"管仲说："齐国百姓，就是您建立和巩固霸王之业的根本。"在"霸言篇"中，管仲还说："夫霸王之所始也，以人为本。本理则国固，本乱则国危。"意思是，成就霸王之业的开始，就要以百姓为根本；百姓得到治理则国家才会稳固安定，百姓动乱则国家就会危险甚至灭亡。

在《管子》"牧民篇"中，管仲提出："政之所兴，在顺民心；政之所废，在逆民心。民恶忧劳，我佚乐之；民恶贫贱，我富贵之；民恶危坠，我存安之；民恶灭绝，我生育之。能佚乐之，则民为之忧劳；能富贵之，则民为之贫贱；能存安之，则民为之危坠；能生育之，则民为之灭绝。故刑罚不足以畏其意，杀戮不足以服其心。故刑罚繁而意不恐，则令不行矣；杀戮众而心不服，则上

位危矣。故从其四欲，则远者自亲；行其四恶，则近者叛之。故知'予之为取者，政之宝也'。"意思是，政权之所以能兴盛，在于顺应民心；政权之所以废败，在于违逆民心。民众害怕繁重的劳役，我就让他们安乐；民众害怕贫贱，我就让他们富贵；民众害怕危险，我就让他们平安；民众害怕后继无人，我就让他们繁衍生息。我能让民众快乐，民众就会为我不辞劳苦；我能让民众富裕，民众就会为我忍受贫贱；我能让民众平安，民众就可以为我承受危难；我能让民众繁衍生息，民众就会为我不惜牺牲。单靠刑罚不足以使民众心存畏惧，单凭杀戮不足以使民众心悦诚服。刑罚繁重而民心不惧，法令就无法推行了；杀戮众多而人心不服，君主的地位就危险了。因此，能够满足民众的四种心愿，疏远自然会变得亲近；强迫施行四种老百姓害怕的事情，亲近也会背离。可见，"予之于民就是取之于民"的原则，实在是治国的法宝啊！

在《管子》"形势解篇"中，管仲指出："主视民如土，则民不为用。主有忧则不忧，有难则不死。"意思是，君主把民众看作低贱泥土，民众就不会为君主效劳。君主有困扰，民众也不会为他分忧。君主有难，民众也不会为君主赴死。

在《管子》"参患篇"中，管仲说："得众而不得其心，则与独行者同实。"意思是，统治者统治众人而不能得到民心，其实就是孤家寡人，得不到人民的拥护。

管仲是历史上最早提出"民本"理念的人。当管仲面对齐桓公问他什么是成就霸王大业的根本时，管仲回答得非常干脆："齐国百姓，公之本也。"可见，以民为本的"民"就是老百姓的意思，与"君"相对。管仲不仅认为以民为本是成就霸王伟业的根本，而且认为以民为本也是国家安稳的根本，即"夫霸王之所始也，以人为本。本理则国固，本乱则国危"。管仲提出"务本之道"在于经营民心。民心就是老百姓的思想、感情、意愿等心理活动的现象和规律。民心包括个体心理和群体心理，更强调的是群体心理。民是社会本体，民心就是社会的根基。管仲认识到，治国理政的基础就是民心的向背，民心所向，天下大治；民心瓦解，政权崩溃，即"政之所兴，在顺民心；政之所废，在逆民心"。得民心而未得天下者，古来有之；未得民心而长主天下者，古来无之。关于民心与统治者的关系，管仲又从反面做了深刻的阐释，如果君主把民众看得低贱，不重视民心，民众就不会为其分忧解难，即"主视民如土，则民不为用。主有忧则不忧，有难则不死"。即使统治者得到了天下，有了被统治的民众，但没有赢得民心，也只能是不被拥护的孤家寡人，亦即"得众而不得其心，则与独行者同实"。管仲以民心为基点，列举了民之"四恶"与"四欲"，提出了"去民四恶""从其四欲"的最重要的赢得民心的"四顺"思想，即"民恶忧劳，我佚乐之；民恶贫贱，我富贵之；民恶危坠，我存安之；民恶灭绝，我生育之。能佚乐之，则民为之忧劳；能富贵之，则民为之贫贱；能存安之，则民为之危坠；能生育之，则民为之灭绝"。我能为民安乐，民就能为我分担忧愁；我能使民富贵，民可以为我承担贫贱；我能为民安定，民就可以为我承担危难；我能使民生育繁衍，民就能为我牺牲。管仲认为这"四顺"是最好的经营民心的方法，是单纯靠刑罚的方法不可比拟的，因为"刑罚不足以畏其意，杀戮不足以服其心"。管仲进一步指出：刑罚繁重而民众心不畏惧，法令推行不下去，杀戮多而民心不服，就会危及统治者的地位，即"刑罚繁而意不恐，则令不行矣；杀戮众而心不服，则上位危矣"。基于这种认识，管仲总结出的结论是："故从其四欲，则远者自亲；行其四恶，则近者叛之。"管仲由此提出了治国法宝级的原则："予之于民就是取之于民。"即"故知予之为取者，政之宝也"。管仲把"以民为本"，经营民心，具体概括为"四顺"，这种卓越的思想虽然已经过去了2700多年，但是对今天的领导者贯彻"以民为本"领导活动的宗旨仍具有不可磨灭的启迪意义。

"以民为本"就是仁政。"仁政"一直是古代皇帝所追求的最高境界，老百姓最盼望和期待的也是以"仁"治国的"仁主"。1022年，宋神宗去世，宋真宗的第六子，年仅13岁的赵祯登基称帝，即宋仁宗。仁宗因年纪小，由太后刘娥垂帘听政。24岁时，刘太后病逝，宋仁宗开始亲政，直至1063年驾崩，做了41年的皇帝，是宋朝在位时间最长的皇帝。在位的41年间，宋仁宗天性仁孝，对人宽厚和善，让百姓休养生息；任人唯贤，且胸怀宽广，大臣为朝廷之事以下犯上，他也不会龙颜大怒。清官包拯在担任监察御史和谏官期间，为国家社稷之事屡次犯颜直谏，甚至撸起袖子与皇帝争吵，唾沫喷宋仁宗一脸。而宋仁宗则一边用袖子擦拭脸上的唾沫，一边为包拯竖起大拇指，接受他的所有合理建议。宋仁宗的做法赢得了民心，使宋朝的发展达到了顶峰。1063年，54岁的宋仁宗驾崩，大宋朝野上下莫不哭号，据《宋史》记载："京师罢市巷哭，数日不绝，虽乞丐与小儿，皆焚纸钱哭于大内之前。"邻国的皇帝更是把他当作祖宗供奉。宋仁宗虽然功绩比不上秦皇汉武，名气也比不上唐宗宋祖，但他却是公认的史上最得民心的"仁主"。在中国两千多年的历史中，去世后能令全国百姓痛哭，让乞丐主动烧纸的皇帝，也只有宋仁宗一人。隋炀帝杨广则是与宋仁宗完全不一样的皇帝。隋炀帝年年出巡，每次出游都大造离宫。仁寿四年（604年）十一月，他为了开掘长堑拱卫洛阳，调发山西、河南几十万农民；次年营建东都洛阳，每月役使丁男多达两百万人；自大业元年（604年）至大业六年（610年），开发各段运河，先后调发河南、淮北、淮南、河北、江南诸郡的农民和士兵三百多万人；大业三年和四年在榆林以东修长城，两次调发丁男一百二十万。十余年间被征调的农民不下一千万人次，死于役者过半，平均每户就役者一人，从而导致民怨沸腾，民心背离。隋炀帝为满足其骄奢淫逸的生活，在各地大修宫殿苑囿、离宫别馆。其中的西苑坐落在洛阳之西，周围二百余里，苑内有人工湖，湖内有山，堂殿楼观，布置奇巧，穷极华丽。隋炀帝常在月夜带宫女数千人骑马游西苑，令宫女在马上演奏《清夜游》曲，弦歌达旦。隋炀帝游江都时，率领诸王、百官、后妃、宫女等几十万人，船队长达二百余里，所经州县，五百里内都要贡献食物，挥霍浪费的情况十分严重，民不聊生，民心丧尽。大业七年（611年），隋末民变终于爆发。农民起义军力量迅速发展而日益壮大起来。大业九年（613年），农民起义发展到全国范围。隋炀帝想用血腥屠杀的恐怖手段镇压起义民众，反而使更多的民众参加到农民起义军中，农民起义军浩浩荡荡，势不可挡。隋炀帝不愿正视农民起义蓬勃发展的现实，身边的佞臣就谎称造反的农民"渐少"。大业十二年（616年）七月，隋炀帝从东都去江都。次年四月，李密率领的瓦岗军逼围东都，并向各郡县发布檄文，历数隋炀帝十大罪状。隋炀帝在江都却越发荒淫昏乱，命王世充挑选江淮民间美女充实后宫，每日酒色取乐。大业十四年（618年）三月，隋炀帝见天下大乱，已心灰意冷，无心回北方，命修治丹阳宫（今南京），准备迁居那里。从驾的都是关中卫士，他们怀念家乡，纷纷逃归。这时，虎贲郎将元礼等，与直阁裴虔通共谋，利用卫士们思念家乡的怨恨情绪，推宇文述的儿子宇文化及为首，发动兵变，隋炀帝闻变，仓皇换装，逃入西阁。被叛军逮获后，隋炀帝欲饮毒酒自尽，叛军不许，遂命令狐行达将其缢弑，时年50岁。隋炀帝造成的大乱，使华夏人口锐减到两百余万户。这个不可一世的帝王，死后由萧后和宫人拆床板做了一个小棺材，偷偷地葬在江都宫的流珠堂下。

　　管仲关于"以民为本"的卓见，不仅为中国几千年的无数史实所证明，也成为后来的思想政治家的共同认知。《汉书》"息夫躬传"上说："推诚行善。

民心说而天意得矣。"《三国演义》上说："至难得者，民心也。"我们今天的领导者一定要有这样的智慧认知：民心中蕴含着巨大无比的软实力，任何政治理念、思想路线、政策方针以及具体的工作任务的出发点和落脚点，都必须依据民心、赢得民心。

管仲的"以民为本"是从国家的治理层面上讲的，如果从一般企业或组织的层面的管理上讲，"以民为本"就可以内化为"以人为本"。20世纪60年代，西方管理界开始认识到"人本管理"的重要性，美国知名管理学者托马斯·彼得斯说："企业或事业唯一真正的资源是人，管理就是充分开发人力资源以做好工作。"在他看来，管理不仅是理性、命令、控制，更是一种好奇心、创造力与想象力的游戏。他指出，传统理性管理思想的重大缺陷就是忽视了管理的第一因素是人的因素。据此，他提出了管理的一切问题都应该归结为一个问题——人本管理。托马斯·彼得斯的"人本管理"强调的是人在企业中的主体地位和主导作用，进而强调围绕人的积极性、主动性和创造性实行依靠人、开发人、激励人、尊重人的管理活动。托马斯·彼得斯的"人本管理"理论一问世，很快就成为风靡西方世界的一种崭新的管理思想和管理思路。

三、管子"革故鼎新"的改革领导智慧

在《管子》"五辅篇"中，管仲说："明王之务，在于强本事，去无用，然后民可使富。"意思是，圣明的君主，务必致力于的事务，就在于加强农业这一根本的事，废除无用之物的生产，如此才能使老百姓富裕起来。

在《管子》"治国篇"中，管仲说："不生粟之国亡，粟生而死者霸，粟生而不死者王。"意思是，不生产粮食的国家就必然灭亡，生产的粮食当年就吃光用尽的国家仅能称霸，生产的粮食可够多年食用的国家可以称王。

在《管子》"七法篇"中，管仲说："欲正天下，财不盖天下，不能正天下；财盖天下，而工不盖天下，不能正天下；工盖天下，而器不盖天下，不能正天下。"意思是，要征服天下，财力不压倒天下，不能征服天下；财力压倒天下，而工艺不压倒天下，不能征服天下；工艺压倒天下，而兵器不压倒天下，不能征服天下。

在《管子》"小匡篇"中，管仲认为："士农工商四民者，国之石民也。"意思是，士农工商这四类行业以及从业者，是国家的柱石。

在《管子》"轻重乙篇"中,管仲认为:"先王以守财物,以御民事,而平天下也。"意思是,先王就是运用货币来控制财富,把老百姓的力量完全使用起来,而平定治理天下。

管仲确立的"富民强国"治国理念和战略目标如何实现?管仲留给我们的又一宝贵思想财富,就是大力推进改革发展。他的改革举措涉及经济、政治、军事等各个方面,这里仅就其经济方面的改革做些研究。

1. 产业发展上"以农为本"

农业生产是管仲所处时代的根本性产业。管仲对农业在富民强国方面的重要性有高度的认知,他认为"明王之务,在于强本事,去无用,然后民可使富""不生粟之国亡,粟生而死者霸,粟生而不死者王"。为了加强和促进农业生产,管仲推行了一系列改革举措,如改革农业生产关系:相地衰征、均地分力、与之分货;禁止奢侈品或奢侈品生产,稳定农民的心理;减轻徭役,不误农时;以农为主,多种经营;注重土地管理和森林保护;奖励致富能手;等等。

2. "本末并举"

管仲在重视农业发展的基础上,重视手工业和商业的作用,尊重手工业者和商人的社会地位,认为他们与农业共同构成了国家的柱石和称霸天下的经济基础,即"士农工商四民者,国之石民也""欲正天下,财不盖天下,不能正天下;财盖天下,而工不盖天下,不能正天下;工盖天下,而器不盖天下,不能正天下"。管仲提出了四民分业的改革方针,这一方针是把国民分成军士、农人、工匠、商贾四个类别,按各自专业聚居在固定的区域。管仲指出四民分业的好处:一是"相语以事,相示以巧",同一作业的人聚居在一起,易于交流经历,进步技艺;二是"相语以利,相示以时""相陈以知价",对推进商品出产和流转有很大效果;三是营建专业空气,使民众安于本业,不至于"见异物而迁焉",然后构成作业的不稳定性;四是无形中营建杰出的社会教育环境,使子弟从小就潜移默化,在父兄的熏陶下自然地把握专业技能。

3. 改革征税形式

管仲在农业方面的税赋改革是在"均田分力"基础上的"相地而衰征"。"均田分力"就是把土地经过公开折算后租给农民,使其分户耕种,提高农民的生产积极性和劳动效率；"相地而衰征"就是依据土壤的肥瘠征有差额的实物农业税，使征税做到最大限度的公开、公平、合理。工商税的改革是"寓税于价""与之为取"。采取视年成丰歉而"衰征"的政策。管仲还认识到税收可以分成强制性的和自愿性的两种。自愿性税收的特点是"见予之所，不见夺之理"。管仲改革征税主张对强制性的税应当尽量少征或免征，以避免这种赋税的负面效应，改革税制的着力点在自愿性的间接赋税形式，民众不仅自愿缴纳，而且还请求缴纳。这种税有盐铁税、渔业税、山泽特产税等。

4. 调控货币流通

管仲认为货币是帝王贤人钦定的，是人君的权柄，是先王平定治理天下的工具，即"先王以守财物，以御民事，而平天下也"。管仲的货币改革主要有两个内容：① 主张由国家掌握货币的铸造和发行，通过货币的收放来控制主要商品的价格，从而控制整个市场。② 管仲制定了一个货币投放与管理的措施，称为"币乘马"。"乘"指"算"，"马"指计数的"砝码"。基本步骤和方法是：第一步先在方圆6里的地区内做典型调查；第二步由点及面估算全国的货币需求量，以此为基础确定货币的铸造发行量。

改革创新是"革故鼎新"的领导智慧。《周易》"杂卦传"曰："革，去故也；鼎，取新也。""革故鼎新"就是革除旧的，建立新的。天地由于变革而形成四季，养育万物。"革故"是事物内部矛盾运动的结果，是事物发展的环节，"鼎新"是旧事物向新事物的转变，是从旧质到新质的飞跃，即创造并确立新事物。"革故"与"鼎新"是相互促进的关系，要使"革故"取得好的成效，使改革后的体制机制更具有生命活力，就要不断"鼎新"，即不断地创新。改革创新是我们中华民族的传统精神和灵魂，是中华民族生生不息的动力源泉。商朝的开国君主成汤就把"苟日新，日日新，又日新"刻在器皿上，时时提醒和砥砺自己。《诗经》"大雅"中也有"周虽旧邦，其命维新"的诗句。春秋时期管仲改革，战国时期商鞅变法、北魏孝文帝改革、北宋王安石变法，都因极大地推动和促进了中国社会的发展而彪炳史册。

东汉魏伯阳在其《周易参同契》中讲得更具体："御政之首，鼎新革故。"意思是，"革故鼎新"是治国理政的首要之务。既然"革故鼎新"是治国理政的第一要务，那么改革创新就是领导者的最大职责和最核心精神。领导活动总是要面对一系列矛盾和挑战，在前进道路上总会遇到不少困难和问题。解决问题的路径是以更大的勇气和智慧，不失时机地推进改革，守正出新，为领导活动注入无限动力，让领导活动充满精气神，这样领导活动中的各种矛盾和问题、体制机制上的顽瘴痼疾、发展中的藩篱和绊脚石就不难攻克和突破了。

时代总是不断向前发展的，而对于领导活动内容来说，必须跟着时代的脚步而进步，这样才能保持和增加领导活动的生命力。既然如此，领导者就需要在新的历史时期，对改革创新赋予与时俱进内涵的内容，这就是破局之道、发展之道。西汉扬雄在《太玄》"玄摛篇"中就说透了这样的道理："因而循之，与道神之；革而化之，与时宜之。故因而能革，天道乃得；革而能因，天道乃驯。"

今天我们所处的时代，是不断变化和飞速发展的时代，身处这个时代的领导者，没有改革精神，因循守旧，安于现状，就注定了惨遭淘汰的命运。西方心理学家罗洛·梅曾经说过："许多人觉得，在命运面前，自己的力量微不足道，打破现有的框架需要非凡的勇气，因而许多人最终还是选择了安于现状，这样似乎是更舒适些。所以在当今的社会，勇敢的反义词已不再是怯弱，而是因循守旧。"领导者一定要卸掉因循守旧欲念的心灵铠甲，别让生命和事业萎缩在自囚的心理牢笼中。高举"革故鼎新"的旗帜，开拓进取，才能创造出事业的辉煌，才能谱写出人生价值的精彩。

管仲"革故鼎新"的改革智慧，也为当代西方的管理大师们所认同。被誉为世界十大顶级管理学家的约翰·科特指出了什么是"改革"，即"企业进行的新技术采用、重大战略转移、流程重组、兼并收购、业务重组，企业为增加创新能力而进行的尝试以及文化变革等活动"。改革意味着改变现有的秩序和人们习惯的一切，进入一个不确定性的领域，所以任何改革都存在着风险。意大利思想家马基雅维利在其《君王论》一书中就曾经指出："世界上没有比推动变革更艰难的事件。" 但是一个优秀的领导者必须把引领改革作为己任。杰克·韦尔奇就是一位乐于改革、渴求改革、引领改革的优秀管理者，他认识到在经营环境激烈变动的时代，之所以有的企业能够长久不衰，越做越大、越做越强，而有的企业困难重重、举步维艰，甚至昙花一现，是因为成功的企业勇于改革，以变应变，失败的企业不思改革，因循守旧。因此，杰克·韦尔奇指出："在当今时代里，我们每一天每一分钟都必须讨论改革。"又说："一个组织只有内部的改革比外部的环境的变化速度更快时，才能生存。"海洋里的鲨鱼总是处于不停地游动的状态，如果鲨鱼停止游动就意味着死亡，我们的组织或企业也是如此，如果停止了"革故鼎新"也就失去了生命力。

四、管子"自利假说"的人性领导智慧

在《管子》"禁藏篇"中，管仲说："夫凡人之情，见利莫能勿就，见害莫能勿避。其商人通贾，倍道兼行，夜以续日，千里而不远者，利在前也。渔人之入海，海深万仞，就波逆流乘危百里，宿夜不出者，利在水也。故利之所在，虽千仞之山无所不上，深源之下，无所不入焉。故善者势利之在，而民自美安，不推而往，不引而来，不烦不扰，而民自富。如鸟之覆卵，无形无声，而唯见其成。"意思是，一般人之常情，见到利益没有不追求的，见到祸害没有不想规避的。商人做买卖，一天赶两天的路，夜以继日，千里迢迢而不以为远，是因为有利益在前面。捕鱼人下海，海深万丈，仍劈波斩浪冒险航行几百里，白天黑夜都不出来，是因为巨大利益存在于海水里。所以，只要有利益存在，即使千仞的高山人们也会踊跃攀登；即使万丈深渊人们也会冒险前往。所以，善治理国家的君王，掌控住了利益之所在，人民就自然美慕而必然追求；不用外力推动，他们也会自动前来逐利；不用引导，他们也会趋之若鹜；不烦民又不扰民，而百姓自富。这就像鸟孵卵一样，不见其形，不闻其声，就看到小鸟破壳而出了。管仲还说："故凡治乱之情，皆道上始。故善者围之以害，牵之以利。能利害者，财多而过寡矣。"意思是，一切治乱的根源，都从上面开始。所以，善于治理国家的君王，要用"害"来约束人们，用"利"来引导人们，能掌握人们利害的君王，就必然会增加财富而减少过错。

在《韩非子》"内储说上篇"中，韩非子引用管子的话："凡人之有为也，非名之则利之也。"意思是，凡是驱动人的行为的动机，要么获得名声，要么获得利益。

管仲认为人性的基础是追求利益的，这种自利性是自然属性，是人亘古不变的特性，每个人的所作所为不是为名就是为利，即"凡人之有为也，非名之则利之也"。管仲对人这种趋利性做了具体详尽的描述，即"夫凡人之情，见利莫能勿就，见害莫能勿避。其商人适贾，倍道兼行，夜以续日，千里而不远者，利在前也。渔人之入海，海深万仞，就波逆流乘危百里，宿夜不出者，利在水也。故利之所在，虽千仞之山无所不上，深源之下，无所不入焉"。

人的自利性是管仲经济思想的出发点，管仲的经济思想的核心就是利益驱动，管仲强调既然人的一切经济活动都在于追逐利益，因而治理国家、富民强国的根本要务，就在于运用利益杠杆，因势利导，趋利避害，也就是要用"害"来约束人们，用"利"来引导人们，从而使财富增加，使过错减少，这就是管仲所说的"故善者势利之在，而民自美安，不推而往，不引而来，不烦不扰，而民自富""故凡治乱之情，皆道上始。故善者圈之以害，牵之以利。能利害者，财多而过寡矣"。齐国之所以富强，正是基于管仲对人性的了解，并想办法使之有机会得到满足，并将在源于追求"自身利益"的基本动机下所产生的角逐利益的行为，与追求社会利益和国家利益相协调。当然，人的"自利性"动机产生的逐利性竞争，也会产生与社会利益冲突的问题，对此，管仲主张制定严格的交易法规以规范市场，将人的趋利行为纳入一个有章可循、有法可依的公平环境之中，他实行的"轻重"之法，即国家干预与市场竞争并重的经济政策使齐国农工商经济发展健康有序。

在管仲眼里，人类社会不是由"好人"或"坏人"组成，而是由"自私自利"的人组成的。管仲的后来人孔子在《论语》"述而篇"中说："富而可求也，虽执鞭之士，吾亦为之。如不可求，则从吾所好。"意思是，如能获得自身利益的满足，哪怕是赶车这种卑贱的活，我也会干。如不能，则随我所好。韩非也有相同的见地，在《韩非子》"八说篇"中，韩非说："治天下，必因人情。人情者，有好恶，故赏罚可用。"意思是，凡要治理天下，必须依据人情。人之常情，有喜好和厌恶两种趋性，因而赏和罚可据以使用。在《韩非子》"心度篇"中，韩非说："夫民之性，恶劳而乐佚。佚则荒，荒则不治，不治则乱，而赏刑不行于天下者必塞。"民众的本性是好逸恶劳。安逸就要荒废，荒废就治理不好，治理不好就要混乱；如果赏罚不能在全国实行，国家的发展事业就会受到阻塞。当然，赏罚的意义不在于"灭人欲"，而在于引导或克制人的一部分自利性欲望，使个人行为与社会的共同利益要求相平衡。

注重制度建设是"自利假说"的领导智慧。领导活动中有两种领导主张：人情化领导和人性化领导。人情化领导的秩序是"情理法"。先讲感情不讲人的自利性，领导风格常是意气用事，认为大家都是朋友，不必斤斤计较。可是一旦因利益分配问题而感情破裂，还能讲理吗？结果不是撕破脸一拍两散，就是剑拔弩张，最终可能只好付诸法律，这时法律就成为惩罚手段，导致两败俱伤。不要说是社会关系，就是血缘关系，在没有资产剩余的时候，一旦遇到事情都会全力拼搏，上阵父子兵，打虎亲兄弟。可是一旦涉及资产剩余分配时，血缘关系很容易就演变成社会关系，父子也不是父子，兄弟也不是兄弟了。甚至由此产生的冲突，比一般的社会关系间发生的冲突还激烈。现在社会上有一个让人心惊肉跳的词就是"杀熟"，就是这种"人情化领导"的写照。"人性自利"虽然能产生利他性，但必须通过一定的规制机制（如市场经济体制）才能实现，而且由于人的自利性，必须有底线的制约。人性化领导的秩序是"法理情"，通过法律形式把"人的自利性"的底线确定下来，不仅明确有什么权利，还要明确必须承担的责任和义务，这样法律就是约束机制，在这个基础上再去讲理才能讲得通，讲情才能被接受，人的自利性才能产生利他性。一个组织或企业的法，就是规章制度。人的自利性有一种懒惰的倾向，规章制度建设好了等于"夺去"了每个人偷懒的机会。制度是一种"刚性"约束，人们必须无条件接受。离开制度，领导活动就无从谈起。以"规章制度"为中心，把工作的每个环节都列出详细的规定，凭借制度约束、纪律监督、奖惩规则等手段对组织成员或企业员工进行管理，工作也就变得井然有序。

注重物质利益是"自利假说"的领导智慧。"自利假说"揭示了一条规律：人们对自身利益有不懈的追求，即"天下熙熙，皆为利来；天下攘攘，皆为利往"。乔治·华盛顿说得好："稍懂人性就会使我们确信，对最大多数人来说利益主导法则，而且每个人都或多或少处在其影响之下。公德动机可以一时地或在特殊场合激励人们去奉行一种纯粹超脱利益的行为方式，但它们本身不足以导致对社会责任之精细规定和优雅义务的经久不息的遵从。极少有人能为公益而持续牺牲一切私利目的。就此抨击人性堕落徒劳无益；事实就是如此，每个时代和每个国家的经验已经证明如此，而在我们能够改变它以前，我们必须在很大程度上改变人的天然质地。任何体制，凡不依据这些准则的推定的真理性，就不可能成功。"物质需要是人类最基本的需要，是人们从事一切活动最基本的动因。成功的领导者都是直指人性，深入人心的高手，善于运用物质的手段使受激励者得到物质上的满足，从而进一步调动其积极性、主动性和创造性。物质激励有资金、奖品等，领导要通过满足其物质要求，激发其努力生产、工作或者战斗的动机。有一次，管仲向齐桓公报告说："全年的地租金额将得四万二千斤黄金，请在一天内全部预赏给战士。"桓公说："可以。"便下令准备鼓旗，一天早上在泰州之野集合起军队。齐桓公站在台上，管仲拿着鼓槌向战士拱手致礼说："谁能陷阵攻破敌众，赏黄金百斤。"三次发问无人回答。有一个士兵执剑向前询问："多少敌众呢？"管仲说："千人之众。"士兵说："千人之众，我可以攻破。"于是赏给他百斤黄金。然后管仲又问："在兵接弩张的交战中，谁能擒获敌军的卒长，赏黄金百斤。"下面又有一个士兵询问："是多少人的卒长呢？"管仲说："一千人的卒长。"士兵说："千人的卒长，我可以擒到。"于是赏给他百斤黄金。管仲又问："谁能按旌旗所指的方向，而得到敌军大将的首级，赏黄金千斤。"回答"可以得到"的共有十人，每人都得到千斤黄金。其余凡自说能够在外杀敌的，每人都获得黄金十斤。经过一早上的"预赏"，四万二千斤黄金都赏光了。齐桓公有些忧虑地叹息说："我怎么能理解这个做法呢？"管仲回答说："君上不必忧虑。让士兵在外荣显于乡里，在内报功于双亲，在家有德于妻子，这样，他们必然要争取名声，图报君德，没有败退之心了。我们举兵作战，能够攻破敌军，占领敌人土地，那就不止有四万二千斤黄金的利益了。"齐桓公说："好。"管仲又告诫军中大将们说："凡统领百人的军官拜见你们时，一定要按访问的礼节相待；统领千人的军官拜见你们时，一定要下阶两级拜而送之。他们有父母的，一定要赏给酒四石、肉四鼎。没有父母的，一定要赏给妻子酒三石、肉三鼎。"这个办法实行才半年，百姓中父亲告诉儿子，兄长告诉弟弟，妻子劝告丈夫，说："国家待我们如此优厚，若不死战于前线，还可以回到乡里来吗？"齐桓公终于举兵攻伐莱国，作战于莒地的必市里。齐国将士奋勇杀敌，莱国军队大败，齐国将领占其土地而虏其将领，擒获了他们的国君。还没有等到拿出土地封官，也没有等到拿出黄金行赏，便吞并了莱国。这便是直指人性，预先行赏的物质激励的作用。但是，按照"人性自利"的推论，人的工作积极性，不仅受他所得到的绝对利益的影响，还受到他所获得的相对利益的影响（和别人比，和历史上比），自利性最基本的特征就是具有扩张性。在物质利益的争夺中，"人心不足蛇吞象"的现象时有发生，人们会较量并导致冲突不断，领导实行物质激励时需要考虑和处理好此类问题。

注重人文关怀是"自利假说"的领导智慧。人文关怀，就是关心人内心的感受，引导人们正确对待自己、他人和社会，赋予人生以意义和价值的关怀。人的本性虽然在一般层次上表现为自利、自为、自私，人的心智也有非名即利的追求动机，但人的自利性在更高层次上体现的是对人生价值实现的追求。注重人文关怀，就是在整个领导活动过程中充分注意人性要素，在充分的物质激励的基础上，研究人的心理和行为规律，依据组织或企业的共同的愿景和核心价值观，以对人的尊重和精神激励，制订员工的生涯规划等，给人提供各种成长与发展的机会，充分挖掘人的潜能，以最大限度地实现人生价值。人文关怀是社会文明进步的标志，是人类自觉意识提高的反映。让制度落实到人文关怀的每一个细节中，就会成为制度自觉。"硬"的制度有利于建立秩序；"软"的人文关怀则有利于推动协同、和谐、个性张扬和创新进取。人文关怀，以一种柔性方式，回归人的生命、生存和自我实现的本质，用关心人、爱护人、尊重人的方式对人实施全面关怀，赢得人心，把人性最深处的主动性和创造性呼唤出来，把组织意志变为组织成员的自觉行动。

追随曾国藩南征北战的文人武将为数众多，曾国藩对他们是有功必赏，而且是每一次向清廷报捷时都按照功劳大小逐步提升下属。例如，他发现犯人鲍超武功高强，先是提拔他担任低级的哨官，后来在多次胜战之后擢升至正三品的参将，最后官至副一品的代理浙江提督。从一个阶下囚到副一品军官，身份越是悬殊，奖赏便越显分量，这样的下属怎会不为曾国藩拼死卖命呢？其他僚属，例如江忠源、胡林翼、罗泽南和彭玉麟等也都渐次获得提升。

管仲的"自利假说"比风靡西方的亚当·斯密的"经济人"假设早了两千多年，而且"人性自利"与"经济人"假设几乎完全一致。亚当·斯密提出"经济人"的假设，目的是解决经济理论研究中经济活动的动力、规律、范畴的人格化等根本性问题，以建立经济理论体系。亚当·斯密的"经济人"假设指的是以追求私人最大经济利益为唯一目的，并按经济原则活动的主体。亚当·斯密"经济人"假设的核心内容是：① 人天然的是他自己利益的判断者，如果不受干预，他的行为就是追求利益最大化；② 人在追求自己的私利时又不得不兼顾他人的利益，否则就实现不了自己的利益；③ 当每个人都能自由地选择某种方式追求自己的最大利益时，"一只无形的手"——分工基础上的市场和竞争，会将他们对自己利益的主观追求客观地引导到为公共利益做出最大贡献上来。

费雷德里克·泰勒（Frederick W.Taylor，1856—1915 年）是"科学管理之父"，在泰勒之前的管理仅仅凭借单纯的个人经验，然而泰勒基于"经济人"（人是逐利性的主体）的假设，认为雇主和雇员的根本利益一致是科学管理的坚实基础，雇主财富最大化是建立在雇员财富最大化的基础之上的。当双方友好合作、互相帮助以代替对抗和斗争时，通过双方共同的努力，就能够生产出比过去更大的利润来。管理的首要目标应该是运用科学的方法，实现雇主和雇员的财富同时最大化，管理者和工人应该发掘每个人的潜能，进行培训和指导使其能力得到充分的发挥，同时创造出最大的劳动生产率。基于此，泰勒提出了如下方法。

（1）科学研究工人工作时动作的合理性，去掉多余的动作，改善必要的动作，并定好完成每一个单位操作的标准时间，制定出劳动时间定额，使工具、机器、材料标准化，并对作业环境进行标准化改进，用文件形式固定下来，以提高效率，降低成本。

（2）选择合适的工人并将其安排在合适的岗位上和培训晋升员工。保证人与岗位适配的同时，并对工人进行短期培训，让其掌握标准的操作方法，使之在工作中逐步成长，以确保员工流失不会产生较大损失，人员可被随时替换。

（3）实行具有激励性的计件工资报酬制度。用绩效方式激励员工，并密切监控工人工作，对完成和超额完成工作定额的工人以较高的工资率计件支付工资，对完不成定额的工人，则按较低的工资率支付工资，以有效利用工时，提高工效。

（4）管理和劳动分离。管理者通过观察衡量，设计、分工、监控、考评工人，工人的任务是执行。

泰勒开创了"古典管理理论"的先河，形成了科学管理的思想，对管理的理论和实践都产生了深远的影响，不少企业意识到了满足雇员的需求和利益，实现雇员的"财富"最大化，是实现企业利润最大化的重要途径。直至今日，泰勒的科学管理依然是管理学的重要基础之一。

管仲的"自利假说"在西方的经济理论中也被认同，著名经济学家亚当·斯密说过："来到公司的所有人都只有一个动力：纯粹的个人利益。"此话道出了公司和员工的原始动力就是"人性的自利"。管仲的"自利假说"在西方的政治理论中也得到认同，西方的政治家如马基雅维利、托马斯·霍布斯、休谟等人都持这种观点，他们认为，人的本质是自私的，人总是自然地追求金钱、地位和权力。在政治生活中，人们自觉不受权力的诱惑、不专权、不擅权的能力是很差的。在这方面，任何自我控制的"德行"和"理性"都是不可靠的。霍布斯对人性说得更直截了当："人对人是狼。"马基雅维利说："人们实际上怎样生活，同人们应当怎样生活，其距离是如此之大，以致一个人要是为了应当怎么办而把实际上是怎么回事置诸脑后，那么他不但不能保存自己，反而会导致自我毁灭。"所以，在权力斗争中，几乎没有政治家会心慈手软地放过竞争对手。西方政治家把"人性自利"描述得更淋漓尽致,但也不免有认知的偏见,对此,西方也有很多政治家持"人性善"的观点,认为善良是人的本性,提倡领导者宅心仁厚,以人类期望的人格魅力来从事政治活动。

五、管子"以法治国"的法治领导智慧

在《管子》"明法解篇"中,管仲说:"威不两错,政不二门,以法治国则举措而已。"意思是,统治者治理国家,自己的权威不要建立在更多的举措上,政令也不要出自多门,以法治国,就像人举手投足一样,很容易把国家治理好。管仲还说:"先王之治国也,不淫意于法之外,不为惠于法之内也。"意思是,以前的君王治理国家,不会在法理之外随心肆意,不会在法理之内给予恩惠。

在《管子》"君臣下篇"中,管仲说:"古者未有君臣上下之别,未有夫妇妃匹之合,兽处群居,以力相征。于是智者诈愚,强者凌弱,老幼孤独不得其所。"意思是,古时候没有君臣上下之分,也没有夫妻配偶的婚配,在这种情况下,人们像野兽一样群居,以强力而互相争夺,于是就产生了智者诈骗愚者,强者欺凌弱者,老、幼、孤、独的人不能各得其所的问题。管仲又说:"君之所以为君者,赏罚以为君。"意思是,君王为了除强暴和使众人信服,除了自己贤德以外,最重要的是能够运用赏罚手段。

在《管子》"兵法篇"中,管仲说:"制法仪,出号令,然后可以一众治民。"意思是,圣王君主设法立禁,然后可以统一百姓行动和治理民众了。

在《管子》"任法篇"中,管仲说:"有生法,有守法,有法于法。夫生法者,君也;守法者,臣也;法于法者,民也。君臣上下贵贱皆从法,此之谓大治。"意思是,有创制法度的,有执行法度的,有遵照法度行事的。创立法律的是君主,执行法律的是大臣官吏,遵照法律行事的是百姓。君臣、上下、贵贱都遵从法度办事,这就叫作大治。

在《管子》"七臣七主篇"中,管仲说:"夫法者,所以兴功惧暴也;律者,所以定分止争也;令者,所以令人知事也。"意思是,所谓"法",是用来鼓励立功和威慑施暴的;所谓"律",是用来明确本分和制止纷争的;所谓"令",是用来命令他人管理事务的。

在《管子》"禁藏篇"中,管子说:"法者,天下之仪也,所以决疑而明是非也,百姓所县命也。"意思是,所谓"法律",就是规范天下各种行为的标准

尺度，用于辨明疑难、断明是非，以此来保障百姓的生命和财产安全。

在《管子》"权修篇"中，管仲说："法者，将立朝廷者也。"意思是，法，是用来建立朝廷权威的。又说："法者，将用民力者也。"意思是，法，是用来驱使人民出力的。还说："法者，将用民之死命者也。"意思是，法，是用来决定人民生死的。

在《管子》"法法篇"中，管仲说："不法法则事无常，法不法则令不行，令而不行则令不法也，法而不行则修令者不审也，审而不行则赏罚轻也，重而不行则赏罚不信也，信而不行则不身先之也。故曰：禁胜于身则令行于民矣。"意思是，不依法行使法令，则国事没有常规；法令不用法的手段推行，则政令不能贯彻。君主发令而不能贯彻施行，那是因为政令不合乎法度；政令合乎法度而不能贯彻施行，那是因为起草政令不慎重；慎重而不能贯彻施行，是因为赏罚太轻；赏罚重而不能贯彻施行，那是因为赏罚还不能兑现；赏罚兑现了而政令仍不能贯彻施行，那是因为君主不以身作则。所以说：禁律能够管束君主自身，政令就可以在民众中贯彻施行。管仲又说："故巧者能生规矩，不能废规矩而正方圆。虽圣人能生法，不能废法而治国。故虽有明智高行，倍法而治，是废规矩而正方圆也。"意思是，巧匠可以制造出规和矩，但不能废弃规矩而正方定圆。圣人能制定法律法规，但不能废除法律、法规，而去治理国家。所以，虽有聪明的智慧、高尚的品德，违背法度而治国，无异于废除规矩来正方定圆，是治理不好国家的。

在中国法律思想发展史上，《管子》中最早提出了"以法治国"的概念，并认为，"以法治国"是统治者的根本权威，运用它就犹如人举手投足，很容易就把国家治理好了。即"威不两错，政不二门，以法治国则举措而已"。在管仲看来，法律起源于君主治理国家的需要。在上古时代"未有君臣上下之别，未有夫妇妃匹之合，兽处群居，以力相征。于是智者诈愚，强者凌弱，老幼孤独不得其所"，在这种情况下，社会的秩序很混乱，民众善无善报，恶无恶报，恶人猖獗，坏事当道，生产、生活以及生命都没有保障。后来随着社会的发展产生了君王，负责除强暴，兴民生，建立和维护社会秩序。君王为了使众人信服并能威慑众人，不仅自己要具备贤德的品行，还要能够运用赏罚的治理众人的手段，即"君之所以为君者，赏罚以为君"。正是基于"可以一众治民"的需要，君王开始"制法仪，出号令"。为了使民众服从法律，君王又设立官吏大臣执行法律，即"夫生法者，君也；守法者，臣也；法于法者，民也"。这样，法律就适应着君王管理社会和治理民众的需要而产生。管仲反复强调法律的作用就是帮助君王治理国家，这种作用具体体现在两个方面：一是用来建立朝廷威望，即"法者，将立朝廷者也"，而建立朝廷威望目的在于"尊主行令""兴功惧暴""决疑而明是非""定分止争"；二是通过法律可以利用老百姓为君王效力，即"法者，将用民力者也""法者，将用民之死命者也"。亚里士多德也充分肯定了法律在治理国家中的作用，他说："真想解除一国的内忧应该依靠良好的立法，不能依靠偶然的机会。"

管仲"以法治国"不是一个空洞的概念，他把"法"与"治"的关系以及立法、司法和守法的关系界定得十分清楚。关于"法"，管仲认为"有生法，有守法，有法于法"。创制法度的是君主，执行法度的是大臣官吏，遵照法度行事的是百姓，亦即"夫生法者，君也；守法者，臣也；法于法者，民也"。关于"治"，管仲认为君王虽然可以制定法律法规，但不能废除法律、法规而去治理国家，即"虽圣人能生法，不能废法而治国"。制法者、执法者和守法者都必须依法办事，即"君臣上下贵贱皆从法，此之谓大治"。而且管仲特别强调统治者以身作则，带头守法是依法治国的关键。管仲的这种认知来自于他的缜密的逻辑思考：君王发令而不能贯彻，是因为政令不合乎法度；政令合乎法度而不能施行，是因为起草政令不慎重；慎重而不能施行，是因为赏罚太轻；赏罚重而不能施行，是因为赏罚还不能兑现；赏罚兑现了而政令仍不能贯彻施行，那就是因为君主不以身作则，即"法不法则令不行，令而不行则令不法也，法而不行则修令者不审也，审而不行则赏罚轻也，重而不行则赏罚不信也，信而不行则不身先之也"。鉴于这样的思考链，管仲得出的结论是：禁律能够管束住君主自身，政令就可以在民众中贯彻施行，即"禁胜于身则令行于民矣"。管仲还以先王的榜样来教诲现任统治者：不在法理之外随心肆意，不在法理之内给予恩惠，也就是"先王之治国也，不淫意于法之外，不为惠于法之内也"。秦汉时期的"黄老之学"一个主要特征是"守法而无为"，所谓"无为"，不是毫无作为，要求"法立而弗敢废"，是指立法之后不轻易变更，要"循守成法"。即使是皇帝也只有"执道生法"的权力，而不得犯法。汉文帝就是一位不以个人意志和手中至高无上权力破坏法律规定而"循守成法"的皇帝。

法治思维方式是"以法治国"的领导智慧。思维方式是各种行为的先导、总开关。"依法治国"也不例外，法治思维是将法律作为判断是非和处理事务的准绳，将法治的诸种要求运用于认识、分析、处理问题的思维方式，是一种以法律规范为基准的逻辑化的理性思考方式。领导者只有具备了法治思维方式，才能从法治的角度去发现问题、思考问题、解决问题和推进工作。与法治思维方式对立的思维方式就是人治的思维方式。人治的思维强调个人权力在法律之上，人治就是个人或少数人掌握了社会公共权力，以军事、经济、政治、法律、文化、伦理等物质的与精神的手段，对占社会绝大多数的其他成员进行等级统治的社会治理方式。要法治就不要人治，要人治就没有法治。有了法治的思维方式，崇尚法治、尊重法律，才能牢固确立法律红线不能触碰、法律底线不能逾越的观念，才能不以言代法、以权压法、徇私枉法。

法治方式处理问题是"以法治国"的领导智慧。依照法治方式处理问题，有四个关节点必须注意和遵守：第一，目的合法。领导者做出某一决策，实施某种行为，应符合法律、法规所明示或暗含的目的。第二，权限合法。领导者的任何权力都要依法配置到一定的职务上，领导者做出某一决策，实施某种行为，应符合法律、法规为之确定的权限。第三，手段合法。领导者为达到某种目的而采取的手段，应符合法律、法规所明确的方法和措施。第四，程序合法。领导者做出某一决策，严格按照法定安排予以执行；实施某种行为，其过程、步骤、方式、时限等应符合法律、法规的规定和正当程序的要求。手段违法是严重的违法行为之一，法律绝不容许民事主体以非法之暴力谋取利益，如在解除合同问题上，即使一方当事人有解除权，也不能以暴力行事，目的非法固然为法所不容，手段非法同样为法律所禁止。否则，强势地位者打着"私力救济"旗号滥行暴力却还能大行其道，法律和司法就会失去起码的权威性和公信力。

执法如山是"以法治国"的领导智慧。公平正义是法律的核心精神，执法如山才能践行公平正义的司法精神。所以，公平正义也是执法工作者的核心价值观。司法部门的各级领导者要把公平正义作为司法的底线，树立惩恶扬善、执法如山的浩然正气，维护法律的统一、尊严、权威，在邪恶势力面前，站稳脚跟，挺直脊梁，只服从事实，只服从法律，铁面无私，秉公执法。执法如山，就要有法必依、执法必严、违法必究，在法律面前没有"铁帽子王"，没有法外特权，没有"刑不上大夫"，只要触犯国法，不管是谁都将无一例外地受到法律的惩处。只有执法如山，才能营造出人们不愿违法、不能违法、不敢违法的法治环境。徐有功，本名徐弘敏，唐朝长安人，是唐代专司审案的官吏，先后任过蒲州司法参军、司刑寺（即大理寺）司刑丞、秋官（即刑部）员外郎、郎中侍御史司刑少卿等职，在唐朝官僚体系中地位极低，也难有作为。徐有功为官之时，正值武周时期，上有武后作乱，下有酷吏网罗，执法守正极为不易。徐有功却能保持公平正义，敢于犯颜直谏，平反冤案六七百件，救了很多人。徐有功的公平正义和执法如山的行为得罪了一些酷吏、奸臣，频遭弹劾、推审，但最终皆因找不出他贪赃或徇私枉法的证据，使他三次被控死罪，三次被赦，两次被罢官又两次复出，但他不改初心，不阿谀奉承，一心执法守正，被当时人誉为"自古无有"的好官，也成为一位名留青史的专职"法官"。

在古希腊，比管仲晚了三百多年，柏拉图才提出"法治"的思想，但尚未形成系统的理论。柏拉图的学生亚里士多德认为："人在最完美的时候是动物中的佼佼者，但是，当他与法律和正义隔绝以后他便是动物中最坏的东西。"亚里士多德继承老师的法治思想，并将其演绎成系统的学说"良法之治"，该理论有两个主要思想：第一，法治优于人治。亚里士多德认为法律的性质是无感情的、理性的，法治可以秉公，而人治则容易偏私，据此提出"法律是最优良的统治者"。亚里士多德还提出法律是多数人制定的，更有准确性和民主性，因而"法律可以被描述为全体公民所达成的共同一致的意见，它用文字的形式做出界定，规范人们在各种情况下应当如何行动"。第二，明确提出法治的含义。亚里士多德认为法治应包含两重含义：已经成立的法律获得普遍服从；而大家所服从的法律本身又应该是制定的良好的法律。他强调"法律应当在任何方面受到尊重而保持无上的权威"。近代资产阶级启蒙思想家的法治理论已经涉及"以法治国"的理念。其中，洛克很有代表性，他在代表作《政府论》一书中提出为了保障人们的生命、自由和财产权，防止权力的滥用，国家权力应当分为立法权、执行权和联盟权，他强调一个真正的共和国应该是一个具备完善的法律的国家，法律必须公正和普遍并以正式公布的法律加以执行和进行统治。随着西方资产阶级的不断壮大发展，法治理论也在不断地得到完善发展，当代西方资产阶级的法治理论更加关注法律的实质内容的合法性，而不是仅局限于以法治国的程序和运行机制本身；更加强调真正的平等，而不仅仅是形式的平等；更加突出法官自由裁量权，使执法者有更大的自由裁量权、行动变通性和灵活性。西方法治理论实现了从人治到法治的蜕变。法治社会的产生和不断发展，消除了几百年的宗教专横、封建专制的国家。西方社会现在之所以发展得如此迅速，最主要的原因就是"以法治国"的出现。当然，西方国家的"以法治国"是法治主义思想和理论实践的先行者，而"以法治国"伟大思想的真正创立者则是中国的管仲，无论是中国人还是西方人都不应该数典忘祖。

六、管子"礼义廉耻"的四维领导智慧

在《管子》"牧民篇"中，管仲说："国有四维，一维绝则倾，二维绝则危，三维绝则覆，四维绝则灭也。倾可正也，危可安也，覆可起也，灭不可复错也。何谓四维？一曰礼，二曰义，三曰廉，四曰耻。礼不逾节，义不自进，廉不蔽恶，耻不从枉。故不逾节则上位安，不自进则民无巧诈，不蔽恶则行自全，不从枉则邪事不生。"意思是，国家有四根绳子，缺了一根，国家大厦就倾斜了；缺了两根，国家大厦就危险了；缺了三根，国家大厦就倾覆了；缺了四根，国家就灭亡了。管仲又说："礼义廉耻，国之四维。四维不张，国乃灭亡。""维"的本来意思是指用以系物和提网的大绳子。这段话的大意是，礼、义、廉、耻是支撑国家大厦的四根绳子，如果这四根绳子出现问题，得不到传承和发扬，国家就会灭亡。"四维"，一是礼，二是义，三是廉，四是耻。尊礼，人们的行为就不会超越道德规范；有义，就不会妄自求进；守廉，就不会掩盖错误缺点；知耻，就不会与坏人同流合污。人们的行为不逾越道德规范，居于上位的君主就安稳；不妄自求进，老百姓就不会谋巧欺诈；不掩盖错误缺点，行为就自然端庄了；不与坏人同流合污，邪恶的事情就不会发生了。管仲还说："四维张，则君令行……守国之度，在饰四维。"意思是，"礼义廉耻"这四个方面得到了发扬，君主的政令就可以推广施行……巩固国家的准则，就在于整饬四维。

在《管子》"权修篇"中，管仲说："凡牧民者，欲民之正也。欲民之正，则微邪不可不禁也。微邪者，大邪之所生也。微邪不禁，而求大邪之无伤国，不可得也。凡牧民者，欲民之有礼也。欲民之有礼，则小礼不可不谨。小礼不谨于国，而求百姓之行大礼，不可得也。凡牧民者，欲民之有义也。欲民之有义，则小义不可不行。小义不行于国，而求百姓之行大义，不可得也。凡牧民者，欲民之有廉也。欲民之有廉，则小廉不可不修也。小廉不修于国，而求百姓之行大廉，不可得也。凡牧民者，欲民之有耻也。欲民之有耻，则小耻不可不饰也。小耻不饰于国，而求百姓之行大耻，不可得也。凡牧民者，欲民之谨小礼、行小义、修小廉、饰小耻、禁微邪，此厉民之道也，民之谨小礼、行小义、修小廉、饰小耻、禁微邪，治之本也。"这段话的大意是，凡是统治百姓，就必须让百姓走正道。要想让百姓走正道，就不能不禁止最小的邪恶行为

发生。因为微小邪恶是大邪恶产生的根源。微小的邪恶行为没有被禁止，还想避免大的邪恶危害国家，这只能是异想天开。凡是统治百姓，就想要百姓遵守道德行为规范，要想让百姓遵守道德行为规范，那么国家就要重视小的道德行为规范，对小的道德行为规范不重视，而想要百姓去遵守大的道德行为规范，是不可能的。凡是统治百姓，就必须让百姓有正确的行为方式。而要想让百姓有正确的行为方式，那么最小的正确行为方式也要提倡发扬，国家不提倡发扬小的行为方式，而想让百姓有大的正确行为方式，是做不到的。凡是统治百姓，就想让百姓懂得清白正直。想要百姓清白正直，就要加强对小的清白正直的修养。国家不对小的清白正直加强修养，而想要百姓有大的清白正直，那是不可能的。凡统治百姓，就要让百姓知道耻辱。要想让百姓知道耻辱，那么对小耻也要整治。国家不整治小耻，想要百姓不做邪恶的事，是不可能的。凡统治百姓，想让百姓谨慎遵守小的道德行为规范、小的正确行为方式、小的清白正直，整治小耻，禁止小的邪恶，这就是激励百姓的正道。百姓重视遵守小的道德行为规范、小的正确行为方式、小的清白正直，整治小耻，禁止小的邪恶，这是治理国家的根本。

《管子》中的"牧民"，是指管理百姓，就像牧羊一样，这种贬义词是历史上"君重民轻"的产物。在"牧民篇"中，管仲说"国有四维"，"维"的本来意思是指用以系物和提网的大绳子，这句话的意思就是国家有四根绳子：一曰礼，二曰义，三曰廉，四曰耻。管仲把"礼义廉耻"看作支撑国家大厦的四根绳子，缺一不可，因为"一维绝则倾，二维绝则危，三维绝则覆，四维绝则灭"。也就是说，如果这四根绳子出现问题，得不到传承，国家就会灭亡，即"四维不张，国乃灭亡"。管仲还强调"四维"是贯彻推行政令和巩固国家的重要保障，就是"四维张，则军令行……守国之度，在饰四维"。管仲还认为尊礼、有义、知耻、守廉这"四维"也是社会善治的重要手段，因为"礼不逾节，义不自进，廉不蔽恶，耻不从枉"。因此"不逾节则上位安，不自进则民无巧诈，不蔽恶则行自全，不从枉则邪事不生"。这正是一个社会实现善治的目标。

管仲不仅阐述了"四维"在推行政令、巩固国家和实现社会善治中的重要作用，还指出了应该有目的、有计划、有组织地对国民进行"礼义廉耻"的"四维"教育。教育是一种思维的传授，而人因为其自身的意识形态，有着不同的思维走势，可能与"礼义廉耻"的"四维"思维走势有偏差甚至偏离度会很大。所以，应当通过教育的思维传授方式，让国民对"礼义廉耻"的"四维"达到认知理解的状态，并形成一种相对完善或理性的自我意识思维，进而把这种思维意识变成实际行动，"礼义廉耻"的"四维"才会真正地发扬光大起来，并发挥出它应有的作用。那么"礼义廉耻"的"四维"教育如何起步？从哪里抓起？管仲特别强调"四维"教育要防微杜渐，从一件件小礼、小义、小廉、小耻抓起。管仲说："凡牧民者，欲民之正也。欲民之正，则微邪不可不禁也。微邪者，大邪之所生也。微邪不禁，而求大邪之无伤国，不可得也。凡牧民者，欲民之有礼也。欲民之有礼，则小礼不可不谨也。小礼不谨于国，而求百姓之行大礼，不可得也。凡牧民者，欲民之有义也。欲民之有义，则小义不可不行。小义不行于国，而求百姓之行大义，不可得也。凡牧民者，欲民之有廉也。欲民之有廉，则小廉不可不修也。小廉不修于国，而求百姓之行大廉，不可得也。凡牧民者，欲民之有耻也。欲民之有耻，则小耻不可不饰也，小耻不饰于国，而求百姓之行大耻，不可得也。凡牧民者，欲民之谨小礼、行小义、修小廉、饰小耻、禁微邪，此厉民之道也。民之谨小礼、行小义、修小廉、饰小耻、禁微邪，治之本也。"

"礼义廉耻"是治国之纲。历代统治者把"礼义廉耻"这四者立为治国的纲领和用作维护其统治的原则。如《汉书》"贾谊传"载，贾谊在给汉文帝上书时则说："礼义廉耻，是为四维；四维不张，国乃灭亡。"《史记》"管晏列传"引用为"四维不张，国乃灭亡"。"礼义廉耻"作为治国之纲，首先要求国君必须带头遵守"礼义廉耻"的规范。春秋时期周庄王九年，齐国联合宋、鲁、陈、蔡四个诸侯国攻打卫国，卫国被攻陷后，齐国诸侯齐襄公担心周王会派兵来讨伐，就派大夫连称为将军、管至父为副将，统领兵马到偏远的葵邱戍守。二位将军临行前请示齐襄公道："戍守边疆虽然劳苦，但作为臣子不敢推辞，只是想知道我们去驻守的期限是什么时候？"当时，齐襄公正在吃瓜，就顺口说："现在正是瓜熟时节，等到明年瓜再成熟的时候，我会派遣别人替代你们的。"历史上也称之为"瓜代"。二位将军于是带兵前往葵邱驻扎。一年过去了，由于军务繁忙，二位将军把临行前和齐襄公的约定也渐渐地忘记了。直到有一天，手下的兵卒进献刚成熟的瓜让他们尝鲜时，二位将军才想起和主公之间的瓜熟之约，心里嘀咕："此时正该换防，为什么主公还不派人来替代我们呢？"于是差遣心腹前往国都打探情况，得知主公与他的同父异母的妹妹文姜整天在一起淫乱，不理朝政。二位将军很气愤："你在国都乱伦，过着骄奢淫逸的生活，让我们在边疆吃苦受累，用生命保护你的安全，却不派人来替代我们。"于是，就派人向齐襄公献上刚成熟的瓜，希望齐襄公看到这成熟的瓜能想起约定，派人替代他们驻守边防。没想到齐襄公看到瓜时大怒，说："替代不替代是我的决定，是我说了算，为何还要来请求啊！等到明年瓜再熟时方可派人去替代你们！"二位将军听了回报，气得咬牙切齿，当即密谋起兵造反，并暗地里与公孙无知联合，杀死了齐襄公，拥立公孙无知为新的国君。一国君主因为不讲"礼义廉耻"、乱伦和违背诺言，就会惹得人怒，最终丢失自己的性命和君主的宝座。其次，"礼义廉耻"作为治国之纲，还要求君主以此管束臣民。宋朝陈亮在《上孝宗皇帝第一书》中也说："天子夙夜忧勤于上，以礼义廉耻婴士大夫之心。"明朝余继登在《皇明典故纪闻》中说："自今尔等差官出外，必精选知礼义廉耻、明达大体、无贪污淫秽之行，然后遣之，仍严加戒饬，庶纪纲以正，不辱朝廷之使命。"宋朝苏轼《乞录用郑侠王斿状》中也说："故古之贤君，必厉士气，当务求难合自重之士，以养成礼义廉耻之风。""礼义廉耻"是全体公民在社会交往和公共生活中应该遵循的行为准则，涵盖了人与人、人与社会、人与自然的关系，对全体社会成员都起着指导和约束的作用。"礼义廉耻"是社会道德体系的重要组成部分，是社会文明程度的象征，也是衡量一个国家或民族文明素质的重要指标。治国理政若把"礼义廉耻"作为着力点，使之成为全体公民普遍认同和自觉遵守的行为准则，那么社会正气就会弘扬起来，社会环境就会得到优化，那些与"礼义廉耻"背道而驰的丑恶问题，如拜金主义、享乐主义、极端个人主义、损公肥私行为等，就能得到治理。新加坡的李光耀就认为"礼义廉耻"是治国之纲。李光耀把"礼"引申为一切习惯风俗所承认的调整人与人、人与社会之间关系的行为规范和准则；将"礼"区分为形式与诚意两方面：认为礼尚往来能够产生良性互动的关系，并指出了"礼"能够促进社会和经济发展。李光耀认为"义"，就是信义，政府和人民之间、新加坡各族人民之间、每个人之间都要坦诚守信，不要欺诈和见利忘义。李光耀把"廉"理解为清廉、廉正，李光耀等新加坡政府领导人将"廉"发展为新加坡的一种宝贵的政治文化。李光耀说，"耻"就是知美识丑，并指出"如果一个国家的公民美丑不分，对文明的行为不以为美，对丑恶的行为不以为丑，那么，这个国家距离垮台已为时不远了"。

"礼义廉耻"是一个人一生应具备的做人准则，也是一个社会衡量一个人之所以为人的标准。拥有再多的物质而"礼义廉耻"的精神匮乏，就不能算是健全的人。庄子说过："丧己于物，失性于俗者，谓之倒置之民。"意思是，因贪迷财物而丧失了自我，与流俗合污而失去本性，这就是颠倒了本末的人。"礼义廉耻"又是社会道德体系最低层次和最起码的要求，十分具体明确且便于理解、掌握和实行的一种最简单、最基本的行为准则。当个人具有了"礼义廉耻"观，就能明辨是非荣辱，就能激励自己追求真善美，抵制假恶丑，从而丰富人生的内涵，增加人生的"含金量"，提高自身素质，在面对纷繁的社会交往时更容易被人认可和接受，也就会更有机会、更具勇气、更有信心、更充分地实现自我追求。张良是落魄的韩国贵族，在秦灭韩后，张良为韩国报仇刺杀秦始皇未遂，避居到下邳。有一天，他到下邳桥上散步，碰到一个老人，老人穿着粗布短衣，走到张良旁边，故意把他的鞋子扔到桥下，冲着张良说："孩子！下桥去把鞋子拾上来！"张良听了一愣，想打他，但看他是个老人，就强忍着怒气，到桥下把鞋拾了上来。那老人竟又说："把鞋子给我穿上！"张良想一想，就跪在地上给他穿上鞋。那老人笑嘻嘻地走了一段路，又折回身来，对张良说："你这个孩子是能培养成才的。五天以后的早上，天一亮就到这里来同我会面！"张良跪下来说："是。"第五天天刚亮，张良到了下邳桥上。不料那老人已经等在那里了，见了张良就生气地说："和老人约会，怎么迟到了？再过五天的早上再来相会！"说完就离去了。到第五天早上，鸡一叫，张良就赶去，可是那老人又等在那里了，见了张良又生气地说："怎么又掉在我后面了？过了五天再早点来！"说完又走了。到第五天，张良没到半夜就赶到桥上，等了好久，那老人才来了。老人高兴地说："这样才好。"然后老人拿出一本书来说道："认真研读这本书，你就能做帝王的老师了！过十年，天下形势有变，你就会发迹了。13 年以后，你就会在济北郡谷城山下看到我——那儿有块黄石就是我了。"老人说完就走了。天亮时，张良拿出那本书来一看，原来是《太公兵法》，张良十分珍爱它，经常诵读，反复地学习、研究。10 年过去了，陈胜等人起兵反秦，张良也聚集了一百多人响应。刘邦率领了几千人马，在下邳的西面攻占了一些地方，张良就归附于他，成为他的部属。从此张良根据《太公兵法》经常向刘邦献计献策，成了刘邦运筹帷幄、决胜千里的军师。刘邦称帝后，封他为留侯。张良始终不忘那个给他《太公兵法》的老人。13 年后，他随从刘邦经过济北时，果然在谷城山下看见有块黄石，并把它取回，称之为"黄石公"，作为珍宝供奉起来，按时祭祀。张良死后，家人把这块黄石和他葬在一起。张良懂得"礼义廉耻",赢得了老人的认可,也赢得了自己实现人生价值的机遇。

各级领导都应该增强"礼义廉耻"建设的责任感,加强"礼义廉耻"的社会教育。"礼义廉耻"是千百年来人类社会文明的一种积累,相对于其他生活领域的道德,"礼义廉耻"更具有社会性,因而社会是进行"礼义廉耻"教育的最好课堂,离开社会必将使"礼义廉耻"建设失去广泛的基础与坚实的依托。领导者要充分认识到加强社会"礼义廉耻"教育是提高公民素质的一项基础性工程,从"谨小礼、行小义、修小廉、饰小耻、禁微邪"抓起,由小及大,逐步升华,常抓不懈。诚能如此,"礼义廉耻"的基本特征、主要内容定能家喻户晓,成为人们行为的自觉规范。同时,领导者也应该清醒地认识到"礼义廉耻"建设也是一项复杂的系统性工程,既要靠教育启迪,也要靠法律和规章制度保障。必须综合运用各种手段,建立监督机制,增强监督实效,把提倡与反对、引导与约束、自律与他律有机结合起来,培养文明行为,抵制不良风气,扶正祛邪,扬善惩恶,这样"礼义廉耻"的建设水平才会不断迈上新的台阶。

七、管子"终身之计"的教育领导智慧

在《管子》"权修篇"中,管仲说:"一年之计,莫如树谷;十年之计,莫如树木;终身之计,莫如树人。一树一获者,谷也;一树十获者,木也;一树百获者,人也。我苟种之,如神用之,举事如神,唯王之门。"意思是,计划一年收获的最好去种粮食,计划十年收获的最好去种树木,筹划一辈子收获的最好去培育人才。能够一年之内有所收获的是粮食,能够十年之内有所收获的是树木,能够一百年才能有所收获的是人才。如果我们肯花时间和精力培养人才,其收获将是神奇的;以此举事就会有神效,这就是实现王霸事业的不二门径。管仲还说:"厚爱利足以亲之,明智礼足以教之。"意思是,君主能够付出厚爱和厚利,就能够亲近人民,申明知识和倡导礼节,就能够教育人民。

在《管子》"君臣下篇"中,管仲说:"是故明君审居处之教,而民可使居治、战胜、守固者也。"意思是,贤明的君主特别关注对于人民长期的教育,这样可以使人民平时安居乐业,出战攻无不克,防守也牢不可破。

在《管子》"形势解篇"中,管仲说:"解惰简慢,以之事主则不忠,以之事父母则不孝,以之起事则不成。"意思是,人一旦怠倦,以此事君就是不

忠，以此事父母就是不孝，以懒惰简慢的精神状态是干不成事业的。

在《管子》"宙合篇"中，管仲说："故盛必失而雄必败。"意思是，其盛必然有失，其雄必然致败。

在《管子》"版法篇"中，管仲说："必先顺教，万民乡风。"意思是，一定要先对百姓施以"礼义廉耻"等道德规范教育，他们才会趋向好的风化。

在《管子》"小匡篇"中，管仲说："士农工商四民者……不可使杂处。杂处则其言吡，其事乱。"意思是，士、农、工、商四民……不可使他们杂居，杂居则说的话和做的事都不一样。管仲又说："旦昔从事于此，以教其子弟，少而习焉，其心安焉，不见异物而迁焉。是故其父兄之教不肃而成，其子弟之学不劳而能。"意思是，朝夕从事于各自分工的职业，以此职业方面的知识技能教其子弟，使他们从小时就得到教习，就会心思安定，不会见异思迁。因此，其父兄的教导，不严也能教好；其子弟的职业本领，不劳苦也能学会。

管仲认为，教育是培养和塑造人才的最基本方式，教育的好坏关系到国家的生死存亡，是治国安邦的重要基础和百年大计，是实现王霸事业的不二门径，即"终身之计，莫如树人""一树百获者，人也。我苟种之，如神用之，举事如神，唯王之门"。因此，贤明的君主特别注重教育对政治经济的强大作用，而不断加强对于民众的长期教育，即"明智礼足以教之"，以此求得民众平时安居乐业，出战攻无不克，防守牢不可破，即"是故明君审居处之教，而民可使居治、战胜、守固者也"。

道德教育是管仲教育思想的重要内容，他除了提出"四维"教育之外，还提出了著名的八项教育原则：① 反怠倦。怠倦者是根本培养不出道德意识的，以这样的精神状态是干不成事业的，即"解惰简慢，以之事主则不忠""以之起事则不成"。反怠倦就是去掉惰性，发扬主动进取精神。② 忌伐矜。不居功自傲，提倡谦虚谨慎。居功自大的人是难成大事的，不谦虚谨慎的人必然招致失败，即"盛必失而雄必败"。③ 过反于身。苛责自己，宽容待人。管仲教导人们要经常反思自己的行为，从各方面严格要求自己，还要从"绝理者"身上吸取教训，从"不及者"身上取得借鉴，以便能更清楚地反思自我，如此，才能不断地提高个人的道德修养。④ 立中生正。管仲早于孔子对事物的"度"就有了自觉的体认，"立中生正"就是做事避免极端和偏执，而善于在两极之间保持必要的张力和均衡。应该说，不走偏锋，防止极端，这是管仲留给今人的一种极其难能可贵的智慧。⑤ 虚一而静。管仲告诉人们虚心、专一而冷静地观察事物，就能得到正确的认识。这就要不流世俗，因为一流于世俗就会心浮气躁，就会受到名利权势等缠绕，意念就沉潜不下来，就尝不到天地间的真滋味。只有不流于世俗，才能事事坦荡。⑥ 周密慎言。说话严谨，不乱发言。管仲把慎言列为道德修养的重要原则，主张说话要分场合，有原则，做到"言察美恶，审别良苦"。如果言不周密，有时不仅会给自己惹出麻烦，招来祸患，甚至还会给他人和社会带来危害，故"言不可不慎也"。⑦ 杜事于前。管仲的这一认识是在提醒领导者始终忧患在心、准备在先，居安思危、防患未然。越是在顺利的情况下，越是在发展势头好的情形下，就越不能忽视可能产生的风险，只有"杜事于前"，才能预测风险、防范风险、化解风险，保持住顺利的局面和良好的发展势头。⑧ 行小禁微。管仲认为一个人要想有好的修养，最重要的是时时刻刻从小处严格要求自己，这样经过日积月累的培养，最后才能修成大德。对于一个国家来说，要形成良好的社会风气，统治者就必须教导人民注意"谨小礼、行小义、修小廉、饰小耻、禁微邪"。管仲主张要采取积极的态度，不能等问题发生了才去解决，应防患未然。这种思想是十分先进的。管仲还认为，对民众进行"礼义廉耻"的道德教育可以改变社会风尚，即"必先顺教，万民乡风"。随着社会趋向好的风化，犯罪率自然就会下降，社会秩序就会安定，亦即"士无邪行，教也；女无淫事，训也。教训成俗而刑罚省，数也"。

　　管仲也是历史上最早提出职业教育理念的人。管仲所提的职业教育理念也就是"四民分业"的职业教育思想，即士、农、工、商四民者"不可使杂处，杂处则其言吡，其事乱"。"杂处"则说的话、做的事都不一样，不利于职业教育和职业熏陶。而实行"四民分业定居"的制度，使他们的子弟从小就每天得到来自于父兄在职业方面的知识技能的教习，不用严格的教育，不用付出更多的劳苦，也能教好，也能学会，即"且昔从事于此，以教其子弟，少而习焉""是故其父兄之教不肃而成，其子弟之学不劳而能"。可见，通过"四民分居"的形式，创造出来的"士之子常为士""农之子常为农""工之子常为工""商之子常为商"的职业场和职业氛围，能够使相同职业群体相互进行职业熏陶，积累职业素质，同时通过父兄的言传身教，培养出"其心安焉，不见异物而迁焉"的代代相传的职业家族。

　　管仲的"终身之计"的教育思想，为我们今天的领导活动提供了领导智慧。

　　"终身之计"的教育是立国之本,是成才之基。教育决定着现在,更决定着未来。少年智,则中国智;少年强,则中国强。领导者要牢固树立重视教育和支持教育,再穷不能穷孩子,再穷不能穷教育的思想观念,优先保证和不断加大对教育的资金投入。在给教育工作者增加薪资的同时,提高他们的师德和专业水平,为他们注入信心和定力,使他们履行好为学者在知识更新、立德树人方面的重要使命,为国家各行各业源源不断地输出栋梁之才。

　　"终身之计"的教育,必须包括和加强职业教育。职业教育是指让受教育者获得某种职业或生产劳动所需要的职业知识、技能和职业道德的教育。与普通教育和成人教育相比较,职业教育侧重于实践技能和实际工作能力的培养。社会和经济需要的人才结构是三角形的,顶端是高端科研人才,是相对少数;三角形的中底端是技术作业人才,是大多数。所以,职业教育质量关系国家竞争力,关系产业和企业的竞争力。领导者应该记住无论社会发展到何种程度,都不要放松对职业教育价值的坚守。打开职业教育学生的上升通道,让"人才"从"学历本位"转向"能力本位",才能给年轻人更多职业想象空间,把职业教育带入一个新的层面。职业教育与普通教育的一个共同点是,除了知识和专业技能的教育外,比成绩、成才、成功更为深邃的教育目标是唤醒被教育者灵魂深处更高贵的自我,培养人格健全者,为增强国力提供更多、更有实力的人才。由此来说,职业教育,任重道远。

八、管子"举贤任能"的用人领导智慧

　　在《管子》"霸言篇"中,管仲说:"夫争天下者,必先争人。明大数者得人,审小计者失人。得天下之众者王,得其半者霸。事故圣王卑礼以天下之贤而任之,均分以钓天下之众而臣之。"意思是,历来争夺天下者,必须先争夺人才。懂得大道理者得人才,专搞小计谋者失人才。得到天下大多数人拥护的能成王业,得到天下半数人拥护的能成霸业。因此,圣明的君主总是谦恭卑礼来招揽天下贤士加以任用,给予优厚的禄食来吸引天下贤能作为臣属。

　　在《管子》"立政篇"中,管仲说:"故德厚而位卑者谓之过,德薄而位尊者谓之失。"意思是,德行深厚而处卑位,是君主"有过",德行浅薄而处尊位,是君主"有失"。管仲又说:"君之所慎者四:一曰大德不至仁,不可以授国柄;二曰见贤不能让,不可与尊位;三曰罚避亲贵,不可使主兵;四曰不好本事,

不务地利，而轻赋敛，不可与都邑。"意思是，君主要谨慎对待四种人：一是提倡道德而不真正做到仁的人，不可以授予国家大权；二是见到贤能而不让贤的人，不可以授予尊高爵位；三是掌握刑罚而躲避亲贵的人，不可以让他统帅军队；四是不重视农业，不注重地利，而轻易课取赋税的人，不可以让他做都邑的官。

在《管子》"形势解篇"中，管仲明确提出："为主而贼，为父母而暴，为臣下而不忠，为子妇而不孝，四者人之大失也。大失在身，虽有小善，不得为贤。"意思是，作君主的，害人；作父母的，残暴；作臣下的，不忠；作子、妇的，不孝。这四项是做人的大过错。有大的过错的人，虽然有小的优点，不得称之为贤。管仲还说："为主而惠，为父母而慈，为臣下而忠，为子妇而孝，四者人之高行也。高行在身，虽有小过，不为不肖。"意思是，作君主的，惠民；作父母的，慈爱；作臣子的，忠君；作子、妇的，孝亲。这四项是做人的崇高德行。有崇高德行的人，虽然有小的过失，不算作不肖。

在《管子》"正篇"中，管仲说："立常行政，能服信乎？中和慎敬，能日新乎？正衡一静，能守慎乎？废私立公，能举人乎？临政官民，能后其身乎？能服信政，此谓正纪。能服日新，此谓行理。守慎正名，伪诈自止。举人无私，臣德威道。能后其身，上佐天子。"意思是，立法与执政，能否守信于民？保持稳重、中正、平和与谨慎恭敬，能日新其德吗？政情平稳安定，也能保持谨慎吗？废私立公，能用在荐举贤人上吗？执行政事，治理人民，能做到先人后己吗？能守信于民，这叫作端正纲纪。能日新其德，这叫作履行正理。保持谨慎，又辨正名分，虚伪奸诈之事自然可以停止。推举贤能公而忘私，其臣德将被全国称道。能做到先人后己，就可以辅佐天子了。

"举贤任能"在先秦诸子中都有重要论述，其中有很多共识，但是也有各自的独到见解。管仲认为，"举贤任能"是争夺天下的首要任务，即"争天下者，必先争人"，选择和任用贤能的数量和质量决定着在天下的位势，亦即"得天下之众者王，得其半者霸"。为了在诸侯争霸以及连绵不绝的战争中获利，管仲十分重视君主礼贤下士，亦即重用和重赏在"举贤任能"中的作用。管仲说："圣王卑礼以天下之贤而任之，均分以钓天下之众而臣之。"通过礼贤下士、重用重赏，能够让人才脱颖而出、展露风采的领导者是最有智慧的领导者。中国古代就出现过很多礼贤下士的事例，如"萧何月下追韩信""刘备三顾茅庐"

等，这些都是大家耳熟能详的。唐太宗也是礼贤下士的英明皇帝。马周出身于贫苦家庭，自幼父母双亡。马周天性聪颖，十分好学，熟读诗书，满腹经纶，然而他生性豪放，不拘小节，周围的人都瞧不起他。18 岁那年，马周曾经出仕做过一名低级文职人员，后挂冠离职，来到国都长安，投靠了中郎将常何，做他的门客。一次，唐太宗要求在朝官吏每人都要写一篇关于时政得失的文章，常何擅长舞枪弄棒，不善舞文弄墨，就请马周代劳，结果马周写出的治国之策，切中时弊，深得皇帝欣赏。唐太宗知道常何不可能写出如此精妙的文章来，常何也不冒功，借机推荐了马周。唐太宗随即命人宣马周觐见，可马周摆架子，没有和侍从一起去见皇上。唐太宗也没有生气，一连派出了四拨使者四请马周，马周被唐太宗这种礼贤下士的精神所感动来到了皇宫。唐太宗和马周谈起了时局及为政之道，马周的见解令太宗大为惊叹。马周提出的以孝治天下、使用贤才、轻徭役、节俭治国、力戒奢侈等治国之策，以"百姓苦乐"为国之兴衰的权衡标准，为贞观之治的太平盛世奠定了基础。马周多次上疏，阐述自己的政见，批评朝政的得失，提出相应的对策，常常得到唐太宗的赞赏和采纳。唐太宗对马周格外倚重，常说"我暂不见周即思之"，可见马周在唐太宗心中的位置。唐太宗还让马周兼任皇太子李治的老师，教李治为人之道和治国之策。后来马周患病多年，唐太宗曾"躬为调药"，派太子"问疾"。马周官至宰相，对贞观之治做出了不可磨灭的历史贡献。可以说，历史上有智慧的领导者，都具有目光如炬的识才用才慧眼、屈己礼贤的王者风范、容才护才的情感和胸怀。

关于贤能，管仲提出的标准是德才兼备，德能并举，"德"与"能"不可偏废。但管仲认为贤才的首要标准就是"德"，他肯定了四种德行高尚的人，即"为主而惠，为父母而慈，为臣下而忠，为子妇而孝"，对这种有高尚大德的人，管仲持宽容的态度，即"虽有小过，不为不肖"。领导没有重用这四种有德行的人，就是大过，即"夫德厚而位卑者，谓之过"。管仲也指出了四种无德之人，即"为主而贼，为父母而暴，为臣下而不忠，为子妇而不孝"，管仲对无德之人，则是零容忍，"虽有小善，不得为贤"。在用人上一票否决，即"大德不至仁，不可以授国柄"，否则就是用人上的失误，即"德薄而位尊者谓之失"。管仲还从反面对用人失误会造成的后果做出了深刻的阐述："闻贤而不举，殆；闻善而不索，殆；见能而不使，殆；亲人而不固，殆；同谋而离，殆；危人而不能，殆；废人而复起，殆。"公元前 645 年，管仲患了重病，齐桓公去探望他，询问谁可以接替相位。管仲说："国君应该是最了解臣下的。"

齐桓公欲任用鲍叔牙，管仲诚恳地说："鲍叔牙是君子，但他善恶过于分明，见人之一恶，终生不忘，这样是不可以为相的。"齐桓公问："易牙怎样？"管仲说："易牙为了讨好国君，不惜烹了自己的儿子给国君食用，没有人性，不宜为相。"齐桓公又问："开方如何？"管仲答道："卫公子开方舍弃了做千乘之国的太子的机会，屈奉于国君十五年，父亲去世都不回去奔丧，如此没有父子情谊的人，如何能真正忠心于国君？况且千乘之封地是人梦寐以求的，他放弃千乘之封地，俯就于国君，他心中所求的必定过于千乘之国。国君应该疏远这种人，更不能任用他为相了。"齐桓公又问："竖刁怎样，他宁愿自残身体来侍奉寡人，这样的人难道还会对我不忠吗？"管仲说："不爱惜自己的身体，是违反人性的，这样的人又怎么会真心忠于你呢？请国君务必疏远这三个人，宠信他们国家必乱。"管仲说罢，见齐桓公面有难色便向他推荐了为人忠厚、不耻下问、居家不忘公事的隰朋。但是隰朋在相位没多久就病逝了。齐桓公没有重视管仲的话，继续重用易牙、开方、竖刁这三位小人。三年后齐桓公病重，易牙、竖刁堵塞宫门，假传君命，不许任何人进去。有两个宫女乘人不备，越墙入宫探望齐桓公，齐桓公饿得正发慌，便让宫女去取食物。宫女忙把易牙、竖刁作乱，堵塞宫门的情况告诉了齐桓公。齐桓公仰天长叹，懊悔地说："如死者有知，我有什么脸面去见仲父？"说罢，用衣袖遮脸，活活饿死了，七十多天无人收殓，尸体腐败生蛆，惨不忍睹。齐桓公死后，还导致了齐国一场大乱。

诸葛亮在《便宜十六策》里指出："治国之道，务在举贤……若夫国危不治，民不安居，此失贤之过也。夫失贤而不危，得贤而不安，未之有也。"基于这样的认知，诸葛亮在治理蜀国时特别重视选拔德才兼备之士来"上佐天子"。他推荐董允为侍中，领虎贲中郎将，统宿卫重兵，负责宫中之事。刘禅欲增加后宫嫔妃。董允认为古时天子后妃之数不超过 12 人，今已足数，不给增加。刘禅宠爱宦官黄皓，黄皓为人奸佞，想干预政事，董允上则正色匡主，下则数责黄皓，他在时，黄皓不敢胡作非为。蒋琬入蜀，开始任于都县令。刘备前去巡视，刚好看见蒋琬饮酒醉倒，不理政事。刘备非常生气，要杀掉蒋琬。诸葛亮深知其人，告知刘备："蒋琬，社稷之器，非百里之才也。其为政以安民为本，不以修饰为先，愿主公重加察之。"刘备听诸葛亮所言，没有惩罚他。后来诸葛亮提拔蒋琬为丞相府长史，每次出征，他都足食足兵保障供给。诸葛亮经常赞蒋琬为人"忠雅"，可与他一起辅佐蜀汉大业。诸葛亮死前，秘密上表给刘禅："臣若不幸，后事宜以付琬。"诸葛亮死后，蒋琬执政，其人大公无私，胸怀广阔，能团结人。同时他能明知时势，让蜀国得以国治民安。姜维继诸葛亮复兴汉室之志，屡次北伐，虽无大胜，但魏兵也不能侵入。等到司马昭派大军伐蜀，刘禅昏庸，不听姜维派兵扼守阴平的正确建议，使邓艾得以偷渡而直捣成都。刘禅献城投降，并命令姜维也投降。姜维想假借投降的机会杀掉钟会，复兴蜀汉。最后其夙愿虽未实现，但足见其忠烈。刘备死后，刘禅昏庸之主，还能坐帝位达 40 年之久，这正是有德才兼备的诸葛亮及其后继者蒋琬、姜维辅佐的缘故。

中国有句古语："肤表或不可以论中，望貌或不可以核能。"意思就是不能依据外表来评论人的品德，不能根据相貌来判定人的才能。泰戈尔也曾经说过："你可以从外表美来评价一朵花或一只蝴蝶，但不能这样评价一个人。"更可贵的是，管仲还提出了选拔贤才的五个具体标准："能服信政""能服日新""守慎正名""举人无私""能后其身"。符合这五个标准的人，可以给予爵位，就任为官，甚至可以"上佐天子"。祁奚，字黄羊，春秋时晋国人。祁奚本晋公族献侯之后，父为高梁伯。"下宫之难"后，周简王十四年，晋悼公即位，祁奚被任为中军尉。祁奚在位约六十年，为四朝元老。他忠公体国，急公好义，誉满朝野，深受人们爱戴。祁奚请求退休，晋悼公问祁奚谁可接任，祁奚推荐自己的杀父仇人解狐。晋悼公正要立解狐，解狐却死了。晋悼公征求意见，祁奚又推举自己的儿子祁午。祁奚的副手羊舌职死了。晋悼公又问："谁可接任？"祁奚答道："其子羊舌赤适合。"晋悼公便安排祁午做中军尉，羊舌赤佐助。祁奚推举仇人，拥立儿子，都是出于公心，出于对国家大业的考虑，出于对贤能的认可。我们不妨一起来读读祈奚推荐儿子的原文："游有乡，处有所，好学而不戏。其壮也，强志而用命，守业而不淫。其冠也，和安而好敬，柔惠小物，而镇定大事，有直质而无流心，非议不变，非上不举。"可见，祈奚的儿子是符合管仲所讲的贤能标准的，知子之能而又敢于推荐，不怕别人指责成偏爱，祈奚真的是为我们提供了管仲的"举贤任能"，不避亲仇的领导智慧案例。

管仲强调考核官员的内容主要有三个方面：一是德望与其地位是否相称；二是功绩与其俸禄是否相称；三是能力与其官职是否相称。把"德、才"置于功劳之上，不因功劳而埋没人才，还应做到"不以年伤"，即选用人才不应受年龄的限制，否定论资排辈。赤壁之战前夕，曹操率大军虎视江南，东吴朝野上下一片惊慌，生死存亡之秋，孙权召集文臣武将集思广益，让他们各抒己见，自己从中听取建议，面对降曹意见占主流的情势，孙权接受鲁肃、周瑜两位年轻人的建议,举剑斩案形成决议,果敢地将一切军事大权交给年青的周瑜执掌。周瑜不负众望,同仇敌忾一举破曹。公元 222 年,刘备为报关羽被杀之仇,举兵伐吴,发动彝陵之战,全军挂孝举哀,所到之处,势如破竹,东吴危若累卵。孙权冷静分析,力排众议,听从谋士阚泽之计,大胆起用年仅 21 岁的白面书生陆逊,拜其为大都督,掌八十一州兼荆楚诸路军马,并告知诸将士"国之内孤主之,国之外,将军制之,一切先斩后奏"。陆逊不负重托,巧施奇谋,在夷陵火烧连营七百里,导致蜀兵尸骨遍野,降者无数,刘备一败涂地。这一切都是吴主孙权慧眼识贤任能,不拘一格重用的结果。

"举贤任能"就要为官择人,不能为人择官,这就要坚持德才兼备的标准,绝不能像乔太守乱点鸳鸯谱。不能大材小用,让尧舜去放羊,让老虎去捕鱼;也不能小材大用,以小瓶子装大东西,让花猫去力举千钧。"举贤任能"还要注意人才的能力发挥与环境的制约关系,因为人才能力的发挥不仅仅取决于知识和技能的智力因素,而且也受到许多诸如环境的非智力因素的影响,李逵在水里打不过张顺,但一到岸上张顺就不是李逵的对手。

作为当今西方三大管理定律之一的"帕金森定律(Parkinson's Law)",从反面论证和强调了"举贤任能"的重要性。诺斯古德·帕金森是英国的历史学家,曾在哈佛大学担任教授。1957 年,他在马来西亚一个海滨度假时,悟出了一个定律,后来发表在伦敦的《经济学家》期刊上,并以"帕金森定律"被转载传诵,一举成名。1958 年出版的《帕金森定律》一书被翻译成多国语言,在美国更是长踞畅销书排行榜榜首。帕金森定律也称为"官僚病"或"官场病"。帕金森在书中阐述了机构人员膨胀的原因及后果,一个不称职的官员,可能有三条路可以选择:一是申请退职,把位子让给能干的人;二是选一位能干的人来协助自己工作;三是任用两个水平比自己更低的人来协助自己干。然后分析这三条路中哪一条能够走得通。第一条路也就是让贤,结果会丧失许多权力,这是万万走不得的;第二条路选择那个能干的人做自己的助手,最后助手可能会成为自己的对手,这条路也不能走;那就只有选择第三条路。于是,两个平庸的助手分担了自己的工作,他们因为能力平庸而不会对自己的权力构成威胁。出于同样的心理,两个助手既然无能,他们就上行下效,再为自己找两个更加无能的助手。以此类推,就形成了一个纵容能力不足的用人机制,伴随而来的就是机构臃肿、人浮于事、相互扯皮、效率低下的领导体系。帕金森得出结论:在行政管理中,行政机构会像金字塔一样不断增多,行政人员会不断膨胀,每个人都很忙,但组织效率越来越低下。由此可见,"举贤任能"不仅是古代政治家们高度关注的问题,也是当今世界仍需面对和解决的大事。今天社会的人才选拔标准和选拔制度和过去相比已经发生了很大变化,但是,在"举贤任能"方面依然是形不同、道相似的,管仲的"举贤任能"的这些"道",无论在哪个时代都是通用的。

九、管子"各安其位"的君臣领导智慧

在《管子》"霸言篇"中,管仲说:"主尊臣卑,上威下敬,令行人服,理之至也。"意思是,做到君主尊贵臣子卑下,君主有威严臣下恭敬,能够使臣民畏服且令行禁止,才是治国理政的最高状态。管子又说:"夫权者,神圣之所资也;独明者,天下之利器也;独断者,微密之营垒也。此三者,圣人之所则也。"意思是,权谋,就像可依赖的神圣之物;独到的明智,犹如天下的利器;独到的判断,好比一座精密的营垒。这三者是圣人所要具备的。

在《管子》"七臣七主篇"中,管仲说:"权势者,人主之所独守也。故人主失守则危。"意思是,权势才是君主独揽的。君主守不住权势就危险了。

在《管子》"重令篇"中,管仲说:"何谓朝之经臣?察身能而受官,不诬于上;谨于法令以治,不阿党;竭能尽力而不尚得,犯难离患而不辞死;受禄不过其功,服位不侈其能,不以毋实虚受者,朝之经臣也"。意思是,什么叫作朝廷的"经臣"呢?按个人能力接受相应的官职,不欺骗君主;严肃执行法令管理国家,不结交和袒护私党;竭尽能力履行职责而不贪求私利;国家遭遇患难时而不惜牺牲生命;不接受超过自己功劳的禄赏,不贪恋超过自己才能的官位,无功不受禄,就是朝廷的经臣。

在《管子》"君臣上篇"中,管仲说:"是故有道之君,正其德以莅民,而不言智能聪明。智能聪明者,下之职也;所以用智能聪明者,上之道也。上之人明其道,下之人守其职,上下之分不同任,而复合为一体。"意思是,有道的君主,以自己的道德典范来统帅民众,而不强调智能和聪明。智能和聪明,是臣下的职能所在;如何去使用臣下的智能和聪明,才是君主之道。在上的君主要阐明君道,在下的大臣要谨守臣职,上下的职责划分不同,因而承担的任务是不同的,但是它们又相互合成为一体。

在《管子》"版法解"中,管仲说:"佐贤则君尊、国安、民治,无佐则

君卑、国危、民乱。"意思是，辅佐之臣贤能，则君主就有尊严，国家就安稳，人民就得治；没有贤能的人辅佐，则君主失尊，国家危难，百姓叛乱。

在《管子》"明法解"中，管仲说："人主者，擅生杀，处威势，操令行禁止之柄以御其群臣，此主道也。人臣者，处卑贱，奉主令，守本任，治分职，此臣道也。故主行臣道则乱，臣行主道则危。故上下无分，君臣共道，乱之本也。"意思是，君主，专擅生杀，具有威势，掌握令行禁止的大权来驾驭他的群臣，这就是作为君主之道。作为人臣，处在下位，奉君命行令，严守职责，治理好分内的事，这就是人臣之道。君主行臣职之道则陷于混乱，臣职行君主之道则陷于危亡。所以，上下没有分别，君道与臣道颠倒，是乱国的根本。管仲又说："明主之治也，明于分职，而督其成事。胜其任者处官，不胜其任者废免。故群臣皆竭能尽力以治其事。乱主则不然。故群臣处官位，受厚禄，莫务治国者，期于管国之重而擅其利，牧渔其民以富其家。"意思是，贤明的君主治理臣下，明确他们的职责，而监督他们完成。胜任者保留官职，不胜任者罢免官职。这样臣下都会竭尽全力来完成职责。昏庸的君主则不是这样行事的，臣下都只占据官位，接受厚禄，而没有致力于治理国家的，只期望掌握重要部门而谋取私利，统治搜刮人民以富裕自家。管仲还说："人臣之所以乘而为奸者，擅主也。臣有擅主者，则主令不得行，而下情不上通。"意思是，臣下之所以能专权行恶，是因为侵夺了君权。臣下中有侵夺君权的，君令就被阻隔，下情就不能上通。

在《管子》"小匡篇"中，管仲说："桓公能假其群臣之谋以益其智也。"意思是，齐桓公善于广纳群臣的智谋，以增益自己的智慧。

在中国历史上，君臣关系是一种最复杂的关系，一般来讲，君是主臣是次，君主尊贵臣子卑下，即"主尊臣卑"，这种尊卑最主要表现在臣子对君主的辅佐上，因为"佐贤则君尊、国安、民治，无佐则君卑、国危、民乱"。因此，君主威严发号施令，臣子敬畏令行禁止，才是治理天下的最好状态，即"上威下敬，令行人服，理之至也"。

怎样达到这种治国理政的最好状态？管仲首先强调君王必须具备独有的、至上的权力，即"权势者，人主之所独守也"，君王拥有的"独守"权力是施政的基本保障，就是"夫权者，神圣之所资也"，没有这个基本保障，国家就会出现危险，即"故人主失守则危"。管仲进一步认为圣明的君主除了应具独揽的权势，还必须具有独明和独断的品性和超人的能力，这是因为"独明者，天下之利器也；独断者，微密之营垒也"。当然管仲这里讲的独断并非刚愎自用，而是建立在群臣智慧的基础之上的明智的独断。管仲认为齐桓公就是这样的广纳群臣的意见和建议，以增加自己智慧的明君，即"桓公能假其群臣之谋以益其智也"。

能够辅佐君王达到治国理政的最好状态的大臣应该是什么样的呢？就是"经臣"。什么是"经臣"？就是审察个人能力接受相应的官职，不欺骗君主；严肃执行法令治理国家，不结交和袒护私党；竭尽能力履行职责而不贪求私利；国家患难时而不惜牺牲生命；不接受超过自己功劳的禄赏，不贪恋超过自己才能的官位，无功不领受禄赏的朝廷大臣，亦即"察身能而受官，不诬于上；谨于法令以治，不阿党；竭能尽力而不尚得，犯难离患而不辞死；受禄不过其功，服位不侈其能，不以毋实虚受者"。

怎样处理好君主与大臣的主辅关系呢？就是君尊君道，臣守臣责，也就是管仲提出的君臣之间应该"明分任职""上下之分不同任"，这就是"是故有道之君，正其德以莅民，而不言智能聪明。智能聪明者，下之职也；所以用智能聪明者，上之道也。上之人明其道，下之人守其职"，由此形成上下"复合为一体"。在这"复合为一体"的君臣之间必须分工治事，即"人主者，擅生杀，处威势，操令行禁止之柄以御其群臣，此主道也。人臣者，处卑贱，奉主令，守本任，治分职，此臣道也"。所以，管仲特别重视君臣之间权职的划分，齐桓公问管仲说："怎样才能做到治而不乱，明察是非而不受蒙蔽呢？"管仲回答说："分清责任来安排官职，就可以做到治而不乱，明而不蔽了。"这就是"明主之治也，明于分职"。君主掌握决策及生杀任免大权，不事必躬亲、不干预臣职，通过明确界定百官的职能，让他们各司其职、不侵夺君权，君主则"督其成事。胜其任者处官，不胜其任者废免"，这样"群臣皆竭能尽力以治其事"，政令才会畅通实施，才会形成君"无为"、臣"无不为"的治政良好局面。管仲从事物的反面指出"人臣之所以乘而为奸者，擅主也。臣有擅主者，则主令不得行，而下情不上通"。君臣上下没有分别，不能各司其职，混淆责任，越权干涉，是乱政乱国的根本原因，即"主行臣道则乱，臣行主道则危。故上下无分，君臣共道，乱之本也"。明朝末年著名宦官魏忠贤，入宫后，巴结大太监王安，后取而代之。他又与皇帝奶妈客氏客映月勾结，一个在内，一个在外，互相呼应，狼狈为奸，最终将朝政大权玩弄于手中。客氏在内，祸乱宫廷，残害忠义嫔妃，在宫内各处安插耳目。魏忠贤在外，勾结小人，排除异己，结党营私，陷害忠良，把持朝政。当时人称魏忠贤为"九千九百岁"，皇帝才称为"万岁"，皇太后、皇后也只能称为"千岁"，魏忠贤却被称为"九千九百岁"，他的权势可以说高于皇太后、皇后。更为严重的是，当时很多人"只知有忠贤，而不知有皇上"。可见当时国政大权早已被魏忠贤把控了，皇帝实际上已经被架空了，结果国家治理层面乱象横生。

君臣关系和其他关系比起来，是最难处理、最难把握尺度的一种关系，臣子如果处理得好，则官运亨通，处理得不好则丢官丢命，在中国的文化背景中就曾经有"伴君如伴虎"之说。这话有些偏颇，但也道出了君臣关系的复杂性。历史的经验告诉人们，君臣之间也存在着互相成就的关系，这种关系就建立在"最佳的君主"和"最佳的臣子"组合在一起的基础上。两晋十六国时期，前秦皇帝苻坚和名臣王猛就是这样一对君臣。王猛出身底层，家境贫寒，少年时他一边贩卖畚箕，一边找书来读，尤其痴迷于兵书。成年之后的王猛没有急于出仕做官，而是选择了隐居山中，观察世事，寻觅明主。他曾先后拒绝了后赵侍中徐统和东晋权臣桓温的聘请。后来在前秦大臣吕婆楼的引荐下，王猛和前秦王朝声名赫赫的苻坚见了面。两人论及天下兴废大事，观点不谋而合，苻坚自比刘备遇到了孔明。但当下的前秦帝国，立国不久，加上苻坚的前任苻生，滥杀无辜，政令不修，导致民不聊生，国内危机四伏，而国外更是形势严峻：东有慕容氏建立的前燕，西有前凉、吐谷浑，南有东晋，北则有拓跋氏建立的代国以及匈奴部落。一些地方武装势力也在觊觎权位，蠢蠢欲动。公元357年，在王猛的帮助下，苻坚一举诛灭残酷暴虐的苻生及其帮凶，自立为大秦天王，改元永兴，以王猛为中书侍郎，职掌军国机密。王猛作为一个汉族平民，初来就受到如此重用，让朝中一些老臣很不服气。其中有一个叫樊世的老臣，甚至当众羞辱王猛说："前秦的建立，没你半点功劳。现在不就是我们种田，你来吃米吗？"王猛反击说："我来不但教你种田，还要教你烧柴煮饭。"樊世嚣张地说："你等着，我早晚要把你的人头挂在城门下！"苻坚知道后勃然大怒。正巧，樊世进宫讨论事情，在苻坚面前，樊世再次跟王猛发生激烈争执。樊世跳起来，要打王猛。苻坚当即下令斩杀樊世。从此，镇住了那些讥讽王猛的文武官员。不仅如此，王猛曾经一年之内五次升迁，一度身兼六大要职：丞相、中书监、尚书令、太子太傅、司隶校尉、都督中外诸军事。王猛多次上书推让，苻坚却说："朕方混一四海，舍卿谁可委者？卿之不得辞宰相，犹朕不得辞天下也！"苻坚对王猛充分信任，让其大展身手，史书记载，"军国内外万机之务，事无巨细，莫不归之"。从公元366年到376年，十年之间，王猛经常统兵征讨，攻必克，战必胜，表现出卓越的军事才能，最终帮助苻坚灭掉前燕、前凉、代，建立起北方统一的王朝。苻坚和王猛的关系堪称历史上相互成就的完美君臣关系。

君臣相处之道，精微和博大，蕴藏着丰富的领导智慧。我们今天讲的君臣之道，当然"君"不一定是皇帝，可以泛指领导活动中各个层级的"一把手"或者有权力领导你的人；"臣"也不一定是大臣，可以泛指领导活动中各个层级的被"一把手"直接领导的副手等，或下一个层级的"一把手"。领导与下属之间的"君臣"关系，从来都是领导活动中最核心的关系，其中最具代表性的就属正职和副职的关系。正职与副职定位关系内容在"《庄子》中的领导智慧"中已有论述，在此再做些阐释。

正职在一个组织的领导成员中，处于主导的地位，对全局工作的筹划思路、重大决策的拍板定案、领导班子的考察配备、组织的协调运转等都起着关键作用。正职的领导智慧重点体现在三个方面：一是把握大局。把工作放到大局中去定位，要善于从全局高度、用长远眼光观察形势，分析问题，谋划发展，要有大目标、出大思路、抓大事情，看准拿稳的事情勇于拍板定案，自觉地在顾全大局的前提下做好本职工作，并有大作为。二是分工协力。根据组织的职责和承担的目标、任务以及副职的能力和特长，进行任务划分，分配任务给副职，使其独立化而又互相联系，体现群体功能，发挥群体优势。要使副职人人身上有目标，个个肩上有担子，从而形成全面履行组织职责，更好完成组织目标和任务的协和力。凡属其他副职或下级领导职权范围内的事，要尽可能地交由副职去办理，正职决不能越俎代庖。三是督责行事。正职要通过督促和追责，贯彻落实好组织的职责和决策意图，尽量把矛盾和问题解决在副职分管工作的范围内，同时遇到副职解决不了的困难和矛盾时主动站出来，把事情揽下来。正职还要主动同副职搞好合作，力求相互尊重不发难，相互支持不拆台，相互配合不推诿。正职也要有容人之异，成人之美，平时对副职要多鼓励、多支持、少指责，有成绩时，及时给予肯定；出了问题时，及时批评指正，并主动分担责任。

副职是组织领导成员之一，既是正职的助手，又是分管工作的领导者，所以副职要把自己的角色规范在恰当的心理位置和权力位置上，对上级要到位不越位。副职分管某一个或几个方面的工作，而这些工作是全局工作的一部分。副职对正职负责，也就是对全局工作负责。副职积极主动地支持和配合正职工作，充分行使自己的职权，尽应尽之责，有效发挥自己的作用，但不能超越自己的职权行事，该由正职决定的事，绝不自行做主；该由正职讲的话，自己就不要讲；该由正职表的态，自己就不要表态；特别是在涉及人、财、物等重大敏感问题时，更不能随便拍板。时时、事事、处处维护正职的威信地位，甘心当配角，做好正职的"左膀右臂"。副职对待下级要到位不占位。凡属下级职责范围内的工作，应放手让下属去做，让他们有职有权，不能站到下属位置上，包办代替，越级干预，要注意引导和服务，多关心、多理解、多信任、多宽容，充分调动下属的积极性、主动性和创造性。对待同级到位不挤位。副职之间是各有分工的，但相互之间难免有些工作上的交叉，副职要到位搞好协调，多尊重、多默契、多商议、多支持，促进团结。副职各自分管的工作又是相对独立的，所以不能干预、插手和挤兑其他副职的工作。

十、管子"与变随化"的时进领导智慧

在《管子》"宙合篇"中，管仲说："所贤美于圣人者，以其与变随化也……故曰：圣人参于天地。"意思是，圣人之所以被誉为贤美，是因为圣人倡导和随任事物的发展变化……所以说：圣人是参天法地的。管仲还说："凡坚解而不动，锗堤而不行，其于时必失，失则废而不济。"意思是，凡是固执一种见解而不肯"与变随化"，就像坚冰已经破除，遇到洲渚阻拦就不前行一样，这就必然丧失时机，使事业废而不立。

在《管子》"霸言篇"中，管仲指出："圣人能辅时，不能违时。知者善谋，不如当时。精时者，日少而功多。"意思是。圣贤之人都能适应形势、利用形势，而不能违背时势。智慧的人善于谋事，但不如抓住时机适应形势，因为这样可以事半而功倍。管仲又说："是以圣王务具其备，而慎守其时。以备待时，以时兴事。"意思是，圣王务求做好准备而慎守时机。以做好准备等待时机，抓住时机兴举大事。

在《管子》"禁藏篇"中，管仲说："举事而不时，力虽尽而功不成。"意思是，如果做事违时，即使耗尽全部力量，也不会取得好功效。

在《管子》"侈靡篇"中，管仲说："不方之政，不可以为国；曲静之言，

不可以为道。节时与政，与时往矣。"意思是，没有正确的方略，没有制定出与时俱进的法律政令，就不可以治国；墨守过时的理论和观念，不可以作为今天必须遵守的原则和规范；过去的方略政策、法律政令以及礼仪风俗，都随着时间的推移而陈旧落后了。管仲还说："民变而不能变，是梲之傅革，有革而不能革，不可服。"意思是，当民众的生产方式、生活方式、风俗礼仪等发生了变化的时候，执政者如果仍然抱着古制旧法不放，或者只做表面性的改革，那就像是梁柱上包上一层皮革，这就是表面的皮革而不是内里的变革，民众就不可能心悦诚服。

在《管子》"正世篇"中，管仲说："不慕古，不留今，与时变，与俗化。"意思是，不迷信和因循守旧古代，也不拘泥和陶醉于今天，而是随着时移势异而发展，随着国人风气的变化而改变。

今人常说：变是唯一不变的真理；与时俱进。其实约 2700 年前的管仲，通过对宇宙、人类的观察和审视就有了这样的认知：人类社会也像日月的运行盈亏、四时的消长变化那样，处于不断运动变化之中。在变化着的宇宙和变化着的社会当中的人，也应顺应这一规律以变应变。当然不是所有的普通人都能够掌握和运用这样的规律，只有圣人才能做到。圣人因为知道倡导和随任事物的发展变化，能够与天地相配，即"所贤美于圣人者，以其与变随化也……故曰：圣人参于天地"。管仲所讲的"与变随化"与我们今天所讲的"与时俱进"有相同的意思。智慧的人善于谋事，但不如抓住时机适应形势，只有"与变随化"，才能事半功倍，才能使事业得以发展，功名得以成就，即"圣人能辅时，不能违时。知者善谋，不如当时。精时者，日少而功多"。管仲还从反面强化了"与变随化"的观点：凡做事不合时宜，耗尽力量，也不会有功效，即"举事而不时，力虽尽而功不成"。凡事思想僵化，不能"与变随化"，就犹如破除的坚冰静止不动，遇到洲渚阻拦就停滞不前，这就会失掉机遇，使事业废而不立，亦即"凡坚解而不动，陼堤而不行，其于时必失，失则废而不济"。自管仲以后，"与变随化"这种观念在中国政治思想智慧中不断地积累丰富起来。

管仲的"与变随化"也包含着"节时与政"的智慧，意思是现行的政策法令、礼仪风俗，都要随着时间、地点、条件的变化而进行调整。中国历史上的夏、商、周三代是圣王时代。三代时期所有的典章制度、政策法令、道德礼仪，最后皆臻集于周公制作的《周官》之中，后世治国安民，都以行先王之法，即以周公所制定的法律、政令、道德、礼仪为标准规范。这些标准规范也确实在那些时代发挥过不可磨灭的作用，历史上就有"法古无过""遵先王之法而过者，未之有也"的赞誉之说。但是到了管仲所处的春秋时期，天下形势已经发生了很大变化：地方经济发展起来了，诸侯势力不断强大，互相兼并的称霸战争连绵频繁，谁想在这邦国林立的角逐中求得生存与发展，就不能完全因循先王之法，必须审时度势，对于旧有的法律政令、礼仪道德进行适时适当的调整，以通其变。不论是多么圣明与睿智的人，都只能适应形势，利用形势，而不能背离形势。正是在这种历史背景下，管仲才提出了振聋发聩的主张："不方之政，不可以为国；曲静之言，不可以为道。节时与政，与时往矣。"脱离客观现实的言论与观念，以及先王治国安民的标准规范，已不能使人进取，使国家富强。所以，一定要"与时往矣""节时与政"。后来的老子也说过含义相同的话：领导者"应时权变，见形施宜……论世立法，随时举事……与化推移。"庄子则说：古与今就像水与陆，怎么可以在陆地上行船呢？所以，"故夫三皇五帝之礼仪法度，不矜于同而矜于治……故礼仪法度者，应时而变者也"。回顾中国的千年历史，有一个不容置疑的事实：凡迎合时代潮流，"节时与政"，国家就生机勃勃，帝王会创造出令世人称颂的"盛世"，如"文景之治""贞观之治""康乾盛世"；而凡是不能审时度势，不能"与变随化"，国家就死气沉沉，就会衰败落后，如清朝晚期就处在落后挨打、受列强欺凌的灾难境地。

管仲的"与变随化"实质上也是在倡导创新精神。世界是千变万化的，没有创新，世界就不会丰富多彩；没有创新，社会就不会发展进步。创新是民族振兴、国家富强的动力。创新既要继承传统，吸收历史上有价值的成果，又不能因循在传统的层面，盲崇于古代的东西；创新要以现实为依托，借鉴成功的经验，不要停留在今天的条条框框中。纵观古今，凡是失败者，都是"先例的奴隶"，拘泥于成规而不敢创新；凡是有成者，他们无不具有创新的精神，大胆创新变革，从旧事物中开拓出新事物，从而超越别人，步入新天地，跨入新境界。朱熹有诗曰："问渠那得清如许？为有源头活水来。""与变随化"的生命力就在于"化"，"化"就是源头活水，"化"就是与变化的时势和变化的社会风气一起变化，这就是管仲讲的"不慕古，不留今，与时变，与俗化"的精神实质。

从历史上看，"慕古"表现为对先王、祖宗和先王之道的崇拜、敬仰，最普遍并具有主导性的观念就是先王之道不能稍有变更。"不慕古"就是要抓住时代性的特征，对古代的法和礼进行创新性的变革，顺从时代之变，引导时代变化。历史也证明"三代不同礼而王，五霸不同法而霸"。"不留今"就是不留恋现实的事，敢于面对和挑战现实中阻碍发展的问题，敢于进行"更法""变法"。"与时变"就是随着时间的推移而不断变化，在出现机遇时乘势发展，即"是以圣王务具其备。而慎守其时。以备待时，以时兴事"。"与俗化"就是民间的生产方式、生活方式、风俗礼仪等风气习俗发生了变化，政策、法令等也要相应进行改革，而且这种改革切忌做表面文章，表面的变化是不能服众的。所以管仲说："民变而不能变，是桡之傅革，有革而不能革，不可服。""与随变化"是历史与现实过程的统一，更是历史、现实和未来发展趋势的统一。"健儿须快马"，在科学技术日新月异的今天，世界上各个国家都在争相创新，不创新就会落伍，不创新就会滞后。我国的现实状况要求我们要想求生存，要想使我们的国家屹立于世界民族之林，就要加快创新的脚步。

管仲不仅是"不慕古，不留今，与时变，与俗化"的倡导者，而且是积极的践行者，因此受到了历代圣人和贤达的盛赞和好评。孔子曾说："微管仲，吾其被发左衽矣。"宋代大文豪苏轼评论说："古今递迁，道随时降，王霸迭兴，政由俗革。吾以为周公经制之大备，盖所以成王道之终；管子能变其常而通其穷，亦所以基伯道之始。"明代史官赵用贤也说："王者之法，莫备于周公；而善变周公之法者，莫精于管子。"

领导活动组织内部环境与组织外部环境之间不是各自独立的"孤城"，而是存在相互影响、相互作用的多重关系的系统结构，组织的外部环境变化是组织的不可控因素，但是组织外部环境的变化会造成多重系统稳定的结构变得不稳定，这就要求组织内部的环境必须"与变随化"，做出相应的调整或变革，从而使多重的系统结构由不稳定再达到新的稳定。如今我们处在一个充满变化的时代，一个组织所面对的外部环境也处在经常变化之中，作为领导者，应具有对环境的敏锐性，根据变化了的外部环境，调整内部环境，因时而变、因势而变，在变中求活，在变中求通，在变中求生生不息。

管仲的"与变随化"的思想距今已约 2700 年，但是其洞见的要义，历久弥新，更加契合以创新为主题的当代。在经济学家中，姓名能够被后世用以命名一个学派的，为数不多，美籍奥地利经济学家约瑟夫·熊彼特便是其中之一。熊彼特于 1911 年出版的《经济发展理论——对于利润、资本、信贷、利息和经济周期的考察》（简称《经济发展理论》）一书，以"创新"概念构建了一种与主流经济学迥异的经济理论。从历史上看，熊彼特第一次揭示了企业行为的动因不是企业的利润最大化目标，而是企业应对环境变化的战略意图。

熊彼特的经济理论有四个主要论点：① 创新是生产要素的重新组合。即通过产品创新、工艺创新、市场创新、资源开发利用创新、体制和管理创新，获取潜在的超额利润。② 企业家精神。企业家必须具备三个条件：要有眼光，能看到潜在的利润；要有创新和敢于冒风险的精神；要有组织能力，能动员社会资金来实现生产要素的重新组合。③ 经济由于创新而得以发展。科学技术是推动经济发展的主要机制，成功的技术创新必然引起大规模的模仿浪潮，由此导致经济高涨。当众多企业模仿同一创新时，则这一创新引起的超额利润也随之消失。但是，由于企业家在不断追求潜在超额利润动机的驱使下，他们还会发动新一轮的创新，从而形成了模仿不停，创新不止，这就是现代经济持续增长的根本原因。④ 创新是创造性毁灭。在创新过程中，一批竞争力差的企业将会被淘汰，其生产要素、人员设备和资金等被竞争力强的企业重新组合起来。每一次创新既是创造，又是毁灭，这就形成了社会结构的不断破坏、不断重建的生生不息的过程。

熊彼特在当代新的科技革命到来之前，就已经把科学技术发展所引起的创新，以及由创新引起的社会生产过程、组织方式、管理方式的变化加以系统地论述，熊彼特这种远见卓识的创新理论体现了管仲"与变随化"的思想精髓。古希腊的苏格拉底也曾经说过类似于"与变随化"的话："最有希望的成功，并不是过于出众的人，而是那些最善于利用每一时机去发掘开创的人。"我们要反对自己顽固不化又给下属思想套上镣铐的领导者，支持坚定不移地"与变随化"的领导者，只有勇于变革，推陈出新，才能不断超越。

第五章

《墨子》中的领导智慧

墨子（约公元前 476 年—公元前 390 年），姓墨，名翟，春秋末战国初期宋国（今河南商丘）人，一说鲁国（今山东滕州）人，是战国时期著名的思想家、教育家、科学家、军事家、社会活动家，墨家学派的创始人。墨子出身微贱，担任过宋国大夫。曾学"儒者之业，受孔子之术"，因"以为其礼烦扰而不悦，厚葬靡财而贫民，久服伤生而害事"，另立学说，并有《墨子》一书传世。

现存《墨子》一书，由墨子自著和弟子记述墨子言论两部分组成，宋朝多散佚。至清代编《四库全书》时，仅存五十三篇。《墨子》内容广博，反映了墨家在政治、经济、哲学、伦理、宗教、逻辑等方面的思想和观点，一度与儒家学说并称"显学"，在当时的百家争鸣中，有"非儒即墨"之称。墨子学说不仅在春秋战国之间曾经产生了广泛影响，而且在中国思想发展史上具有不可磨灭的地位和作用。

历代先贤对墨子都给予了很高的评价。

庄子对墨子的评价是："墨子真天下之好也，将求之不得也，虽枯槁不舍也。才士也夫。"

韩非子对墨子的评价是："世之显学，儒、墨也。儒之所至，孔丘也；墨之所至，墨翟也。"

班固在《答宾戏》中说："孔席不暖，墨突不黔。"就是说墨子像孔子一样为天下事终日奔劳，连将席子坐暖和将炉灶的烟囱染黑的工夫都没有。他"日夜不休，以自苦为极"，长期奔走于各诸侯国之间，宣传他的政治主张。

王安石对墨子的评价是："墨子之道，摩顶放踵以利天下。"

《墨子》中提出了一整套治国理政理论，历经几千年岁月时光，到今天仍熠熠生辉。领导者领略《墨子》之大道，让自己的领导智慧融入古人深邃的精神与精华，将有助于应对和战胜现代领导活动中的各种挑战。

一、墨子"兼爱交利"的柔性领导智慧

在《墨子》"兼爱中篇"中，墨翟说："今诸侯独知爱其国，不爱人之国，是以不惮举其国以攻人之国。今家主独知爱其家，而不爱人之家，是以不惮举其家以篡人之家。今人独知爱其身，不爱人之身，是以不惮举其身以贼人之身。是故诸侯不相爱则必野战。家主不相爱则必相篡，人与人不相爱则必相贼，君臣不相爱则不惠忠，父子不相爱则不慈孝，兄弟不相爱则不和调。"意思是，

现在的诸侯只知道爱护自己的国家，不爱护别人的国家，所以不惜举其全国之力去攻打别人的国家。现在的家族宗主只知道爱自己的家族，而不爱别人的家族，因而不惜动员其全家族之力去篡夺别人的家族。现在的人只知道爱自己的身体，而不爱别人的身体，因而毫无顾忌地以全身的力量去损害别人的身体。所以诸侯不相爱，就必然发生攻伐之战；家族宗主不相爱，就必然发生相互掠夺；人与人不相爱，就必然产生相互残害；君与臣不相爱，就必然相互不施惠，不效忠；父与子不相爱，就必然不相互慈爱、孝敬；兄与弟不相爱，就必然相互不融合，不协调。

墨翟又说："既以非之，何以易之？子墨子言曰：'以兼相爱、交相利之法易之'……有谈人，有利人，有恶人，有善人，有长人，有谋士，有勇士……是故诸侯相爱，则不野战。家主相爱，则不相篡。人与人相爱，则不相贼。君臣相爱，则惠忠。父子相爱，则慈孝。兄弟相爱，则和调。天下之人皆相爱，强不执弱，众不劫寡，富不侮贫，贵不敖贱，诈不欺愚。凡天下祸篡怨恨，可使毋起者，以相爱生也。是以仁者誉之。"意思是，既然已经认识到了不相爱会产生社会危害，那用什么去改变它呢？墨子的主张是："用人们全都相互爱护、相互给予利益的方法去改变它。"这样诸侯之间相爱，就不会发生野战；家族宗主之间相爱，就不会发生掠夺；人与人之间相爱，就不会相互残害；君臣之间相爱，就会相互施惠、效忠；父子之间相爱，就会相互慈爱、孝敬；兄弟之间相爱，就会相互融合、协调。天下的人都相爱，强大者就不会劫掠弱小者，人多者就不会凌迫人少者，富足者就不会欺侮贫困者，尊贵者就不会傲慢卑贱者，狡诈者就不会欺骗愚笨者。举凡天下的祸患、掠夺、埋怨、愤恨可以无法产生的原因，是因为相爱的产生。所以有仁心者都称赞相互爱和相互给予利益。

墨翟还说："然则兼相爱、交相利之法将奈何哉？子墨子言：'视人之国，若视其国。视人之家，若视其家。视人之身，若视其身。'"意思是，"兼相爱、交相利"的方法如何去做呢？看待别人的国家，要像看待自己的国家一样；看待别人的家庭，要像看待自己的家庭一样；看待别人的身体，要像看待自己的身体一样。墨翟最后说："夫爱人者，人亦从而爱之；利人者，人亦从而利之；恶人者，人亦从而恶之；害人者，人亦从而害之……今天下之君子，忠实欲天下之富，而恶其贫；欲天下之治，而恶其乱，当兼相爱，交相利，此圣王之法，天下之治道也，不可不务为也。"意思是，凡爱别人的，别人也必然会爱你；凡做有利于别人的事，别人也必然做有利于你的事；你憎恶别人，别人也必然憎恶你，你残害别人，别人也必然残害你……现在天下的君子，内心确实想让天下富裕而厌恶其贫困；希望治理好天下，而厌恶其混乱，那就应当互相爱护、交互得利。这是贤明君王的常法，天下的治道，必须努力去实现。

在《墨子》"兼爱下篇"中，墨翟说："然当今之时，天下之害，孰为大？曰：若大国之攻小国也，大家之乱小家也，强之劫弱，众之暴寡，诈之谋愚，贵之敖贱，此天下之害也。"意思是，然而当今的时代，天下的祸害，什么算是最大的呢？例如大国侵略小国，大家族扰乱小家族，强大者劫掠弱小者，人多的欺凌人少的，狡诈者欺骗愚笨者，尊贵者傲视卑贱者，这就是天下的最大祸害。

墨翟所处的战国时期，因诸侯、大夫互相攻伐，战争连绵不断，民不聊生，礼崩乐坏，社会充满了弱肉强食的丑恶现象，墨翟对这种丑恶现象做了描述，并认为这是天下的大害："然当今之时，天下之害，孰为大？曰：若大国之攻小国也，大家之乱小家也，强之劫弱，众之暴寡，诈之谋愚，贵之敖贱，此天下之害也。"知道了天下混乱的危害，目的是治理混乱，这就要探究这些社会丑恶现象产生的根源，犹如医生治病，必须知道病根才能对症下药一样，治理混乱，必知"乱之所自起"。墨翟对混乱的原因也做了深刻的剖析，认为这些社会的丑恶现象是因不相爱产生的，即"以不相爱生"。墨翟进一步指出："今诸侯独知爱其国，不爱人之国，是以不惮举其国以攻人之国。今家主独知爱其家，而不爱人之家，是以不惮举其家以篡人之家。今人独知爱其身，不爱人之身，是以不惮举其身以贼人之身。是故诸侯不相爱则必野战。家主不相爱则必相篡。人与人不相爱则必相贼。君臣不相爱则不惠忠，父子不相爱则不慈孝，兄弟不相爱则不和调。"

既然已经认识到了"不相爱"是社会混乱的根源，怎么救治和改变社会存在的这些问题呢？墨翟开的药方是："以兼相爱、交相利之法易之"。"兼相爱"，就是破除自我观念，放下分别心，秉持普遍平等，不分贵贱的心态，爱人如己，相亲相爱。"是故诸侯相爱，则不野战。家主相爱，则不相篡。人与人相爱，则不相贼。君臣相爱，则惠忠。父子相爱，则慈孝。兄弟相爱，则和调。天下之人皆相爱，强不执弱，众不劫寡，富不侮贫，贵不敖贱，诈不欺愚。凡天下祸篡怨恨，可使毋起者，以相爱生也。是以仁者誉之。"像这样视人若己，爱人若爱其身，就不会出现君不惠、臣不忠、父不慈、子不孝、兄不友、弟不恭的情况。如此也就不会出现国与国相攻、家与家相乱的情况，小偷强盗也没了，天下就得到治理了。

墨翟还提出了人际交往中的一个重要原则——换位原则，"视人若己"，即"视人之国，若视其国，视人之家，若视其家，视人之身，若视其身"，就是多从对方的角度考虑问题，这样可以避免误解、消除冲突。墨翟认为，做有利他人之事，并不意味着只利于他人，其实利益是相互的，因而绝不可做牺牲他人利益的事情。牺牲他人利益的同时亦将损害自己，即"夫爱人者，人亦从而爱之；利人者，人亦从而利之；恶人者，人亦从而恶之；害人者，人亦从而害之"。中国人注重维持和谐的局面，维护整体的利益，保持良好的人际关系。这是中国文化精神的一个组成部分。"交相利"就是互相给予对方利益，就是利他人、为他人。在墨翟那里，"为人"也是"人为"。只有人们各不相害，彼此相利，把个人利益建立在整体利益之中，并把两者糅和在一起，才能实现富国安民的愿望，这才是贤明君主治理天下"不可不务"的大道，亦即"今天下之君子，忠实欲天下之富，而恶其贫；欲天下之治，而恶其乱，当兼相爱，交相利，此圣王之法，天下之治道也"。墨翟将个人利益建立在整体利益之中这一思想是非常卓越的，因为离开了整体的利益，个人利益是根本无法实现的。整体利益至上，也就是国家利益至上，社会利益至上。所以，墨翟还提倡只要利于天下就愿意牺牲自己的行事精神和风格，即"杀己以存天下，是杀己以利天下"。

墨翟的最重要的"非攻"思想，也是从"兼相爱、交相利"中衍生出来的。既然是"兼相爱、交相利"，那么"攻"的理由就不复存在了，也没有存在的必要性了。当然，墨翟讲的是"非攻"而不是"非战"，作为自卫性的防御战，墨翟还是认为有必要的。墨翟本人及其门徒们都研究兵法，并有很深的造诣。墨翟一听说哪一个国家要出兵攻打另一个国家，就前去劝阻，历史上就曾经记载过他出使楚国，用智慧说服楚国大夫公输盘和楚王放弃侵略宋国的企图。如果劝阻不了，他就带着门生前往被进攻的国家帮助防守。

可见，在墨翟看来只有"兼爱交利"，社会上的一切祸患之源才能得以消除；只有"兼爱交利"，才能建立一个和谐的社会。应该说，墨翟这种"兼爱交利"的思想，是一个超高社会的理想化模式，既不符合当时封建社会等级特权思想的要求，也不符合广大社会成员的思想觉悟程度。因此，不要说在当时，就是在整个两千多年的封建社会里，墨翟"兼爱交利"的思想都没有被统治阶级采纳。今天，封建特权专制政体早已灰飞烟灭，广大社会成员的思想觉悟程度已极大提高，民本与人和的意识越来越强烈，经济基础和客观现实在呼唤也在支撑着墨翟"兼爱交利"思想的重兴和大放光芒。

墨翟"兼爱交利"的深刻含义就是人的行为要有利于人民的利益、有利于国家的利益。这正是我们今天的领导者所瞄准的方向、所遵循的最高标准、所要达到的最终目的。人民利益与国家利益具有高度的一致性，所以领导者一定要把人民的利益放在心上，始终与人民心连心、同呼吸、共命运，坚持问政于民、问需于民、问计于民，从人民的伟大实践中汲取智慧和力量，多干让人民满意的好事、实事。

墨翟的"兼相爱、交相利"思想，从领导活动讲，就是一种柔性化领导方式，这种领导方式的智慧在于它既符合人的自然性的需要，又符合社会道德法律规范，它要求组织成员在工作中通过"兼爱交利"的互动来改善人际关系，消除破坏性摩擦和冲突，在良性和和谐的环境中，使人们既能"自爱"又能"爱人"，既能"为人"又能"人为"，从而每个人的利益都能得到满足的同时，组织的根本利益也能实现。

墨翟的"兼相爱、交相利"思想，从企业管理讲，就是一种最核心、最精髓的企业文化。日本的池田大作认为"墨霍的'爱'比孔子的'爱'更为现代人所需要"。威廉·大内在"Z 理论"中所推崇的日本企业文化，其精神实质正是墨翟"兼爱交利"这一思想的再现与复活。所以企业可以根据墨翟思想塑造成功的企业文化。有了"兼相爱、交相利"的企业文化，员工就会自觉地把自己与企业结成命运共同体，企兴我兴，厂衰我耻，这对于增强企业的凝聚力具有巨大的作用。

墨翟的"兼相爱、交相利"思想也是人际交往中的重要原则——尊重、互惠的体现。人际交往中，尊重是世界上最好的礼物，因为人是最渴望为人所尊重的，当你尊重别人时，别人会用同样的方式来回敬你。互相尊重，能够让彼此的心贴得更紧。那些不尊重别人的人，常常不知不觉地把自己也一起毁灭了。尊重别人的人，生活充满甜蜜和喜悦。互惠就是互相给予好处，对双方都有利。玩过跷跷板游戏的人都懂得互惠的原则，只有双方不断轮流地压，才能交替地享受游戏的乐趣。人际交往中总会涉及利益问题，为了利益分享的多寡而争论不休甚至分道扬镳是最愚蠢的。让利无私天地宽，大家在一起"交相利"，才能在共赢作用的推动下，关系越来越紧密，享受越来越丰厚的利益。

二、墨子"尚同一义"的价值领导智慧

在《墨子》"尚同中篇"中，墨翟说："方今之时，复古之民始生，未有正长之时，盖其语曰'天下之人异义'。是以一人一义，十人十义，百人百义。其人数兹众，其所谓义者亦兹众。是以人是其义，而非人之义，故相交非也……明乎民之无正长以一同天下之义，而天下乱也。"意思是，古代上天开始生育下民，在未产生行政首领的时候，他们的说法是："天下人与人的道理都不一样。"所以一人有一种道理，十人有十种道理，百人有百种道理。人数越多，不一样的道理也就越多。每人都肯定自己的道理对，而认为别人的道理错，因而相互攻击……没有君臣上下长幼的区别，没有父子兄弟之间的礼节，造成天下大乱。

在《墨子》"尚同下篇"中，墨翟说："今天下王公大人士君子，中情将欲为仁义，求为上士，上欲中圣王之道，下欲中国家百姓之利，故当尚同之说，而不可不察尚同为政之本，而治要也。"意思是，现在天下的王公大人、士君子们，如果心中要施行仁义，追求做上士，在上要符合圣王之道，在下要符合国家百姓之利，因此，对尚同的道理不可不予以审察。尚同是施政的根本和统治的关键。墨翟还说："今此何为人上而不能治其下？为人下而不能事其上？则是上下相贼也。何故以然？则义不同也。若苟义不同者有党，上以若人为善，将赏之，若人唯使得上之赏，而辟百姓之毁，是以为善者必未可使劝，见有赏也。上以若人为暴，将罚之，若人唯使得上之罚，而怀百姓之誉，是以为暴者必未可使沮，见有罚也。故计上之赏誉不足以劝善，计其毁罚不足以沮暴。此何故以然？则义不同也。"意思是，现在居于上位的领导为什么不能治理好他的下属，居于下位的人不能侍奉他的上级？这就是上下相互残害。为什么会这样呢？就是各人的道理不同。假若道理不同的人有偏私，上位的领导认为这人是好人，将赏赐他。这人尽管得到了上面的赏赐，但百姓不会效法他却会非议他，因此，好人未必因此而得到勉励，虽然他们看到有赏赐。上位领导者认为这人行暴，将惩罚他，此人虽得到了上位领导的惩罚，却得到了百姓的称赞和亲附，因此，未必可使行暴的人停止，尽管人们看到了惩罚。所以计议上面的赏赐赞誉，不足以勉励向善，计议上面的非毁惩罚，不足以阻止暴行。何故如

此呢？原因就是各人道理不同。墨翟也指出"尚同一义"对组织建设和治理的正面功效："然计若家之所以治者，何也？唯以尚同一义为政故也……然计若国之所以治者，何也？唯能以尚同一义为政故也……然计天下之所以治者，何也？唯而以尚同一义为政故也。"意思是，然而计议一个家庭治理得好，原因何在呢？就是因为能以向上统一全家思想进行管理之故……然而计议一个国家治理得好，原因是什么呢？就是因为能以向上统一全国思想来进行治政之故……然而计议天下治理得好，原因何在呢？就在于能以向上统一天下思想来进行管理的缘故。

政治秩序的重建是春秋战国时期政治家、思想家关注的核心问题。墨翟认为，一人一义、各是其义是导致社会混乱无序、崩溃解体的根本原因，即"'天下之人异义'。是以一人一义，十人十义，百人百义。其人数兹众，其所谓义者亦兹众，是以人是其义，而非人之义，故相交非也……明乎民之无正长以一同天下之义，而天下乱也"。在墨翟看来，导致社会动荡和秩序混乱的因素是天下没有大家认同的思想和统一的意识形态。墨翟还进一步分析论证到："今此何为人上而不能治其下？为人下而不能事其上？则是上下相贼也。何故以然？则义不同也。若苟义不同者有党，上以若人为善，将赏之，若人唯使得上之赏，而辟百姓之毁，是以为善者必未可使劝，见有赏也。上以若人为暴，将罚之，若人唯使得上之罚，而怀百姓之誉，是以为暴者必未可使沮，见有罚也。故计上之赏誉不足以劝善，计其毁罚不足以沮暴。此何故以然？则义不同也。"墨翟分析天下乱而不治的原因后，提出了"尚同"的政治主张，并认为"尚同"是治理国政的根本，即"今天下王公大人士君子，中情将欲为仁义，求为上士，上欲中圣王之道，下欲中国家百姓之利，故当尚同之说，而不可不察尚同为政之本，而治要也"。墨翟以"尚同"为基点，设计了一条在国家主导和控制下，由下到上逐级贯彻最高层意志的组织系统的领导关系，以"尚同一义"，统一各级组织和组织成员的思想、行动进而形成和维护政治秩序的路径。墨翟指出"尚同一义"对组织建设和治理的正面功效："然计若家之所以治者，何也？唯以尚同一义为政故也……然计若国之所以治者，何也？唯能以尚同一义为政故也……然计天下之所以治者，何也？唯而以尚同一义为政故也。"墨翟的很多哲学理念被后世统治者所推崇，其中的"尚同一义"思想更是被历代君王奉为圭臬，影响深远。历代统治者清楚地认识到要使国家能够长期稳定和长治久安，必须使社会的各个阶层有统一的道德理念和是非评判标准，即"一同天下之义"。我们国家自汉武帝"独尊儒术，罢黜百家"以来，儒家思想基本上成为以后统治者"一同天下之义"的统一思想和行政管理的根本，两千多年来，在儒家的统一思想影响下，许多忠臣和良相才演绎出了那么多的可歌可泣的历史忠义故事，尤其是在国家动乱和改朝换代的关键时期，那些宁为玉碎，不为瓦全的一臣不事二主的忠臣，就是"一同天下之义"的儒家思想和信念的践行者。

墨翟的"尚同一义"，用今天的领导活动的语言来说，就是形成组织的共有价值观。一个组织的共有价值观具有十分重要的功能。首先，共有价值观表明组织成员在思想上达到了某种共识，这就会形成组织成员对于组织的认同感，并转化成自己的行动准则，有助于增强组织系统的凝聚力和稳定性。其次，只有建立共有价值观，才能有共同的组织意志和统一行动，产生强大的汇聚和整合效应。人的行为受思想意识支配，没有思想的统一，便不能有行动的一致。那么如何使一个领导组织形成上下的思想共识，进而产生组织整合的效应？那就是"尚同一义"，即要求整个领导组织统一服从于最高领导者的思想和意志。有了"尚同"的价值观，一个国家、一个组织或一个企业才有生命力和有发展的动力。最后，建立了共有价值观，就有了评判思想和行为好与坏的标准，组织成员也才能够据此判断事物的善恶，决定自己的态度和行为，从而对组织成员发挥激励和行为塑造的作用。虽然一个国家和组织会有法律和制度硬性地规制人们的行为，但是这种被规制的行为只是社会或组织成员的最低限行为，而且是一部分行为，至于超出法律和制度规制的大部分行为只能靠道德和价值观这些软性规则来自我规范。所以，共同的价值观对于维系组织的持续存在和自我复制是必不可少的。

价值观决定了领导者做人做事的原则，也决定了领导者在下属心中的形象。领导者具备了"尚同一义"的优秀价值观，不仅会赢得下属的仰慕和敬重，而且也会成为下属工作的风向标和行为规范。让下属潜移默化地形成同类价值取向，增加对组织的归属感，领导者也就有了把不同背景和才能的组织成员都联系到自己身边的纽带和力量，汇聚起极强的领导力。可以说，只有在组织内部建立起"尚同一义"的价值观，才能形成统一思想、统一意识、统一行动，毫无疑问，这也是提升领导力的最有效途径之一。

美国管理学家古利克为美国历届行政改革委员会提出了很多条行政组织

原则，基本上都被接受。他曾经指出："使组织成员具有同样理想，自动配合组织行动；通过层级控制系统实现行政组织的全面协调。"美国的教育心理学家马斯洛也说："人类的最高欲望就是'自我实现'，要使不为金钱物质所利诱的人对工作充满热忱的唯一方法，就是'让他们对人类的存在价值有所觉悟'。"墨翟所主张的"尚同"，最终的目的是要把一个组织及其成员的不同思想统一起来，形成共同的价值观。由此看来，古利克这两条原则以及马斯洛的见地与墨翟的"尚同"思想是一样的道理，不一样的是，在西方管理学家开始建立价值观的管理理念时，已经比东方的墨翟晚了两千多年，先贤先知先觉的智慧，不得不令东西方的所有人叹为观止。

三、墨子"兴利天下"的使命领导智慧

在《墨子》"兼爱中篇"中，墨翟说："仁人之所以为事者，必兴天下之利，除去天下之害，以此为事者也。"意思是，仁人处理事务的准则，一定是为天下兴利除害，以此准则来处理事务。

在《墨子》"兼爱下篇"中，墨翟说："仁人之事者，必务求兴天下之利，除天下之害。将以为法乎天下，利人乎即为，不利人乎即止。"意思是，仁人做事，必须讲求对天下有利，为天下除害，将以此作为天下的准则。对国家和老百姓有利的，就做；对国家和老百姓无利的，就停止。

在《墨子》"尚贤上篇"中，墨翟指出："皆欲国家之富，人民之众，刑政之治。"意思是，天下之利是指国家富裕，人口众多，政治清明。

在《墨子》"非命下篇"中，墨翟说："必使饥者得食，寒者得衣，劳者得息"和"是以老而无妻子者，有所侍养以终其寿；幼弱孤童之无父母者，有所放依以长其身。"意思是，让饥饿者得到食物，让寒冷者得到衣服，让劳动者得到休息。年老而无妻子儿女者，能够得到奉养以尽享天年；年幼弱小孤独没有父母的儿童，能够有所依靠而长大。

在《墨子》"耕柱篇"中，墨翟说："杀一人以存天下，非杀一人以利天下也。杀己以存天下，是杀己以利天下。"意思是，杀一个人来保全天下，并不是杀一个人对天下有利。杀死自己以保全天下，这才是杀死自己以有利于天下。

墨子学说的根本目的可以说就在于谋天下之大利,除天下之害。墨翟认为,能够做到"兴天下之利,除天下之害"的人,就是"仁者""仁人",即"仁人之所以为事者,必兴天下之利,除去天下之害""仁人之事者……利人乎即为,不利人乎即止"。那么何谓"天下之利"?墨翟指出:就是"国家之富,人民之众,刑政之治"。那何谓"天下之害"呢?墨翟说:"国之与国之相攻,家之与家之相篡,人之与人之相贼,君臣不惠忠,父子不慈孝,兄弟不和调,此则天下之害也。"这些"天下之害"的根源,就是从个人出发,追逐私利的行为。

这种正反的鲜明对照使人们自然明白,做君主的、做官吏的当然不能谋取一己之私利,而要谋取社会或大众之公利。在墨翟眼里,"兴天下之利"是治理国家官吏的最基本要求。君主必须以"兴利天下"为治国理政的指导思想,把国家人民的根本利益放在首位,君主"心系万民之大利",就会创造出墨翟所讲到的治理境界,即"饥者得食,寒者得衣,劳者得息"和"老而无妻子者,有所侍养以终其寿;幼弱孤童之无父母者,有所放依以长其身"。各级官吏也必须以"兴天下之利"作为使命,做到墨翟所倡导的"杀己以存天下,是杀己以利天下"。这种以牺牲自己的一切而"务求天下之利而取之"的使命感,为汉朝的董仲舒所推崇,他说:"故圣人之为天下兴利也。"也是今天我们的领导者应该大力倡导和发扬的精神。领导就是要界定组织的使命,并激励组织成员去实现这个使命。墨翟的使命领导智慧历经两千多年仍然是颠扑不破的真理。

使命感是人内在的核心动力的源泉。一个人的使命感越是强烈,那么他的主观能动性和不气馁的精神就越强烈;他的工作激情与生活热情就越强烈;他的人生责任感和职业道德感也就越强烈;他对人生意义与价值的追求感也就越强烈。反之,一个人抛弃了使命感,生命中几乎就一无所剩,就是一个可悲的"植物人",他不会真正懂得人生的意义与价值,也不会承担起做人的责任与任务。领导者必须背负"为天下兴利"的使命感,领导者的生命就是为使命而拼搏,拼搏就要历经磨难。唐代诗人唐备写过这样富有哲理的诗句:"天若无雪霜,青松不如草。"领导者必须让使命感和生命同在,不管完成使命的前方是一袭红毯,还是万丈深渊,都要奋勇向前,让人生这支蜡烛燃得光明灿烂。对使命感忠贞不渝的坚守,就是领导者的贞节牌。领导者还要把使命感传递给每一位组织成员,为成员的努力指引方向,为成员的奋斗输入永恒的"核动力",并吸引更多的优秀人才加入"为天下兴利"使命的奋斗行列。2000 年 10 月 11 日,美国德鲁克基金会主席弗朗西斯·赫塞尔本在"21 世纪管理国际研讨会"

上提出"使命管理",他指出:"一切工作都源于使命,并与使命密切相关。"一个缺失使命的组织,只知道自己"做什么""怎么做",而不知道"为什么做",那它永远也挖掘不出组织最大的潜力,永远也不能取得应有的绩效。

使命领导重在人心的领导,柔性的领导。在硬性的领导制度的基础上加入使命的因素,能够燃起领导者和被领导者的理性的火光,让领导活动更具有生机和活力。有了使命,领导活动就有了真正的含义和灵魂。"使命"是领导者内在的驱动力,能激发出一种完成"使命"的责任感和成功的强烈欲望。富有挑战性的使命能让组织成员时时记得自己的目标是什么,工作努力的方向在哪里。"使命"也是决定组织成员行为取向和行为能力的关键因素,是一切行为的出发点。把领导活动建立在使命驱动的基础上,具有强烈使命感的领导者和组织成员就不会被动地等待着工作任务的来临,而会积极地、主动地寻找目标,实现社会对组织的期望和需求;不会被动地、消极地适应工作的要求,而会积极地、主动地去创造性地开展工作;不会只为薪水和金钱而去工作,而会为自己心目中的理想和人生价值去工作。这就是对自己所负使命的忠诚和信守,这样的人生才会变得更加充实而有意义。

使命领导要和愿景领导、价值领导有机地联系起来,使命给出了存在和发展的理由,为组织注入了激情和耐心,但并没有告诉成员组织未来的愿景。人类的使命就在于自强不息地追求未来最美好的愿景。仅有使命,没有愿景的组织虽然解决了"为什么做",但并没有解决"做到什么样",不能有效地界定组织所希望达到的未来美好愿景,对一个背负着使命的人来说,不知道愿景是极其可怕的事,因为你不清晰前进的方向,工作就不会有可持续性。把使命和愿景紧密结合起来,才能长期支持组织朝既定的方向前进。组织的价值观是组织的信念和组织成员的具体行为规范,使命与共享的价值观相结合能使每一个人具有使命感,每一个人的具体行为都是实现使命的一部分,能够建立起组织成员之间的协作和互助关系,把组织成员联系在一起工作,让他们忘我地坚守,出色地完成工作,延续个体的价值,提升整体的力量,共同实现愿景。

四、墨子"非命尚力"的奋进领导智慧

在《墨子》"非命上篇"中,墨翟说:"故言必有三表,何谓三表?有本之者,有原之者,有用之者。于何本之?上本之于古者圣王之事;于何原之?

下原察百姓耳目之实；于何用之？废以为刑政，观其中国家百姓人民之利。此所谓言有三表也。然而今天下之士君子，或以命为有，盖尝尚观于圣王之事？古者桀之所乱，汤受而治之；纣之所乱，武王受而治之。此世未易，民未渝，在于桀、纣，则天下乱；在于汤、武，则天下治。岂可谓有命哉！"意思是，考察言论正确与否有三条标准，哪三条标准呢？有本原的，有推究的，有实践的。如何考察本原？要向上探求古时圣王事迹。如何推究呢？要向下考察百姓耳闻目睹的日常事实。如何实践呢？把它用作治理刑狱和政务的措施，看它是否符合国家和百姓的利益。这就是言论的"三表"。然而现在天下的士人君子，有的相信有命。为什么不看看古代圣王的事迹呢？古时候，夏桀乱国，商汤取而代之并把它治理好了；商纣乱国，周武王取而代之并把它治理好了。整个社会没变，还是这个社会，人民也没变，还是这个人民。在桀纣时则天下混乱，汤武时则天下得到治理，这怎么能说是有命呢？

墨翟又说："然则何以知命之为暴人之道？昔上世之穷民。贪于饮食，惰于从事，是以衣食之财不足，而饥寒冻馁之忧至；不知曰我罢不肖，从事不疾，必曰我命固且贫。"意思是，然而怎么知道"命"是凶暴人的道理呢？对饮食很贪婪，而懒于劳动，因此衣食财物不足，而饥寒冻饿的忧虑就来了。不知道说："我疲愈无力，劳动不快疾。"一定要说："我命里本来就要贫穷。"墨翟也说："今用执有命者之言，则上不听治，下不从事。上不听治，则刑政乱；下不从事，则财用不足；上无以供粢盛酒醴祭祀上帝鬼神，下无以降绥天下贤可之士，外无以应待诸侯之宾客，内无以食饥衣寒，将养老弱。故命上不利于天，中不利于鬼，下不利于人。而强执此者，此特凶言之所自生，而暴人之道也！"意思是，现在要听用主张"有命"的人的话，则在上位的人不听狱治国，下面的人不劳作。在上位的人不听狱治国则法律政事就要混乱，下面的人不劳作则财物日用就不充足。对上没有粢、酒来供奉上帝鬼神，对下没有东西可以安抚天下贤人士子；对外没有东西可以接待诸侯各国的来宾游客，对内则不能给饥者以食，给寒者以衣，抚养老弱。所以"命"，上对天帝不利，中对鬼神不利，下对人类不利。而顽固坚持它，则简直是一切凶恶产生的根源，是凶暴人的主张。墨翟最后说："今天下之士君子，忠实欲天下之富而恶其贫，欲天下之治而恶其乱，执有命者之言，不可不非。此天下之大害也。"意思是，现在天下的士人君子，内心想使天下富裕而怕它贫困，想使天下得到治理而怕它混乱，主张天下"有命"的人的话，不能不反对。这是天下的大害啊！

在《墨子》"非命中篇"中，墨翟说："今天下之士君子，或以命为亡。我所以知命之有与亡者，以众人耳目之情，知有与亡。有闻之，有见之，谓之有。莫之闻，莫之见，谓之亡。然胡不尝考之百姓之情？自古以及今，生民以来者，亦尝见命之物、闻命之声者乎？则未尝有也。"意思是，现在天下的士人君子，有的认为命是有的，有的认为命是没有的。我要知道命有或没有，是根据众人见闻的实情来判断。有听过它，有见过它，才叫"有"。没听过，没见过，就叫"没有"。然而为什么不试着用百姓的实际来考察呢？自古到今，自有民众以来，有曾见过命的形象，听过命的声音的人吗？根本就没有过的。

在《墨子》"非乐篇"中，墨翟说："今人固与禽兽、麋鹿、蜚鸟、贞虫异者也。今之禽兽、麋鹿、蜚鸟、贞虫，因其羽毛，以为衣裘；因其蹄蚤，以为绔屦；因其水草，以为饮食。故唯使雄不耕稼树艺，雌亦不纺绩织纴，衣食之财，固已具矣。今人与此异者也，赖其力者生，不赖其力者不生。君子不强听治，即刑政乱；贱人不强从事，即财用不足。"意思是，现在的人本来就与禽兽、麋鹿、飞鸟、爬虫不同。现在的禽兽、麋鹿、飞鸟、爬虫，以它们的羽毛作为衣裳，以它们的蹄爪作为裤子和鞋子，利用水、草为饮食物。所以，虽然让男的不耕田、种菜、植树，女的不纺纱、绩麻、织布，衣食财物本就有了。现在的人与它们不同，依赖自己的力量才能生存，不依赖自己的力量就不能生存。君子不努力听狱治国，法令政令就要混乱；百姓不努力生产，就会造成财物匮乏，满足不了需要。

在《墨子》"非命下篇"中，墨翟曰："今天下之君子之为文学、出言谈也，非将勤劳其惟舌，而利其唇吻也，中实将欲其国家邑里万民刑政者也。今也王公大人之所以蚤朝晏退，听狱治政，终朝均分而不敢怠倦者，何也？曰：彼以为强必治，不强必乱；强必宁，不强必危。故不敢怠倦。今也卿大夫之所以竭股肱之力，殚其思虑之知，内治官府，外敛关市、山林、泽梁之利，以实官府而不敢怠倦者，何也？曰：彼以为强必贵，不强必贱；强必荣，不强必辱。故不敢怠倦。今也农夫之所以蚤出暮入，强乎耕稼树艺，多聚叔粟而不敢怠倦者，何也？"曰："彼以为强必富，不强必贫；强必饱，不强必饥。故不敢怠倦。今也妇人之所以夙兴夜寐，强乎纺绩织纴，多治麻统葛绪，捆布，而不敢怠倦者，何也？"曰："彼以为强必富，不强必贫；强必暖，不强必寒。故不敢怠倦。"意思是，现在天下君子立言、写文章、发表谈话，并不是想要使其喉舌勤劳，使其口才利索，内心实在是想为了国家、邑里、万民的刑法政务。

现在的王公大人之所以要早上朝，晚退朝，听狱治政，整日分配职事而不敢倦怠，是为什么呢？就是他认为努力必能治理，不努力就会混乱；努力必能安宁，不努力就会有危险，所以不敢倦怠。现在的卿大夫之所以用尽全身的力气，绞尽脑汁，对内治理官府，对外征收关市、山林、泽梁的税，以充实官府，而不敢有丝毫倦怠，是为什么呢？就是他以为努力必能高贵，不努力就会低贱；努力必能得到荣耀，不努力就会遭人侮辱，所以不敢倦怠。现在的农民之所以早出晚归，努力从事耕种、植树、种菜，多聚豆子和粟，而不敢倦怠，为什么呢？就是他以为努力生产必能富裕，不努力生产就会贫穷；努力生产必能吃饱，不努力生产就要饥饿，所以不敢倦怠。现在的妇人之所以早起晚睡，努力纺纱、绩麻、织布，多多料理麻、丝、葛、苎麻，而不敢倦怠，为什么呢？就是她以为努力必能富裕，不努力就会贫穷；努力必能温暖，不努力就会寒冷，所以不敢懈怠。

我国古代哲学中有一种天命观认为，天是神，能够决定人类命数。这一理论在先秦时代十分流行。墨翟认为，要衡量一切言论的是与非，必须以一定的标准为根据。墨翟提出了著名的"三表法"，并运用"三表法"揭示了"有命论"的荒谬的主张，墨翟说："故言必有三表……有本之者，有原之者，有用之者。于何本之？上本之于古者圣王之事；于何原之？下原察百姓耳目之实；于何用之？废以为刑政，观其中国家百姓人民之利。此所谓言有三表也。"在墨翟看来，上表是言论之本，就是上古的圣人之言之事是立言的根本依据。在上古的圣人之言之事中是不讲"命"的，是今天的人才认为有"命"的，即"然而今天下之士君子，或以命为有"，墨翟追问道："盖尝尚观于圣王之事？古者桀之所乱，汤受而治之；纣之所乱，武王受而治之。此世未易，民未渝，在于桀、纣，则天下乱；在于汤、武，则天下治。岂可谓有命哉！"中表是言论之原，就是老百姓的耳闻目睹是言论的基本来源。"命"是看不到听不见没有具体形态的，因此，是不能肯定它的存在的。墨翟指出："今天下之士君子，或以命为亡。我所以知命之有与亡者，以众人耳目之情，知有与亡。有闻之，有见之，谓之有。莫之闻，莫之见，谓之亡。然胡不尝考之百姓之情？自古以及今，生民以来者，亦尝见命之物、闻命之声者乎？则未尝有也。"所以"命"是不存在的。下表是言论之用，就是看其是否对民众有利来判断言论的是与非。墨翟认为，从国家和民众的利害关系而言，宣扬有"命"思想，为害极大，是

"暴人之道"，即"今用执有命者之言，则上不听治，下不从事。上不听治，则刑政乱；下不从事，则财用不足；上无以供粢盛酒醴祭祀上帝鬼神，下无以降绥天下贤可之士，外无以应待诸侯之宾客，内无以食饥衣寒，将养老弱。故命上不利于天，中不利于鬼，下不利于人。而强执此者，此特凶言之所自生，而暴人之道也"。总之，墨翟以三表法为依据，通过层次清晰的逻辑分析和推理，否定了所谓"命"的存在。

墨翟不仅论证了"命"的不存在，还揭示了"有命论"的荒谬和危害，墨翟说："昔上世之穷民。贪于饮食，惰于从事，是以衣食之财不足，而饥寒冻馁之忧至；不知曰我罢不肖，从事不疾，必曰我命固且贫。""命"成为人们懒惰和开脱责任的理由，一生一世都抱着听天由命的消极混世观度日，自甘堕落。墨翟说："执有命者之言曰：'命富则富，命贫则贫；命众则众，命寡则寡；命治则治，命乱则乱；命寿则寿，命夭则夭……'"人们不管际遇的环境如何恶劣，都相信一切都是"命"注定的，便只得安于这种境遇，甚至到死都一副麻木不仁不知改变的状态。民众毫无进取心，社会没有创造的动力，社会怎么进步？所以，有"命"之说，麻痹了广大民众甚至整个国家，若一味信奉有命论，执政者不会好好处理国家事务，劳动者不会尽力从事生产，懒惰穷苦之人岂不越来越多，那么，刑政一乱，兼之财用不足，民无温饱，这个社会就会大乱，"此天下之大害也"。今天的士人君子，要想使天下富裕和天下得到治理，就必须反对"有命论"，寻求真正的治世良方。

墨翟在揭示了"有命论"的荒谬和危害的基础上，为兴天下之利，除天下之害，针锋相对地提出了"非命尚力"的主张，对于自己"尚力"的主张，也做了深刻透彻的论述。墨翟把人和其他动物进行对比研究认为，人与其他动物不同，即"今人固与禽兽、麋鹿、蜚鸟、贞虫异者也"，其他动物依靠上天的恩赐"衣食之财，固已具矣"，而人则"赖其力者生，不赖其力者不生。君子不强听治，即刑政乱；贱人不强从事，即财用不足"。墨翟的"非命论"认为，国家的兴亡，取决于统治者的治理及勤政状态；人们的贵贱贫富，决定于各自的努力强度，即"今也王公大人之所以蚤朝晏退，听狱治政，终朝均分而不敢怠倦者，何也？曰：彼以为强必治，不强必乱；强必宁，不强必危。故不敢怠倦。今也卿大夫之所以竭股肱之力，殚其思虑之知，内治官府，外敛关市、山林、泽梁之利，以实官府而不敢怠倦者，何也？曰：彼以为强必贵，不强必贱；强必荣，不强必辱。故不敢怠倦。今也农夫之所以蚤出暮入，强乎耕稼树艺，多聚叔粟而不敢怠倦者，何也？曰：彼以为强必富，不强必贫；强必饱，不强必饥。故不敢怠倦。今也妇人之所以夙兴夜寐，强乎纺绩织纴，多治麻统葛绪，捆布，而不敢怠倦者，何也？曰：彼以为强必富，不强必贫；强必暖，不强必寒。故不敢怠倦"。可见，墨翟的"非命尚力"的思想，突出政治的清明在于从政者的勤政，财富的来源在于劳动者的劳动，充分肯定了人的主观能动性，主张强力从事的积极处事态度，以代替听天由命的消极人生观。上至王公大臣卿大夫，下至村野农夫妇人，皆可通由自身努力改变现状，这些"强必治，不强必乱；强必宁，不强必危""强必贵，不强必贱；强必荣，不强必辱""强必富，不强必贫；强必暖，不强必寒"的铿锵话语，鼓励人们从"天命"的压迫下解放出来，通过勤奋努力来改变国家的命运，改变自己的命运。一个人真正寿命的长短，不是用年龄来衡量的，而是看其在人世间做了多少事，智者把时间看得像钻石一样珍贵，愚者把时间看得像泥土一样没有价值。你可以拖延时间，但生命不会给你拖延的时间。唐代诗人李商隐就有这样的警示诗句："人间桑海朝朝变，莫遣佳期更后期。"人生在世必须充分发挥良知良能干一番对人类有益的事业，以"非命尚力"的奋进精神与时日竞争，分秒必争。

自强不息就是"非命尚力"的领导智慧。墨翟的"非命尚力"就是强调真正能够决定国家命运或个人命运的，是主观的"力"。在《尚贤》中墨翟列举了舜、伊尹、傅说的例子，他们出身低贱但终究达富显贵于天下，这些例子佐证了"非命尚力"的价值，也告诫领导者后天努力才是成功的决定动力。所以，"非命尚力"的内涵是自强不息的进取精神。首先，领导者自己要有自强不息的精神。在事业上和工作中要始终有那么一种"力"，要敢于直面问题，在挑战面前要像风筝，在反力的作用下，逆风而上；在困难面前要像站立的大象，只要一息尚存，就绝不跪下。在关键时刻和危急关头豁得出去、冲得上去，绝不为退缩和失败寻找自欺欺人的借口。在正常时期和一般性工作中，不要停留在一般性号召上，而要身体力行。面对困难时，不要说是一块骨头，就是一块石头也要啃下去。在事业的可能与不可能之间起决定作用的就是决心和坚持力，领导者在工作中要像钉钉子一样，保持力度，保持韧劲，善始善终，善作善成，在生命的绝壁上读懂人生的意义，读懂工作和事业的意义。其次，要让组织成员保持自强不息的精神。墨翟讲非命，主张尚力，正是强调人要发挥主观能动性，倡导自强精神，通过不懈努力来改变自己的命运。树上的果子是甜的，可结果子的树根是苦的。我们的古人早就写下了这样的诗句："甘瓜抱苦蒂，美枣生荆棘。"领导者和所有组织成员都应把"尚力"作为做好各项工作的"规定动作"，把奋发进取的主观能动性、不坐等命运的支配变成一种"精神常态"，以积极进取的姿态，运用自身的力量，自主自立，使实效见诸"终端"，收获甜的果子。这个世界就是由"非命尚力"的奋进者创造出来的，天空中最靓丽的那道弧线也是由"非命尚力"的奋进者画出来的。

陶渊明悟到了墨翟"非命尚力"的底蕴，写出了这样的诗篇："盛年不重来，一日难再晨。及时当勉励，岁月不待人。"陶侃是陶渊明的曾祖父，《晋书》"陶侃传"记载了陶侃这样的话："大禹圣者，乃惜寸阴，至于众人，当惜分阴。"陶渊明的这首诗的宗旨就是惜阴展志，继承了祖上的遗训。陶渊明所倡导的这种"及时当勉励"的进取心是成功的敲门砖，任何人具有了这种优秀品质，就会斗志昂扬，积极向上，勇于挑战"最高峰"。这种"与时俱进"的进取心更是领导者带领团队走向成功的必备素质。西方有句谚语："成功者都是咬紧牙关让死神都害怕的人。"领导者就是要用自己的进取心展示旺盛的生命力，不管遇到什么障碍和阻力，都要咬紧牙关，不松口，不泄气，始终抱有进取心，即使面临绝境，也要尽力拼杀，做一个"让死神都害怕的人"，这才是"非命尚力"的领导精神。同时，领导者又要在组织内部营造出不断进取的氛围，让每一位组织成员都焕发出进取的活力，始终保持在"射门"的状态。你不射门，你就百分之百没有命中率。进取就是攀登高山，山路曲折盘旋，但是只要你不停止攀登的脚步，你就有希望到达光辉的顶点。进取就是超越，就是升华和突变，就像一条川流不息的江河，永远不停留在一个地方和一个阶段，始终奔涌向前，唯有如此，你才能在领导者的位置上大展宏图。

墨翟的"非命尚力"的智慧具有普世的价值。杰克·韦尔奇就把优秀的领导者应具有的能力总结为"四个字母E包围着一个字母P"。第一个"E"是积极向上的活力（Energy）。领导者秉持有所作为的精神，渴望行动，喜欢变革，总是满怀热情地开始一天的工作，同样充满热情地结束一天的辛劳，很少会在中途显露出疲态。他们从不抱怨工作的辛苦，他们也热爱和享受生活。第二个"E"是激励别人的能力（Energize）。就是让被领导者也具有一种积极向上的活力。懂得激励别人的领导者能够创造唤醒他人的斗志，鼓舞团队其他人加速行动起来，承担起看似不能完成的任务，享受战胜困难的喜悦。第三个"E"是决断力（Edge），即对复杂问题做出决断的勇气。对麻烦的是非问题可以进行讨论，但是，有决断力的领导者知道什么时候应该停止讨论，做出果断甚至是力排众议的决定，绝不做缺乏主见的"首鼠两端的老板"。第四个"E"是执行力（Execute），即落实工作任务的能力。领导者即使自己拥有积极向上的活力，懂得激励团队每一个成员，能够做出果断的决策，但要实现目标还要经历阻力、混乱，或者意外的干扰，只有具备强大的执行力，才能继续向前推进，跨越到终点。一个"P"是指激情（Passion），即对工作有一种发自内心的强烈的、真实的兴奋感。有激情的领导者血管里奔流着旺盛的生命力，有了这种燃烧不息的激情推动力，他们可以挤出生命中的每一分力气来成就任何伟大的事业。

五、墨子"尚贤使能"的人才领导智慧

在《墨子》"尚贤上篇"中，墨翟说："今者王公大人为政于国家者，皆欲国家之富，人民之众，刑政之治。然而不得富而得贫，不得众而得寡，不得治而得乱，则是本失其所欲，得其所恶，是其故何也？是在王公大人为政于国家者，不能以尚贤事能为政也。是故国有贤良之士众，则国家之治厚；贤良之士寡，则国家之治薄。故大人之务，将在于众贤而已。"意思是，当今掌握国家政权的那些王公大人，主观上都希望国家富裕，人口众多，刑法政令清明。但事与愿违，到头来他们得到的不是国家富强而是国家贫穷，不是人口增多而是人口减少，刑法政令也不是清明而是混乱，他们所希望的没有得到，却得到了他们所憎恶的，这是为什么呢？这就在于掌握国家政权的那些王公大人不能以尚贤使能的智慧来领导政务。因此，国家拥有的贤良之士众多，治理国家的力量就厚实；贤良之士稀少，治理国家的力量就薄弱。所以，王公大人的责任就在于增多贤良之士。墨翟还说："故官无常贵而民无终贱。有能则举之，无能则下之。"意思是，当官的没有永久高贵的，普通老百姓没有终身低贱的。任用官员要以德行和才能为标准，能者上庸者下。墨翟又说："譬若欲众其国之善射御之士者，必将富之，贵之，敬之，誉之，然后国之善射御之士，将可得而众也。况又有贤良之士厚乎德行，辩乎言谈，博乎道术者乎，此固国家之珍，而社稷之佐也，亦必且富之，贵之，敬之，誉之。然后国之良士，亦将可得而众也。"意思是，若想使这个国家擅长射箭和驾车的人增多，就一定要使他们富裕、使他们高贵，尊敬他们，赞誉他们。这样，国内善于射箭和驾车的人士将可以增多。何况又有贤才良士，德行厚重，言谈明辨，通晓治国方法的

贤能之士呢？这些人确实就是国家的珍宝、社稷的辅佐之臣，本来也应该使他们变得富裕、得到显贵、受到尊敬、获得赞誉。在此之后，国家的贤才良士就可以得到并且会逐渐增多。

在《墨子》"亲士篇"中，墨翟说："入国而不存其士，则亡国矣。见贤而不急，则缓其君矣。非贤无急，非士无与虑国。缓贤忘士，而能以其国存者，未曾有也。"意思是，治理国家却不关心这个国家的贤士，就要亡国了。国君见到贤明之士而不急于安排任用，那么贤明之士就会怠慢国事。没有贤明之才，就不能处理国家遇到的危机事件，没有贤明之才，就不能正确地谋虑国家大事。怠慢贤才，弃忘良士，能使国家长存的，那是从来没有过的事。墨翟还说："良弓难张，然可以及高入深；良马难乘，然可以任重致远；良才难令，然可以致君见尊。"意思是，好弓很难拉开，但却能把箭射到高处，射入深处；良马不容易驾驭，但它却能驮很重的东西，驰至远方；优秀的人才不容易唯命是从，但是能够使国君更加受人尊敬。

在《墨子》"节用篇"中，墨翟说："凡天下群百工，轮、车、鞼、鲍、陶、冶、梓匠，使各从事其所能。"意思是，天下所有的各种各样的工匠，如修车造车的、做皮革的、做陶器的、炼铁炼铜的、木匠建筑师，都能让他们从事专业并尽其所能。

在《墨子》"耕柱篇"中，墨翟说："譬若筑墙然，能筑者筑，能实壤者实壤，能欣者欣，然后墙成也。为义犹是也，能谈辩者谈辩，能说书者说书，能从事者从事，然后义事成也。"意思是，就像筑墙一样，能筑墙的人筑墙，能填土的人填土，能挖土的人挖土，这样墙才可以筑成。行义就是这样，能演说的人演说，能解释典籍的人解释典籍，能做事的人做事，这样义事就可以成功。

在《墨子》"杂守篇"中，墨翟说："有谍人，有利人，有恶人，有善人，有长人，有谋士，有勇士，有巧士，有使士，有内人者，外人者，有善人者，有善门人者，守必察其所以然者，应名乃内之。"意思是，世上有谍奸之人，有好利之徒，有不法恶人，有善良好人，有专长的人，有智谋之士，有勇敢之士，有擅长某种技艺的人，有行侠的义士，有能容人者，有不能容人者，有善于待人的人，有善于守门的人。守城主将为了守城，务必要考察他们为何具备那种品性或特长，对于名副其实的人就应该接纳使用。

墨翟与其他先秦诸子一样认为,"尚贤使能"是为政之本。墨翟先从反面指出,不"尚贤使能"的后果,即"今者王公大人为政于国家者,皆欲国家之富,人民之众,刑政之治。然而不得富而得贫,不得众而得寡,不得治而得乱,则是本失其所欲,得其所恶,是其故何也? 是在王公大人为政于国家者,不能以尚贤事能为政"。然后,墨翟又从正面阐释了"尚贤使能"与治国理政的重要关系:"国有贤良之士众,则国家之治厚;贤良之士寡,则国家之治薄。故大人之务,将在于众贤而已。"墨翟进一步强调"尚贤使能"也是国家兴亡成败的关键所在,即"入国而不存其士,则亡国矣。见贤而不急,则缓其君矣。非贤无急,非士无与虑国。缓贤忘士,而能以其国存者,未曾有也"。荀子在其《荀子》"成相篇"中说:"人主无贤,如瞽无相何伥伥。"意思是,君主没有贤才辅佐,如同盲人没有人搀扶一样无所适从。汉朝的刘向在《说苑》"尊贤篇"中也说:"夫朝无贤人,犹鸿鹄之无羽翼也,虽有千里之望,犹不能致其意之所欲至矣。"意思是,朝廷中没有贤人,君主即使有飞翔千里的远大志向和齐家治国的伟大理想,但终究不可能实现。汉朝的董仲舒在其《春秋繁露》"通国身篇"中也指出:"治身者以积精为宝,治国者以积贤为道。"以养身之本要靠积累元气,比喻治国之本要依赖众贤。就如同车子行走要靠轮子,船的行驶要依赖船桨一样,国家的发展与治理必须依赖于"尚贤使能"。历史上有作为的领导者,都是"有胆识虎龙,无私辨良才"的"尚贤使能"者。

墨翟的"尚贤使能"的思想,特别强调要破除宗法等级制度的禁锢,在更广泛的社会中选拔贤才,任用能人。当官的没有永久高贵的,普通老百姓没有终身低贱的。官员的职责在于施政,施政就要有德行、有才能,谁有德行、有才能就选拔谁当官,民可以为官;谁没有德行、没有才能就罢免谁,官可以为民。所以官未必永久是官,民亦未必终身为民。任用官员要以德行和才能为标准,能者上庸者下,即"故官无常贵而民无终贱。有能则举之,无能则下之"。崇尚"举义不避贵贱""举义不避亲疏""举义不避远近"的原则。由此看来,墨翟所谓"高贵而有智慧"的领导者,其"高贵",不在于"出身"高贵,而在于职位高贵。即使是农民、手工工人或商人,只要有才能就加以推举选拔,给予高官厚禄,委派以处理政事的重任,给予决断事理、发布命令的权力。这里,体现出一种"不拘一格降人才"的可贵思想。与此同时,墨翟还指出,如果统治者只是按照自己的喜怒哀乐、远近亲疏用人,而不以才能为标准,那就有可能出现以下尴尬的局面:把那些不能胜任百人之治者,放置在千人之治的岗位上；把那些不能胜任千人之治者，放置在万人之治的岗位上。这样，等于给那些低能者人为地抬高了十倍的身价。他们只有一分的办事能力，却十倍地给予他们官职。那么，到头来他们也只能治理十分之一，而放弃其他的十分之九了。

墨翟还强调人才要合理分工，能力要优势互补。因为人的精力有限，不可能十八般武艺样样精通，如果在十几种术业上都掌握一点皮毛，不如在一两种术业上钻得精深，俗话说得好："十个指头捉不住跳蚤。"而且人才因个性差异而在能力类型和能力水平上都会有差异，就技术工匠来讲，有修车造车的、做皮革的、做陶器的、炼铁炼铜的、木匠建筑师等，即"凡天下群百工，轮、车、鞼、匏、陶、冶、梓匠"；就品德和才干来讲，"有逸人，有利人，有恶人，有善人，有长人，有谋士，有勇士，有巧士，有使士，有内人者，外人者，有善人者，有善门人者"。在掌握人才类型的基础上，就要"使各从事其所能"，通过合理分工，按照岗能匹配的最优化组合原则将每个人都置于最适合的工作岗位上，让他们各尽所能，实现整体利益最大化，即"譬若筑墙然，能筑者筑，能实壤者实壤，能欣者欣，然后墙成也。为义犹是也，能谈辩者谈辩，能说书者说书，能从事者从事，然后义事成也"。墨翟还认为，有非凡的才能的人往往是另类之人，会有这样或那样的缺点，但是他们能负重致远，领导者要知人善任，不可轻易弃才，即"良弓难张，然可以及高入深；良马难乘，然可以任重致远；良才难令，然可以致君见尊"。墨翟特别强调，一个组织的领导者如果能够诚心诚意地对待下级领导者，尊重他们，信任他们，使用他们，就等于扩大了自己的领导能量。这完全符合现代用人原则，即"用最合适的人，而不是用最完美的人"。

如何使国家获得更多的贤才良士呢？墨翟以"善射御之士"之例，指出了路径，"譬若欲众其国之善射御之士者，必将富之，贵之，敬之，誉之，然后国之善射御之士，将可得而众也。况又有贤良之士厚乎德行，辩乎言谈，博乎道术者乎，此固国家之珍，而社稷之佐也，亦必且富之，贵之，敬之，誉之。然后国之良士，亦将可得而众也"。

一个庸碌无能的领导者是不会"尚贤使能"的，一是没有认知能力；二是没有远大抱负；三是心胸过于狭窄。陈平、韩信都是平天下的"贤能"，但项羽都没有"尚使"他们，致使他们跑到了刘邦营垒，成为消灭项羽的中坚力量。连足智多谋的范增也被陈平用离间计赶走了，所以项羽注定会落得自刎乌江的下场。

从对先秦诸子思想的研究，我们可以看到"尚贤使能"是诸子的高度共识。孔子曾经告诫鲁哀公："举直错诸枉，则民服；举枉错诸直，则民不服。"孟子也指出"尊贤使能，俊杰在位"，就能"无敌于天下"。荀子也提出"故法不能独立，类不能自行；得其人则存，失其人则亡""贵贤，仁也"。虽然他们围绕"尚贤使能"的论述角度、论述的内容有所不同，但核心思想都是在讲立国之本，在于人才；千秋基业，人才为先。墨翟"尚贤使能"的智慧也为中国历史上的有识之士所推崇，如宋朝的改革家王安石在《兴贤》中就明确指出："国以任贤使能而兴，弃贤专已而衰。"意思是，国家重视贤能的人才就兴盛，舍弃贤能的人才而独断专行就会衰亡。我们今天所从事的事业比历史上任何时期都伟大，领导活动比历史上任何时期都更加渴求人才。领导者更要从先秦诸子对"尚贤使能"的共识中开发出智慧来，在思想观念上把"人才意识"树起来，将人才工作上升至全局发展的优先位置的高度，把人才发展体制机制和政策创新作为人才工作的着力点，突破人才工作的层层瓶颈和重重障碍，着重在发现人才、关心人才、培养人才、团结人才、成就人才、服务人才、激励人才等方面下硬功夫，构建"人才码头"，吸引"人才舟船"前来停靠，汇聚更多优秀人才，进而牢牢掌握时代发展和竞争的主动权。

"尚贤使能"不光是把贤能之人招进来给予一定的岗位就行了，还要使贤人在被使用的过程中把潜能都充分发挥出来，这才是"使能"的更深层含义。这一方面要使人才的能级、能质与岗位匹配。如果让诸葛亮上阵杀敌，让张飞出谋划策，那就会一团糟。杰克·韦尔奇说："让合适的人做合适的事，远比开发一项新战略重要。"另一方面组织管理中要建立末位淘汰机制。杰克·韦尔奇的"活力曲线"就把这种"使能"的智慧演绎出来了。在《杰克·韦尔奇自传》里有个关于绩效考评的"活力曲线"方法，这种方法的基本内容就是强迫每个公司的领导对他们领导的团队进行区分。他们必须区分出：在他们的组织中，他们认为哪些人是属于最好的 20%，哪些人是属于中间的 70%，哪些人是属于最差的 10%。如果他们的管理团队有 20 个人，那么就应该知道，20%最好的四个和10%最差的两个都是谁——包括姓名、职位和薪资待遇。表现最差的员工通常都必须辞掉。韦尔奇认为，通过这种方法，"你可能会错失几个明星或者出现几次大的失策——但是你造就一支全明星团队的可能性却大大提高。这就是如何建立一个伟大组织的全部秘密。一年又一年，'区分'使得门槛越来越高并提升了整个组织的层次。这是一个动态的过程，没有人敢确信自己能永远留在最好的一群人当中，他们必须时时地向别人表明自己留在这个位置上的确是当之无愧的"。韦尔奇的"活力曲线"，说到底，就是通过竞争把"不使能"的人淘汰，让"使能"的人发挥出极限能力，从而给组织或企业带来无限活力。法国的管理学家法约尔也主张："淘汰那些不管什么原因而造成的没有能力很好完成自己工作任务的人。"

六、墨子"察其所能"的考评领导智慧

在《墨子》"尚贤上篇"中，墨翟说："故古者圣王之为政，列德而尚贤……以德就列，以官服事，以劳殿赏，量功而分禄。故官无常贵而民无终贱。有能则举之，无能则下之。举公义，辟私怨，此若言之谓也。"意思是，古时候圣王治国理政，任德重贤……根据德行安排相应职位，根据官职授权办理公务，根据功劳大小决定赏赐。衡量各人功劳而分配俸禄，所以做官的不会永远富贵，而民众也不会终身处于贫贱的地位。有才能的就会被举用，没有才能的就会遭到降职罢黜。出于公心义举，不计私仇恩怨，就是以上所说的意思。

在《墨子》"尚贤中篇"中，墨翟说："听其言，迹其行，察其所能而慎予官。"意思是，要听听一个人的言论，看看他的事迹，考察出他所具有的真实才能，然后再确定这个人是否值得任用，并谨慎地授予相应的官职。墨翟又说："若昔者三代圣王尧舜禹汤文武者是也。所以得其赏何也？曰：其为政乎天下也，兼而爱之，从而利之；又率天下之万民，以尚尊天事鬼，爱利万民。是故天、鬼赏之，立为天子，以为民父母。万民从而誉之'圣王'，至今不已。则此富贵为贤以得其赏者也。"意思是，像从前的尧、舜、禹、汤、文、武等都是圣王。他们又怎样得到赏赐呢？回答说：他们治理天下，能够爱护所有的人，并造福给百姓。又率领天下万民崇尚天帝，祀奉鬼神，爱利人民。所以天地鬼神赏赐他们，立他们为天子，做百姓的父母，百姓从而称赞他们，尊为"圣王"，至今不息。这就是富贵事贤得到上天赏赐的原因。墨翟也说："举而上之，富而贵之，以为官长。"意思是，推举提拔他，给他富贵，让他做担负更大责任的领导。墨翟还举出了反面的例子："若昔者三代暴王桀纣幽厉者是也。何以知其然也？曰：其为政乎天下也，兼而憎之，从而贼之，又率天下之民以诟天侮鬼，贼傲万民。是故天、鬼罚之，使身死而为刑戮，子孙离散，室家丧灭，绝无后世。万民从而非之曰'暴王'，至今不已。则此富贵为暴而以得其

罚者也。"意思是，像从前三代的夏桀、商纣、周厉王是暴君。怎么知道呢？回答说：他们管理政事于天下，互相仇恨和残害，又率领天下的百姓咒骂上天，侮辱鬼神，残害百姓。所以上天鬼神给他们惩罚，使他们受刑戮而死亡，子孙离散，家族妻室丧亡，没有后代，万民从而责骂他们为"暴王"，至今不绝。这就是高贵出身的人行暴遭到的惩罚。

在《墨子》"耕柱篇"中，墨翟说："言则称于汤文，行则譬于狗豨。"意思是，言谈必称扬商汤周文，行为则像猪狗一般。

在《墨子》"志士篇"中，墨翟说："观其行，顺天之意，谓之善意行；反天之意，谓之不善意行。观其言谈，顺天之意，谓之善言谈；反天之意，谓之不善言谈。观其刑政，顺天之意，谓之善刑政；反天之意，谓之不善刑政。故置此以为法，立此以为仪，将以量度天下之王公大人、卿大夫之仁与不仁，譬之犹分墨白也。"意思是，考察他们的行为，顺从天意的，就是善意行为；违反天意的，就是恶意行为。考察他们的言谈，顺从天意的，就是善的言谈，违反天意的，就是恶的言谈。观察他们的刑政，顺从天意的，就是好的刑政；违反天意的，就是不好的刑政。因此，把顺逆天意设为评判的法则，立为评判标准，用来量度天下王公大人、卿大夫的仁与不仁，就好像黑白一样顿见分晓。

在《墨子》"亲士篇"中，墨翟说："故虽有贤君，不爱无功之臣；虽有慈父，不爱无益之子。是故不胜其任而处其位，非此位之人也；不胜其爵而处其禄，非此禄之主也。"意思是，因此，即使有贤明的君主，他也不爱无功的臣子；即使有慈父，他也不爱无用的儿子。所以，凡是不能胜任其事而占据这一位置的，就一定要让他离开这个位置；凡是不胜任其爵而享受这一俸禄的，就不应当让他享有此禄。

墨翟提出的"尚贤使能"，"使能"有三层含义：其一，"使能"的前提要知其有能；其二，"使能"必须有与能力相匹配的位置；其三，"使能"就必须加强督责和考评。一本书的价值不在于它的价格，一个人是不是贤能也不在于他的自我标价。评价一个人，最有价值的依据就是看他的作为。为此，墨翟提出了一套对领导者"察其所能"的任前考察、任上监督、任后考核评比。

1. 任前考察

任前对人才的考察是一种选拔考察，其目的是考察其符不符合人才的标准，具不具备任职的能力。墨翟为任前考察提出了一个严格有序的运作模式，即不但要"听其言",还要"迹其行",更要"察其所能",然后才能"慎予官"。墨翟主张对"言则称于汤文,行则譬于狗豨"这类言美行恶、虚伪可耻的两面派人物绝不能选拔和提拔。

2. 任上监督

要考察有能力的官员在任上能不能尽其所能,完成本职工作。从一般官员的心理上讲,不愿意干上级领导提倡干的事,但是被迫也要干领导监察他干的事。因此,任上监察督责是治吏最有力的武器,是使官员"使能"的最有效手段。要让官吏在任职上"使能",发挥自己最大的才能,就要加强监察督责。墨翟认为,监察督责以"天意"为主旨,这里的"天意价值",我理解就是官员所承担的组织愿景、使命和工作职责。对在任官员,具体从三个方面展开考察:一是观其行,对其履行岗位职责的行为和业绩进行考察,即"观其行,顺天之意,谓之善行;反天之意,谓之不善行"。二是观其言谈,直接对其言谈进行考察,即"观其言谈,顺天之意,谓之善言谈;反天之意,谓之不善言谈"。三是观其刑政,对其刑法政令进行考察,即"观其刑政,顺天之意,谓之善刑政;反天之意,谓之不善刑政"。通过考察,胜任者留任或提拔任用,不胜任者调整或淘汰出局。

3. 任后考核评比

墨翟把"德行""能力""实绩"作为考评的标准,提出"以德就列,以官服事,以劳殿赏,量功而分禄"。墨翟注重考核的客观公正,要"举公义,辟私怨","故虽有贤君,不爱无功之臣;虽有慈父,不爱无益之子。是故不胜其任而处其位,非此位之人也;不胜其爵而处其禄,非此禄之主也"。

墨翟还主张根据考评的结果进行奖罚。对那些忠于职守、业绩突出者"举而上之,富而贵之,以为官长"。相反,对于在任上没有尽职尽责,或出现严重失误的领导者必须追究责任,应当"抑而废之,贫而贱之,以为徒役"。意思是,免去他的职位,使他贫贱,让他做奴仆。"故官无常贵,而民无终贱"。

墨翟还特别重视后人对领导者的评判:"若昔者三代圣王尧舜禹汤文武者是也。所以得其赏何也?曰:其为政乎天下也,兼而爱之,从而利之;又率天下之万民,以尚尊天事鬼,爱利万民。是故天、鬼赏之,立为天子,以为民父母。万民从而誉之'圣王',至今不已。则此富贵为贤以得其赏者也。"墨翟还举出了反面的例子:"若昔者三代暴王桀纣幽厉者是也。何以知其然也?曰:

其为政乎天下也，兼而憎之，从而贼之，又率天下之民以诟天侮鬼，贼傲万民。是故天、鬼罚之，使身死而为刑戮，子孙离散，室家丧灭，绝无后世。万民从而非之曰'暴王'，至今不已。则此富贵为暴而以得其罚者也。"

墨翟"察其所能"的领导考评模式，对我们今天干部考评有很好的借鉴价值。

任前考察是干部选拔任用的关键环节，考察精准，任用得当就有了基础，考察失真，任用就必然失误，或者该用的没有用，或者不该用的得到了任用，即"得人者昌，失贤者亡"。但是"知人之道，圣贤所难"。建立严密的考察标准和有效的考察方法，提升考察者的水平，善于识别那些花言巧语、沽名钓誉的人，投机取巧、不尚实干的人，弄虚作假、浮夸能力的人。对这类人一定要提高警惕，善于识别，切不可被他们的表面功夫所迷惑。任上考察是对已任用干部的深入考察，"凡操千曲而后晓声，观千剑而后识器"。任上考察主要是以在职干部的职位职责和所承担的工作任务为基本依据，全面考察在职干部的工作态度、工作方式、工作职责、工作完成度、工作业绩、工作差错率等方面的表现，进一步识别干部德、能、勤、绩、廉的"活情况""新变化"。任上考察应在体现共性要求的基础上各有侧重，分级分类设置突出工作特点和岗位职责的考察评价指标。突出考察要素或考察的重点，实现个性化考察、精准化评价，既看其任内做出的成绩，又看前任留下的基础和起点；既看"显绩"，又看基础性、长期性工作的"潜绩"；既看工作环境和条件的优劣，又看在现有基础上的作为；既看平时的工作能力，又看在重要时期、重要工作、重大事件中的决断魄力和应对能力。这种全面的考察，才能对干部的能力和业绩进行公正公平的评价。任后考核评比是防止考察流于形式的一种激励与约束机制。尊重考评结果，考察才能发挥作用、体现价值。依据考核评比结果，在类别内排出名次、分出优劣，把考评结果等次和具体指标排名情况向主管部门和领导反馈，以此奖勤罚懒、赏优罚劣，鼓励先进、鞭策落后，决定干部的升降去留，让有为者有位、无为者让位，让干得好的干部有成就感和荣誉感，也使干得不好的干部产生一定的危机感、紧迫感和压力感，从而更好地调动广大领导干部的工作积极性和创造性。

七、墨子"干镒之裘"的纳谏领导智慧

在《墨子》"亲士篇"中，墨翟说："是故为其所难者，必得其所欲焉；

未闻为其所欲，而免其所恶者也。是故逼臣伤君，谄下伤上。君必有弗弗之臣，上必有咯咯之下，分议者延延，而支苟者咯咯，焉可以长生保国。"意思是，去做艰难之事，一定可以实现自己的愿望；没听说过只做想要做的容易事，而能避免所厌恶的坏的结局。因此，辅弼大臣能大胆矫正君主的过失，谄媚的臣下只会伤害君主。君主必须有敢于提反对意见的大臣，上司必须有敢于提出批评的部下。分辨议事者争论锋起，交相儆戒者互不退让，这才不会产生阿谀奉承之风，才可以有利于国家的长治久安。墨翟又说："是故江河不恶小谷之满己也，故能大。圣人者，事无辞也，物无违也，故能为天下器。是故江河之水，非一源之水也；千镒之裘，非一狐之白也。夫恶有同方取不取而同己者乎？盖非兼王之道也。"意思是，江河不厌恶小河流汇聚而使自己满盈，所以能称得上广大。圣人勇于承担天下重任，顺应事物的天理，所以能成为治理天下的才器。因此，江河之水不止一个源流；贵重的皮衣，也绝不是撷取了一只白狐皮缝就。哪里有不采纳与自己心意不相同的人的意见，而只采纳与自己心意相同的人的意见呢？这不是兼爱天下之道！墨翟还说："乃千人之长也。其直如矢，其平如砥，不足以覆万物。是故溪陕者速涸，逝浅者速竭，境埆者其地不育。"意思是，管理千人之上的官吏，其为政若直得如一支箭，平得如磨刀石，就不能够包容万物。因此，狭窄的溪流干涸得快，浅小的河流枯竭得快，土地坚硬得长不出五谷。

在《墨子》"尚同上篇"中，墨翟云："上有过则规谏之，下有善则傍荐之……上有过弗规谏，下有善弗傍荐，下比不能上同者，此上之所罚，而百姓所毁也。"意思是，国君有过失，就应该及时规劝他，下面有贤才善事，就应当广泛地推荐给国君……国君有过失不能规谏，下面有贤才善事不能广泛地推荐给国君；与下面勾结而不与国君一致，这是国君所要惩罚的，也是百姓所要非议的。

墨翟是大力推崇向君主进谏的，即"上有过则规谏之，下有善则傍荐之"，墨翟还从反面论述了不进谏的害处，即"上有过弗规谏，下有善弗傍荐，下比不能上同者，此上之所罚，而百姓所毁也"。但进谏和纳谏是一个统一体，进谏再有智慧，君王不纳谏，进谏也达不到目的，因此，墨翟还站在君主的角度，研究了纳谏智慧。墨翟认为，作为君主必须有敢于接受批评和与自己意见相左的诤臣。研究一件事情，君主要允许大臣们提出不同的意见和建议，要创造一种广纳谏言的氛围，让各种不同意见进行激烈的交锋和争辩，然后从中做出正确的决策，这样才能保证国家的长治久安，亦即"君必有弗弗之臣，上必有诤诤之下，分议者延延，而支苟者谔谔，焉可以长生保国"。

墨翟认为，君主纳谏的智慧，集中到一点，就是君主必须有广阔的胸怀，善于容物、容人、容谏。君主承载着治理天下的重任，是一项极其艰难的事业，光想到要实现的目标，而想不到还有背离目标的障碍和问题，也就是，光想求正面的东西而不想到反面的东西，正面的东西也是得不到的。所以，墨翟说："是故为其所难者，必得其所欲焉；未闻为其所欲，而免其所恶者也。"国君允许臣子提出不同意见，进行广泛争辩，才能接受善议，才能得到民心、民智和民力的支持，才能从正反两个方面扩大君王自己的智慧和能力，即"是故江河不恶小谷之满己也，故能大。圣人者，事无辞也，物无违也，故能为天下器"。顺应事物发展的客观规律，以"江河之水"的力量，"千镒之裘"的智慧去解决实际问题。那些心胸偏狭的君主"恶有同方取不取而同己者"，这样做"盖非兼王之道也"。就是因为缺乏包容，结果就犹如狭窄的溪流、浅小的河流很快就会干涸枯竭，又像贫瘠的土地长不出五谷，亦即"是故溪陕者速涸，逝浅者速竭，墝埆者其地不育"。

荀子在《荀子》"臣道篇"中说："故谏争辅拂之人，社稷之臣也，国君之宝也，明君之所尊厚也，而暗主惑君以为己贼也。"在《荀子》"子道篇"中，他又说："昔万乘之国有争臣四人，则封疆不削；千乘之国有争臣三人，则社稷不危。"这两句话的大意是，能为国家、为民生向君主犯颜直谏的大臣，是国家的至宝忠臣，贤明的君主会厚待他们，而昏庸的君主则会把他们看成乱臣贼子。而君主只有让敢谏而能谏的忠臣知无不言，言无不尽，以匡己过，才能避免江山社稷倾危之祸。唐太宗李世民即位时，唐朝虽已建立十年，但社会秩序不稳、经济凋敝。唐太宗即位后社会经济迅速得到了恢复和发展，政治比较清明，社会秩序相对稳定，还创造了辉煌的"贞观之治"的盛世。这在很大程度上取决于唐太宗在贞观前期和中期的善于纳谏。唐太宗曾说过：我少年时就喜爱弓箭，后来我用弓箭定天下，还不能真正懂得弓箭的好坏；何况天下的事务，我怎么能都懂得？如果臣下对自己隐恶扬善，一味顺从、奉承，"则国之危亡，可立而待也"。正因为有了这样清醒的认知，唐太宗告诫下属："君有违失，臣须极言。"并且广开言路，诚心纳谏。贞观四年唐太宗想大兴土木，兴建洛阳乾阳殿。给事中张玄素说，在国家元气尚在恢复的时候，您这样做的过失比隋炀帝还大，甚至会得到同桀、纣一样的下场。唐太宗面对如此尖刻的谏言，不仅没有发怒，还采纳了意见，下令缓建，并重赏了张玄素。又有一次，唐太宗对一名伪造资历的人非常恼火，要判处他死刑。大理寺少卿戴胄坚决反对，认为依法应判处流放。唐太宗受到顶撞，更加生气，戴胄仍然据理力争，说：法令是国家取信于天下的凭借，皇帝不能因一时愤怒而杀人。唐太宗折服了，称赞戴胄是能秉公执法大臣。魏征更是常常"犯颜直谏"，与唐太宗面谏廷争，引起唐太宗的盛怒，他也毫不退让，让唐太宗下不了台。事后唐太宗能认识到，魏征极力进谏是为了使自己避免过失，因而先后接纳了魏征二百多次批评规劝。唐太宗还把魏征比作可以纠正自己过失的一面镜子。魏征病死时，唐太宗非常痛苦地说："以铜为镜，可以正衣冠；以史为镜，可以知兴替；以人为镜，可以明得失……今魏征殂逝，遂亡一镜矣！"由于唐太宗鼓励进谏，而且愿意纳谏，所以当时的朝臣一般都直言敢谏。

古代纳谏是专指君王或者皇帝接受臣下的规劝或进言。今天我们应该赋予"纳谏"更广泛的意义，就是各级领导者接受下属的规劝、批评和反对意见。领导者要做到善于纳谏，第一，领导者应当具备纳谏的良好态度和行为，欢迎下属直言争论。宋朝的苏轼在其《讲田友直字序》中就说："千夫诺诺，不如一士之谔谔。"意思是，一般人表示顺从不违，不如有识见的人直言争论。一个领导者从别人的争论中所得来的智慧，比从他自己的理解力、判断力中所得出的智慧更深刻、更有价值。第二，接受别人的意见要像流水那样自然。清代政治家、文学家魏源在其《默觚》"治篇"中说："君子受言以达聪明。"意思是，君子接受别人的意见就会使自己变得聪明起来。虚怀若谷，善纳雅言，可以称为富有才智的聪明领导者；而自以为是，闭目塞听，只能成为孤陋寡闻的平庸领导者。第三，勇于接受直言不讳的批评。领导者不要只接受赞扬，更应该去接受批评。领导者的许多正确的东西都是从大量的批评中得出来的，所以领导者要感谢批评者，哪怕是过激的批评。第四，领导者的纳谏也不要忽视最底层草根人士的规劝或进言。《诗经》上就有"先民有言，询于刍荛"。意思是，古代贤人还要向割草打柴的人请教。领导者要经常走出庙堂，走到草野和江湖中去听取民间意见和建议，并最有效地利用他们提出的意见和建议来指导和改进工作。

八、墨子"上下通情"的情报领导智慧

在《墨子》"尚同中篇"中，墨翟说："上有隐事遗利，下得而利之；下

有蓄怨积害，上得而除之。是以数千里之外，有为善者，其室人未遍知，乡里未遍闻，天子得而赏之……有为不善者……天子得而罚之。是以举天下之人，皆恐惧振动惕栗，不敢为淫暴，曰：'天子之视听也神！'先王之言曰：'非神也。夫唯能使人之耳目助己视听，使人之吻助己言谈，使人之心助己思虑，使人之股助己动作。'助之视听者众，则其所闻见者远矣；助之言谈者众，则其德音之所抚循者博矣，助之思虑者众，则其谈谋度速得矣；助之动作者众，即其举事速成矣。"意思是，上级有隐微的事或被遗忘没有办好的事，下级能及时想到并会去办妥。下边积蓄起来的怨恨与祸患，上级能及时了解并加以排解铲除。所以数千里之外，有做好事的人，他的家人还未完全知道，乡里也没有完全听说，天子就已经得知并给予嘉奖了……有做坏事的人……天子就先于家人和乡里得知并给予惩罚了。因此，天下人都恐惧、震动与谨慎，不敢做淫荡、暴乱的事，都说天子的视觉与听觉如同神灵一样。先王说，并不是神啊，只是能使别人的耳目帮助自己看和听，使别人的嘴巴帮助自己讲话，使别人的心灵帮助自己思考谋划，使别人的手脚帮助自己干活。帮助自己视听的人多了，那么看到听到的就广远；帮助自己谈论的人多了，那么其善言安抚的范围就广泛了；帮助自己思考和谋划的人多了，那么他就会迅速获得谋略、计划；帮助自己行动的人多了，那么他办事就会早日成功。

在《墨子》"尚同下篇"中，墨翟说："知者之事，必计国家百姓所以治者而为之，必计国家百姓之所以乱者而辟之。然计国家百姓之所以治者，何也？上之为政，得下之情则治，不得下之情则乱。"意思是，智慧的人做事，一定要考虑能使国家百姓得到治理才去做，也一定要考虑要引起国家百姓混乱就不去做。然而考虑国家百姓因之治理的原因是什么呢？在上位者就要了解下层的真实情况，能得到下面的真实情况，制定的政策措施就会有针对性，社会就能治理好；得不到下面的真实情况，盲目制定政策措施，就会引起社会混乱。墨翟又说："然计得下之情，将奈何可？""是故选择贤者，立为天子。天子以其知力为未足独治天下，是以选择其次，立为三公。三公又以其知力为未足独左右天子也，是以分国建诸侯。诸侯又以其知力为未足独治其四境之内也，是以选择其次，立为卿之宰。卿之宰又以其知力为未足独左右其君也，是以选择其次，立而为乡长、家君。是故古者天子之立三公、诸侯、卿之宰、乡长、家君，非特富贵游佚而择之也，将使助治乱刑政也。故古者建国设都，乃立后王君公，奉以卿士师长，此非欲用说也，唯辩而使助治天明也。"意思是，然而通过怎样的办法才可以充分获知下面的实情呢？因此就选择贤人立为天子。天子认为他的智慧能力不足单独治理天下，所以选择次于他的贤人立为三公。三公又认为自己的智慧能力不足独自辅佐天子，所以分封建立诸侯；诸侯又考虑自己的智慧能力不足以单独治理国家，因此又选择次于他的贤人，立为卿与宰；卿、宰又认为自己的智慧能力不足以单独辅佐他的诸侯国君，因此选择次于他的贤人，立为乡长、家君。所以古时天子设立三公、诸侯、卿、宰、乡长，家君，不只是想让他们富贵游乐而选择他们，而是将让他们帮助治理国政。所以古时建国立都，就设立了帝王君主，又辅佐以卿士师长，这不是想选用自己喜欢的人，而是让他们分授职责，共同担当治理天下的工作。

掌握和运用情报是人类特有的一种社会现象，在社会发展的过程中，在社会生活的各个领域，特别是在社会治理方面起着十分重要的作用，人们称它是"巩固社会的粘结剂"。情报的内容、情报交流的形式和社会对情报的依赖程度与社会的经济、政治、文化、教育发展状况有着密切的关系。

墨翟认为，"上下通情"是社会治理的重要措施，即"知者之事，必计国家百姓所以治者而为之，必计国家百姓之所以乱者而辟之。然计国家百姓之所以治者，何也？上之为政，得下之情则治，不得下之情则乱"。

情报和信息的收集和传递是有一定渠道的。情报的获得既不靠鬼神，又不靠占卜，"必取于人"（孙子语）。墨翟认为，建立天子、大臣、民间信息互相畅通的行动网络是上下通情的重要渠道，即"是故选择贤者，立为天子。天子以其知力为未足独治天下，是以选择其次，立为三公。三公又以其知力为未足独左右天子也，是以分国建诸侯。诸侯又以其知力为未足独治其四境之内也，是以选择其次，立为卿之宰。卿之宰又以其知力为未足独左右其君也，是以选择其次，立而为乡长、家君。是故古者天子之立三公、诸侯、卿之宰、乡长、家君，非特富贵游侠而择之也，将使助治乱刑政也。故古者建国设都，乃立后王君公，奉以卿士师长，此非欲用说也，唯辩而使助治天明也"。有了这种"上下通情"的信息行动网络，治国理政的成效就会得到提升。

墨翟强调，尚同并非君主专制，而是要"上下同义"，这就必须建立在"上下通情"的基础上，这样就能"上有隐事遗利，下得而利之；下有蓄怨积害，上得而除之"。而且有了畅通的"上下通情"的渠道，君王会依据得到的准确情报做出赏罚决定，充分体现赏罚手段在治理天下的作用，即"是以数千里之外，有为善者，其室人未遍知，乡里未遍闻，天子得而赏之……有为不善者……天子得而罚之。是以举天下之人，皆恐惧振动惕栗，不敢为淫暴"。一般人认为"天子之视听也神"，其实不然，就是因为君王有了这种"上下通情"的情报系统，而"使人之耳目助己视听，使人之吻助己言谈，使人之心助己思虑，使人之股助己动作"，这样的结果就会倍增君王对情报的掌握程度，即"助之视听者众，则其所闻见者远矣；助之言谈者众，则其德音之所抚循者博矣，助之思虑者众，则其谈谋度速得矣；助之动作者众，即其举事速成矣"。

情报与领导活动几乎有着同样的悠久发展史，情报是领导决策的耳目和枢纽，是领导者一切想法和行动的基础。从领导活动的过程上讲，情报与决策是一个"知"和"谋"的逻辑顺序关系。对情报的掌握是一个"知"的过程，领导决策是一个由"知"而"谋"的过程。所有的领导决策必须以"知"为前提，没有足够的情报，决策就缺乏科学的基础和依据，就会降低决策的客观性，而不利于理性决策。没有决策的"谋"，"知"也就失去了意义和价值，所以，二者之间具有形影相随的不可割裂的关系。信息反馈可以强化领导者的深度思考，把决策思维推至最高点，了解决策的执行情况和决策的应然与实然的偏差量，根据信息反馈进行追踪与调整。21世纪是一个资讯化的时代，情报已经成为战略资产，谁掌握的情报越多，谁就越具有支配的力量。联合国教科文组织在《探索未来》一书中指出："情报正在成为将起主要作用的关键资源，甚至比能源更具有决定性意义。"所以，建立和健全情报的洞察、收集、加工、提炼、传递系统，及时、准确、适用地得到各种情报，并以分析和研究的方法加以甄别、筛选，"收敛"到决策目标上来。这是领导决策科学化的重要条件，也是领导活动成功的重要标志。只有情报依据充分、准确，决策的基础才坚实，决策的成功概率越大进而领导活动的成功概率也就越大。

墨翟"上下通情"的情报智慧影响深远，西方现代决策理论的创始人，美国行政学家、经济组织决策管理学家、经济学家赫伯特·西蒙（Herbert Alexander Simon），吸收了系统理论、行为科学、运筹学和计算机科学等学科的研究成果，在20世纪70年代创设了该理论。赫伯特·西蒙高度重视情报在决策中的重要作用。他指出："一个决策过程大致包括四种活动：情报活动、执行活动、设计活动和选择活动。一般是情报活动在先，设计次之，选择居后，每一个步骤本身又都是一个复杂的整体决策程序，都有一些次要的问题，而每一个次要问题又都有本身的情报、设计和选择活动。"西蒙等人还把决策的制定划分为四个主要阶段：① 找出制定决策的根据，即收集情报；② 找到可能的行动方案；③ 在诸行动方案中进行抉择，即根据当时的情况和对未来发展的预测，从各个备择方案中选定一个方案；④ 对已选择的方案及其实施进行评价。决策过程中的最后一步，对于保证所选定方案的可行性和顺利实施而言，又是关键的一步。经过综合概括，发现在这四个阶段中，公司经理及其职员们用很大部分工作时间来调查经济、技术、政治和社会形势，来判别需要采取新行动的新情况。显而易见，从决策制定的这四个阶段中，"情报"是前提和基础，并贯穿于决策四个阶段的始终。

九、墨子"有备无患"的防患领导智慧

在《墨子》"七患篇"中，墨翟说："国有七患。七患者何？城郭沟池不可守而治宫室，一患也；边国至境，四邻莫救，二患也；先尽民力无用之功，赏赐无能之人，民力尽于无用，财宝虚于待客，三患也；仕者持禄，游者爱佼，君修法讨臣，臣慑而不敢拂，四患也；君自以为圣智而不问事，自以为安强而无守备，四邻谋之不知戒，五患也；所信者不忠，所忠者不信，六患也；畜种菽粟不足以食之，大臣不足以事之，赏赐不能喜，诛罚不能威，七患也。"意思是，国家有七种祸患。这七种祸患的具体内容是什么呢？内外城墙和池壕沟破败不能守御而去大兴修造宫庭王室，这是第一种祸患；敌国的军队到达边境，四面邻国不加相救，这是第二种祸患；先把民力白白用在没有功效的事情上，赏赐没有才能的人，民力因此而耗尽，财宝因款待宾客而空虚无存，这是第三种祸患；官吏只求保持禄位，游学未仕的人只顾结交朋友，国君修订法律以诛戮臣下，臣下畏惧而不敢争辩劝谏，这是第四种祸患；国君自以为神圣聪慧，而不过问国家大事，自以为国家巩固强盛而不设防，四面邻国在图谋侵犯而不知道戒备，这是第五种祸患；所信任的人并不忠于国君，而忠于国君的人反不被信任，这是第六种祸患；家畜和粮食不足以食用，大臣对于国事不胜任，赏赐不当不能使人心服，惩罚不当又不能使人惧怕，这是第七种祸患。

接下来，墨翟又说："以七患居国，必无社稷；以七患守城，敌至国倾。七患之所当，国必有殃。"意思是，治国理政如果存在这七种祸患，一定会亡国；守都城若存在这七种祸患，敌兵压境国都一定沦陷。哪个国家存有这七种祸患，哪个国家必有灾殃。墨翟又说："凡五谷者，民之所仰也，君之所以为

养也。故民无仰，则君无养；民无食，则不可事。故食不可不务也，地不可不力也，用不可不节也。五谷尽收，则五味尽御于主，不尽收则不尽御。"意思是，大凡五谷是老百姓赖以生存的物质，也是国君用以养活自己和民众的东西。所以如果民众失去依赖，国君也就失去供养；民众一旦吃不上饭，国君就无法使唤百姓做事了。所以粮食不能不加紧生产，田地不能不下力气耕种，财物不可不节制使用。五谷全部丰收，国君就可兼进五味，五谷若欠收，国君就不能尽情享用了。墨翟也说："故仓无备粟，不可以待凶饥；库无备兵，虽有义不能征无义；城郭不备全，不可以自守；心无备虑，不可以应卒。"意思是，仓库里没有储备足用的粮食，就不可能应对灾年的饥荒；仓库中没有完备的武器，即使是正义之师，也不能去讨伐不义之敌；内外城池若不整修牢固，不可以自行防守；思想上没有充分考虑应对事变的策略和方法，就不能应付突然变故。墨翟还说："夫桀无待汤之备，故放；纣无待武之备，故杀。桀纣贵为天子，富有天下，然而皆灭亡于百里之君者，何也？有富贵而不为备也。故备者，国之重也。食者，国之宝也；兵者，国之爪也；城者，所以自守也；此三者，国之具也。"意思是，夏桀没有防御商汤的思想准备，故而被商汤放逐；商纣王没有防御周武王的思想准备，故而被杀。夏桀和商纣虽然高居天子之位，富有天下，却都被方圆百里的小国君主所灭，为什么呢？是因为他们虽然富贵，却不做好戒备。因此，做好戒备，是国家重中之重的事情。粮食是国家之宝，兵器是国家之爪，城郭是自我守卫之物，这三件东西都是国家存在和巩固的工具。墨翟最后说："国无三年之食者，国非其国也；家无三年之食者，子非其子也。此之谓国备。"意思是，国库里没有储备够三年的粮食，国家就不成其为这一君主的国家了；家庭若没有储备够三年的粮食，子女就不成其为这一家的子女了。这就是我们所说的国家的根本储备。

墨翟是社会底层群体的代表，他的很多文章都突出"民本"思想，但是始终强调一个"民"字，未必会被国君接受，不被国君接受的"民本"思想也只能是纸上谈兵，所以，墨翟这次先来个国之七患，指出国家存在这七种祸患就会乱，就会亡国。墨翟说："国有七患。七患者何？城郭沟池不可守而治宫室，一患也；边国至境，四邻莫救，二患也；先尽民力无用之功，赏赐无能之人，民力尽于无用，财宝虚于待客，三患也；仕者持禄，游者爱佼，君修法讨臣，臣慑而不敢拂，四患也；君自以为圣智而不问事，自以为安强而无守备，四邻谋之不知戒，五患也；所信者不忠，所忠者不信，六患也；畜种菽粟不足以食之，大臣不足以事之，赏赐不能喜，诛罚不能威，七患也。"接下来，墨翟又指出了这七种祸患给国家造成的后果："以七患居国，必无社稷；以七患守城，敌至国倾。七患之所当，国必有殃。" 表面上看来是为国君忧患，实际上在提出解决七患问题的对策上非常巧妙地把"民本"思想带了进来。要解决七患的问题，首先要解决财力问题。因为在当时，温饱是民生最根本的问题。解决了根本问题，才有精力去解决其他的问题。从种庄稼入手，粮食丰收了，从百姓到君主，从小家到国家，都会有好日子过，也就是"凡五谷者，民之所仰也，君之所以为养也。故民无仰，则君无养；民无食，则不可事。故食不可不务也，地不可不力也，用不可不节也。五谷尽收，则五味尽御于主，不尽收则不尽御"。

墨翟虽然讲的是国之七患，但是讲的主要的思想内容其实是"有备无患"，墨翟用历史的实例阐发了自己"有备"是国家重中之重的观点，即"夫桀无待汤之备，故放；纣无待武之备，故杀。桀纣贵为天子，富有天下，然而皆灭亡于百里之君者，何也？有富贵而不为备也。故备者，国之重也"。所以墨翟特别强调平时就要对可能突发的变故准备应对的策略和方法。这样，在事变发生时才不至于慌张，才能避免忙中出错，即"仓无备粟，不可以待凶饥；库无备兵，虽有义不能征无义；城郭不备全，不可以自守；心无备虑，不可以应卒"。居安思危，无事之时备有事，丰年之时备灾年。不打无准备之仗，因为战争是实力的搏杀，没有储备的实力作后盾，仅凭正义是无法战胜强大的敌人的。墨翟最后引用《周书》上的话表达了"有备"的核心观点，即"国无三年之食者，国非其国也；家无三年之食者，子非其子也。此之谓国备"。

总结墨翟的以上思想，就是突出一个"备"字，即"有备""国备"。虽有七患，有"备"则可以无患。"备"不是一个点，而是由无数个点组成的不间断的直线。这个"备"，首先是物质上的"备"，如粮食储备、财力储备、兵器储备这些国家生存的物质基础；其次是心备，就是要在心理上、思想上牢固地树立起忧患意识，及时警觉和发现各种"患"的苗头和发展态势，未雨绸缪，防范在先。否则"心无备虑"，当祸患发展到一定程度，就会惊慌失措，"不可以应卒"。所以，"备"最主要的就是思想上的"备"，就是要居安思危。春秋时期，宋、齐、晋、卫等十二国联合围攻郑国，郑国面对即将到来的祸难只能向晋求和，晋国同意，其余十一国因此就停止了进攻。郑国为了答谢晋国，赠送给晋国许多兵车、乐器、乐师和歌女。晋悼公把歌女的一半分赠给功臣魏绛，并对他说："你这几年为我出谋划策，事情办得很成功，现在让咱们一起来享受这些东西吧！"魏绛却不肯接受，劝晋悼公说："现在您能号召和统率许多国家，这是您的威仪，也是大臣齐心合力的结果，我并没有什么功劳，怎能无功受禄呢？但是，我想您在享受快乐的时候，能够想到国家还存在哪些危险的事情。《尚书》上说：安居的时候，应该想到可能发生的危险，如此才会预先准备，有准备才可避免失败和灾祸的发生。"

古人在讲到安国治邦的策略时，总结出了蕴含着历史的经验，凝聚着血与泪的教训的一句话："安而不忘危，存而不忘亡，治而不忘乱。"墨翟的"有备"和"国备"理念与这句话是相通的，与今天的领导智慧也是相通的。领导活动自始至终就交织着生存与灭亡、危机与发展的斗争，领导者危机意识强烈，有能力及时发现隐性的和显性的危机，排除危机，领导活动就成功。反之，领导者缺乏居安思危的意识，就会丧失应对突发而来危机的能力，领导活动就会因此而遭受巨大损失，甚至彻底失败。《左传》上讲："思则有备，有备无患。"意思是，想到了危机，就会有防备；有了防备，就不会造成重大的祸患。又说："恃陋而不备，罪之大者也；备豫不虞，善之大者也。"意思是，办事只靠现成的条件又不加准备，这是最大的过错；消除忧患，做好充分的准备，这是最大的好事。唐太宗对亲近的大臣们说："治国就像治病一样，即使病好了，也应当休养护理，倘若马上就自我放开纵欲，一旦旧病复发，便无法解救了。现在国家和平安宁，四方的少数民族都服从，自古以来实属罕见，但是我每天都格外小心，生怕这种情况不能长久持续，所以我很希望常常听到你们的进谏争辩啊。"魏征回答说："国内国外得到治理呈现和平安宁的景象，臣不认为这是值得庆贺的事，只对陛下居安思危感到喜悦。"今天的领导者，面对的形势和环境比古时候要复杂得多，各种矛盾和危机也层出不穷，要牢记"有备无患"的古训，把忧患意识作为一种精神状态，作为执政的自觉意识，在安定和顺利的环境中，一定要想到可能遇到的危难。

十、墨子"节用利民"的尚俭领导智慧

在《墨子》"节用上篇"中，墨翟说："圣人为政一国，一国可倍也；大之为政天下，天下可倍也。其倍之，非外取地也，因其国家去其无用之费，足以倍之。"意思是，圣人主政一国，一国的财利可以加倍增长。大到主政于天

下，天下的财利可以加倍增长。获得这种财利加倍的原因，并不是向外掠夺土地，而是在国内根据情况省去无用之费，财利便加倍增长了。墨翟又说："去无用之费，圣王之道，天下之大利也。"意思是，除去无用的费用，是圣王之道，天下的大利。墨翟还说："其为衣裳何以为？冬以圉寒，夏以圉暑。凡为衣裳之道，冬加温、夏加清者，芊芊；不加者，去之。其为宫室何以为？冬以圉风寒，夏以圉暑雨。有盗贼加固者，芊芊；不加者，去之……其为舟车何以为？车以行陵陆，舟以行川谷，以通四方之利。凡为舟车之道，加轻以利者，芊芊；不加者，去之。"意思是，制造衣服是为了什么呢？冬天是为了御寒，夏天是为了防暑。凡是缝制衣服的基本原则是冬天能增加温暖、夏天能增加凉爽，就加以增益；反之，则加以删减。建造房子是为了什么呢？冬天能抵御风寒，夏天防御炎热和下雨。有盗贼能够增加防守之坚固的，就增益它；反之，则去掉不予建筑……制造车、船是为了什么呢？车子使用来行山路和陆路，船使用来行水道，以此通达四方的产品利益。凡是制造车、船的原则是能使人们轻快便利的，就增益它；反之的，则去掉。

在《墨子》"节用中篇"中，墨翟说："古者圣王制为饮食之法，曰：'足以充虚继气，强股肱，耳目聪明，则止。不极五味之调、芬香之和，不致远国珍怪异物。'"意思是，古代圣王制定了饮食法则：只要能够充饥补气，强壮四肢，耳聪目明，就适可而止。不极力追求五味的调和与气味芳香，不罗致远国珍奇的食物。

在《墨子》"辞过篇"中，墨翟说："当今之主，其为宫室……必厚作敛于百姓，暴夺民衣食之财，以为宫室，台榭曲直之望，青黄刻镂之饰。为宫室若此，故左右皆法象之，是以其财不足以待凶饥、振孤寡，故国贫而民难治也。君实欲天下之治而恶其乱也，当为宫室不可不节。"意思是，当下的君主，修造宫室……一定要向百姓横征暴敛，强夺其赖以生存的衣食用费来营造宫室，修造亭台、楼阁，回环曲折的景观，精饰颜色和雕刻。国君如此营造宫室，他身边的大臣就会效法，因此财用不足，应付不了凶年灾荒，不能解救孤寡之人，导致国家穷困而老百姓也无法治理。国君若是真想天下得到大治，而不愿国家出现混乱，那么，营造宫室就必须节俭。墨翟又说："当今之主，其为衣服……必厚作敛于百姓，暴夺民衣食之财，以为锦绣文采靡曼之衣，铸金以为钩，珠玉以为珮。女工作文采，男工作刻镂……以此观之，其为衣服非为身体，皆为观好，是以其民淫僻而难治，其君奢侈而难谏也，夫以奢侈之君，御好淫僻之民，欲国无乱，不可得也。君实欲天下之治而恶其乱，当为衣服不可不节。"意思是，当下的君主，制造衣服……必然会向百姓横征暴敛，强夺其衣食费用用来做锦绣文彩华丽的衣服，用金作成衣带钩，用珠玉作成佩饰，女工缝制文采，男工雕刻图案……由此看来，国君做衣服，不是为身体保养，而是为外观好看。因此民众邪僻而难以治理，国君奢侈而难以听取谏言。以奢侈的国君统治邪僻的民众，还想国家不发生混乱，是异想天开。国君若是真想天下大治，而不愿天下混乱，那么，制作衣服就不能不节俭。墨翟还说："其为食也，足以增气充虚，强体养腹而已矣……今则不然，厚作敛于百姓，以为美食刍豢，蒸炙鱼鳖。大国累百器，小国累十器，前方丈，目不能遍视，手不能遍操，口不能遍味。冬则冻冰，夏则饰饐。人君为饮食如此，故左右象之。是以富贵者奢侈，孤寡者冻馁，虽欲无乱，不可得也。君实欲天下治而恶其乱，当为食饮不可不节。"意思是，饮食的原则是，只求补气益虚、强身饱腹就够了……现在却不是这样，向老百姓厚敛钱财，用来享受美味佳肴，蒸烤牛羊鱼鳖，大国国君的宴席上有上百样的菜，小国国君的宴席上也有上十样的菜，摆在前面一丈见方，眼不能全看到，手不能全捡取到，嘴也不能全尝到，冬天结冻，夏天臭烂，国君如此饮食，左右大臣都效法他。因此富贵的人生活奢侈，孤寡的人受冻挨饿。这样一来，即使不希望国家混乱，也是不可能的。国君若真想天下大治而不希望其混乱，饮食制作就不能不节俭。墨翟也说："当今之主，其为舟车……必厚作敛于百姓，以饰舟车……人君为舟车若此，故左右象之，是以其民饥寒并至，故为奸邪。奸邪多则刑罚深，刑罚深则国乱。君实欲天下之治而恶其乱，当为舟车不可不节。"意思是，现在的国君制造舟车……必然要向百姓横征暴敛，用以装饰舟车……国君这样制造舟车，左右大臣跟着仿效，致使民众饥寒交迫，才去做奸邪之事。奸邪多了，刑罚就重了。刑罚一重，国家就混乱了。国君如果真的希望天下大治，而不愿天下发生混乱，制造舟车就不能不节俭。

在《墨子》"节葬下篇"中，墨翟说："王公大人有丧者，曰棺椁必重，葬埋必厚，衣衾必多，文绣必繁，丘陇必巨；存乎匹夫贱人死者，殆竭家室；乎诸侯死者，虚车府，然后金玉珠玑比乎身，纶组节约，车马藏乎圹，又必多为屋幕、鼎鼓、几梴、壶滥、戈剑、羽旄、齿革，寝而埋之，满意。若送从，曰天子杀殉，众者数百，寡者数十；将军、大夫杀殉，众者数十，寡者数人。"意思是，王公大人家中有丧事者，则要求棺木一定要有多层，葬埋一定要深厚，随葬的衣服必须多件，随葬的文绣一定要花色繁多，坟墓一定要高大。即使是在贫民百姓的家中办丧事，也必竭尽家产。诸侯死了，耗尽府库财物，然后将金玉珠宝装饰在死者身上，用丝絮组带束住车马上一起埋藏在坟墓中，又必定要多多制造帷幕帐幔、钟鼎、鼓、几筵、酒壶、镜子、戈、剑、羽旄、象牙、皮革，置于死者寝宫而埋掉，然后才满意。至于殉葬，天子、诸侯死后所杀的殉葬者，多的数百，少的数十；将军、大夫死后所杀的殉葬者，多的数十，少的数人。墨翟又说："厚葬久丧，实可以富贫众寡、定危治乱乎！"意思是，厚葬久丧确实不可以使贫者富、寡者众，又怎么能使危者安、乱者治呢！墨翟还说："厚葬久丧者为政，国家必贫，人民必寡，刑政必乱。"意思是，以厚葬久丧的原则治理政事，国家必然会贫穷，人口必然会减少，刑政必定会混乱。

在《墨子》"非乐上篇"中，墨翟说："故上者天鬼弗戒，下者万民弗利。"意思是，在上的天帝、鬼神不以为法式，在下的万民没有利益。墨翟又说："民有三患：饥者不得食，寒者不得衣，劳者不得息。"意思是，平民百姓有三种忧患，饥饿的人吃不到食物，寒冷的人穿不上衣服，劳累的人得不到休息。墨翟还说："为其目之所美，耳之所乐，口之所甘，身体之所安，以此亏夺民衣食之财，仁者弗为也。"意思是，为了眼睛能见到美丽的东西，耳朵能听到快乐的声音，嘴能品尝到美味，身体能尽享安适，而掠夺和损及民众的衣食财物，仁人是绝不会这样做的。

墨翟提出了一系列与"利"有关的经济思想，其中"节用"是墨子的重要的经济思想，也是他提出的重要的治国方略。墨翟认为，国家会因节俭而兴盛发达，天下也会由于节俭而兴盛发达，即"圣人为政一国，一国可倍也；大之为政天下，天下可倍也"。墨翟的圣王为政，一国倍之、天下倍之的这种扩大，不是由于向外扩张领土，而是因为省去了那些无用的开支，通过节流从而使国力大大增强了，即"其倍之，非外取地也，因其国家去其无用之费，足以倍之"。这种"去其无用之费"，不劳民伤财，而使国家乃至天下繁荣昌盛，才是"天下之大利也"，这样的治国方略才堪称"圣王之道"。如果没有"节用"，就会奢侈、糜烂、挥霍无度，这对个人、对社会都是一种罪恶，所以古语讲"侈，恶之大也"。

墨翟根据"凡足以奉给民用，则止。诸加费不利于民利者，圣王弗为"这个原则，将其"节用"思想概括为六项具体内容。

1. 关于节俭衣服

墨翟认为，衣服的作用就是"冬以圉寒，夏以圉暑"，制作衣服能够使身体舒适，使肌肤温暖就行了，而不是为了使人耳目感到华美和得到夸耀，符合这个原则，就是节俭衣服。墨翟指出：当政者冬天和夏天的衣服已经足够了，却还要追求服饰奢华，为此向百姓征收重税，强夺百姓的财物，用来制作锦衣丽服，并佩以金银珠玉，让女工来刺绣，男工来雕刻的行为，会引发国家动乱。因此，墨翟强调："君实欲天下之治而恶其乱，当为衣服不可不节。"季文子是春秋时代鲁国的贵族、著名的外交家，为官三十多年。他一生以节俭为立身的根本，他穿衣只求朴素整洁，除了朝服以外没有几件像样的衣服，并且要求家人也节俭。有个叫仲孙它的人对他说："你身为上卿，在家里不准妻妾穿丝绸衣服，你自己也不注重服饰，这种寒酸，不怕让别国的人笑话吗？你为什么不改变一下这种生活方式呢？这于己于国都有好处，何乐而不为呢？"季文子听后严肃地说："我也希望把家里布置得豪华典雅，但是看到我们国家还有许多人吃着粗糙得难以下咽的食物，穿着破旧不堪的衣服，正在受冻挨饿。平民百姓都粗茶敝衣，而我则妆扮妻妾，这哪里还有为官的良心！况且，一个国家的强大与光荣只能通过臣民的高洁品行表现出来，并不是以他们拥有美艳的妻妾来评定的。"这一番话让仲孙它满脸羞愧，内心却对季文子更加敬重，也效仿季文子，注重生活的简朴，妻妾只穿用普通布做成的衣服。

2. 关于节俭饮食

墨翟认为，饮食是人们的生理需要，但是要有个"度"，过则为害。吃喝达到了生存和强壮身体的目的就可以了，即"足以充虚继气，强股肱，耳目聪明，则止"。在饮食上应该像圣人那样"不极五味之调、芬香之和，不致远国珍怪异物"。墨翟对当政者靠对百姓横征暴敛，吃遍牛、羊、猪、狗，还要烹鱼烤鳖，大国的国君吃饭时面前要摆放百来个餐具，小国的国君面前也要摆上十来个餐具，眼看不过来，手顾不过来，口尝不过来，结果美味佳肴统统腐烂浪费的问题大加谴责，认为这种大吃大喝的侈靡之风必然会祸乱国家，因此，墨翟同样强调："君实欲天下治而恶其乱，当为食饮不可不节。"明太祖朱元璋，在位 31 年，他带头节俭，并教育周围的人说："然所谓俭约者，非身先之，何以率下？"在他的故乡凤阳，还流传着四菜一汤的歌谣："皇帝请客，四菜一汤，萝卜韭菜，着实甜香；小葱豆腐，意义深长，一清二白，贪官心慌。"朱元璋给皇后过生日时，只用红萝卜、韭菜、青菜、小葱豆腐汤宴请众官员，而且与众官员约法三章：今后不论谁摆筵席，只许四菜一汤，谁若违反，严惩不贷。

3. 关于节俭宫室

墨翟认为，建造房屋是为了生存，不是为了观赏和享乐。因此，墨翟提出了建造房屋的标准：地基足以防止潮湿，外墙足以抵御风寒，内墙足以分隔男女、合于礼节，屋顶足以遮蔽雨露雪霜，达到这样的标准就足够了。墨翟对当下的君主强夺百姓的财物，大兴土木，提出了严厉的批评，并指出：君主带头，大臣效仿，必然造成国家财力匮乏，无以对付饥荒、救济孤寡，百姓难以治理的局面。因此，墨翟也强调："君实欲天下之治而恶其乱也，当为宫室不可不节。"

周恩来总理勤俭节约，妇孺皆知。周总理自居住进中南海西花厅后，过着俭朴的生活，不许装修与翻新房屋及庭院。20世纪60年代初，周总理身边的工作人员趁总理出国访问的机会，为了保护与加固建筑物，他们抢时间只搞了点简单的内装修，更换了窗帘、洗脸池与浴缸。周总理回国见了十分生气，将他们狠狠地批评了一顿。事后，他语重心长地对身边的工作人员说：我身为总理，带一个好头，影响一大片；带一个坏头，也影响一大片。所以，我必须严格要求自己……你们花那么多钱，把我的房子搞得那么好，群众怎么看？一旦大家都学着修起房子来，在群众中会造成什么样的影响？周总理的这一番话发人深省。自此以后，再也没有人敢提及装修房屋之事了。陈毅元帅曾感慨：廉洁奉公，以正治国者周恩来也。

4. 关于节俭舟车

墨翟认为，车船其用途是"车以行陵陆，舟以行川谷，以通四方之利"。因此，车船只要完整、坚固、便利就可以了。这样的车船，建造时省钱省力，造好后便于减轻百姓的劳苦，所以百姓都来归顺国君。但是现在的国君却要求车必须饰以漂亮的花纹，船必须饰以精巧的雕刻；女子来描花，男子去雕刻，女子不纺织，男子不耕种，从而导致百姓因饥寒交迫而铤而走险，使国家大乱。因此，墨翟呼吁："君实欲天下之治而恶其乱，当为舟车不可不节。"宋太祖赵匡胤在位期间创业精勤，崇尚节俭。一天赵匡胤与皇后闲谈，皇后劝他说："你身为皇帝，应该用黄金装饰你的轿子。"赵匡胤说："我富有四海，别说轿子，就是用黄金装饰整个宫殿也能做到。可我是为天下守财，岂可枉用。古人说以

先秦诸子中的领导智慧

一人治天下，不可以天下奉一人。”

5. 关于节俭丧葬

节葬是墨翟节用思想的重要组成部分。当时的统治者非常追求厚葬久丧，墨翟做了这样的描述：“王公大人有丧者，曰棺椁必重，葬埋必厚，衣衾必多，文绣必繁，丘陇必巨；存乎匹夫贱人死者，殆竭家室；乎诸侯死者，虚车府，然后金玉珠玑比乎身，纶组节约，车马藏乎圹，又必多为屋幕、鼎鼓、几梴、壶滥、戈剑、羽旄、齿革，寝而埋之，满意。若送从，曰天子杀殉，众者数百，寡者数十；将军、大夫杀殉，众者数十，寡者数人。”按照厚葬的做法，大量的财物就会被埋到地下；按照久丧的做法，就会禁止人们去从事劳作，如此国家必然会贫穷，人口必然会减少，刑政必定会混乱，亦即“厚葬久丧者为政，国家必贫，人民必寡，刑政必乱”。因此，墨翟主张薄葬短丧，并提醒统治者“当若节丧之为政，而不可不察此者也”。东汉明帝刘庄，在位期间克勤克俭，在齐家治国方面都有成就。他注意减轻百姓税负，严惩腐败官员。他自己生活节俭，衣着朴素，饮食简单。还亲自耕田，广招流民，发展生产。他临终时，下诏吩咐子女和大臣们：丧事从简，不准奢费。史家赞誉他在位期间“天下平安，百姓殷富”。

6. 关于节俭乐色

非乐是墨翟“尚俭”思想的又一个重要方面。墨翟认为不应该浪费大量的时间精力和资源在音乐上，反对的理由有两个：一是“不中圣王之事”。墨翟说：“上者天鬼弗戒，下者万民弗利。”墨翟反对统治者纵情音乐，也反对纵情于美色、甘味、安居等享乐。二是“不中万民之利”。墨翟说：“民有三患：饥者不得食，寒者不得衣，劳者不得息。”在这样的背景下，王公大人等统治者侈靡为乐，就会像墨翟所说的那样：“为其目之所美，耳之所乐，口之所甘，身体之所安，以此亏夺民衣食之财，仁者弗为也。”可见，墨翟的尚俭思想是与人民的利益息息相关的，民用和民利是墨翟尚俭思想的原则。这一点在当时和今天都是极其难能可贵的。

墨翟“节用利民”的尚俭思想也包含着寡欲修身的领导智慧。古人云：俭，德之共也；侈，恶之大也。《汉书》“疏广传”上说：“贤而多财，则损其志；愚而多财，则益其过。”白居易也说：“奢者狼藉俭者安，一凶一吉在眼前。”唐代吴兢劝谏太子：“克俭节用，实弘道之源；崇侈恣情，乃败德之本。”宋代王安石也说："君子多欲则贪慕富贵，枉道速祸；小人多欲则多求妄用，败家丧身。"上述这些警语告诫世人：尚俭为修身之本，热衷于物质攀比，有百害而无一利。明朝嘉靖年间，官场腐败透顶，老百姓怨声载道。但是，徐九思却能在腐败的官风中洁身自好，以"勤、俭、忍"作为座右铭，尤其在句容县县令的官位上，"九年如一日"，勤于政事，务行节俭，率先垂范。徐九思在居室堂上挂了一幅青菜图，其旁书有"为民父母，不可不知此味；为我赤子，不可令有此色"。他坚持"生平不嗜肉，惟啖菜"，他还带领县吏们垦荒，种植蔬菜瓜果，饲养猪、羊、鸡、鸭、鱼，不但节约了开支，也让县吏们体验了劳动百姓的艰辛，增进了爱民之心。在徐九思的精心治理下，句容县即使在大灾之年也"路不拾遗"。万历八年（1580年），徐九思去世。消息传到句容县，当地数万百姓自发地拜伏于他的祠前祭祀，这时候距离徐九思离开句容县已经35年了，而当地的百姓对他的爱戴依然如初。今天的领导者一定要继承和发扬中华民族崇尚俭朴、反对奢华、艰苦奋斗的优良传统，用"以勤养志、以俭养德"时刻鞭策自我，警示自我，守持廉德，淡泊名利，不讲排场，不搞奢华，这样才能赢得百姓的拥护和爱戴。

墨翟"节用利民"的尚俭思想，已经成为全世界的共识。联合国专门把10月31日设立为"勤俭日"，时时提醒人们在新世纪仍然要保持艰苦朴素、勤俭节约的作风。

第六章

《韩非子》中的领导智慧

韩非（约公元前 280 年—公元前 233 年），战国时期韩国都城新郑（今河南省新郑市）人，是韩国的宗族公子，荀子学生，李斯同门师兄。韩非是我国先秦时期杰出的思想家、政治家、哲学家和散文家，后世称"韩子"或"韩非子"。

韩非口吃，但他善于写作。韩国在战国七雄中是最弱的一个。韩非不忍心看着故国走向灭亡，急切地探索救弱致强之道。他多次上书韩王变法图强，但并不被韩王所重视。秦王慕其名，为了得到韩非而出兵攻打韩国。韩非入秦后陈书秦王弱秦保韩之策，终不能为秦王所用。韩非因弹劾上卿姚贾，而招致姚贾报复，遂入狱。后李斯入狱投毒将其害死。

韩非根据历史上治国的经验教训和现实社会状况，将商鞅的"法"、申不害的"术"和慎到的"势"集于一身，是法家思想的集大成者；韩非将老子的辩证法、朴素唯物主义与法融为一体。著有《韩非子》，共五十五篇，十万余字，其文说理精密，文锋犀利，议论透辟，推证事理，切中要害，在先秦诸子中独树一帜，对后世影响深远。韩非子创立的法家学说，为专制君主提供了富国强兵的思想，并且为中国第一个统一专制的中央集权制国家的诞生提供了理论依据。秦王嬴政奉《韩非子》为秦国治国经要。

韩非在历史上也享有很高的声誉。

秦王嬴政见《孤愤》《五蠹》之书，曰："嗟乎，寡人得见此人与之游，死不恨矣！"

司马迁在《史记》中评价韩非的著作是"观往者得失之变"而写成的。又评曰："韩子引绳墨，切事情，明是非，其极惨礉少恩。"

《韩非子》包蕴博大深邃的思想，充满了哲思妙理，闪烁着智慧的火花。今天的领导者能够将心浸进《韩非子》中，在横断面上拓展，在纵深方向开掘，一定会参悟到领导活动中的智慧，"增益其所不能"。

一、韩非子"抱法处势"的重法领导智慧

在《韩非子》"心度篇"中，韩非说："法者，王之本也。"意思是，法制是帝王成就功业称王天下的根本。韩非又说："法与时转则治，治与世宜则有功……时移而治不易者乱，能治众而禁不变者削。故圣人之治民也，法与时移而禁与能变。"意思是，法律随着形势的发展而变化，国家就能安定；法令

与当时的世情相适宜，就会取得满意的效果。形势发展变化了，但治理国家的法律不改变，国家就会发生混乱；投机取巧的人多了，而原有的禁令不相应调整，国家就会受到损害。所以圣人治理民众，法制随着时代的发展而同步发展，禁令随着民众智能水平的提高而同步改变。

在《韩非子》"难势篇"中，韩非说："抱法处势则治，背法去势则乱。"意思是，运用法规、法令、法律来管理臣民治理社会，社会就会建立起正常秩序而和谐安定；违背法规、法令、法律来管理臣民治理社会，社会就没有正常秩序，就会造成人心离散、社会混乱。

在《韩非子》"有度篇"中，韩非说："国无常强，无常弱。奉法者强，则国强；奉法者弱，则国弱。"意思是，国家没有永远富强的，亦没有长久贫弱。国君能以法治国，那么国家就会强大。反之，国君不按法治国，那么国势就会衰弱。韩非又说："法不阿贵，绳不挠曲。法之所加，智者弗能辞，勇者弗敢争。刑过不避大臣，赏善不遗匹夫。"意思是，法律不偏袒地位高贵的人，法律的准绳就像木匠用的墨线不迁就弯曲的木料一样，绝不能屈从于权贵者和邪恶者。应该受到法律制裁的人，即使他才智聪明也不能巧言推脱辩解，即使他勇猛无敌也不敢武力抗法。惩罚罪过，不可回避权高位重的大臣；而奖赏善行，也不可遗漏平头百姓。

在《韩非子》"难三篇"中，韩非说："法者，编著之图籍，设之于官府，而布之于百姓者也。"意思是，由官府统一制定法律条款，在官府存案，并向百姓颁布、宣传，使人人都知法而有法可依。

在《韩非子》"外储说左上篇"中，韩非说："吏者，平法者也。治国不可失平也。"意思是，官吏就是公正执行法律的人，治理国家不可以有失公正。

在《韩非子》"八说篇"中，韩非说："法有立而有难，权其难而事成，则立之；事成而有害，权其害而功多，则为之。"意思是，法律建立起来后即使会造成一些有害之事，但估计到了以后所得的好处更大，就还是要建立的；事情做完后也难免会有某些害处，但是权衡之后利大于弊，就还是得做。韩非又说："书约而弟子辩，法省而民讼简，是以圣人之书必著论，明主之法必详尽事。"意思是，书的内容太简约，弟子就会发生争论；法律条文太省略，民众就会争论不休而轻慢不拘。因此圣人著书一定要观点鲜明，明君立法一定要准确详尽规定所要裁断的事情。

在《韩非子》"五蠹篇"中，韩非说："法莫如一而固，使民知之。"意思是，法莫过于始终如一而且稳定，让百姓知道法的长治久安的尊严。

先前在研究《管子》中的领导智慧，也提到了以法治国的领导智慧，题目虽然相同，但管仲与韩非对同一题目的论述角度不同，内容也有所不同。如果把两者结合起来研读，会对以法治国的智慧有更全面深刻的认识。韩非的法治领导思想的宗旨是把法作为治理国家，确立和维护君、臣、民的关系，使社会的各个方面和各个环节良性运转和循环的根本原则和主要举措，即"法者，王之本也""抱法处势则治，背法去势则乱"。韩非把国家治理的盛衰直接归结为法治："国无常强，无常弱。奉法者强，则国强；奉法者弱，则国弱。"商鞅有个关于法令的比方非常精辟：搞政治的人丢了法令，就像不想挨饿而舍弃了粮食，不想挨冻而抛弃了衣服，想去东边而朝西边走一样。

韩非不仅论述了法治是治理国家的根本大计，而且对立法的内容和运作方式怎样才能够取得最好的效应，也做了富有真知灼见的详细论述，可将其概括为以下六个方面。

（1）公开宣传。就是运用各种符号和渠道传播或告知官府统一制定的法律条款，以使人们的思想和社会行为有法可依，即"法者，编著之图籍，设之于官府，而布之于百姓者也"。公开宣传，也会获得公众舆论的支持，因为人们知法懂法后，对周围出现的不法行为就有鉴别能力，就能进行舆论上的谴责。温德尔·菲力普斯说："若是没有公众舆论的支持，法律是丝毫没有力量的。"

（2）公正无偏。公正就是不偏私、正当的法律，只有不偏私，才是正当的。所以韩非明确指出"吏者，平法者也。治国不可失平也""法平，则吏无奸"。公平无偏特别强调的是法律法令对所有成员的"不偏袒性"和"非歧视性"，无论是权贵还是平民，一视同仁，决不允许凌驾于法律之上或超然于法律之外，也就是"法不阿贵，绳不挠曲。法之所加，智者弗能辞，勇者弗敢争。刑过不避大臣，赏善不遗匹夫"。古希腊的亚里士多德在其《政治学》中也说："要使事物合乎正义，须有毫无偏私的权衡；法律恰恰正是这样一个中道的权衡。"托马斯也说："法律是无私的，对谁都一视同仁。在每件事上，它都不徇私情。"

（3）利大于弊。法律也是一把双刃剑，有利也有弊，但权衡起来有利的方面一定要多于不好的方面。即"法有立而有难，权其难而事成，则立之；事成而有害，权其害而功多，则为之"。

（4）准确详尽。法律要准确详尽，否则"法省而民讼简"，民众就会争论不休而轻慢不拘，所以"明主之法必详尽事"。黑格尔也说过："法律规定得愈明确，其条文就愈容易切实地施行。"

（5）相对稳定。法律的稳定性包括法律本质的稳定性、法律内容的稳定性和法律形式的稳定性。法律目的是维护和发展有利于统治阶级的社会关系和社会秩序。若法律经常变化，则社会现状的合法性处于不定状态，社会发展目标也处于不定状态，因而法律的目的就不能实现。法律保持始终如一的稳定性，则可以使民众知道法律在长治久安中的作用，长期守法，就会保持社会关系的稳定，保证社会在有秩序状态中发展变化，即"法莫如一而固，使民知之"。

（6）适时调整。法律的稳定是相对的，没有不变的法律，法律总是要与时俱进的，社会生活的不可预见性与复杂性决定了法律必然要适时调整，以适应社会生活的需要，法律的滞后性又要求法律的调整要及时，亦即"法与时转则治，治与世宜则有功""故圣人之治民也，法与时移而禁与能变"。韩非还认为如果当今之世还赞美"尧、舜、汤、武之道""必为新圣笑矣"。因此他主张"不期修古，不法常可""世异则事异""事异则备变"。柯勒在其《法律概念》一书中也指出："没有永恒的法律，适用于这一时期的法律决不适用于另一时期，我们只能力求为每种文明提供相应的法律制度。"黑格尔在其《法哲学原理》中也指出："法律绝非一成不变的，相反地，正如天空和海洋因风浪而起变化一样，法律也因状况和时运而变化。"

韩非关于法治的这些见解和论述，至今仍给领导者以深刻的启迪。我仅择其中的"公正不偏"做一些阐释，就足以见其博大精深的法治智慧。

早在两千多年前，韩非就提出了法律的内容和运作方式要公正不偏的思想，虽然没有对公正不偏的内涵与界说有更深入的研究，但是在那种等级森严的封建社会中，能够提出这一思想也是有勇气、有认知和有远见的。就是今天，法律公正不偏也是现代社会政治民主、进步的重要标志。伯克说："法律的基础有两个，而且只有两个……公正和实用。"法律公正是由两个方面组成的：一是法律制定上的公正，即立法公正；二是法律实施中的公正，即执法公正和司法公正。立法公正是法律公正的基础，没有公正的立法就根本不可能有公正的执法和司法。但是执法公正和司法公正是法律公正的切实保障。没有公正的执法和司法，再公正的法律也只能是空谈的"文字游戏"。所以，只有立法、执法和司法公正不偏才能使法律的制定和运作过程中各种因素达到理想状态，这是法律的自身要求，也是依法治国的要求。诸葛亮在东汉末年群雄割据的时代，跟随先主刘备辗转创业，后又佐幼主辅政二十余年治理蜀汉，逐渐形成了以正统儒家仁政思想为核心、法家法治思想为手段，"德主刑辅"，恩德与威严兼用的完整系统的治理体系。蜀汉建国之初，外部威胁严重，内部混乱不堪，诸葛亮急症猛药，重典治国。诸葛亮受刘备之命，会同法正、刘巴、李严、伊籍等人共造《蜀科》，开始了立法工作。同时，诸葛亮还曾作"八务、七诫、六恐、五惧"，皆有条章。治军方面，则在《武侯兵法》中立有轻、慢、盗、欺、背、乱、误七禁，并且对这"七禁"做了详细说明，违犯七禁者斩之。这样，诸葛亮的法治政策就有了法律条文上的保证，首先做到了"有法可依"。他在蜀国以"立法施度""科教严明"著称，所谓"尽忠益时者虽仇必赏，犯法怠慢者虽亲必罚，服罪输情者虽重必释，游辞巧饰者虽轻必戮"。时人讥讽诸葛亮重典治国为"惜赦"，即在赦免他人罪行方面十分吝啬。面对这种非议，诸葛亮溯古察今，阐明通过频繁的赦免来求得臣民归心，那只能是舍本逐末，根本无法消除固有的矛盾，反而会使情况变得更加糟糕。要求赦不妄下，体现了其法治的严肃性和"治乱国用重典"的政治智慧。据史载，诸葛亮为蜀国丞相时，曾上表建议罢黜廖立、李严，放逐到南中。诸葛亮病逝后，廖立闻之痛哭流涕，李严更是发病而死。为什么受到如此严厉惩罚，二人却心无怨恨？《三国志》作者陈寿评价诸葛亮是"刑政虽峻而无怨者，以其用心平而劝戒明"。"用心平"就是公平，"劝戒明"就是公开。虽然诸葛亮用法严厉，但因其公平、公开，是出于国家的利益，而非出于私心私利，所以受到刑罚者不仅没有怨言，还会投以认同、报以敬佩。正是诸葛亮在法律制定和运作上的公正不偏，才使蜀国成了三国中治安最好的国家。

公正不偏不仅是法律方面的要求，也是领导活动中必须遵循的原则。这就是韩非所主张的"法分明，则贤不得夺不肖，强不得侵弱，众不得暴寡"。意思是，法制分明，则贤人不能掠取无能的人，强者不能侵扰弱者，人多势众的不能欺负人少力寡的。古今中外的领导者都在领导活动中不断地追求公平，努力地维护公正。唐朝的吴兢说："理国要道，在于公平正直。"意思是，治理国家、处理政务之最要紧者，在于保持政令、措施的公平与正直。清朝的何启就曾经指出："公者无私之谓也，平者无偏之谓也""公与平者，即国之基址也。"朱元璋称帝后，常告诫百官：要奉公守法，廉洁从政，只有人民安乐，才能长守富贵；若有不惧刑纲而贪图钱帛之财，一旦败露，咎由自取。后来，一位地方官员密奏告发朱元璋的三女婿欧阳伦违犯法律贩卖私茶。朱元璋闻听后大怒，查明情况后，处欧阳伦以极刑。尽管文武百官相继作保，马娘娘苦谏说情，更有安庆公主哭哭啼啼求饶，但朱元璋知道"理国要道，在于公平正直"，欧阳伦身为驸马，理当效忠朝廷，维护大明法律，相反他为了苟自己私利，不惜以身试法。朱元璋秉公执法，大义灭亲的举动对维护大明法律的严肃性起到了威慑作用，巩固了"国之基址"。

英国小说家笛福说："公正是施政的目的。"领导者手中的权力大，牵扯的利益广，面临的诱惑多，不能事事先想自己的小利益，处处先打自己的小算盘，而是需要始终保持一颗公平公正的心，以行得正的风范去赢得同事们的信服。自身底气足了，才能以至公无私之心，行正大光明之事；才能任人唯贤，让人才脱颖而出。考核奖惩讲公平、重公正，受奖者会被认可，成为学习的榜样，受罚者也会"认账"，鞭策自己迎头赶上；布置工作分配任务讲公平、重公正，再难再多的任务大家都会欣然接受、合力推动。领导者还要建立保证公平、公正，维护公平、公正，促进公平、公正的制度，通过完善制度让"不公平"的人、"不公正"的事没有生存空间，这样风清气正的生态环境就会逐渐凸显出来。明朝的方孝孺说得好："公其心，万善出。"

中国古代早就有"官法如炉"之说，而直到近几十年，西方领导学中才出现了"热炉效应"的理论。所谓"热炉效应"，是指法律法规和组织的规章制度是"热炉"，组织中的任何成员，无论职务高低触犯规章制度都要受到处罚。"热炉效应"形象地比喻了触摸热炉与违犯法律规章制度而受到惩罚之间的相似关系，进而阐述了法律法规惩处原则：一是警示性原则。法律规章像火炉，烧得通红，人们都知道碰到就会被烫伤，必然心存畏惧，不敢触碰。二是一致性原则。法律规章像火炉，当你碰到它肯定会被灼伤，而且谁摸烫谁，摸哪儿烫哪儿。三是即时性原则。当你碰到"热炉"立即就会被灼伤，没有时间差。有谁违犯法律规章，立即就会受到惩处。四是公平性原则。"热炉"是不讲情面的，对事不对人，谁碰它就烫谁，一视同仁，和谁都没有私交，对谁都不讲私人感情，真正体现了公平精神。领导者绝不能凭借个人感情、个人意识和人情关系对违法者开"暗门"、留"天窗"，必须根据法律和规章制度来行使手中的惩罚大权，时刻把"热炉"烧得通红，引导人们强化法治意识、制度意识，做出正面引领的同时对以身试法者严厉惩处。

比韩非子晚了近二百年的古罗马政治家西塞罗，融合了柏拉图、亚里士多德和斯多葛学派的有关观念、观点，创立了自然法学派，成为西方法律思想源头，是古罗马时期最重要的一位法哲学家。西塞罗与韩非子持人性自私的观点，认为自私自利乃是人不变的本性，所以需要严刑峻法来控制。东西方社会的法治哲学基础略有不同，西塞罗自然法学的法治哲学基础是理性人，法是理性的人签订的关于权利的契约，他认为"人是上帝赋予的各种生命中唯一具有理性和思维的生命"。因而"理性"是人与动物的唯一差异之所在，"人之所以超越禽兽是因为人共同具有发达的智力，即进行推理、判断直至取得结论的本能"。这种与生俱来的辨别和选择真伪、是非的能力，就是"理性"，从这种造物主赋予人类的"理性"出发，许许多多独立的个人主动选择了缔结"社会契约"（即法律）的方式来满足个人需求，保证个人权利的更好实现，达到和平共处的、有秩序的生活状态。所以，西塞罗指出："这种理性，当它在人类理智中充分而稳定地发展了的时候，就是法律。"以西塞罗为先驱的自然法学如同一条红线贯穿整个西方法律思想史，后人在不同时代，根据不同政治需求从中汲取不同的思想养料，其影响可谓源远流长。

二、韩非子"以术为用"的权术领导智慧

在《韩非子》"难三篇"中，韩非说："人主之大物，非法则术也。"意思是，君主的大事，除了法治就是使用统治术。他又说："术者，藏之于胸中以偶众端而潜御群臣者也。法莫如显，而术不欲见。是以明主言法，则境内卑贱莫不闻之也……用术，则亲爱近习莫之得闻也。"意思是，所谓的统治术，是藏在君主胸中的，是以阴招的形式来驾驭群臣的。所以法治越是公开化越好，而统治术却要密而不露。因此贤明的君主讲法，国内就是卑贱的人也都能听到……而使用统治术，就连宠爱的近臣亲信也没有谁能知道。他还说："术者，因任而授官，循名而责实，操杀生之柄，课群臣之能者也。"意思是，统治之术，即要根据每个官员的能力而授予他相应的官职，要让他的官职与实际能力相符。这样君主就可以用自己手中的生杀大权，考察臣子的才能，督促群臣竭尽所能努力工作。

在《韩非子》"定法篇"中，韩非说："君无术则蔽于上，臣无法则乱于下，此不可一无，皆帝王之具也。"意思是，君王不懂权术就会被臣子蒙蔽，没有法令约束臣子就会犯上作乱。这两者缺一不可，都是帝王维护统治所用的工具。

在《韩非子》"内储说上篇"中，韩非说："七术：一曰众端参观，二曰

必罚明威，三曰信赏尽能，四曰一听责下，五曰疑诏诡使，六曰挟知而问，七曰倒言反事。此七者，主之所用也。”意思是，七种统治术：一是从多方面来参照观察，以验证臣下的言行。二是一定要惩罚罪犯，以显示权威。三是兑现奖赏，以鼓励受赏人和其他人能尽能立功。四是一一听取禀告，以督责下级。五是发出使臣下猜疑的命令和诡诈的差遣，以促使臣下谨慎从事。六是拿自己知道的事情询问臣下，以考察臣下是否虚伪。七是说些与本意相反的话，做些与本意相反的事，以试探臣下。这七种手段，是君主所用的。

在《韩非子》“内储说下篇”中，韩非说：“一曰权借在下，二曰利异外借，三曰托于似类，四曰利害有反，五曰参疑内争，六曰敌国废置。此六者，主之所察也。”大意是，一是下级借用君主权势作威作福，左右朝廷内外，并蒙蔽君主。二是利益不同而下级借助外国势力谋取私利，惑乱君主，祸国殃民。三是下级伪托相似类似的事情欺骗君主，造成君主处事不当。四是上下存在利害关系而且极端相反。五是互相怀疑，且在内部争权夺利。六是敌对国家插手本国官员的任免事项，目的是惑乱君主的理智使其做出错误的选择。这六种隐蔽的情况，是君主应该明察的。

在《韩非子》“八奸篇”中，韩非说：“凡人臣之所道成奸者有八术：一曰同床，二曰在旁，三曰父兄，四曰养殃，五曰民萌，六曰流行，七曰威强，八曰四方。何谓同床？曰：贵夫人，爱孺子，便僻好色，此人主之所惑也。托于燕处之虞，乘醉饱之时，而求其所欲，此必听之术也。为人臣者内事之以金玉，使惑其主，此之谓‘同床’。二曰在旁。何谓在旁？曰：优笑侏儒，左右近习，此人主未命而唯唯，未使而诺诺，先意承旨，观貌察色以先主心者也。此皆俱进俱退，皆应皆对，一辞同轨以移主心者也。为人臣者内事之以金玉玩好，外为之行不法，使之化其主，此之谓‘在旁’。三曰父兄。何谓父兄？曰：侧室公子，人主之所亲爱也；大臣廷吏，人主之所与度计也。此皆尽力毕议，人主之所必听也。为人臣者事公子侧室以音声子女，收大臣廷吏以辞言，处约言事，事成则进爵益禄，以劝其心，犯其主，此之谓‘父兄’。四曰养殃。何谓养殃？曰：人主乐美宫室台池，好饰子女狗马以娱其心，此人主之殃也。为人臣者尽民力以美宫室台池，重赋敛以饰子女狗马，以娱其主而乱其心，从其所欲，而树私利其间，此之谓‘养殃’。五曰民萌。何谓民萌？曰：为人臣者散公财以说民人，行小惠以取百姓，使朝廷市井皆劝权誉己，以塞其主而成其所欲，此之谓‘民萌’。六曰流行。何谓流行？曰：人主者，固壅其言谈，希于听论议，易移以辩说。为人臣者求诸侯之辩士，养国中之能说者，使之以语其私。为巧文之言，流行之辞，示之以利势，惧之以患害，施属虚辞以坏其主，此之谓'流行'。七曰威强。何谓威强？曰：君人者，以群臣百姓为威强者也。群臣百姓之所善，则君善之；非群臣百姓之所善，则君不善之。为人臣者，聚带剑之客，养必死之士，以彰其威，明焉己者必利，不为己者必死，以恐其群臣百姓而行其私，此之谓'威强'。八曰四方。何谓四方？曰：君人者，国小，则事大国；兵弱，则畏强兵。大国之所索，小国必听；强兵之所加，弱兵必服。为人臣者，重赋敛，尽府库，虚其国以事大国，而用其威求诱其君；甚者举兵以聚边境而制敛于内，薄者数内大使以震其君，使之恐惧，此之谓'四方'。凡此八者，人臣之所以道成奸，世主所以雍劫，失其所有也，不可不察焉。"

意思是，大凡为人臣属之所以能篡夺君权有八种手段：第一种叫"同床"。什么叫"同床"呢？重视夫人，溺爱姬妾，善于宠爱好色，这是君主身边的诱惑之物，经常在君主安闲欢娱之时，趁君主酒醉饭饱之时，来求取他们所想要的，这是使君主一定能听从的手段。作为人之臣属通过内线用金银财宝来奉承贿赂，使她们去蛊惑君主，这就称之为"同床"。第二种叫"在旁"。什么叫"在旁"呢？艺人、滑稽人和矮人，左右侍卫亲信，这是君主还没有下令就说是是是，还没有使唤就说好好好，在君主的意思还没有表达出来就能奉承君主的意图，能察言观色事先摸到君主心意的人。这些人都是行动一致，一同进退、一个腔调共同应诺回答、统一口径、统一行为来改变君王主意的人。作为人之臣属通过内线用金银财宝珍贵玩物，为他们在外面干非法的事提供方便，然后让他们诱导其主上，这就称之为"在旁"。第三种叫"父兄"。什么叫"父兄"？君主的叔伯兄弟，是君主亲近宠爱的人；权贵大臣及朝廷官吏，是君主必须要与之谋划计度事情的人。这些都是竭尽全力和君主一起议论，而君主对他们是言听计从的人。作为人之臣属通过侍奉君主的叔伯兄弟以美乐和美女，用花言巧语来笼络收买权贵大臣及朝廷官吏，与之订盟约谈事情，事成之后就给他们高官厚禄，用这些来劝诱他们的心，在关键时候让他们去向君主为自己的利益进言，这就称之为"父兄"。第四种叫"养殃"。什么叫"养殃"？君主喜好美丽的宫殿和亭台池榭，喜好打扮子女及狗马来愉快自己的心情，这就是君主的灾祸之根。作为人之臣属极尽民众力量来修建美化宫殿和亭台池榭，用加重税负来收敛财富为君主打扮子女及狗马，顺从君主的欲望，以讨好君主而迷惑君主的心意，让君主玩物丧志，无心治理政务，而借此培植自己的私人势力或独揽大权以谋取私利，这就称之为"养殃"。第五种叫"民萌"。什么叫"民萌"呢？作为人之臣属广散公家的财物来取悦于民众，施行小恩小惠来讨好百姓，使朝廷内外、城郊上下的人都来称赞自己，用这种办法来蒙蔽君主而达到自己的不可告人的目的，这就称之为"民萌"。第六种叫"流行"。什么叫"流行"？做君主的，本来就壅塞于言论，很少听到别人的议论，所以很容易被动听的言说打动而改变主意。作为人之臣属广罗各诸侯国的能言善辩之人，供养一些国内的说客，派他们为自己的私利去进说君王。这些人用巧妙文饰的语言，用社会上流行圆滑的言词，表现出各种利害关系，用好的势头开导，用祸患使人害怕，杜撰虚假的言辞来损害君主，这就称之为"流行"。第七种叫"威强"。什么叫"威强"？君主是靠群臣百姓来形成强大的威势，群臣百姓认为是好的，那么君主也认为它好；群臣百姓认为不好的，那么君主也认为不好。作为人之臣属，聚集携带刀剑的强勇侠客，豢养亡命之徒，来显示自己的威势，公开声称为自己服务有好处，不为自己服务就要被杀死，用这些来恐吓群臣百姓而壮大自己的势力和谋求自己的私利，这就称之为"威强"。第八种叫"四方"。什么叫"四方"？君王统治，自己国家小就要侍奉大国，兵力弱小就要害怕强大的军队。大国所索要的东西，小国一定要听从；强国的军队进攻，弱小之国一定要臣服。作为人之臣属，加重税收之征，耗尽国库所藏，挖空自己的国家去侍奉大国，而且利用大国的威势来逼迫自己的君主；严重的还引大国的军队聚集在边境来制约国内，稍轻点的便屡次招引大国的使者来恐吓自己的君主，使君主害怕，这就称之为"四方"。大凡这八种手段，是人之臣属之所以奸谋成功，君主之所以被蒙蔽胁迫，以致丧失所有的原因，不可不明察的。

韩非本是韩国的公子，他来自于深宫，看到的是战国末年日益残酷的权力争斗，满目的尔虞我诈，勾心斗角。而韩国自法家的申不害变法之后就一直盛行权术。韩非对官场的斗争深入思考后认为，治理好国家除了要"以法为重"，还必须"以术为用"，要法术兼用，即"人主之大物，非法则术也""君无术则蔽于上，臣无法则乱于下，此不可一无，皆帝王之具也"。韩非还认为，"术"与"法"具有不同的性质和特点，"术"是帝王专有的统治和驾驭臣下的手段和方法，"术"是深藏在帝王心中而不让别人知晓的秘密手段和方法，亦即"术者，藏之于胸中以偶众端而潜御群臣者也。法莫如显，而术不欲见。是以明主言法，则境内卑贱莫不闻之也……用术，则亲爱近习莫之得闻也""术者，因任而授官，循名而责实，操杀生之柄，课群臣之能者也"。

韩非根据"术"的性质和特点，具体总结出了君主识奸防奸的"七术""六微"的策略。

韩非讲到的七种统治术分别如下：一是从各方面观察和参验臣子的言行，即"一曰众端参观"。如果君主对臣子的言行不加参验，就难以掌握实情，就会偏听偏信，被臣子蒙蔽。二是必须运用惩罚手段以彰显君王的威仪，即"二曰必罚明威"。君主心慈手软，法律和权力的威严就树立不起来，就容易被臣下侵害。三是对尽忠尽职并有业绩的臣子要奖赏到位，即"三曰信赏尽能"。奖赏不兑现或奖赏轻，臣子就会抱怨，就不会效忠君王；信守奖赏承诺而厚赏臣子，他们就会争先恐后建功立业。四是一一听取臣子的意见，检查督促他们的落实行动，即"四曰一听责下"。倾听臣下的意见，就能鉴别出愚和智，督责臣下的行动，就能分辨出庸者与能者。五是传出可疑的诏令，诡诈地驱使臣子，即"五曰疑诏诡使"。君主频繁接见某臣下，留住某人而长时间不启用，如果是奸臣，就会心生疑惧而逃之夭夭；君主派出使臣询问其他问题，臣下就不敢隐情瞒报。六是已经知道了事实而故意问臣下，即"六曰挟知而问"。拿知道的事去问臣下，能够辨明隐情，掌握真相。七是用反话、逆理来刺探臣子，即"七曰倒言反事"。用反话、逆理来试探自己怀疑的事，就会发现臣子有无奸情。韩非还运用了大量生动的历史故事来阐述"七术"，意在为君主提供一套有效地统治臣下的法外权，亦即"此七者，主之所用也。"

韩非子的御臣之术的精华除了德刑之外最重防患未然，而要防患未然，君王就要明察臣子隐秘的六种情况，也称"六微"，"微"是暗中查访的意思，韩非讲到的"六微"审查的策略是：一是审察大权是否旁落，即"一曰权借在下"；二是君臣利害有别，为臣的是否狭外自重，即"二曰利异外借"；三是为臣是否托类似的事情，以欺骗君主，中饱私囊，即"三曰托于类似"；四是同一件事，有人获利，有人受害。若只见其害而未见其利，则其利必定被人私吞，即"四曰利害有反"；五是宫内嫡庶匹敌，人臣显贵相当，必定引起内忧，即"五曰参疑内争"；六是敌国运用智计，操纵君主的用舍大权，使对彼有利，即"六曰敌国废置"。从结构上看，"六微"的前四"微"是讲君上与臣下的争斗，第五"微"是讲储君的废立，第六"微"是讲与敌国的用间之战。概括地讲，"六微"就是臣下和外敌危害君权的六种隐微手段，韩非告诫君主，要提高警惕，细微观察，加强防范，亦即"此六者，主之所察也"。曹操被封魏王后议立世子。曹丕和曹植展开了角逐。曹植文采出众，是当时文坛的翘楚，曹操对曹植喜爱有加。曹丕继曹昂死后成为长子，理应是最佳人选，然而曹丕才气不及其弟曹植。时人多猜度，曹操必选曹植为世子。曹丕便问计于中大夫贾诩，贾诩面授机宜。曹操有一规矩，每逢出征，朝中文武和诸子都要送行。送行仪式上，曹植必当众诵读美文，歌功颂德，借炫耀其父而表现自己。曹丕则不然，送行之时总是流涕而拜，泣不成声。对比之下，曹操觉得曹植过于乖巧，华而不实，而曹丕更为诚孝。曹丕又贿赂曹操左右，都说曹丕仁孝，又有贾诩暗中使劲，最后曹操选择了曹丕为王世子。曹操死后，曹丕继魏王，又废汉献帝自立，就是魏文帝。

韩非对奸佞之臣的手段和诡计也做了系统的研究，指出臣子们惯用的八种奸术："一曰同床，二曰在旁，三曰父兄，四曰养殃，五曰民萌，六曰流行，七曰威强，八曰四方。"历史上所能出现的奸臣乱国的招术，都在韩非列举这八种之列。具体讲，有如下八种。

第一招，就是利用君主"便僻好色""之所惑"的软肋，通过打通君主妻妾及妻妾以外的美女的关节而加以蛊惑，再趁君主安闲欢娱之际，酒醉饭饱之时，提出非分要求，获得权势和利益，亦即"托于燕处之虞，乘醉饱之时，而求其所欲"。孟尝君到秦国，秦昭王想拜他为相。有人在秦昭王面前诋毁孟尝君。秦昭王就把孟尝君囚禁起来，准备杀掉。孟尝君派人去找秦昭王幸姬帮助解脱。幸姬说："我想得到你的白狐裘。"孟尝君原有一件白狐裘，价值千金，举世无双，但入秦时已献给昭王。于是问遍身边的门客有何良策，都没有。正在无奈，其门人中最下坐有一能为狗盗之徒，说："我可以偷回白狐裘。"夜晚潜入秦宫中，将孟尝君所献白狐裘盗回。献给幸姬，幸姬大喜。于是借着与秦王饮酒取欢之时为孟尝君进美言，秦昭王听了幸姬的话就把孟尝君给释放了。

第二招，就是通过君王身边的左右侍卫和亲信，即通过"左右近习"，投其所好，或重金收买，使其按照自己的口径，游说君主，来改变君主心意，即"一辞同轨以移主心"，在"化其主"中，实现自己的心愿。安禄山原本是营州柳城地方的胡人，杨贵妃是当时唐玄宗最宠爱的妃子，安禄山知道，只要能够巴结上杨贵妃，让她在唐玄宗面前为自己说话，自己的仕途就能顺风顺水。因此，安禄山极尽阿谀奉承之能事，得到了杨贵妃的喜爱，把安禄山收为义子，又通过杨贵妃的耳边风得到了唐玄宗的厚爱。后来安禄山在官场上平步青云，扶摇直上，做到了平卢、范阳、河东三个地方的节度使。唐玄宗末年至代宗初年，安禄山联合史思明背叛唐朝，发动了同唐朝争夺统治权的内战，史称"安史之乱"。这场内战使得唐朝人口大量丧失，国力锐减，唐朝由盛而衰。

第三招，就是利用美乐、美色、花言巧语或盟约许诺去击中君主的兄弟、亲属或君主宠爱的人，以及君主与其商议谋划大计的大臣廷吏的软肋，即"以劝其心"，使他们去侵犯君主的权益，亦即"犯其主"。东汉末年，董卓掌握了朝廷大权之后，胡作非为，人们对这一国贼敢怒不敢言，因为董卓的义子吕布骁勇无比。王允决定用美人连环计来对付董卓和吕布。王允请吕布到自己家中做客，让家中美貌歌妓貂蝉出来劝酒，吕布一见倾心。王允看到吕布动心，就说貂蝉是自己的干女儿，愿意把她许配给吕布。吕布喜出望外，立即答应。过了几天，王允又把董卓请到家里来喝酒。貂蝉又是斟酒，又是跳舞。好色的董卓看到美貌的貂蝉魂不附体。王允顺水推舟，当即把貂蝉送给了董卓。吕布知道后找到王允，要讨个说法。王允解释说，董太师听到他将貂蝉许配给吕布，特地先来替义子把把关，觉得很好，就先把貂蝉接回去，准备为吕布办喜事。吕布相信了王允的话。第二天，吕布赶到董卓的卧室外去偷窥，结果发现二人睡在一起。貂蝉故意装出很伤心的样子，吕布更加气愤难耐。而董卓走出卧室，看到吕布神色不定的样子，心中也起了疑心。貂蝉凭着天生丽质和万种心机，把董卓和吕布父子之间的关系搞得不共戴天。在凤仪亭，董卓对吕布大打出手，盛怒之下甚至要杀了吕布。王允则抓住时机在吕布面前挑拨离间，最终董卓被吕布杀死。

第四招，利用君主喜好美化宫殿和亭台池榭，美饰女子和狗马而寻求快乐的心情，消耗民力，加重税负来做这些事，以讨好君主、迷惑君主，在顺从君主欲望中借机获取私利，即"尽民力以美宫室台池，重赋敛以饰子女狗马，以娱其主而乱其心，从其所欲，而树私利其间"。秦始皇还没有统一六国之前，就已经有不少宫殿，而在统一六国期间，更是大兴土木，每灭一国便要将该国的宫殿建筑在咸阳附近仿造一遍，宫殿总面积达到了惊人的程度，整个关中地区，自渭河以北，雍门以东，直到泾河一带全部都是宫殿群。秦朝统一六国之后，秦始皇开始在渭河南岸修建后世皆知的阿房宫，每年动用民工 70 多万人。朝宫可以容纳十万人，在这里运送酒菜要用车和马才行，仅一个前殿就可以坐上万人。骊山墓从秦王登基起即开始修建，前后历时三十余年，每年用工 70 万人。内部装修极其奢华，以铜铸顶，以水银为河流湖海，满布机关。最后，建造陵墓的工匠在陵墓造成之后全部被活埋。一些奸臣对秦始皇如此大兴土木，不仅不进谏，而且助纣为虐，"从其所欲，而树私利其间"，种种结果导致秦朝仅历二世而亡，总共不到十五年。

第五招，用公家的财物去收买民心，用小恩小惠招揽民意，以此博得朝野上下的称赞，威胁君主的威信和权力而实现自己的欲望，即"为人臣者散公财以说民人，行小惠以取百姓，使朝廷市井皆劝誉己，以塞其主而成其所欲"。启在建立了夏朝以后开始蜕变，饮酒、打猎、歌舞无度。到晚年更是怠于政事，致使社会矛盾日益加剧。启死后，启的儿子太康继位，太康比启更荒淫，终日沉溺于酒色之中，有时带着家属到洛水北岸打猎，接连几个月不回朝。东夷有穷氏部落的首领后羿利用夏民的怨恨，逐走太康，夺取了夏室的统治权力。后羿虽是当时最善射的人，但也是一个荒唐的统治者。他非常自负，自恃箭术过人，对政事不闻不问，终日沉溺于田猎游乐之中。对于敢谏争的几个贤臣，疏远的疏远，流放的流放。他任用寒浞主持朝政，寒浞是一个佞臣，善于谄媚逢迎，深得后羿的信任，同时又用各种小恩小惠愚弄百姓。他暗中培植党羽，准备颠覆后羿的政权。一次，后羿从外打猎回来，寒浞收买后羿的亲信联手设伏将后羿杀死，寒浞夺得了最高统治权。寒浞更是一个祸国殃民的残暴奸诈之人，他不但霸占了后羿的家产和妻子，而且任意驱赶和杀戮百姓，搞得国无宁日，民不聊生。

第六招，利用招来和供养的"辩士"为自己的私利去游说，鼓吹"流行之辞"，说破各种利害关系，使人害怕祸患，杜撰虚假的言辞来损害君主，即"为人臣者求诸侯之辩士，养国中之能说者，使之以语其私。为巧文之言，流行之辞，示之以利势，惧之以患害，施属虚辞以坏其主"。前文提到孟尝君因别人说他的坏话而遭秦昭王囚禁，这个人就是秦国的国相樗里疾。樗里疾怕孟尝君夺了自己的相位，就让他的门客去游说秦昭王。门客对秦昭王说："孟尝君乃齐国人，让他做秦国国相，他肯定会把齐国的利益放在第一位，而秦国的利益只能往后排。况且孟尝君又是天下大贤，筹划事情非常周密，加之他又有一大批能文能武的门客，如果他利用秦国来为齐国做事，秦国就危险了。"秦王犹豫了，就去问相国樗里疾，樗里疾说："他说得很有道理，我本来想劝大王的，又怕大王误会我妒贤嫉能。"经过樗里疾"敲边鼓"，秦王便把孟尝君给囚禁起来了，樗里疾的目的毫不费力地达到了。

第七招，利用聚集刀剑侠客和豢养亡命之徒，来营造自己的势力，用好处和生命威胁要挟群臣百姓为自己谋私利，即"聚带剑之客，养必死之士，以彰其威，明焉己者必利，不为己者必死，以恐其群臣百姓而行其私"。

第八招，利用加重税收，耗尽国库，挖空自己的国家的手段去勾结大国，招引大兵压境威胁国家安危或招引使者来恐吓，使君主害怕，即"为人臣者，重赋敛，尽府库，虚其国以事大国，而用其威求诱其君；甚者举兵以聚边境而制敛于内，薄者数内大使以震其君，使之恐惧"。

韩非子目光犀利，抓住了奸臣这八种行奸的招数，对于各种奸谋，也是写得淋漓尽致。八条之中，前四条即：用同床，凭在旁，因父兄，巧养殃，是用腐败的手段来攻击领导的软肋，以获得个人的私利，这是领导者的某种通病和常见病，也是奸人的惯用伎俩。时至今日，也不乏以此兴风作浪的奸人。而后四条即：用民萌、凭流行、逞威强、勾四方，反映了战国时代的特点，到了今天，因历史背景的差异已经没有那种表现形式了，但是这些形式所表现出来的行奸之道，仍然需要领导者警惕和防范。从古至今，上至君主，下至一般领导，因中奸人之道而身败名裂的数不胜数。所以，韩非特别强调：此"八招"都是导致臣子奸谋成功，世主遭受蒙蔽、挟持而丧失权势的原因，告诫君主"凡此八者，人臣之所以道成奸，世主所以壅劫，失其所有也，不可不察焉"。

当然，针对这八奸，韩非子在"八奸篇"中也提出了八种应对之法：一防止女人在床笫之间吹"枕边风"。人有情有欲，世间有万物相克。如果君主过份宠幸女人，则奸臣会通过君主的女眷获得权势。二防止左右近侍等下人多嘴多舌。三防止亲人干政。如果君主过分相信亲信、父母兄弟，则奸臣会通过他们获得权势。四防止臣子投己所好，误导君主偏离国家法令。君主要绝对隐藏自己的想法，使臣下无法窥伺自己的好恶，那样臣下才能处于战战兢兢、绝对服从的状态。如果君主在臣下面前表现出自己的好恶和欲望，臣下就会刻意自我掩饰，主动迎合和欺骗君主。所以，君主必须隐藏自己的意图，臣下自然各行其是，显现出其本来面目，这样君主才可知人善任，保持威势不散。五防止百姓对臣下感恩戴德。六防止大臣操控舆论，破坏君主声望。七防止人臣养侠客威胁君主。八防止人臣勾结外国。其中的有些应对之法，在后面还要展开论述，故在此从简。

防范八奸，还要发挥精神控制术和心理控制术的作用。早在春秋之前的周公就强调君王知臣，不仅要知德、知才，更要知心。识破臣下的心机、心术比知德、知才更为艰难，因而也更为重要。君王对臣子的控制，要由外在的现象和行为的控制深入到内在的精神和心理控制，要弄通弄懂和灵活运用精神控制术和心理控制术，增加防八奸的谋略。还有一点需要指出，"术"本身就是一种工具，它产生作用的好坏取决于应用他的人，政治家用它来实现自己的理想和抱负，而政客用它则是为了实现自己的利益和野心。

三、韩非子"以势为尊"的权势领导智慧

在《韩非子》"八说篇"中，韩非说："势者，胜众之资也。"意思是，"势"是君主所以能够执掌政权、驾驭群臣、统治百姓的凭借和依仗。

在《韩非子》"喻老篇"中，韩非说："势重者，人君之渊也。君人者，势重于人臣之间，失则不可复得矣。简公失之于田成，晋公失之于六卿，而邦亡身死。故曰：'鱼不可脱于深渊'。"意思是，君主如鱼，权势就是君主的深潭。君主的权势如果落到了臣下手里，就不可能再回来了。齐简公权势落到田成子手中，晋国君权落到六卿手中，这两个君主最后都国亡身死。所以《老子》说："鱼不可以脱离深渊。"

在《韩非子》"难势篇"中，韩非说："尧为匹夫不能治三人，而桀为天子能乱天下，吾以此知势位之足恃，而贤智之不足慕也。夫弩弱而矢高者，激于风也；身不肖而令行者，得助于众也。尧教于隶属而民不听，至于南面而王天下，令则行，禁则止。则此观之，贤智未足以服众，而势位足以屈贤者也。"意思是，尧要是作为一个普通老百姓，他连三个人也管不住；可是桀作为天子，却能搞乱整个天下。我由此得知，权势地位是足以依赖的，而贤能和智慧是不足以美慕的。弓弩力弱而箭头飞得很高，这是因为受风力的推动；自身不贤而能令出必行，这是因为得到了众人的帮助。尧在平民百姓中施行教化，平民百姓不听他的；等他南面称王统治天下的时候，就能有令则行得通，有禁则止得住。由此看来，贤能和智慧不足以制服民众，而权势地位是完全可以使贤人屈服的。韩非又说："夫势者，名一而变无数者也。势必于自然，则无为言于势矣。吾所为言势者，言人之所设也……夫尧、舜生而在上位，虽有十桀、纣不能乱者，则势治也；桀、纣亦生而在上位，虽有十尧、舜而亦不能治者，则势乱也。故曰：'势治者，则不可乱；而势乱者，则不可治也。'此自然之势也，非人之所得设也。"意思是，权势名称虽然只有一个，但它的内容却有着很多变化。如果权势只有天然获得一种方式，那就不用再谈权势了。我所说的权势，是指通过人的力量建立起来的权势。尧、舜生来就处在君主的位置上，即使再

有十个桀、纣出来也不能扰乱天下，这就叫作"势治"；假如桀、纣同样生来就处在君主的位置上，即使再有十个尧、舜出来也不能治好天下，这就叫作"势乱"。所以说，"势治"就不可能扰乱，而"势乱"就不可能治理好。这都是所谓自然获得的权势，不是人为所能建立的。

在《韩非子》"观行篇"中，韩非说："因可势，求易道，故用力寡而功名立。"意思是，根据可以取得成功的形势，来寻求易于成功的方法，所以就可以花费比较少的力气而取得较大的成就。

在《韩非子》"难奸劫弑臣篇"中，韩非说："故善任势者国安，不知因其势者国危。"意思是，所以，善于借助权势的，国家就安定；不知道借助权势的，国家就会有危险。

在《韩非子》"五蠹篇"中，韩非说："民者固服于势，诚易以服人。"意思是，民众本来就趋向于权势，权势的确具有使人服从的力量。

在《韩非子》"人主篇"中，韩非说："万乘之主，千乘之君，所以制天下而征诸侯者，以其威势也。"意思是，国家的君主能够统治天下，征讨诸侯，凭借的就是权势。

在《韩非子》"扬权篇"中，韩非子说："事在四方，要在中央。圣人执要，四方来效。"意思是，政事分给在四方的地方官员来做，大权集中在中央。圣明的君主执掌权力的要害，四方的官员都来效力。

"势"是韩非思想体系中又一个很重要的范畴，与"法""术"共同组成了韩非的思想体系。"势"，单从字面意思讲，是指某种强大的力量，《说文解字》曰："势，盛力，权也。"韩非所讲的"势"，更多的是指由君主的地位所形成的权力、权势。韩非子将"势"与法、术并列为王者经世治国之道，韩非认为权势是君主执掌政权、驾驭群臣、统治百姓的依仗，即"势者，胜众之资也"。如果君主失去这种"势"的凭借，就驾驭不了臣下的顺逆，控制不了国家的安危，"善任势者国安，不知因其势者国危"。权势也是统治民众最有力的武器，即"民者固服于势，诚易以服人"。

韩非认为"势"是一个名词，但可以将其进行分类，即"夫势者，名一而变无数者也"，韩非则将"势"分为"自然之势"和"人设之势"。自然之势指不以人的意志或人力为转移的事物自然变化趋势及历史发展的自然规律。对此，韩非阐释得很清楚："夫尧、舜生而在上位，虽有十桀、纣不能乱者，则势治也；桀、纣亦生而在上位，虽有十尧、舜而亦不能治者，则势乱也""此自然之势也，非人之所得设也"。韩非认为，这种"自然之势"没有讨论的必要，即"势必于自然，则无为言于势矣"。值得讨论的是"人设之势"，即"吾所为言势者，言人之所设也"。韩非的"人设之势"，指君主凭借所处的地位而获得的令行禁止、驾驭天下的权势和权力。"人设之势"属于政治的范畴，是人力可为的等级分明的权力制度。"人设之势"不是"必于自然"，而是任法用术，靠术来形成和巩固的权势。因此，韩非所讲的"人设之势"，就是赏罚"二柄"的权势。对此，后边有专节论述。

在韩非的眼里权与势是一对孪生兄弟，有权就有势，权柄在握形成的权势是征服天下的力量，"尧为匹夫不能治三人，而桀为天子能乱天下"。韩非继承和总结了战国时期法家的思想和实践，提出了君主专制中央集权的理论。对于君主，他主张"事在四方，要在中央。圣人执要，四方来效"。韩非反复告诫，国家的大权要集中在君主一人手里，君主必须把握强势与重权，绝对不可分给大臣，这样才能治理天下，"万乘之主，千乘之君，所以制天下而征诸侯者，以其威势也"。为此，韩非极力主张君主必须使用各种手段清除世袭的奴隶主贵族的"自然之势"，对于那些拉山头、结帮派、搞小圈子的分裂君主权势的朋党之类的"人设之势"，也一定要出重拳治理，"散其党""夺其辅"。对待政敌的朋党问题，雍正皇帝绝不手软，即使是"自己人"结党营私也严惩不贷。年羹尧曾经是雍正皇帝的恩人，为雍正的事业发展和登上皇帝宝座立下了汗马功劳，仗着和雍正皇帝这层关系，年羹尧恣意妄为，在朝野大力发展自己的党羽，一度权倾朝野。期间雍正皇帝多次话里话外警告年羹尧收敛，年羹尧却把皇上的警告当耳旁风，照样我行我素，毫无忌惮。终于雍正皇帝忍无可忍，决定将年羹尧这只"大老虎"及其党羽打掉。怡亲王胤祥亲自主持审理工作，拟定年羹尧92项大罪，判处凌迟处死，最后雍正皇帝赐其狱中自缢，抄家革职，子嗣充军，一代名将以此收场。另一个有类似问题的皇舅隆科多也被雍正皇帝亲自办理，隆科多病死狱中。通过把枪口对准朋党，让满朝文武彻底清楚了，依附哪座靠山都没用，大清朝只有皇帝说了算，只有好好尽心尽责维护皇帝的权势才是最安全的。

韩非还形象地把人君和权势的关系比作鱼和水的关系，君主如鱼，权势就是君主的深潭。君主若失去权势不仅不会再得到，而且还会像"鱼……脱于深渊"而国亡身死，用韩非的原话说："势重者，人君之渊也。君人者，势重于人臣之间，失则不可复得矣。简公失之于田成，晋公失之于六卿，而上亡身死。"

在中国古代，皇帝具有至高无上的权力，可是一旦失去权势其下场比常人还要惨。汉献帝刘协被曹操囚禁了一辈子，爱妃董氏也死于曹操之手。南宋皇帝宋理宗赵昀，在位时间四十年。在前十年，朝廷大事都被权相弥远掌控，赵昀是个傀儡，等弥远死后才成为实际的皇帝。他在亲自执政期间也干了几件大事，但好景不长，没过多久就沉迷女色，还招妓入宫。执政后期，大权旁落在宠幸佞臣贾似道手上。贾似道竟以宋理宗的名义将长江以北的土地割让给蒙古。宋理宗晚年最宠爱的妃子阎贵妃也相继干涉朝事，将朝堂搞得乌烟瘴气，南宋很快就被元军灭掉了。

当然了，韩非权势的思想，既有其产生的历史背景，也有因时代背景而产生的时代局限。领导者的权力分为职位权力和非职位权力，也相应地分为权力性影响力和非权力性影响力。韩非则认为权力性影响力更有效。其实，从根本性和长远性上看，非权力性影响力对征服下属的作用力更大，"得道多助，失道寡助"讲的就是这个道理。

在西方，有着现代管理学之父之称的彼得·德鲁克，其著作影响了数代追求创新以及最佳管理实践的学者和企业家们，各类商业管理课程也都深受彼得·德鲁克思想的影响。但就管理研究的历史与成就而言，韩非子应该是古代的管理之父，他将商鞅提倡的"法"，申不害强调的"术"，以及慎到倡导的"势"结合起来。"法"，指的是制度；"术"，指的是管理者的管理方法与技巧；"势"，指的是领导权威。合理的制度加上管理方法与技巧和领导权威，这不仅是管理学的精髓，而且"法、术、势"的内在有机联系就构成了全面、完善的管理科学体系，如果德鲁克能够向两千多年前的韩非子取经，把韩非子的"法、术、势"的管理思想研究通透，他的管理学会更全面、更适合企业的管理实践。

四、韩非子"邦之利器"的赏罚领导智慧

在《韩非子》"喻老篇"中，韩非说："赏罚者，邦之利器也，在君则制臣，在臣则胜君。君见赏，臣则损之以为德；君见罚，臣则益之以为威。人君见赏，而人臣用其势；人君见罚，而人臣乘其威。故曰：邦之利器，不可以示人。"意思是，奖赏和惩罚是一个国家最锐利的武器，运用这种锐利武器的权力掌握在君主手中可以制服臣子，掌握在臣子手中则君主会被臣子挟制。君主表示要行赏，臣子就减损一部分用作自己的私赏，以显示自己的恩德；君主表示要行罚，臣子就加重刑罚来显示自己的威风。君主行赏，臣子利用了他的权

势；君主行罚，臣子凭借了他的威风。久而久之，臣民将讨好和畏惧那个臣子而非君主。所以《老子》说：“赏罚这国家的锐利武器，不可以分给别人。”

在《韩非子》“饰邪篇”中，韩非说：“明于治之数，则国虽小，富；赏罚敬信，民虽寡，强。”意思是，通晓了治理的方法，国家虽然小，也能实现富裕；懂得了赏罚恭敬诚信的道理，人口虽然少，也可以强盛起来。

在《韩非子》“外储说左下篇”中，韩非说：“有术之主，信赏以尽能，必罚以禁邪。”意思是，明白法术的君主，有功必赏，以激励人尽其能；有罪必罚，以禁止奸人作恶。

在《韩非子》“八经篇”中，韩非说：“赏莫如厚，使民利之；誉莫如美，使民荣之；诛莫如重，使民畏之；毁莫如恶，使民耻之。”意思是，既然要奖赏，就不如厚赏，使被奖赏的人觉得利益更大；既然要赞誉，就不如大力地宣扬，使被赞誉的人觉得十分荣耀；既然要惩罚，就不如重罚，使被惩罚的人觉得畏惧；既然要诋毁，就不如让它显得更恶劣，使被诋毁的人感到羞耻。

在《韩非子》“五蠹篇”中，韩非说：“赏莫如厚而信，使民利之；罚莫如重而必，使民畏之。”意思是，奖赏莫过于丰厚而且守信，让被奖赏的人获利；惩罚莫过于重而且一定让被惩罚的人畏惧。

在《韩非子》“有度篇”中，韩非说：“法不阿贵……刑过不避大臣，赏善不遗匹夫。”意思是，对高贵的人、有权势的人也不徇情。惩罚有罪的人而不能回避居于高官或显赫位置的人，奖赏有功劳的人也不能遗漏平民百姓。

在《韩非子》“主道篇”中，韩非主张：“明君无偷赏，无赦罚。”意思是，圣明的君主不能随意给予赏赐，也不能随便赦免惩罚。

韩非认为，赏罚是治理国家的利器和基本手段，即“赏罚者，邦之利器也”。晋朝的傅玄也曾经说过：“治国有二柄，一曰赏，二曰罚。赏者，政之大德也、罚者，政之大威也。”韩非强调这一利器必须掌握在君主手里，君主可以用它控制臣子，而不能落到臣子手中，一旦落到臣子手里，臣子就会用它来挟制君主，即“在君则制臣，在臣则胜君”。老子也说过：“邦之利器，不可以示人。”韩非还认为，赏罚的主旨就是赏善戒恶。赏罚之所以被称为治理国家的利器，就是因为赏罚是治乱的手柄，无赏罚国家就必然归于灭亡。韩非的这一思想也为后来的先哲们所认可。汉宣帝说：“有功不赏，有罪不诛，虽唐、虞犹不能以化天下。”《南齐书》“崔祖思传”中也讲：“令行禁止，为国之关键。然则天下治者，赏罚而已矣。"《资治通鉴》中说："天下大务，莫过赏罚。"国君或者组织当中的核心领导者必须集赏罚二权于一身，才能形成权威，才能建立起具有轴心领导力的组织。赏罚二柄犹如一把琴上的两根弦，是分开的，又是分不开的；也像大殿中的两根柱子，是独立的，又是不能独立的。因此，赏罚二柄共同配合运用，才能彰显出"邦之利器"的效果。赏罚这把利器又是双刃剑，古今中外的君主或国王无不以赏罚得当而治，赏罚失当而乱。赏罚失其当者乱，因为过当之赏，启侥幸之心，过当之罚，挫勇进之气。那么如何行赏罚为得当，始能反乱而治呢？好荣恶辱之心，人皆具之，作恶者需要罚，守善者需要赏，赏以兴人善，罚以戒人恶，赏不遗远，罚不阿近，爵不可以无功取，刑不可以贵势免，就能收到诸葛亮所说的"赏以兴功，罚以禁奸"的社会大治的效果。

韩非关于赏罚思想，最核心的就是赏罚分明，坚守信用。赏罚是维护国家统治和社会秩序的重要工具。因此，赏罚必须公正严明，对官民都应该一样，对上下贵贱都一视同仁，即"刑过不避大臣，赏善不遗匹夫"，该赏的赏，该罚的罚，这样才有公信力，即使是小国也能富强起来，即"明于治之数，则国虽小，富；赏罚敬信，民虽寡，强"。否则，赏罚的承诺不及时兑现，就会造成有令不行、有禁不止的后果。因此，赏罚守信的君主，都是该赏的就赏，该罚的就罚，这样就能赏以兴功，罚以禁奸，即"信赏以尽能，必罚以禁邪"，就可以确保下属弃恶扬善。诸葛亮也说："科教严明，赏罚必信，无恶不惩，无善不显。"据历史记载，康熙帝赞同韩非子以法治国的主张，他认为治理国家必须"晓之以法"，康熙认同韩非子关于赏罚的思想，他曾说，韩非子的"赏罚分明"能够生功止过，并在自己的治理实践中有效地运用了奖罚的手段。对于清官，无论官职高低则采取荣誉激励和物质激励相结合的办法，大力地推崇赞扬；对于贪污之辈，无论官位多么显赫则是严明法纪，加以惩处。《资治通鉴》中讲："赏一人使天下之人喜，罚一人使天下之人惧，苟二事不失，自然尽美。"赏罚分明，有这样几层意思：一是一个人只要有功，即使是君子厌恶的人，也一定要给予赏赐；一个人有过失的话，即使是最亲近的人也要惩罚。二是一个人有功又有过时，一定要功过分明，不能因功赦过，只奖不罚；也不能因过废功，只罚不奖。三是奖罚要以事实为依据，不能以人言为依据。赏罚不明，任何制度都会落空。如果无功者得到赏赐，有功者受到惩罚，民众就会对外不杀敌立功，对内不耕种纺织，而是忙于用财货去巴结富贵之人，以此获得高官厚禄。

齐威王是战国时期齐国的国君，他即位之初，终日沉迷酒色，不理政事，国势日益衰落，韩、赵、魏等国都乘机来攻打齐国。后来，齐威王接受邹忌的谏言，开始整顿朝政，改革吏治。当时，齐威王身边的内臣不断地在他面前表扬阿地大夫，说即墨大夫的坏话。齐威王决定对这两人进行赏罚，以儆效尤。齐威王为了做到赏罚分明，不以人言为据，暗地里派人对两位大夫进行了实地考察。考察的人以实情向齐威王报告后，齐威王召见即墨大夫，对他说："自从你到即墨任官，每天都有指责你的话传来。然而我派人去即墨察看，却见到田土开辟整齐，百姓丰衣足食，官府无事，十分安定。我知道这是你不巴结我左右内臣的缘故。"当即便封赐即墨大夫享用一万户的俸禄。齐威王又召见阿地大夫，对他说："自从你到阿地镇守，每天都有称赞你的好话传来。但我派人前去察看阿地，只见田地荒芜，百姓贫困饥饿。当初赵国攻打鄄地，你不救；卫国夺取薛陵，你不知道；你用重金买通了我的左右近臣以求他们替你说好话！"齐威王下令烹死阿地大夫及替他说好话的近臣。齐威王"赏当贤，罚当暴，不杀不辜，不失有罪"的赏罚举措，令左右臣僚们此后再不敢弄虚作假，齐国因此大治，由衰落变为最强盛的国家。

韩非关于赏罚的思想，还特别注重赏罚要公平。韩非强调，执法要公正，法律面前人人平等，对高贵的人，有权势的人也绝不能徇私情，即"法不阿贵""明君无偷赏，无赦罚"。诸葛亮也特别重视赏罚公正的原则，他从反面指出："赏罚不正，则忠臣死于非罪，而邪臣起于非功。"明朝的宋诩也讲过："赏罚有不公，则人心不平，怨尤生焉。更欲人之从事之，济亦难矣哉！"

韩非关于赏罚的思想，还有一个重要的特色：厚赏重罚，即"赏莫如厚，使民利之；誉莫如美，使民荣之；诛莫如重，使民畏之；毁莫如恶，使民耻之""罚莫如重而必，使民畏之"。韩非的厚赏重罚的思想，是他所处的战国社会严重混乱失序的背景下"重典治乱世"的产物。重赏之下，让人们感到兴功所得到的收益丰厚，也就是付出与回报相匹配，就会从理性上自觉地去兴功立业；重罚之下，让人们感到被罚的成本很大，代价很高，也就是冒极大的危险才能获得极小的利益，就会做出理性的选择，就会自觉地收敛自己的行为。厚赏重罚，绝不意味着君主可以随便赏赐，做无缘无故的刑罚赦免。领导者手中握有很多资源，奖赏下属是不难的，但一定要慎用，必须做到事出有因，赏与功相当，大功大赏，小功小赏，无功不赏。罚是结人之怨，逆乎人情，而赏是给人之恩，顺乎人情，容易滥赏。赏赐太随便了，功臣便懈怠；赦免刑罚太容易了，奸佞小人就容易为非作歹。古人就有九罚一赏天下治，九赏一罚天下乱之说，应为今天的领导者品鉴。领导者只有懂得"厚赏"和"惜赏"之道，才能有的放矢，也才能引导众人的行为。

韩非的"赏罚"思想，也是君主治国、统治天下的"恩威"利器。周公注重"敬德保命"，他要求康叔"明德慎罚"，以教化为本，勿滥杀无辜。但周公也认为，王者之德必须限制在管理臣属的有效范围内，只讲德并不能使下属完全臣服，还必须运用"刑威"，使臣属惧服。君王无德，臣属感受不到怀柔与体恤，就不顺命归心；而无"刑威"震慑臣属，他们就会犯上作乱而不恭顺敬畏。后来儒家"宽猛相济"的"治国、平天下"韬略，也源于周公的"恩威"并用的敬服、畏服思想。

韩非的"赏罚"思想，在西方现代领导学理论中叫"斯金纳强化激励理论"。该理论是美国的心理学家和行为科学家斯金纳（Burrhus Frederic Skinner）、赫西、布兰查德等人提出的一种理论，是以学习的强化原则为基础的关于理解和修正人的行为的一种学说。斯金纳在1931年获得哈佛大学的心理学博士学位，并于1943年回到哈佛大学任教，直到1975年退休。1968年他曾获得美国全国科学奖章。他提出了一种"操作条件反射"理论，认为人或动物为了达到某种目的，会采取一定的行为作用于环境。当这种行为的后果对他有利时，这种行为就会在以后重复出现；当这种行为的后果对他不利时，这种行为就会减弱或消失。人们可以用这种正强化或负强化的办法来影响行为的后果，从而修正其行为，这就是强化理论，也叫作行为修正理论。在管理上，强化就是对一种行为的肯定或否定的后果（报酬或惩罚），正强化就是肯定和奖励那些组织上需要的行为，从而加强这种行为的刺激；负强化就是否定和惩罚那些组织上不需要的行为，从而减弱这种行为的不断重复出现的刺激。换句话说，激励可以从正面强化，也可以从反面强化。"赏"就是从正面强化，就是对下属的某种行为给予肯定或奖励，使其发扬光大；"罚"，就是从反面强化，就是对下属的某种行为给予否定和处罚，使之逐渐减弱或立即停止。

韩非"赏罚"公平的思想，在组织或企业激励的层面会产生持久的作用。当代西方行为科学中亚当斯的公平激励理论就与韩非的思想一脉相通。亚当斯公平理论（Equity Theory）是由美国学者亚当斯（J.S.Adams）在综合有关分配的公平概念和认知失调的基础上，于20世纪60年代提出的一种激励理论。该理论认为，一个员工对自己报酬上的公平感会影响到对他的激励作用，而这种公平感不光来自于自己投入和报酬的比率上，还来自他所了解的其他相同工作或不同工作的员工、同事、同学等的投入与报酬的比率相互关系中。也就是说，一个员工在做出工作绩效后，他不仅关心自己取得报酬的绝对量，而且还看重所得报酬的相对量。投入包括自己的教育水平、工作的时间、所付出的精力和各种无形损耗等；报酬包括各种金钱等物质待遇，也包括各种名誉和受人尊敬等精神享受。通过社会比较或历史比较后，如果员工的知觉和比较的认知失调，就会导致心理失衡，即不公平感和心里紧张。为减轻或消除这种紧张，员工就要采取某种行动以恢复心理平衡。这些行动都带有消极性，如打压参照系，即要求领导降低其他员工的报酬或增加其他员工的劳动投入，要求领导给自己增加报酬或以出工不出力的方式减少自己的劳动投入，愤愤不平或牢骚满腹，弃职到他认为能得到公平待遇的地方；如果员工对自己的报酬感到公平，就会获得满足感，因而心情舒畅，就会产生激励员工努力工作的行为。亚当斯公平理论对我们领导者的重要启示是：奖赏下属要尽量做到"相对公平"。

五、韩非子"尽人之智"的用智领导智慧

在《韩非子》"八经篇"中，韩非说："力不敌众，智不尽物。与其用一人，不如用一国，故智力敌而群物胜。揣中则私劳，不中则任过。下君尽己之能，中君尽人之力，上君尽人之智。"意思是，一个人的力量是有限的，是无法与众人相匹敌的；一个人的智慧也是有限的，是无法尽知世界万物的。君主与其仅仅用自己的力量和智慧，不如用一国人的力量和智慧，这就足以敌得过众人的智力而胜过万物。君主遇事仅仅自己来猜度，即使对了，也要劳精费神；一旦错了，就要自己承担责任。不善于治理的君主只知道用自己一个人的智力和能力来治国，一般的君主知道用法制使臣民各尽其力帮助自己统治国家，而贤明的君主通过术治善用众人的无穷智慧和力量来共同治理好国家。

在《韩非子》"主道篇"中，韩非说："明君之道，使智者尽其虑，而君因以断事，故君不躬于智；贤者勅其材，君因而任之，故君不躬于能；有功则君有其贤，有过则臣任其罪，故君不躬于名。是故不贤而为贤者师，不智而为智者正。臣有其劳，君有其成功，此之谓贤主之经也。"意思是，贤明君主的行事智慧是，使聪明人竭尽心智地谋虑，提出建议，以供君主据此决断事情，所以君主的智力不会穷尽；鼓励贤明的人发挥聪明才干，君主据此任用他们，

所以君主不用劳苦心力而又能力无限。有功劳则君主享有贤名，有过失则臣下承担过咎，这样君主永远获得好名声。因此不贤的君主却是贤人的老师，不智的君主却是智者的君长。臣下尽其劳苦，君主享受其成功，这就叫贤明君主所奉守的善治之道。韩非又说："人主之道，静退以为宝。不自操事而知拙与巧，不自计虑而知福与咎。"意思是，贤明的君主统治之道，视安静和退让为宝，不亲自操劳具体事务就能够知道臣下办事的笨拙与巧妙，不亲自谋划和考虑就知道臣下谋虑的吉凶福祸。

在《韩非子》"功名篇"中，韩非说："故古之能致功名者，众人助之以力，近者结之以成，远者誉之以名，尊者载之以势。"意思是，古代能够成就功名的人，是由于众人鼎力相助他，近处的人以坦诚之心相交他，远处的人用盛名美誉他，位尊的人用权势拥戴和支持他。

在《韩非子》"外储说篇"中，韩非说："圣人不亲细民，明主不躬小事。"意思是，圣贤而智慧的人不会纠结和沉湎于世俗间的繁杂琐事中；英明的君主不亲力于事物具体的细枝末节，而是考虑事物大局的发展方向和战略规划。

治国安邦，立功成事，必然依靠智力，依靠人才。君王不是用己，而是用臣，即"君道无为，臣道有为"。对于君主而言，不在于事必躬亲，纠结和沉湎于世俗间的繁杂琐事中，不亲力于事物的细枝末节，即"圣人不亲细民，明主不躬小事"，而在于明确划分君臣的不同职能，静下心来集中精力考虑事务大局的发展方向和战略规划，激励臣子们去尽力尽智把事情办好，这就是"人主之道，静退以为宝。不自操事而知拙与巧，不自计虑而知福与咎"。明末清初的思想家黄宗羲也说："天下之大，非一人之所能治，而分治之以群工。"意思是，君主治理天下，要能任众人之力之智，而不能万事独揽一身，独任己力己智，否则劳形苦神，伤害了自己的身心，也会葬送了自己所承载的事业。

韩非将君主分为三种类别：下君、中君和上君。并认为"下君尽己之能，中君尽人之力，上君尽人之智"。显然，韩非将"尽己之能""尽人之力""尽人之智"作为衡量君王治国理政水平的三个层次，这是很有智慧的。韩非说：自己的力量是有限的，即"力不敌众"，一个国君再有本事，再擅长于"尽己之能"，充其量也不过是精于执行力的匹夫。众人的力量是巨大的，一人难挑千斤担，众人能移万座山，所以古人讲"借力者强"。善于"尽人之力"治国理政的君主，就比"尽己之力"的等而下之的君主高了一个层次，即为"中君"。

人的智慧能使一个人的力量发挥到最大限度。但是一个人的智慧也是极其有限的，即"智不尽物"，众人集合在一起的智慧就胜过圣人，所以众人的智慧是无穷无尽的，最高层次的治国理政的君主就是"尽人之智"，即"明君之道，使智者尽其虑，而君因以断事，故君不穷于智；贤者敕其材，君因而任之，故君不穷于能"。这样做的益处是"有功则君有其贤，有过则臣任其罪……臣有其劳，君有其成功"。这才可称之为贤明君主的善治之道，即"此之谓贤主之经也"。古代能够成就功名的君主，都是众人尽力尽智相助他的结果，即"故古之能致功名者，众人助之以力，近者结之以成，远者誉之以名，尊者载之以势"。东汉末年的刘备就深谙"贤主之经"，他也算是个英雄，"三英战吕布"中就有他，外号为"枭雄"，何况他麾下还有关羽、张飞和赵云等猛将。但是，刘备清醒地知道，要打天下，要成为"上君"，团队里还必须有富有智慧的军师。开始刘备有徐庶这个军师，他用一个计谋就破了曹操的八卦阵，使刘备更进一步地认识到，一个军师的智慧能抵百万之军的力量。后来徐庶被曹操用计给骗走了。刘备屈就于南阳，三顾茅庐请诸葛亮出山当自己的军师，并以言听计从的姿态，尽诸葛亮之智。《荀子》"劝学篇"中有这样一句话："君子生非异也，善假于物也。"诸葛亮后来用智慧把"善假（借）于物"的"假"功演绎得精彩绝伦："借"自然资源，白河用水，博望用火，以少胜多，打得曹兵大败；草船"借"箭，不费一兵一卒，不到三天向曹操借来十万支雕翎箭；"借"东风火烧赤壁，顷刻之间导致曹操的战舰和军营灰飞烟灭，几十万曹兵被烧得丢盔弃甲；"借"荆州，并且是一借不还，为刘备后来的蜀国江山奠定了第一块坚实的地盘，最后与曹操和孙权形成三国鼎足之势。刘备也成为史上最善于借力和借智的"上君"。孙权称帝之初，解读他的建国立业之道是，"用众力"和"用众智"，并认为"能用众力，则无敌于天下矣；能用众智，则无畏于圣人矣"。这就是韩非为什么把尽己之力、人之力、人之智分成下、中、上策略的缘故。

"尽人之智"，当然不是发挥一个人的智慧，一个人的才智再高，如诸葛亮，能力也是有限的。众人种树树成林，大家栽花花满园。所以"尽人之智"的根本在于发挥集体智慧，将许多偏才优化组合起来就会成为无所不能的全才，即"与其用一人，不如用一国，故智力敌而群物胜"。春秋时鲁国单父县县令职务空缺，孔子推荐了巫马期。巫马期上任后尽心尽力，披星戴月，呕心沥血，辛辛苦苦地工作了一年，单父县大治。不过，巫马期却因为过度劳累病倒了。于是孔子推荐宓子贱。宓子贱弹着琴、唱着歌就来单父县赴任。他在县衙后院建了一个琴台，终日鸣琴，身不下堂，轻轻松松地一年下来单父县大治。巫马期请教宓子贱的成功之道，宓子贱告诉巫马期："你做县令靠的是自己的努力，可是一县地域那么大，事情那么多，个人力量毕竟有限，废寝忘食地努力也只能是勉强支撑，而且支撑不了多久就会把自己的身体彻底搞垮。而我的工作方法是尽能人的力量和智慧做事，事业越大，我调动的人力人智就越多，调动的人力人智越多，事业就越大，因此，我的工作也就越做越轻松。"

有智的人就是人才，一个国家有智的人才就如同矿藏里的黄金。因此，明智的君王为了兴邦固国一定是具有善于发现和得到人才，善于挖掘和利用人才的智慧。《史记·商君列传》所引左逸诗也有"得人者兴，失人者崩"。《吕氏春秋》总结秦统一的经验是："招贤异国，委以重任，尊之于高位，终并六国，一统天下。"唐太宗在唐朝建立之初时，就清醒地认识到："能安天下者，惟在用得贤才。"正是基于这样高度的认识，唐太宗求贤若渴，把得到贤良之才作为"致安之本"，呼为"天下大端"。他不避亲疏，广纳贤才，重用了房玄龄、杜如晦、魏征等一代名臣，开创了彪炳千秋的"贞观之治"盛世。

"尽己之能"的是专业人才，"尽人之力"的是管理人才，"尽人之智"的才是领导之才。"尽人之智"应该成为我们今天的领导者所要运用的领导智慧。善于发现人才，使用人才，尽人才之智是领导者成熟和卓越的主要标志。自己辛苦努力，而不去"尽人之智"，只能是巫马期式的匹夫。能够"尽"他人之"智"，才是真正意义上的领导者。但是要想成为卓越的领导者，最为关键的不仅要"尽人之力"，更要"尽人之智"。美国前国务卿基辛格，在处理白宫事务中就是一个善于"尽人之智"的领导者。凡是下级向他呈报上来的工作方案，他先不过目，过了几天，把提出方案的人叫来，并问他："这是你最成熟的方案吗？"对方思考一下，一般不会回答是最成熟的方案，通常会说"可能还有不足的地方"。基辛格就会叫他拿回去进行修改和完善。过了一段时间，提出方案者将修改的方案送来，基辛格看完后，又问："这是你最好的方案吗？还有没有比这方案更好的办法？"这又促使提方案者进行深度思考，把方案拿回去再仔细推敲修改。基辛格就是这样反复让提方案者思考研究，一方面深度开发他的智慧，另一方面又能用尽他的智慧，进而达到自己的工作要求。

六、韩非子"官不兼职"的专职领导智慧

在《韩非子》"难一篇"中，韩非说："明主之道，一人不兼官，一官不兼事。"意思是，明君治理国家的原则是，一个人不同时兼任其他职务，一个官职不同时兼管其他政务。

在《韩非子》"用人篇"中，韩非说："使士不兼官，故技长。"意思是，使臣下不兼任官职，各自都会有自己擅长的技能。韩非又说："人臣安乎以能受职，而苦乎以一负二"。意思是，臣下安于以才能给予相应的专任职务，而感到痛苦的是身兼二职。韩非还说："故明主除人臣之所苦，而立人主之所乐。"意思是，所以，明君就要消除臣下兼任自己不胜任的职位所带来的痛苦，设立君主和臣下都快乐的事。韩非还说："明君使事不相干，故莫讼；使士不兼官……使人不同功，故莫争。争讼止……则强弱不觳力，冰炭不合形，天下莫得相伤，治之至也。"意思是，贤明君主使官职职责不互相交叉干扰，所以，就不会发生无谓的扯皮争吵；使臣下不兼任官职，官员就不会为同一件事情而立功，这样就不会发生争斗，内斗止息了，强弱之间就不会争胜，这就好像冰炭不在同一个容器中一样，天下所有的人就不会相互伤残，这就达到了治国理政的最高境界。

在《韩非子》"功名篇"中，韩非也说："人臣之忧在不得一，故曰，右手画圆，左手画方，不能两成。"意思是，臣子的忧虑是为官不能专司其职，所以说，右手画圆的，左手画方的，不能同时兼得。

在《韩非子》"主道篇"中，韩非说："官有一人，勿令通言，则万物皆尽。"意思是，每个官职只有一个人，不让他们互相通气，则所有事情的真相都会显露无遗。

在《韩非子》"有度篇"中，韩非说："朝廷群下，直凑单微，不敢相逾越。"意思是，朝廷的群臣，都能够发挥个人的微薄力量办好国家的大事，彼此不敢越职侵权。

在《韩非子》"扬权篇"中，韩非说："欲治其外，官置一人；不使自恣，安得移并。"意思是，想治理好宫廷外部事务，要每个官职只设置一个人，不要让他们恣意妄为，他们还怎么能越职侵权？韩非又说："有道之臣，不贵其家。有道之君，不贵其臣；贵之富之，彼将代之。"意思是，服从法治的大臣，

不要让属下的私家显赫富贵。懂得治国理政之道的君主，不让他的臣下显赫富贵。如果让他们显赫富贵，他们就会心理膨胀想取代君主。韩非还说："一栖两雄，其斗颜颜……一家二贵，事乃无功。夫妻持政，子无适从。"意思是，要防止一个窝里有两只雄鸟。一个窝里有两只雄鸟就会争斗声不止。一个家族有两个尊贵的人，家臣做事就没有功效。夫妻共同当家，做子女的就不知道该听谁的。

在《韩非子》"外储说右篇"中，韩非说："令王良、造父共车，人操一边辔而入门闾，驾必败而道不至也。令田连、成窍共琴，人抚一弦而挥，则音必败曲不遂矣。"意思是，让王良、造父共同驾驶一辆车，一人掌握一边的缰绳从里巷门中出发，驾驭必然失败而达不到目的地。让田连、成窍共同弹奏一把琴，一人按一根琴弦弹奏，则音不成调，也就演奏不成曲子。

在用人的原则方法上，韩非认为，领导者担任一个官职不要兼官兼事，即"明主之道，一人不兼官，一官不兼事"。韩非提倡一人不兼官的好处是有利于官员业精于专。官吏兼任官职，心思就不专一，就容易顾此失彼，最后此彼都顾不过来，即"人臣之忧在不得一，故曰，右手画圆，左手画方，不能两成"。一人不兼官，就会排解臣子"不得一"的忧虑，聚精会神，把心思全放在一官一职的事上，这样技能就会不断增长，即"使士不兼官，故技长"。《孟子》"告子上篇"中说："今夫弈之为数，小数也；不专心致志，则不得也。"意思是，下棋是一种技艺，而且只是一种小技艺；但如果不专心致志地学习，也是学不会的。下棋之道况且如此，为官之道要远比下棋复杂得多，更需要专一专心。所以，只有坚持一官一职，才能实现业精于专。

不兼官的另外一个益处是便于君主进行控制。每个官职只有一个人，互相不通气，会呈现所有事情的真相，即"官有一人，勿令通言，则万物皆尽"。这样君主就容易掌控臣子，臣子就不能恣意妄为，不能越职侵权，只能尽个人的微薄力量办好职分内的大事，即"朝廷群下，直凑单微，不敢相逾越""欲治其外，官置一人；不使自恣，安得移并"。司马迁在《史记》"太史公自序"中也说："若尊主卑臣，明分职不得相逾越。"君主最大的担心就是对大臣失控，不知道自己的大臣在想什么，干什么，干得如何。一官一职，这些东西几乎一目了然，工作的责任不能推诿，工作的得与失不容争辩，尽在君主控制之中。一官一职，把权力分散到各个大臣中去，这些大臣既互相合作，又互相牵制，不会让一个大臣对整体进行控制，这就能较好地在控制机制下处理各种政务，这是下属最难破解的一种控制方法，大臣们很难联合其他大臣一起实施对君主的反控制，各种力量最后都集中到君主一个人身上。

韩非又换个角度，从反面强调了为官不兼职的问题："人臣安乎以能受职，而苦乎以一负二。""以一负二"就是兼官，臣民会因此感到痛苦。臣下的能力和精力都是有限的，而兼职所带来的工作重负则是无限的，"以一负二"就会有难承之重的苦不堪言。贤明君主就要消除臣下兼任自己不胜任的职位所带来的痛苦，设立让君臣快乐的事，即"明主除人臣之所苦，而立人主之所乐"。

一人兼官，还容易造成臣子权力过重，直接威胁到君主的地位，君主最怕的就是和大臣为敌，因此，为了防止权柄过重，防止权力过度集中到某一个臣子手中，韩非主张一官一职，不要让属下因兼职权力过大而显赫富贵，并告诫说："有道之臣，不贵其家。有道之君，不贵其臣；贵之富之，彼将代之。"一官一职，也是一种制约权术，能使大臣权力的扩张性与活动性都受到相当大的限制。从制衡和平衡的角度来说，限制大臣势力的发展，不让其一方做大，从而达到平衡的状态，而避免"彼将代之"的局面出现。古代的官场犹如战场，为了利益前途，有的臣子即使在同一职级上也想获得更多的权力，因此，为了兼职，往往斗得你死我活，特别是那些有能力的臣子，因为确实有实力，便通过兼职来扩充自己的权势，随着兼职的增多，心性也随之膨胀，将人情世故都抛在了脑后，甚至抢走君主的风头，与君主形成比肩之势，这就离"挨刀"不远了。就算一个臣子特别能干，一官兼数职，每一职都干得出彩，也要清醒自己会不会在被榨干所有利用价值之后被君主"卸磨杀驴"了。历史上因为有才干而被"干掉"的臣子太多了。身在官场，哪怕是几朝元老，奇功赫赫，也永远不能忘记你只是给君主"打工"的，不要贪婪兼职扩权，相反，一定要学会自剪羽翼而自保。

古代宰相就是一官多职，在明代以前，历朝大体上沿用秦始皇所创立的君主之下设宰相辅政的政治体制框架，只是相权的形式和职权的大小略有不同。明朝初年，基本沿用汉唐旧制。但朱元璋对此很不满意，他亲自设计、制定了几项重要的政治制度，对以往政治制度进行了大胆的变革和创新。他首先从地方机构改革着手。洪武九年，朱元璋下令撤销行中书省，设立承宣布政使司、提刑按察使司和都指挥使司，分掌行政、司法、军事权力，三者地位平等，互不统摄。然后朱元璋进行中央机构的改革。洪武十三年，他借口胡惟庸谋反，趁机宣布撤销中书省，"罢宰相不设，析中书省之政归六部"，分掌天下事务，直接向皇帝汇报。朱元璋唯恐后世子孙不理解自己的苦心，特意在《祖训》中明文规定不许变乱旧章："以后子孙做皇帝时，并不许立丞相，有奏请设立者，文武群臣实时劾奏，将犯人凌迟，全家处死。"同时将掌管全国军事的大都督府一分为五，改为前、后、左、右、中五军都督府，分领所属都司卫所部队，但无权调兵。

韩非不仅主张"一人不兼官，一官不兼事"，而且也倡导一职不设二官。因为"一职多官"，如果有了成绩，众官会争先恐后地邀功、挤兑他人。出了问题，就会相互推诿，把自己的责任推得一干二净，即"一栖两雄，其斗颜颜……一家二贵，事乃无功"。一职不设二官甚至多官，目的是减少冲突矛盾的发生和避免推诿扯皮低效率的问题。韩非举例子形象地说明了"一职二官"的弊端："令王良、造父共车，人操一边辔而入门间，驾必败而道不至也。令田连、成窍共琴，人抚一弦而挥，则音必败曲不遂矣。" 在这种情况下，一加一不仅不等于二，甚至小于一。韩非讲了一个实例：从前，韩昭侯喝醉了酒睡着了。给他掌管冠帽的官员怕他着凉，就给他拿了件衣服盖在身上。韩昭侯醒来以后看到身上的衣服很高兴，问身边的侍从说："谁给我盖了衣服呀？"侍从回答说："是典冠。"韩昭侯于是同时处罚了典衣和典冠。之所以处罚为君主掌管衣物的典衣，是认为他失职；而责罚典冠，是认为他超越了自己的职权。韩昭侯并非不怕受寒，而是认为超越职权的害处大于自己受寒。所以英明的君主拿官位豢养臣下，臣下不得超越职权去立功，不得发表不适当言论。超越职权的就要处死，言论不适当的就要治罪。臣下恪守自己的职责，所说的话都很真实，群臣就不能朋党勾结而狼狈为奸了。

韩非还主张"一仆不侍二主"。俗话说："一壶不沏二茶，一马不跨双鞍。"秦惠公死后，年幼的出子即位，人称"小主"。小主的母亲把持了国政，并重用了为人奸诈的奄变，搞乱了秦国。贤人们都愤愤不平，隐匿不出；老百姓也敢怒不敢言。正流亡在魏国的公子连，打算乘机回秦国夺取政权。于是公子连借助秦国大臣和百姓的支持回到秦国，来到了郑所要塞。郑所要塞的守将是右主然，右主然下令严加防守，不放公子连进去，说道："实在对不起公子了，俗话说：忠臣不事二主。公子您还是尽快离开这里吧！"无奈之下，公子连离开了郑所要塞，进入北狄，转道来到了焉氏要塞。守塞的菌改把他放了进去。小主的母亲和奄变下令起兵攻打公子连。秦国的将士们接到命令说："敌寇在边境上。"将士们在出发的时候都口口声声地说："去迎击敌寇！"但走到半路时，将士们哗变了，都说："我们不是去迎击敌寇，而是去迎接国君。"于是公子连带领军队杀回了国都，小主的母亲自杀身亡。公子连立为国君，是为秦献公。秦献公登基后重赏了所有有功人员，但他怨恨右主然，想重重地处罚他。大臣监突了解到秦献公的打算后，便进谏道："国君这样做不行。秦公子流亡在外的有很多，如果您这样做了的话，违背了'一仆不侍二主'的官道，那么大臣们就会争先恐后地把流亡在外的公子放进国来。这对您是很不利的。"秦献公想了想，认为监突的话确实非常有道理，于是他下令赦免了右主然。

七、韩非子"在旁为害"的近侍领导智慧

在《韩非子》"八奸篇"中，韩非说："何谓在旁？优笑侏儒，左右近习，此人主未命而唯唯，未使而诺诺，先意承旨，观貌察色以先主心者也。此皆俱进俱退，皆应皆对，一辞同轨以移主心者也。"关于这段话的意思，在本章第二部分中已经阐释，在此不再赘言。韩非还说："明君之于内也，娱其色而不行其谒，不使私请。其于左右也，使其身必责其言，不使益辞。"意思是，明君对于宫内的夫人美妾，享受她们的美色而不答应她们的请求，不准许她们出于私利而提出不正当的请求；对于左右近侍，使用他们的身力办事，但一定要严责他们的言论，不准说些溢美之辞和虚夸之辞来讨好和迷惑人。

在前面的"八奸"论述中，已经提到了"在旁"的问题，但"在旁为害"是个大问题，不仅古代如此，就是在今天对领导者来说也是一种大害，不容小觑。因此，我将其单独拿出来作为一个独立部分再深入进行研究。

"优笑侏儒，左右近习"这些"在旁"的人，虽然是君主身边的普通侍臣，他们也不为君主所器重，但是他们因在君主之旁，能够揣摩透君主的心意，极尽阿谀奉承之能事，即"人主未命而唯唯，未使而诺诺，先意承旨"。他们还善于察言观色和凭着三寸不烂之舌，讨得君主的喜欢，常常能凭一句话影响或左右君主的决定，即"辞同轨以移主心"，通过这样的手段操控普通臣僚的升迁罢免甚至生死。在《韩非子》"说林"中，有这样一段记载："鲁丹三说中山之君而不受也，因散五十金事其左右。复见，未语，而君与之食。鲁丹出，而不反舍，遂去中山。其御曰：'反见，乃始善我，何故去之？'鲁丹曰：'夫以

人言善我，必以人言罪我。'未出境，而公子恶之曰：'为赵来间中山。'君因索而罪之。"翻译成白话的大意就是，鲁丹多次游说中山国君，但是他的想法总是不被采纳。于是鲁丹就散发了五十块金币向中山国君的"在旁"近臣行贿，又得以再见到国君，君主没有说话，只是款待他吃了一顿饭。鲁丹出来后连客舍都没去，就离开了中山国。他的车夫对此很不理解，就问他："再次见面时，国君已经开始和我们示好，为什么匆忙离开？"鲁丹说："因为中山国君听了'在旁'近臣的话才对我友好，也一定会因为'在旁'人的话来怪罪我的。"鲁丹还未走出国境，中山国的公子就向国君恶意中伤鲁丹："鲁丹是为赵国来刺探中山国的。"中山国君听了这话，马上布置搜捕并要加罪于鲁丹。

这些"在旁"的人，因靠近君主，又善于察言观色、能说会道，为君主所喜爱，并由此而拥有一些"小权力"和狐假虎威的"派生权力"，凭借着这些"小权力"和"派生权力"为自己谋取私利大开方便之门。"小权力"弄权在春秋战国时非常普遍，不仅《韩非子》中有记录，其他典籍中也屡屡可见。《战国策》"东周策"中记载，赵国占用了东周的祭地，周君心中忧虑，把这种心忧告诉了大臣郑朝。郑朝说："周君不用为这件事忧虑，我请求以三十金再取回祭地。"周君给了他三十金。郑朝把这三十金献给了赵国管占筮的太卜，并要他帮助要回祭地之事。后来赵王病，要太卜占卜问病，太卜占了卜，谎称："这是周的祭地在作怪。"于是，赵王就把祭地还给了周君。太卜是掌管阴阳卜筮的官员，通过卜筮帮助君主断疑决难，并不拥有控制政务的实际权力，而是仅凭一句杜撰的"祭地为祟"的假话，就令赵君归还了周的祭地。由此可见，"小权力"能有效影响君主判断和决策，而争取"小权力"的成本又较小，此例中也就是"三十金"。这种情形，就诱使一些官员主动地顺应"小权力"的弄权行为，求其为己所用。这些"小权力"者往往为一己之私而置国家利益于不顾，轻则巧舌如簧诱骗君主，重则自己擅权扰乱朝政。"小权力"的危害不仅体现为对上蒙蔽，还体现为对下构陷。《韩非子》中有这样的记载："齐中大夫有夷射者，御饮于王，醉甚而出，倚于郎门。门者刖跪请曰：足下无意赐之余沥乎？夷射叱曰：去！刑余之人，何事乃敢乞饮长者！刖跪走退。及夷射去，刖跪因捐水郎门溜下，类溺者之状。明日，王出而呵之，曰：谁溺于是？刖跪对曰：臣不见也。虽然，昨日中大夫夷射立于此。王因诛夷射而杀之。"这段话的大意是，齐国的中大夫夷射，有一天陪同齐王喝酒，醉醺醺走出来，倚靠在宫中廊门上。一个受过刑的守门人月跪请求说："足下不想赏赐给我一点剩下的酒吗？"夷射说："呸，滚开！受过刑的人，怎么竟敢向老子讨酒喝？"守门人于是退下去了。等到夷射离开，守门人便在门前的屋檐下洒了点水，好像撒了泡尿的样子。第二天，齐王出门来责问："是谁尿在这里？"那个守门人回答说："我没有看见。虽然如此，昨天中大夫夷射曾经在这里站过。"齐王因此谴责夷射并把他杀了。欧阳修在《新五代史》"伶官传"中写道："故方其盛也，举天下之豪杰，莫能与之争；及其衰也，数十伶人困之，而身死国灭，为天下人笑。"这里的"伶人"就是古代宫廷中专为帝王服务的艺人。历史上的后唐庄宗李存勖就是因为宠幸伶官，最后死于作乱的伶官郭从谦之手，导致了后唐的灭亡。

如何来治理"在旁"的人呢？韩非提出了两条治理举措：第一条，是针对宫内生活中朝夕相处的配偶、妻妾等提出的对策，只享受她们的美色，满足人性的欲望与冲动，而不答应也不准许她们从私利出发提出不正当的要求，即"明君之于内也，娱其色而不行其谒，不使私请"。第二条，是针对工作关系相处的左右近侍等，只使用他们的身力办公事，严禁用溢美虚夸的语言蒙蔽君主，而达到办私事、谋私利的目的，即"其于左右也，使其身必责其言，不使益辞"。

韩非对"在旁为害"的认识和为此提出的治理措施，为我们提供了认识和解决现实问题的宝贵智慧。在今天，领导者身边也有很多"在旁"人员，如老婆孩子、七大姑八大姨、秘书下属、朋友圈子等，有些"在旁"的人就会借助领导者的权力和影响从中牟利，如借家人的名义敛财，打着亲属的旗号交易，利用朋友圈结党营私，通过下属和工作人员违法乱纪等，成为一种特殊的腐败群体，危害极大。好多领导者腐化堕落除了自身的原因，很重要的一点就是搞"近水楼台先得月"那一套，被老婆"拉下水"，被孩子"拉下水"，被七大姑八大姨"拉下水"，被身边秘书和其他下属等身边人"拉下水"。所以，今天的领导者特别是高级领导者首先要正己。正己不仅要严于律己，以身作则，勤政廉洁，自证清白，凛然于天地，给"身边人"做好示范，还要弘扬正气，以刚正不阿、六亲不认、大义灭亲的精神，抵御各种腐朽思想的侵蚀。其次，必须注重家庭、家风教育，廉洁齐家，管理好家人和亲属，决不允许他们以"特殊身份"，借助于自己的权力光环，为自己和别人要项目、要贷款、要职位等。最后，管住身边的工作人员，决不允许他们以"特殊岗位"，擅权干政，在政策制定、人事安排、项目建设等方面谋取私利。总之，治理"在旁为害"的问题，领导者要时刻绷紧管理"身边人"的弦，发现有苗头性、倾向性问题的"身边人"，要及时教育和进行警示谈话、诫勉谈话；对那些已"违法乱"的"身边人"，一经发现和查出，就要严肃处理，绝不姑息养奸。这样长期坚持下来，就能正本清源。

八、韩非子"亡身绝世"的十过领导智慧

在《韩非子》"十过篇"中，韩非说："十过：一曰行小忠，则大忠之贼也。二曰顾小利，则大利之残也。三曰行僻自用，无礼诸侯，则亡身之至也。四曰不务听治而好五音，则穷身之事也。五曰贪愎喜利，则灭国杀身之本也。六曰耽于女乐，不顾国政，则亡国之祸也。七曰离内远游而忽于谏士，则危身之道也。八曰过而不听于忠臣，而独行其意，则灭高名为人笑之始也。九曰内不量力，外恃诸侯，则削国之患也。十曰国小无礼，不用谏臣，则绝世之势也。"意思是，十种过错：第一，献小忠，这是对大忠的祸害。第二，贪图小利，这是对大利的危害。第三，行为怪僻，刚愎自用，对其他诸侯国不讲礼节，这是丧身中的最大祸根。第四，不勤奋务政而沉溺于音乐，这是使自己走上末路的事情。第五，贪心固执，好大喜功，这是亡国杀身的根源。第六，贪恋于女子歌舞喜乐，不用心治国理政，这是亡国的祸害。第七，离开朝廷到远方游玩，又不听谏士的诤言，这是危及自身的行为。第八，有过错却不听忠臣劝谏，而又一意孤行，这是败坏好名声并遭人耻笑的开始。第九，不自量力，还外靠诸侯的力量，这是削弱国家的祸患。第十，国小势孤还无礼，不听谏臣，这是断绝后代的形势。

韩非的"十过"与前边讲到的"八奸"都是在研究君主治国理政时所面临的潜藏的危险，"八奸"是研究奸臣对付君主惯用的八种奸术，而"十过"则是研究君主自身容易产生的过错。封建时代的君主，尽管自称为天子，但其实他们是人，不是神，也不是圣贤，所以难免会犯错。韩非从历史的经验中总结出了君主常犯的十种过失，用它们所导致的亡国亡身的惨祸，告诫统治者要引以为鉴。

韩非的这篇《十过》，列举出了君王可能常犯"十过"的具体表现，即"行小忠""顾小利""行僻自用，无礼诸侯""不务听治而好五音""贪愎喜利""耽于女乐，不顾国政""离内远游而忽于谏士""过而不听于忠臣，而独行其意"

246

先秦诸子中的领导智慧

"内不量力，外恃诸侯""国小无礼，不用谏臣"。韩非也研究了"十过"的具体危害，与"十过"对应的是"大忠之贼""大利之残""亡身之至""穷身之事""灭国杀身之本""亡国之祸""危身之道""灭高名为人笑之始""削国之患""绝世之势"。这些危害一旦发生，后患无穷。

韩非是站在维护君主统治的立场，指出君主会经常犯的致命错误，所以这些过错造成的危害，也都是从伤害君主和伤害国家的角度阐发的。韩非还用一些历史故事具体说明"十过"的危害性，借以警戒后世的统治者，避免重蹈亡国亡身的覆辙。客观地讲，韩非的权谋术本质就是帝王术，韩非所说的君主的"十过"，和我们今天领导活动的现实生活也有很大差距，韩非讲的故事已经很遥远了，但是这些故事的内涵以及留给我们的智慧并没有褪色，仍然值得今天的我们注意，我从中择取几个与今天的现实联系紧密的做些研究。

怎样理解"行小忠，则大忠之贼"？韩非讲了一个故事：过去楚共王和晋厉公在鄢陵大战，楚军失败，楚共王伤了眼睛。战斗激烈之时，楚军司马子反口渴要喝水，侍仆谷阳拿了一筋酒来给他。子反说："这是酒？"谷阳说："不是酒。"子反接过来喝了，觉得酒味甜美，贪喝而醉。战斗本已结束，楚共王想再战，派人召司马子反，他以心病为托辞不去。楚共王亲自前往子反帐中，闻到酒气而返回，说："今天的战斗，我自身受了伤。依靠的是司马，司马却又醉成这样。这是忘了楚国的神灵而不关心我的民众。我不能继续战斗了。"于是把军队撤离鄢陵，处死了司马子反。侍仆谷阳献酒，并不是出于对子反的仇恨，而是向他献忠爱之心的，但却恰好是杀了他。所以说，献小忠有时是对大忠的祸害。

怎样理解"顾小利，则大利之残"？韩非也讲了一个故事：晋献公想向虞国借路去讨伐虢国。荀息说："您最好是用垂棘的宝玉和屈产的良马贿赂虞国君主，向他借路，他定会借给我们。"晋献公说："垂棘宝玉是我祖先的珍宝，屈产良马是我的骏马。假如他接受我的礼物又不借路，怎么办？"荀息说："他不借路给我们，就不会接受礼物。如果接受我们的礼物而借路，这块宝玉就像是从内府取出来放到外府一样，骏马就像是从内厩牵出来拴到外厩一样。您别担心。"晋献公说："好吧。"就让荀息用垂棘宝玉和屈产良马去贿赂虞公，向他借路。虞公贪得宝玉和良马的小利而打算答应借路。宫之奇劝谏说："不能答应。虞有虢好比车两边有护木。护木依靠车子，车子也依靠护木，虞虢两国的地理形势正是这样。假如借路给他们，那么虢国早上灭亡，虞国晚上就要跟着灭亡了。您不要答应借路。"虞公不听，于是借路给晋国。晋国灭掉虢国，返回时又灭了虞国。荀息牵着马拿着宝玉回来报告晋献公，晋献公高兴地说："宝玉还和以前一样。虽说如此，马却长几岁了。"虞公贪恋小利而遭到了大的危害。所以说，贪图小利，便是对大利的危害。

怎样理解"行僻自用，无礼诸侯，则亡身之至"？韩非讲的故事是：楚灵王主持在申地的诸侯会盟，宋太子迟到，楚灵王把他抓了起来。楚灵王还轻慢徐国国君，扣留齐人庆封。侍卫官劝谏说："会合诸侯，不能无礼，这是关系存亡的关键。过去夏桀主持有戎的诸侯集会而有缗背叛，商纣在黎丘检阅诸侯而戎、狄背叛，都是由无礼引起的。君王还是想想吧。"灵王不听，一意孤行。过了不到一年，灵王向南巡游，群臣劫持了他。灵王在乾溪上挨饿而死。所以说，行为怪僻，自以为是，对其他诸侯国没有礼貌，是丧身中最严重的了。

怎样理解"国小无礼，不用谏臣，则绝世之势"？韩非讲了这样的故事：晋公子重耳出逃在外，路过曹国，曹君趁他脱去上衣时偷看他的骈肋。釐负羁和叔瞻在前侍奉。叔瞻对曹君说："我看晋公子不是凡人。您对他不礼貌，他若回国成为君主而发兵，曹国就会有祸难。您最好杀了他以绝后患。"曹君不听。釐负羁回家，脸上不高兴，他的妻子问他说："您从外面回来，带着不高兴的神色，为什么？"釐负羁说："我听说，有福轮不到，祸来牵连我。今天国君召见晋公子，待他没有礼貌。我夹在里面，因此不高兴。"他的妻子说："我看晋公子像大国的君主，他的随从人员像大国的相国。现在困窘逃亡，路过曹国，曹待他没有礼貌。他如果返回晋国，必会声讨对他无礼的人，那曹君就是第一个了。您为什么不先把自己和曹君区别开呢？"釐负羁说："好吧。"就在壶里盛上黄金，用饭把它装满，用璧盖上，晚上派人送给晋公子。晋公子见了使者，拜了两拜，留饭而谢绝收璧。晋公子后来辗转到了秦国。秦穆公召集群臣商量说："过去晋献公和我结交，诸侯没有不知道的。晋献公不幸死去，已十年上下了。继位的儿子不好，我怕他会让晋国的宗庙得不到洒扫而社稷得不到祭祀了。长此下去不变样，就不符合与人交往的原则了。我想帮助重耳回国，怎么样？"群臣都说："好。"秦穆公因而发兵，革车五百辆，同一规格的马二千匹，步兵五万，帮助重耳回到晋国，立为晋君。重耳登基三年，就发兵攻打曹国了。他派人告诉曹君说："把叔瞻从城上吊下来，我将杀掉他陈尸示众。"又派人告诉釐负羁说："大军迫城，我知道您不会反抗我。请在您住的巷门上做好标记，我将据此下达命令，使军队不敢去侵犯。"曹国人听到后，率领他们的亲戚去鳌负羁住地，足有七百多家。这就是礼的作用。曹国是小国，夹在晋国、楚国之间，君主的危险就像叠起来的蛋，却用无礼来待人，这就是断绝后代的原因。所以说，国小无礼，不听谏臣，是断绝后代的形势。

总之，韩非的"十过篇"，讲的是君主必须防备的十种致命过错，君主能防备"十过"则可谓明君，不能防"十过"，则是庸君。能防备的明君则国必治，不能防备的庸君则国必乱。

九、韩非子"明主治吏"的治吏领导智慧

在《韩非子》"外储说右下篇"中，韩非说："闻有吏虽乱而有独善之民，不闻有乱民而有独治之吏，故明主治吏不治民。"意思是，光听说官吏虽然胡作非为而仍有自行守法的民众，从没闻听过民众兴风作乱时还有自行依法办事的官吏，所以明君致力于治理好官吏而不直接去治理民众。韩非又说："摇木者一一摄其叶则劳而不遍，左右拊其本而叶遍摇矣……善张网者引其纲，不一一摄万目而后得，则是劳而难，引其纲而鱼已囊矣。故吏者，民之本纲者也，故圣人治吏不治民。"意思是，摇树的人如果用手一片一片地掀动树叶，则即使劳累不堪，也无法使全部树叶摇动；而如果用手左右拍打树干，那么，树上所有的叶子会一起摇动起来……善于张网捕鱼的人，提拉住渔网的纲绳，而不是一个个地拨弄网眼去捕鱼；如果一个个地拨弄网眼去捕鱼，即使劳累得筋疲力尽，也将难有收获；提拉住渔网的纲绳，鱼儿就能尽收网中；所以，官吏就是民众的"树干"和"网纲"。因此，圣明的君主致力于治理好官吏而不直接去治理民众。

在《韩非子》"主道篇"中，韩非说："奸邪之臣安利不以功，则奸臣进矣。此亡之本也。"意思是，奸邪的臣子得到利益并不是来自于功劳，奸臣钻营不已，这就是灭亡的根本原因。韩非还尖锐地指出了如何治理这些"老虎"和"贼子"："散其党，收其余，闭其门，夺其辅。"意思是，铲除他的狼狈为奸的朋党，收拾其残余势力，封闭他的门户，剿灭他的帮凶。

在《韩非子》"十过篇"中，韩非说："贪愎好利，则灭国杀身之本也。"意思是，贪心固执，喜好私利，是亡国杀身的祸根。

在《韩非子》"大体篇"中，韩非说："不以私累己""故长利积，大功立，名成于前，德垂于后。"意思是，不让私利拖累自身，因此就会积聚长远

的根本利益，建立巨大的功业，声名树立于生前，美德流传于后世。

在《韩非子》"扬权篇"中，韩非说："欲为其国，必伐其聚；不伐其聚，彼将聚众。"意思是，君主要想治理好自己的国家，必须要铲除聚众结党的官吏，不铲除这类官吏，他们就会越聚越多。韩非又说："止之之道，数披其木，毋使枝茂。木数披，党与乃离。掘其根本，木乃不神。"意思是，治理官吏结党营私的根本办法，就要像经常劈削树木一样，不要使枝叶茂盛。树木经常劈削，朋党才会离散。挖掉树根，树木就没有生命气息了。

在《韩非子》"八奸篇"中，韩非说："是以吏偷官而外交，弃事而财亲。是以贤者懈怠而不劝，有功者堕而简其业，此亡国之风也。"意思是，官吏玩忽职守而结党营私，抛弃政务而贪图财力，因此，有才能的人消极怠工而不奋发有为，有功劳的人堕落而轻慢职责，这就是造成国家灭亡的歪风邪气啊！

传统的领导学理论在研究对象界定方面有一个重大的误解，即认为领导活动对象就是对普遍民众的治理，而将越来越多的官员置于治理的范围之外。结果因对官员治理的缺失而出现了很多问题。相比之下，早在两千多年前的中国，韩非就已在实质上提出了治吏的思想，并就此提出了大量治吏之术。这些思想和权术对我们今天解决"治吏"问题，具有重要的启示和参考价值。

韩非认为君主虽然最终的统治对象是民众，但是君主并不是直接面对民众，而是通过官吏这一中间环节来实现对民众的统治。臣属在政权层级中具有特殊的地位，能不能发挥出重要的作用，关系到政权的运作效率和国家的稳定繁荣程度，因此，韩非在历史上首次鲜明地提出了"治吏不治民"的领导智慧。韩非子说："闻有吏虽乱而有独善之民，不闻有乱民而有独治之吏，故明主治吏不治民。"

君主"治吏不治民"，就抓住了领导活动的本和纲。韩非很形象地阐述道："摇木者——摄其叶则劳而不遍，左右拊其本而叶遍摇矣……善张网者引其纲，不一一摄万目而后得则是劳而难，引其纲而鱼已囊矣。故吏者，民之本纲者也，故圣人治吏不治民。"

治吏，就要治理官吏贪腐的问题。官吏拥有一定的职权，职权对廉洁者来说是一把人生的拐杖，对贪婪者来说是一把自刎的利剑。贪婪者利用职权贪利贪名，且不知利是焚身火，名为锢身锁，贪如绳套越系越紧，腐若沼泽越走越深。韩非说："奸邪之臣安利不以功，则奸臣进矣。此亡之本也。"贪腐不仅对官吏来说最具杀伤力，贪腐对国家来说也是具有根本的破坏性，即"贪愎好利，则灭国杀身之本也"。民不容贪，法不护腐。治理官吏贪腐问题，必须出铁拳，建立不敢为的法律权威、不能为的制度机制和不愿为的道德防线，用敬廉崇洁筑起心底的钢铁长城，这样官吏才有可能保持清廉，做到韩非所说的"不以私累己""故长利积，大功立，名成于前，德垂于后"。为官者，只有守得住清贫，才能在金钱面前不丧志；耐得住寂寞，才能在美色面前不失节；保持住平和，才能在名利面前不骄奢。

治吏，就要治理官吏结党营私的问题。官场上的一个大毒瘤，就是搞结党营私、拉帮结派、培植私人势力，图谋私人利益。相同政治意见的人，会互相提携互相包庇，结果就废公趋私；不同政见的人，即使是德才兼备的人，也被排斥打压，结果遮蔽了贤者之路。更有甚者通过结党营私为自己营造声势，不仅搞利益交换，还有篡逆企图。韩非认为："欲为其国，必伐其聚；不伐其聚，彼将聚众。"韩非把这些结党营私的官吏称之为"贼子"，韩非尖锐地指出了如何治理这些"贼子"："散其党，收其余，闭其门，夺其辅。"韩非也说了治吏的办法："止之之道，数披其木，毋使枝茂。木数披，党与乃离。掘其根本，木乃不神。"在远古的夏、商、周三代，君主就严禁臣下结朋党以行奸，对于那些结党营私、背叛君主、对抗王权行为的奸臣严惩不贷；而对于"无党无编"、公平正直、效忠朝廷的忠臣，则大力提拔重用和奖赏。肇始于三代的这种治理官吏结党营私，巩固王权的做法，到了汉唐时期演变成了"将将术"和"驭马术"。刘邦"登坛拜将""立信为王"，使韩信为自己效力，灭掉项羽，建立了汉朝基业。当韩信结党营私，萌生反志时，刘邦"伪游云梦"，骗韩信亲自出迎，将其擒获。据《史记·淮阴侯列传》记载，刘邦问韩信："我能带多少兵？"韩信说："你只能带十万兵。"刘邦反问韩信："你能带多少兵？"韩信说："我带兵'多多益善'。"刘邦笑着说："你带兵'多多益善'怎么还被我擒获了？"韩信说："你不善于带兵，但你善于带将，所以我被你抓获了。"这种饶有兴趣的对话，道明了刘邦"将将"（即治吏）的高超谋略。唐太宗能征善战，驭马有术，却驾驭不住"极猛悍"的骏马"狮子骢"。但年少的武则天则能驾驭这匹马，唐太宗问其缘故，武则天说："妾有三物，始则捶以铁鞭，不服，则击以铁挝；又不服，则以匕首断其喉尔。"武则天用"铁鞭、铁挝、匕首"控制烈马的"驭马术"，在她成为武周皇帝之后就成了她的"治吏术"，凡是结党营私，心怀异心的臣子，武则天都以这种铁血手段惩处和镇压，以维持自己的皇权统治。应该指出的是，无论刘邦的"将将术"还是武则天的"驭马术"，都是古代封建社会人治的产物，在现代的法治社会是不足取的。今天治理结党营私的官吏，要纳入法治轨道，以法治思维、法治方式依法处理。

治吏，就要治理官吏懒政的问题。懒政就是"为官不为"，在履行岗位职责或法定义务时，凡是未能用心、尽力、及时、尽责、深入地开展工作的现象，都是懒政问题，懒政同样是腐败。懒政之风普遍并不断蔓延，也是造成国家灭亡的歪风。因此，韩非尖锐地指出："是以吏偷官而外交，弃事而财亲。是以贤者懈怠而不劝，有功者堕而简其业，此亡国之风也。"著名的政治学家汉娜·阿伦特也说过同样有见地的话："平庸的恶可以毁掉整个世界。"时至今日，懒政问题也是领导活动中的一大顽症，主要表现是：因循守旧，不敢担当；贪图安逸，行事推诿；精神萎靡，作风粗浮。这些懒政之疾，损害官员形象，削弱政府公信力，祸害社会事业。对待懒政必须追究不作为官员的政治责任和法律责任，敦促其尽心尽力、尽职尽责地履行岗位职责。领导者也要运用好权力和权术，使懒政者不敢为。《韩非子》中有这样一个故事：韩昭侯派使者去县城巡视，使者回来汇报说看到了一头牛在吃禾苗。韩昭侯告诉使者不要声张，然后放出话来说看到很多牛吃禾苗，并要官员统计吃苗的牛。于是东门、西门、南门的官员都说没有找到吃苗的牛，韩昭侯故作玄虚地讲，不是没有吃苗的牛，而是没有统计到吃苗的牛。官员们继续努力，终于查到那头吃苗的牛，从此官员们都认为韩昭侯明察下情，而不敢消极懒政。这则故事蕴含了很深的道理，即如何以有限的信息有效地控制官员的懒政问题。这就是韩非讲的，君主掌握知道的事去了解不知道的事，那么，不知道的事也就知道了，任何想蒙混过关的懒政官员就不敢存侥幸心理了。

治吏，就要治理官吏意见相同的问题。在《韩非子》"内储说"中，有这样的记载，鲁庄公问于孔子："鄙谚曰：'莫众而迷。'今寡人举事与群臣虑之，而国愈乱，其故何也？孔子对曰：'明主之问臣，一人知之，一人不知也。如是者，明主在上，群臣直议于下。今群臣无不一辞同轨乎季孙者，举鲁国尽化为一，君虽问境内之人，犹不免于乱也。'"意思是，鲁庄公问孔子："民间有一句谚语：'没有众人商议合计就会迷乱。'现在我做事都与群臣商讨谋划，但是国家却越来越乱了，这是为何呢？"孔子回答："明君做事与臣下谋划有人知道，有人不知道。如此，明君在上，众臣就可以在下面直率地商议讨论。现在众臣都和季孙一个口径说话，整个鲁国变成了一人之言，即使您问遍鲁国的所有人，仍然不能免于动乱。"所以君主治吏，用人时不取彼此意见相同的人。如果众臣意见相同，君主就要严厉地加以斥责，使臣下都相互制约而同为君主所用，这样君主就会让臣下感到神妙莫测，臣下也就会竭尽自己的智能。臣下竭尽智能，就不会向上钻君主的空子，而君主驾驭臣下的方略也就完备了。作为下属，如果明知别的下属意见有误，因其势力大怕得罪他，隐忍不讲，或者迎奉和附和，这是对事业的极端不负责任。特别是明明对领导的想法有不同意见，也不发表，选择明哲保身，甚至明明知道领导的意见是错误的，也保持沉默，或者从反面曲意奉承，实质上也是对领导的另一种形式的欺骗。领导者对此要保持清醒的头脑，不要被温声软语的一致性意见所迷惑，严加治理官员这种情形下的意见相同问题，鼓励下属大胆提出不同的意见，并尊重和采纳与自己相反的合理意见，这才是领导者成熟的标志。

清朝的康熙皇帝认为，治理国家在于"治人"，即"治吏"，康熙建立了一套公开考察与秘密了解相结合的考核官吏的办法，具体包括职能部门考察、皇帝亲察和密奏三种。《康熙纪政》中记载京官中存在的腐败和懒政问题，如"虚糜俸禄懒惰不上衙者，有诸疾属弱不能任事者""为逃避苦差假称病者"，为此，清朝建立注册考核制度，以分别勤惰。康熙执政期间多次出巡，察访民情，察视吏治。康熙二十八年（1689年）正月，康熙帝第二次南巡，返回北京后第二天就根据巡视掌握的情况任免了一批高级官吏。高级官吏身居要职，其贪廉优劣、操守如何直接影响下级官吏，因此，康熙注重对总督、巡抚和在京三品以上部院堂官等高级官吏的任免和考察。康熙十八年（1679年）八月规定：凡督抚司道员与在京大臣备官，彼此私见馈送，因事营求，以及派家人"问候"、来往者，将行贿者及受贿者"具革职"；官员本人不知情降二级，但将经手此事的两家人"惧正法"。一旦发现督抚与部院堂官营求结纳，分树门户徇私枉法，即分别惩处。对于参与贪赃或执法不力的官吏从重治罪，"必不姑贷"，以儆效尤。

韩非"治吏不治民"的思想，不仅在古代中国具有重要的指导意义，就是在当今社会同样具有不朽的价值。现代西方管理理论的主要代表人物法约尔在其管理理论中也有与韩非"治吏不治民"同样的思想："不管领导处于哪个级别，他从来只能直接指挥极少的部下""对于非直接下属来讲，即领导为最高，一级级向下直到最底一级，领导只能通过中间人对部下进行工作"。因此，作为担任一定管理职能的领导者来说，首先就必须懂得应致力于抓好"主要助手们"的工作。显然，尽管时代不同、领域各异，但法约尔的"抓好主要助手们"的思想与韩非的"治吏不治民"的思想却是相通的。

十、韩非子"今争于力"的用力领导智慧

在《韩非子》"外储说左上篇"中，韩非说："然先王所期者利也，所用者力也。筑社之谚，目辞说也。"意思是，先代帝王所期求的是社会利益和经济利益，获得这些利益所用的手段就是力量。运用修筑社坛的谚语，就是晋文公为自己辩解而鼓动他人卖力的一种办法。

在《韩非子》"八说篇"中，韩非说："古人亟于德，中世逐于智，当今争于力。"意思是，上古的人在道德层面上竞争，中古的人在智谋层面上较量，现在的人在力量层面上角逐。

在《韩非子》"显学篇"中，韩非说："故敌国之君王虽说吾义，吾弗入贡而臣；关内之侯虽非吾行，吾必使执禽而朝。是故力多则人朝，力寡则朝于人，故明君务力。"意思是，因此实力抗衡的别国君主，虽然喜欢我们讲究仁义，我们却不能叫他们来进贡称臣，关内大臣虽然非议我们的行为，我们却能要求他们拿着礼物来入朝纳贡。可见，力量大就有国家入朝纳贡，力量小就要去朝拜力量大的国家。所以贤明君主务求提升综合国力。

在《韩非子》"制分篇"中，韩非说："死力者，民之所有者也，情莫不出其死力以致其所欲。"意思是，拼命出力，是民众固有的精神，他们这么做的情理无非是以拼命出力的方式去获得自己追求的东西。

在《韩非子》"观行篇"中，韩非说："虽有尧之智而无众人之助，大功不立。"意思是，虽然具有唐尧的大智大慧，而没有臣民的奋力辅助，就不会建立起大的功业。

在《韩非子》"难二篇"中，韩非说："凡五霸所以能成功名于天下者，必君臣俱有力焉。"意思是，春秋五位霸主能够成功名于天下，就是因为君主和臣民能同心协力。

"用力"是古代帝王常用的一种治政手段和方法，即"然先王所期者利也，所用者力也"。正是通过"用力"这种手段和方法，才产生了春秋五霸，所以韩非说："凡五霸所以能成功名于天下者，必君臣俱有力焉。"晋文公即位后，

马上致力于操练民众，大造民力。第二年，晋文公想征战。大臣子犯说："晋国战乱多年，民众还不知道什么是义，还没有安居乐业。"于是，晋文公加强外交活动，护送周襄王回国复位，积极为民众谋利益，民众开始逐渐关心生产，安于生计。不久，晋文公又想用兵，子犯又说："民众还不知道什么是信，而且还没有向他们宣传信的作用。"于是晋文公又征伐了原国，约定三天内攻不下来就撤兵。三日后晋文公真的信守诺言，退兵三十里，向国内外证明他的诚实和信用。在这一系列行动的影响下，晋国的商人做生意不求暴利，明码标价，童叟无欺，全国形成了讲信誉的好风气。于是晋文公说："现在可以出征了吧？"子犯说："民众还不知贵贱尊卑之礼，没有恭敬之心。"于是晋文公用大规模的阅兵来表示礼仪之威严，设置执法官来管理官员。很快，民众懂得了贵贱尊卑之礼，开始习惯于服从命令，子犯认为民力已经打造出来了，可以借民众之力征战。城濮一战，晋国迫使楚国撤兵谷邑，解了宋国之围，一战而称霸诸侯。

"用力"也是时代的特点。纵观中国的历史，竞争的焦点主要是在道德、权谋和力量层面展开，韩非认为："古人亟于德，中世逐于智，当今争于力。"韩非还认为，国与国之间的抗衡，就集中表现在力量的强弱上而不是讲究仁义道德上，他特别指出："故敌国之君王虽说吾义，吾弗入贡而臣；关内之侯虽非吾行，吾必使执禽而朝。是故力多则人朝，力寡则朝于人，故明君务力。"国力越强，国家越强，这是韩非留下的宝贵智慧。今天成为强国的必要条件还是在于硬力的强劲，根本在于综合国力的强劲。一国所拥有的政治、经济、科技、文教、资源、国防、外交等各方面的力量，是反映国家强弱的标志。国际竞争，说到底是综合国力的竞争。在国际交往中要想吃掉一方或绝对压倒一方，或者不被对方压倒或吃掉，最有效、最可靠的手段就是"力"。"力"是定乾坤的不二法宝。我们讲弱国无外交，就是这个道理。

那么"力"究竟来源于哪里呢？韩非的头脑十分清醒，认为真正的拔山盖世之力不是来自于君主，而是来源于臣民之中，即"死力者，民之所有者也，情莫不出其死力以致其所欲"。韩非所说的民"力"，已经接近今天综合国力的概念。他不认为君主有拔山盖世之力，真正的力量在臣民之中。君主的智慧在于把臣民之力统统调动出来，集中起来，凝成浑然一体的力系，并为君主兴国安邦所用。没有臣民的鼎力辅佐，光靠君主跳独角舞，唱单出头，即使有唐尧的大智大慧，纵然使出浑身的力量也成就不了事业，即"虽有尧之智而无众人之助，大功不立"。韩非这是从反面强调臣民之力与君主功成的关系。韩非也从正面强调了臣民之力与君主建功立业的关系："凡五霸所以能成功名于天下者，必君臣俱有力焉。"项羽被称为中华上下五千年中最勇猛的武将之一，是"力拔山兮气盖世"的英雄。但是项羽不能理性对待一己之力与万民之力的关系，觉得谁都不如他，蔑视其他人的能力，更不注重开发和借助民力，打仗时自己奋力往前冲，逞匹夫之勇，他的部下将领和士兵觉得自己没有用武之地，打仗也不用力往前冲。楚汉战争期间，楚军实力由强转弱，最终失败，有诸多原因可以总结，但最根本性的原因之一，就是项羽不知道"力"的真正来源在于民众。战争之最深厚、最伟力的根源就在于民众的支持。刘邦正是有了这个支持，由弱变强，战胜了项羽，建成了汉朝基业。

古今中外，凡成功人士都有一个共同点，就是借力而行。领导者最大的智慧就是博采众人的智慧，同样的道理，领导者最大的力量就是借助于众人的力量。

借力而行是有智慧的领导者的明智选择。借力而行是自然界普遍存在的现象，郑板桥在《题画竹》中就有这样的诗句："新竹高于旧竹枝，全凭老干为扶持。"从领导者的处境来看，上边有自己的领导，下边是被领导者，同级还有无领导关系的同事，还有外部的盟友和竞争对手，领导者的借力也是来自于这五个方面，即借上级领导之力、借下级被领导之力、借同级同事之力、借外部盟友之力、借竞争对手之力。借力发力不仅最省力，还能以小搏大、四两拨千斤，所以也最有利。尤其是能借竞争者的力，不仅是一种能力，更是一种智慧。《兵经百篇》"借篇"中说："盖艰于力则借敌之力，难于诛则借敌之刃，乏于财则借敌之财，缺于物则借敌之物，鲜军将则借敌之军将，不可智谋则借敌智谋。何以言之？吾欲为者诱敌役，则敌力借矣；吾欲毙者诡敌歼，则敌刀借矣；抚其所有，则为借敌财；劫其所储，则为借敌物；令彼自斗，则为借敌之军将；翻彼着为我着，因彼计成吾计，则为借敌之智慧。"领导者要领悟借力的思想，学习借力的方法，掌握借力的技巧，敢借、能借、善借、会借，就会建立起强大的自我和无敌的团队。昔日，汉高祖初立的太子，为吕后所生之子刘盈。后来，汉高祖因宠爱戚姬，想废掉太子，改立戚姬之子。吕后得知此事，焦虑万分。刘盈也急得坐立不安，但由于自己和母亲没有强大的势力做后盾，也只能唉声叹气。吕后不得已，只好去问张良。张良说："若太子能把商山四皓请来，皇帝就不敢废他了。"商山四皓，是从秦始皇时期就当隐士的四位老人，不仅学问深、名气大，而且品德高尚。汉高祖几次想请他们出来帮忙治理国家，都遭到拒绝。因为汉高祖在得天下前，对有学识的人不尊重，好谩骂、喜粗语，商山四皓认为他不会礼贤下士。得此良策，吕后教刘盈对商山四皓恭敬谦卑，终于把他们请来尊为上宾。汉高祖见此情形，只好告诉戚姬："太子党羽已成，连朕请不到的商山四皓都被他请来了，改立太子的事就免谈了。"

朱元璋占领太平后，元朝派大批人马赶来围攻。同时，另一处山寨的所谓"义军"几万人，在元帅陈某的率领下趁火打劫，也来进攻太平。于是，朱元璋派徐达潜到方山寨"义军"的背后，前后夹击，结果，方山寨"义军"大败，陈某被擒。朱元璋收降了他，但他却是假投降，对此朱元璋也有戒心。朱元璋把陈某原来的兵马给了张天澈，张天澈带领着这些兵攻打集庆，结果大败而归。原来，陈某曾暗中写信给他的旧部下，说自己是假投降，要他们打仗不要出力，等自己脱身之后，再回过头来对付朱元璋。朱元璋知道这件事后，他没有暴跳如雷，而是非常沉着冷静，成功地导演了一场一石三鸟的精彩好戏。朱元璋找来陈某，对他说："人各有志，如果你不愿意为我服务，那就随你的便，我朱元璋不会为难你。"陈某立刻反应过来，说自己绝无二心。朱元璋顺水推舟，就让他领着自己的旧部人马去攻打集庆。陈某自然非常高兴，他到了距离集庆不远的板桥后安营扎寨，派人去集庆城，与守将勾结在一起，根本不攻打集庆。在朱元璋的精心安排下，张天澈和郭天叙带着自己的人马赶到集庆，和陈某的兵马一起进攻集庆。张天澈和郭天叙攻打的是东门，陈某攻的是南门。于是，集庆守将把大部分兵力集中在东门，抵抗张天澈、郭天叙两人。他们攻城多次，都没有结果。而陈某这边，却说要犒劳军士，请张天澈和郭天叙到自己的营中来喝酒。在宴会中，陈某抓住张天澈和郭天叙两人，杀了张天澈，把郭天叙押到集庆，后来被集庆守将福寿处死。两位主帅一死，陈某与福寿内外夹攻，义军大败。朱元璋借陈某之手杀死了张天澈和郭天叙，成就了自己，把他们原来的兵马全部转到自己的手下，而朱元璋也终于当上了义军的最高统领。

现代社会，随着知识的大爆炸，分工越来越细，专业研究也越来越细，任何人要想成功，单靠自己有限的力量是不行的，必须学会借力使力。尤其是在自己不擅长的非专业领域，更要借助专业人员的力量来帮助自己成功。

西方的期望理论（Expectancy Theory），又称作"效价—手段—期望理论"，是颇具韩非"当今争于力"的用力智慧的。该理论是管理心理学与行为科学的一种理论，是由北美著名心理学家和行为科学家维克托·弗鲁姆（Victor H. Vroom）于 1964 年出版的《工作与激励》一书中提出来的激励理论。西方各种激励理论有一个焦点共识，就是人的工作动力，包括显能力和潜能力，在激励的状态下会发挥得更好。弗鲁姆的期望理论是以三个因素反映需要与目标之间的关系的，即要让员工充分发挥出自身的力量，就必须让员工明确：① 工作能提供给他们真正需要的东西；② 他们欲求的东西是和绩效联系在一起的；③ 只要努力工作就能提高他们的绩效。这种需要与目标之间的关系用公式表示，即：激励力（工作动力）=期望值（期望概率）×效价（目标价值）。这种需要与目标之间的关系用过程模式表示，即："个人努力—个人成绩（绩效）—组织奖励（报酬）—个人需要"。弗鲁姆的期望理论为企业"当今争于力"指明了路径：① 把员工的期望与企业的期望紧紧地联系在一起；② 提高个人努力与取得绩效的相关性；③ 处理好企业奖励与员工需要之间的关系。期望理论要实现"当今争于力"的激励作用，还有两点非常重要：① 确定有效价的目标，引导员工确立正确的价值观。目标要能满足员工的生存、享受和发展需要，要使企业总目标下的细分目标实现，要有一定的难度、创意和挑战性。② 确定合理的期望概率，引导员工为实现目标而尽最大努力。目标经过员工的努力要能实现，要让员工"跳起来摘桃子"。合理适当的目标的确定必须符合 SMART 原则，即目标必须是具体的（Specific），目标必须是可以衡量的（Measurable），目标必须是可以达到的（Attainable），目标必须和其他目标具有相关性（Relevant），目标必须具有明确的截止期限（Time-based）。无论是制定企业的发展目标还是员工的绩效目标都必须符合上述原则，五个原则缺一不可。总而言之，期望理论就是要用非常清楚的、富有价值的、能够实现的"里程碑"目标，最大限度地激励员工的积极性，让他们把最大的显力和潜力发挥出来，最终实现个人目标和组织目标。

第七章

《鬼谷子》中的领导智慧

鬼谷子相传是战国时楚国人，姓王名诩，因传其隐居鬼谷，也称鬼谷先生、鬼谷神生，在先秦诸子中，鬼谷子是纵横家的鼻祖。但是在先秦典籍中没有关于鬼谷子生平事迹的记载。司马迁的《史记》中也没有鬼谷列传，只是在《史记》"苏秦列传"中有"习之于鬼谷先生"和《史记》"张仪列传"中有"始尝与苏秦俱事鬼谷先生学术"的记载。从这些记载中，我们可以看出历史上有鬼谷子其人，而且是战国时代两个重要人物苏秦和张仪的老师。民间也有传说孙膑、庞涓也是鬼谷子的弟子，但在《史记》"孙子吴起列传"中只是提到"孙膑尝与庞涓俱学兵法"，没有说他们是鬼谷子的门徒。鬼谷子先生的真实身份缺乏历史考证，只能说是战国时代一位世外高人，一个隐士，一个纵横家。是因为苏秦、张仪等徒弟的出类拔萃，才使鬼谷子扬名后世。

作为纵横家，鬼谷子的理论著作《鬼谷子》集纵横学说之精粹，实实在在地存在着，流传至今。《鬼谷子》主要阐述了纵横、捭阖、反应、内揵、抵巇、飞箝、揣情、摩意、权量、转丸等内容。《鬼谷子》所倡导的诱导术、隐藏之法博大精深，实用价值很强，但这种讲"引导阳取""高深隐匿"的东西与儒家所倡导的伦理道德相违背，因此，历史上对《鬼谷子》的评价褒贬不一。对其正面赞扬的主要如下。

南北朝时期的著名文学理论家刘勰，在其《文心雕龙》中直接赞美鬼谷子学说，"鬼谷唇吻以策勋""鬼谷眇眇，每环奥义""暨战国争雄，辩士云涌；纵横参谋，长短角势；转丸骋其巧辞，飞箝伏其精术"。

南宋时的学者高似孙对鬼谷子的评价是："战国之事危矣！士有挟隽异豪伟之气，求聘乎用，其应对酬酢，变诈激昂，以自放于文章，见于顿挫险怪、离合揣摩者，其辞又极矣。《鬼谷子》书，其智谋、其术数、其变谲、其辞谈，盖出于战国诸人之表。夫一辟一阖，《易》之神也；一翕一张，老氏之几也。鬼谷之术，往往有得于阖辟翕张之外，神而明之，益至于自放溃裂而不可御。予尝观诸《阴符》矣，穷天之用，贼人之私，而阴谋诡秘，有金匮韬略之所不可该者，而鬼谷尽得而泄之，其亦一代之雄乎！"

冯梦龙在《东周列国志》中是这样评价鬼谷子的："其人通天彻地，有几家学问……一曰数学，日星象纬，在其掌中，占往察来，言无不验；二曰兵学，六韬三略，变化无穷，布阵行兵，鬼神莫测；三曰游学，广记多闻，明理审势，出词吐辩，万口莫当；四曰出世学，修真养性，服食引导，祛病延年，冲突可俟。"

此外，鬼谷子学说也被道家和阴阳家奉为经典。

《鬼谷子》是一部谋略学巨著，享有"智慧禁果""旷世奇书"之称。领导者读透《鬼谷子》，能够激荡脑力，洞悉人心之思，洞明事情的真伪，洞察事物的规律，把领导活动演绎得更加多姿多彩。

一、鬼谷子"开启闭藏"的捭阖领导智慧

在《鬼谷子》"捭阖篇"中，鬼谷子说："粤若稽古，圣人之在天地间也，为众生之先。观阴阳之开阖以名命物，知存亡之门户，筹策万类之终始，达人心之理，见变化之朕焉，而守司其门户。故圣人之在天下也，自古及今，其道一也。变化无穷，各有所归。或阴或阳，或柔或刚，或开或闭，或驰或张。是故圣人一守司其门户，审察其所先后，度权量能，校其伎巧短长。"意思是，纵观古今历史，可以知道那些圣人在天地之间生存和发展，能够成为众人先知先觉的先导，是因为他们通过观察阴阳两类现象的开合变化来对事物做出判断，给他们一个确定的名号，进而了解事物生存和死亡的关键所在。揣度和预测万事万物的发展过程，知晓人们思想变化的过程，观察事物变化的征兆，从而把握事物发展变化的关键所在。所以，圣人在天地间立身处世的作用始终是一样的。事物的变化是无穷无尽的，但都各有自己的归宿，或者属阴，或者归阳；或者柔弱，或者刚强；或者开放，或者封闭；或者松弛，或者紧张。所以，圣人在处理天地间的各种各类事物时，总是要遵循事物发展的规律，把握事物的关键，审慎地研究事物何事当先，何事当后，度量对方的智谋，测量对方应变能力的强弱，再比较技巧方面的长处和短处，据此制定出发展战略，才能纵横捭阖，阴阳互动，急缓相通，因人而异，因事而治。

鬼谷子又说："捭阖者，天地之道。捭阖者，以变动阴阳，四时开闭，以化万物；纵横反出，反覆反忤，必由此矣。"意思是，开启和闭藏是天地自然运行的规律。开启和闭藏使事物内部阴阳对立方面发生变动，通过阴阳交替，四季转换，使万物发展变化。世上一切纵横交错，反反复复，都是通过开启和闭藏的对立转化和相互协调的作用来实现的。鬼谷子还说："即欲捭之贵周，即欲阖之贵密。周密之贵微，而与道相追。捭之者，料其情也；阖之者，结其诚也。皆见其权衡轻重，乃为之度数，圣人因而为之虑。其不中权衡度数，圣人因而自为之虑。"意思是，如果要捭开对方的门户，最重要的是考虑周详；

如果要关闭自己的门户，最重要的是处事缜密。要达到周详缜密，最可贵的是做得微妙，与事物发展的规律要求相一致。让对方开放，是为了洞察他的真情；让对方封闭，是为了鉴定他的诚心。这样做会使对方的实力和计谋全部暴露出来，这样就可以揣摩出对方的实力，圣人会因此用心思考对策。如果不能揣摩出对方的实力，圣人会为此而自我封闭、收敛锋芒。

《鬼谷子》第一篇的篇名就叫"捭阖"。"捭"就是开启，"阖"就是闭藏。开启和闭藏是天地之间万物运转的根本和变化的规律，天下事物纵横交错和交替反复都是开启和闭藏相互作用的结果。鬼谷子认为，圣人和一般人不同：一是圣人具有先知先觉的能力，所以能"为众生之先"；二是圣人具有一般人没有的创造力，能够通过观察万事万物的阴阳开合的变化规律对事物发展做出判断，对新发现的事物进行命名，知道事物存亡的关键之所在，还能揣度和预测事物的发展过程和结果，用鬼谷子的语言来表达就是："观阴阳之开阖以名命物，知存亡之门户，筹策万类之始终。"在鬼谷子看来，世间事物的变化是无穷无尽的，但都是围绕着阴阳的主线而形成自己的归宿，或者属阴，或者归阳；或者柔弱，或者刚强；或者开放，或者封闭；或者松弛，或者紧张。也就是"变化无穷，各有所归。或阴或阳，或柔或刚，或开或闭，或弛或张"。因此，圣人在处理各种事物时，就要揭示其发展的规律，把握事物的关键，审慎地研究事物何事当先，何事当后，度量对方的智谋，测量对方的能力，再比较技巧方面的长处和短处，亦即"是故圣人一守司其门户，审察其所先后，度权量能，校其伎巧短长"。据此制定出发展战略，才能纵横捭阖，阴阳互动，急缓相通，因人而异，因事而治。开启体现的是阳性，闭藏体现的是阴性。开启和闭藏使事物内部阴阳对立方面发生变动，自然界通过阴阳交替，四季转换，使万物化生。世上一切纵横交错，反反复复，缘于开启和闭藏的对立转化和相互协调的作用。也就是"捭阖者，以变动阴阳，四时开闭，以化万物；纵横反出，反覆反忤，必由此矣"。鬼谷子强调应用捭阖之术要确保周详缜密，攻守兼备。若捭阖得好，会使对方的实力和计谋全部暴露出来，进而可以揣摩出对方实力强弱的具体程度。据此，拿出正确的对策，就可能稳操胜券，这就是"即欲捭之贵周，即欲阖之贵密。周密之贵微，而与道相追。捭之者，料其情也；阖之者，结其诚也。皆见其权衡轻重，乃为之度数，圣人因而为之虑"。若捭阖得不好，反而会让自己门户大开，一败涂地。其中最关键之处，对有失轻重之理、不合度量之数，舍弃不用，应"闭"时确保能自守门户，韬光养晦，另谋良策，也就是"其不中权衡度数，圣人因而自为之虑"。

鬼谷子的捭阖之术，给领导者提供了很多智慧。

以阴求阳是"捭阖之术"的智慧。"捭阖者，以变动阴阳"，能使强弱形势相互转化。以阴求阳的捭阖之术用于政治斗争，弱者可以通过自守门户使强者不自觉地打开门户，放松警惕，从而暗中积蓄力量和等待时机，最终达到以弱胜强的逆转。在以阴求阳的捭阖之术的运用中，最有智慧的就是春秋战国时期越王勾践的"卧薪尝胆"，这是"以阴求阳"的捭阖之术的典型。公元前496年，越王允常刚逝世，吴王阖闾乘机攻打越国，但由于时机不成熟，吴军被越国打败，吴王阖闾中箭受了重伤而死。公元前494年，吴王夫差为了报杀父之仇，发动兵马，向越国进攻。吴军在梅山之战中大获全胜，越军被打得几乎全军覆没，退守在会稽山。越王勾践与众臣商议，决定跟吴王讲和。吴王提出了一个条件，他要越王夫妇到吴国给自己当仆人。夫差的大臣伍子胥极力反对，要求直接杀死勾践，以绝后患。但夫差有心要羞辱勾践，便拒绝了伍子胥的建议。勾践携妻子来到吴国侍奉夫差，为吴王打扫马厩，执鞭牵马，甚至亲口尝夫差的粪便来观察夫差的病情。夫差感叹道："勾践如此对我，是我宠信的大臣和儿子都做不到的啊！勾践对我是一片忠心！"于是，吴王决定放勾践夫妇回国。勾践回国以后励精图治，教养百姓，发展生产。经过十年卧薪尝胆，越国国力大大增强。勾践虽然报仇心切，但并未鲁莽行事，一方面继续积蓄自己的力量，另一方面想方设法削弱吴国的力量。勾践趁吴使前来讨债要粮之际，便命令百姓将粟米蒸熟，然后来官府换取两倍的生粟米。百姓们见有利可图，都日夜不停地蒸粟米。不几日，勾践便派人将十万斛熟粟米交给了吴王，并称这种粟米做种子最好。吴王见米粒大而饱满，便命令百姓去播种，可播种后却都不发芽，吴国因此大闹饥荒。再加上此时的夫差狂妄自大，连年用兵，国力消耗很大，而且他又沉迷酒色之中，以致国力衰落。当伍子胥向他提出忠告时，反而引起了他的憎恶，派人给伍子胥送去一把宝剑逼得伍子胥自杀而亡。公元前478年，越国发动了对吴国的战争，越军获胜。公元前475年，越军围困吴国都城姑苏，整整三年，使吴国军民无衣无食，纷纷逃离。伯嚭对吴王说："当年越王乞和存越，甚至不惜自身为奴，大圣何不仿效呢？"吴王夫差见已是山穷水尽了，于是就派人向越国求和。勾践对来使说："当年，上天把越国赐给吴国，吴国不取；如今，上天也把吴国赐给了越国，我们岂能违抗天意而不取呢？请你转告吴王，我可以让他当个百户人的君主。"夫差绝望了，随即拔剑而起，仰天长叹："我实在没有脸面去见伍子胥啊！"说罢，伏剑自杀而死。称霸一时的吴国，最终被越国所灭。此后，越国强盛一时。从捭阖之术来解读，勾践开始用的是阖术，被打败以后已无锋芒可言，只好"自守门户"，先是主动求和，保全了性命；而后忍气吞声在夫差膝下为奴，在一再示弱示忠的情况下骗取了夫差的信任，被释放回国，阴阳之势开始变动。接着勾践在暗中积蓄力量，卧薪尝胆又不露痕迹，继续以阴求阳。在形势对自身有利后，便利用对方力量日渐削弱的变化，以"捭"术主动出击，从而灭了吴国，一雪前耻。

韬光养晦是"捭阖之术"的智慧。把韬光养晦的"捭阖之术"演绎得最好的当属刘备。刘备说自己是中山靖王之后、孝景皇帝阁下玄孙，和献帝论上了亲戚，献帝并称刘备为皇叔。曹操在白门楼勒杀吕布后，带着刘备、关羽、张飞三人回到许昌，谋臣劝说曹操早日除掉刘备，免得其日后做大，曹操嘴上说"实在吾掌握之内，吾何惧哉"，实则还是有所顾虑。而刘备对曹操也是十分警惕，为避其锋芒，刘备采取韬光之计，在后园种菜，每日亲自浇灌。关羽、张飞二人对此十分不解，问刘备道："兄不留心天下大事，而学小人之事，何也？"刘备答道："此非二弟所知也。"一天，刘备正在浇菜，曹操派人请刘备，刘备胆战心惊地入府见曹操。曹操不动声色地对刘备说："在家做得好大事！"说者有意，听者更有心，这句话将刘备吓得面如土色，曹操又转口说"你学种菜，不容易啊"，这才使刘备稍稍放心下来。曹操说："刚才看见园内枝头上的梅子青青的，想起以前一件往事（即"望梅止渴"），今天见此梅，不可不赏，恰逢煮酒正熟，故邀你到小亭一会。"刘备听后心神方定。随曹操来到小亭，只见已经摆好了各种酒器，盘内放置了青梅，于是就将青梅放在酒樽中煮起酒来了，二人对坐，开怀畅饮。

酒至半酣，突然阴云密布，大雨将至，曹操大谈龙的品行，又将龙比作当世英雄，问刘备，请他说说当世英雄是谁，刘备装作胸无大志的样子，说："淮南的袁术，兵粮足备，能称为英雄？"曹操笑说："袁术不过已经是坟墓里的枯骨，吾早晚都会抓住他的！"刘备说："河北的袁绍，四代中有三代是公卿，家门中有很多故吏；今虎踞冀州之地，部下能事者极多，能称为英雄？"曹操笑说："袁绍这个人色厉胆薄，好计谋却没有决断，干大事却爱惜性命，看见小利却不顾性命，不是英雄。"刘备说："有一个人人称八俊，威镇九州，刘景升能称为英雄吗？"曹操说："刘表虚名无实，不是英雄。"刘备说："有一人血气方刚，江东领袖孙伯符是个英雄吗？"曹操说："孙策借着父亲的威名，不是英雄。"刘备说："益州刘季玉，能称为英雄吗？"曹操说："刘璋虽然是宗室，却只能是守家产的狗而已，怎么能称作英雄呢！"刘备说："那张绣、张鲁、韩遂等人又怎么样？"曹操鼓掌大笑说："这些碌碌无为的人，何足挂齿！"刘备说："除此之外，我实在是不知道了呀。"曹操说："能叫作英雄的人，应该是胸怀大志，腹有良谋，有包藏宇宙之机，吞吐天地之志的人。"刘备问："那谁能被称为英雄？"曹操用手指指刘备，然后又指向自己，说："现今天下的英雄，只有使君和我两人而已！"刘备一听，吃了一惊，手中拿的筷子也不知不觉地掉到地上。正巧突然下大雨，雷声大作，刘备灵机一动，从容地低下身拾起筷子说是因为害怕打雷，才掉了筷子。曹操此时才放心地说："大丈夫也怕雷吗？"刘备说："连圣人对迅雷烈风也会失态，我还能不怕吗？"刘备经过这样的掩饰，使曹操认为他是个胸无大志、胆小如鼠的庸人，将他从英雄的行列里踢出去了，对他放松了警惕。刘备认为有机可乘，遂以讨袁为名，向曹操借了一支人马，开始和曹操争夺天下。

这段青梅煮酒论英雄的故事展现了刘备"捭阖"有术的智慧："阖"与"捭"是一阴一阳的统一体。"阖"的根本目的是"捭"。领导者的智慧就在于把握好何时该"阖"，何时该"捭"。"阖"时"神龙见尾不见首"；"捭"时立刻脱颖而出，一出必胜。用刘备自己的话来说，叫"屈身守分，以待天时"。

周详缜密是"捭阖之术"的智慧。古往今来的胜者，不仅要有开创大局的雄伟气魄，而且要有处理细节的缜密心思。真正能成就大事业的人，都懂得"即欲捭之贵周，即欲阖之贵密"的道理。曾国藩就是这样的智者，他曾经在日记中写道："治事……之道三端，曰剖析，曰简要，曰综核。剖析者，如治骨角者之切，如治玉石者之琢。每一事来，先须剖成两片，由两片而剖成四片，四片而剖成八片，愈剖愈悬绝，愈剖愈细密，如纪昌之视虱如轮，如疱丁之批隙导窾，总不使有一处之颟顸，一丝之含混。"从曾国藩的这段话可以看出曾国藩每遇到一件事，都要从正反两方面去看，反复琢磨，细细分析。他把这件事中所包含的每一个因素都研究到位，不留一点含混不清之处。"譬如至微之物，以显微镜照之，则加大一倍、十倍、百倍矣。又如粗糙之米，再舂则粗糠全去，三舂、四舂，则精白绝伦矣。"曾国藩的思维就是这样周详缜密。曾国藩在劝弟弟曾国荃在官场上不可逞一时之快时说："星冈公教人常言：'晓得下塘，须要晓得上岸。'又云：'怕临老打扫脚棍。'……望弟平平和和作一二年，送阿兄上岸后，再行轰轰烈烈做去，至嘱至嘱！"该张扬时就要把才华显露出来，这就是"揣"，以便得到重用。功成之后，就该急流勇退，切莫大权在握忘乎所以。该收敛时就要保持沉默，这叫"阖"，以免因狂妄而招来灾祸。曾国藩功成之后，迅速解散湘军，妥善解除了功高震主之忧，避免了杀身之祸。

二、鬼谷子"量权揣情"的得情领导智慧

在《鬼谷子》"揣篇"中，鬼谷子曰："古之善用天下者，必量天下之权，而揣诸侯之情。量权不审，不知强弱轻重之称；揣情不审，不知隐匿变化之动静。何谓量权？曰：度于大小，谋于众寡；称货财有无之数，料人民多少、饶乏，有余不足几何；辨地形之险易，孰利孰害；谋虑孰长孰短；揆君臣之亲疏，孰贤孰不肖；与宾客之智慧，孰多孰少；观天时之祸福，孰吉孰凶；诸侯之交，孰用孰不用；百姓之心，孰安孰危；孰好孰憎；反侧孰辨；能知如此者，是谓权量。"意思是，古时候，善于治理天下的人，必然会审慎地考量和把握天下各种力量的轻重和发展态势，揣度各诸侯国的具体情形。如果不能全面地审时度势、权衡利害，就不会知道诸侯国的强弱情况。如果不能周密地揣度形势，便不会知道个中隐蔽的情况的发展变化。什么是量权呢？就是对于事物的一个详细审视和考量。这里具体是指测量一个诸侯国的综合实力，就要衡量国土的大小，真正的谋士有多少。估量出国库中钱财物资有多少，要估算其国民户数有多少，百姓的贫富程度怎样，哪些方面充裕，哪些方面不足；研究一国地理形势的险易，哪些地势有利，哪些地势有害；真正善于谋划思考之士是多，还是少；推断君臣的亲疏关系怎样，哪些是贤德之臣，哪些是不足为谋之臣；推断国家中的客卿中哪些是智识之士，哪些是愚蠢之人；观测天时运行对哪方有利，对哪方有害；考察诸侯之间的结盟关系，哪些是可以借用的力量，哪些是不可利用的；考察民心的离叛或亲附的向背变化，是安居乐业，还是民心不稳，百姓爱谁恨谁；民心的变化有利于谁；有无反叛的事；在哪里容易发生、哪些人更知内情；充分掌握了以上这些情况，度以权衡，就是量权。鬼谷子又说："揣情者，必以其甚喜之时，往而极其欲也；其有欲也，不能隐其情。必以其甚惧之时，往而极其恶也；其有恶者，不能隐其情。情欲必出其变……夫情变于内者，形见于外，故常必以其见者而知其隐者，此所谓测深探情。"意思是，所谓揣情，就是必须在对方情绪极度兴奋和最高兴的时候，去刺激加大对他的

266

影响使他的欲望达到极致，他既然有欲望，在情绪极高的时候就无法按捺住实情；又必须在对方最恐惧的时候，去引诱加重他的恐惧，他既然有害怕心理，就不能隐瞒住内心的实情，倾吐出厌恶、害怕之情，我们就能够探测到他的真实情况。真实的情况必定是在他的情绪极端变化时不自觉地流露出来……人的内心感情发生剧烈变化时，必然要通过外表形态表现出来。所以我们常常要透过对方外在形貌举止变化的表面现象，来探测那些隐藏在内心的真情实意。这就是所说的"测深探情"。

在《鬼谷子》"飞箝"中，鬼谷子也说："将欲用之天下，必度权量能，见天时之盛衰，制地形之广狭，岨险之难易，人民货财之多少，诸侯之交孰亲孰疏、孰爱孰憎。"意思是，要游说国君，就要先了解这位君主的智谋权变和才能，再量权天时是盛兴还是衰败，地形的宽旷和狭窄，山川险阻难易，对方的货财多少，这个国家有多少盟友以及亲疏关系，与谁交好，与谁交恶。

"得情"是领导活动的重要内容，是领导做出正确决策的基础。关于"得情"的内容，鬼谷子认为有客观情况和主观情况，与此相应，鬼谷子又提出了两种"得情"的方法："量权"和"揣情"。鬼谷子深知"得情"的重要性，这就是他说的"古之善用天下者，必量天下之权，而揣诸侯之情"。鬼谷子的"得情"强调不仅要掌握对方的客观情况，还要掌握对方的主观情况。"量权"和"揣情"两者都做到了，才能真正"得情"。两者都十分重要，缺一不可。否则"量权不审，不知强弱轻重之称；揣情不审，不知隐匿变化之动静"。

何谓"量权"？鬼谷子这里所说的"量权"，就是把可供决策的方案进行利弊得失的权衡比较，以便"两害相权取其轻""两利相权取其重"，做出正确的取舍。用鬼谷子的话说就是"策选进谋者，权也""度于大小，谋于众寡"。量权的内容很多，量权一国，就要知道这个国家地形的宽旷和狭窄，地理形势的险易，哪些地势有利，哪些地势有害，这个国家的君主的智谋权变和才能如何，真正善于谋划思考之士有多少，天时是盛兴还是衰败，国家和百姓的货财有多少，这个国家有多少盟友以及亲疏关系，与谁交好，与谁交恶。量权国内，就要知道大臣之间的关系怎么样，和谁亲近，和谁疏远，谁是贤明之人，谁是不肖之人，谁安分守己，谁可能是背叛之人，各自的门客谁有智慧，谁只是沽名钓誉，百姓的心意，喜欢谁，憎恨谁，喜欢什么，厌恶什么，天时对我是吉还是凶，这些情况都是客观存在的，要知道和掌握这些东西，并借此做出正确的选择和决断就是"量权"。

"揣情"是鬼谷子权变思想的前提，鬼谷子认为，凡是遵循一定的法则去筹划计策，必须查明事情的原委，以探得实情。《鬼谷子》在"谋篇"中说："为人凡谋有道，必得其所因，以求其情。"所谓"揣情"，就是通过一定的方法揣摩到对方隐藏在心里面的主观情况。"揣情"才能观察到对方主观上的细微变化、心理动静，摸清对方的真实意图，从中抓住有利的机遇或者规避可能出现的风险和危机，及早采取措施，趋利避害。"揣情"对象是十分丰富的，要揣的主观信息之情也是十分复杂的，因此揣情的招术也不能单一化，要因人因事而异。鬼谷子阐释了"揣情"的招术，揣摩人情，游说人主，应在对方最高兴的时候去游说，因为人在极度高兴之时，其愿望也会极度膨胀，会蒙蔽理性，只要对方有欲望，他就会袒露出来，一吐为快。还要在对方恐惧时去游说他，加重他的恐惧，使其因害怕而对内心所厌恶的事情恨至极点。倘若对方有所厌恶的事，此时就不愿隐瞒，就会倾吐出事物的真实情况，也就是"揣情者，必以其甚喜之时，往而极其欲也；其有欲也，不能隐其情。必以其甚惧之时，往而极其恶也；其有恶者，不能隐其情。情欲必出其变"。一个人心中有欲求，就一定会产生冲动，就必然会外露。当然，有的人头脑简单，从产生心理欲求再到外露也很直接，比较容易被揣摩到。但是有的人城府很深，心理欲求到外露的过程也很复杂，并且真真假假混杂，鬼谷子认为，对这样的人只要多次试探，细心观察，就一定会知道其内心深处的诉求，即"夫情变于内者，形见于外，故常必以其见者而知其隐者"。这些就是打探对方的主观情况的方法，亦即"此所谓测深探情"。

鬼谷子之所以能神机妙算，是源于其对于事物的"量权""揣情"。历史上能够玩转天下的人，也都得益于"量权""揣情"。成就伟业，必须确定伟大的目标，然后努力去实现这一伟大目标。但是，目标的实现并不仅仅取决于制定目标者的主观努力程度，还要看选择的目标切不切合实际，主客观条件是否阻碍其实现。如果通过"量权""揣情"后发现主客观条件不利于实现目标，就要知难而退，做出适当调整或重新确立可行的目标。生于战国时期的苏秦以"悬梁刺股"的刻苦精神读书，又得到高师鬼谷子的指点，更加丰富了他的知识储备，为了不辜负自己的满腔学问，苏秦决定出世谋宏图大业。苏秦初出云梦山时，原本打算西行入秦说服秦惠王采纳连横战术以灭六国，建立一统天下的旷世奇功。但下山后，他通过"量权""揣情"，发现当时的秦国还不具备统一六国的条件，并且秦惠王刚刚将商鞅处以极刑，很厌恶游说之士。苏秦将主客观条件进行深入地分析后，便明智地把自己"说服秦惠王采纳连横战术以灭六国，建立一统天下"的目标重新确定为"说服六国以合纵抗秦"，使秦十五年不敢出函谷关。最终他兼配六国相印，成为纵横家。甚至由于他深通"量权""揣情"，竟然能够在死后还报了杀己之仇。据记载，联盟解散后，齐国攻打燕国，苏秦说服齐归还燕国城池，后从燕国来到齐国，被齐国任为客卿，齐国众大夫因争宠派人刺杀他，苏秦伤重。齐王捉拿贼人，但始终没有抓到刺客。苏秦将死时，要求齐王以苏秦作乱为名，在他死后将他车裂于市中，这样，刺杀他的人肯定会自己送上门来。齐王照计执行，果然不出苏秦所料，杀苏秦的人很快就现身求功，结果被杀了全家。

三、鬼谷子"决情定疑"的决策领导智慧

在《鬼谷子》"决篇"中，鬼谷子说："凡决物，必托于疑者。善其用福，恶其用患；善至于诱也，终无惑偏。有利焉，去其利，则不受也；奇之所托。若有利于善者，隐托于恶，则不受矣，致疏远。故其有使失利者，有使离害者，此事之失。"意思是，大凡决断事情，必须委托善于决疑断难的人。人们都希望做出的决断能带来利益，而讨厌带来祸患；决疑者若能善于诱导，最终就能排除疑惑和各种偏见。在为人做决断时，必须让对方得到利益，对方如果没有得到利益就不会接受，这就是做决策依托的基础。做出的任何决断本来都应有利于委托者，但是如果把这种好处隐藏在不利的表面下，那么委托决断者就不会接受你的决策，彼此之间的关系也会因此而疏远。所以，受委托做出的决断使委托方失去利益，甚至使其遭遇灾害，这样决断就是失误的。鬼谷子还说："圣人所以能成其事者有五：有以阳德之者，有以阴贼之者，有以信诚之者，有以蔽匿之者，有以平素之者。阳励于一言，阴励于二言。平素、机枢以用；四者微而施之。于是度之往事，验之来事，参之平素，可则决。王公大人之事也，危而美名者，可则决之；不用费力而易成者，可则决之；用力犯勤苦，然不得已而为之者，可贵则决之；去患者，可贵则决之；从福者，可则决之。"意思是，圣人之所以能做出正确的决断，其方法有五种：对于事成理明者，则用"阳德之法"决断之；对于情隐言伪者，则用"阴贼之法"决断之；对于道成志直者，则用"信诚之法"决断之；对于奸小祸微者，则用"蔽匿之法"决

断之；对于循常守故者，用"平素之法"决断之。用"阳德"则要求信诚守常如一，用"阴贼"则要求掌握事物对立的两面，亦真亦假。决断中将"一言""二言""平素""枢机"参验这四方面巧妙的运用，做出的决断就会精微奇妙。与此同时，做决断时要以以往的事为依据，验证未来的事，再以日常发生的事作为参考，如果可以实施，就做出决断。对于有权位人的事，虽然危难但能得到美名的，可以做出决断；不用费多大力就可获得成功的事，可以做出决断；费力气又辛苦的事，但不得不面对的，可以做出决断；能消除忧患的事，可做出决断；能得到福报的事，可以做出决断。鬼谷子又说："故夫决情定疑，万事之机。以正乱治，决成败，难为者。"意思是，解决事情，确定疑难，是万事的关键。它具有整顿朝纲、澄清动乱、预知成败的作用，但这也是一件很难做好的事情。

　　每个组织的行动和运作，都需要领导者的决策。没有决策就没有组织的行动，没有行动就无法实现组织目标。决策就是为了实现特定的目标，根据客观的可能性，在占有一定信息和经验的基础上，借助一定的工具、技巧和方法，对实现目标的诸种备选方案及其实现目标的影响因素进行分析、比较和判断后，对未来行动方案做出的决定。决策是决策者经过心理活动过程而决定的行动方案。精于判断、敏于决策是领导工作的核心，是领导各项职能的基础，贯穿领导活动的全过程。领导者善于在错综复杂的情况下做出正确判断和决断，是万事成败的关键。鬼谷子说得好："故夫决情定疑，万事之机。以正乱治，决成败。"

　　决疑是决策的前提条件。决疑，就是要防止认识的迷惑与局限性和偏见性，这是一件很难做到的事情，鬼谷子也承认是"难为者"。大凡遇到要作决断的事情，必须委托善于决疑断难的人，即"凡决物，必托于疑者"。古代那些被托的"疑者"，都是持身养性、精于心理揣摩、深明刚柔之势、通晓捭阖之术、独具通天之智的谋略之士，这些人"一策而退敌兵，数言而安天下"。一些君主在对某事做出决断时，事先都要征询这些"疑者"的意见，这种"疑者"用今天的话说就是"智囊人物"，这些人物以团队的形式组织起来就叫"智囊团"。智囊团又称头脑库或思想库。智囊团将各学科的专家学者聚集起来，运用他们的智慧和才能，为领导决策提供满意方案或优化方案，是现代领导管理体制中不可或缺的组成部分。其主要职责是为决策者提供良策、提出各种设计、判断运筹；反馈信息，对实施方案追踪调查研究，根据运行结果拿出纠偏建议反馈给决策者；进行诊断，根据现状研究产生问题的原因，寻找解决问题的对策；预测未来，以多视角和多种方法，提出各种预测方案供决策者备选。

决断任何事情都是在利弊得失之间进行比较取舍。决策里面都包含着利益问题，决策过程就是利益协调的过程。趋利避害就是决策的特点，也是做决策依托的基础和检验决策成功与失败的标准。人们做决策的时候的主观愿望，或者说做决策的出发点就是希望获得利益，而不希望造成祸害，即"善其用福，恶其用患"。决断的关键是在利害相杂的损益比较中，数害相交取其小，即"最小化损失"原则；数利相交取其大，即"最大化收益"原则。孟子在《孟子》"告子上篇"中也说："无以小害大，无以贱害贵。"意思是，不要因小而失大，因贱而失贵。在为人做决断时，必须让对方得到利益，如果没有利益对方就不会接受，亦即"有利焉，去其利，则不受"。如果为人做出的任何决断使委托方失去利益，甚至使其遭遇灾害，这样就是失误的决策，所以鬼谷子强调："有使失利者，有使离害者，此事之失。"汉景帝即位后，鉴于藩王势力太大，采用了晁错的削藩良策，削夺藩王们的封地。吴王刘濞是刘邦的侄子，一直阴谋叛乱。汉景帝听从晁错的建议，决定先削夺吴的会稽和豫章两郡。刘濞借机谋反，联合各地诸侯王，打着"诛晁错，清君侧"的旗号，制造了历史上有名的"七国之乱"。叛军声势浩大，攻城略地无数。平日和晁错有怨的大臣趁机劝说汉景帝杀掉晁错，以平息叛乱。汉景帝此时也被妖言迷惑，将晁错腰斩于长安东市。同时，汉景帝下诏书招降吴王刘濞，刘濞笑道："我现在已经是东方的皇帝了，谁还有资格对我下诏书？"面对刘濞的狼子野心，汉景帝醒悟了，对错杀晁错悔恨不已，赶忙调派周亚夫等将领率兵平定叛乱。周亚夫采用截断叛军的粮道然后坚守不出的战略，用三个月将叛乱彻底平定。汉景帝缔造了"文景之治"盛世，这是他的历史功绩，但他错杀晁错属于决断失误，却留下了污点。

领导者因权责所需，经常要做出直接关系领导活动兴衰成败和生存发展的决策。正确的决策要求领导者能够深刻地认识到事物间的内在联系以及本质属性和规律。那么，领导者要想从纷杂的信息中抓住本质，摸清规律，解除迷惑和偏见，避免凭一时冲动、拍脑袋就干所造成的决策失误，就必须熟练掌握一套科学的决策方法。关于决策的方法，鬼谷子有精妙绝伦的论述：① "阳德之法"。对于事成理明者，则用此法决断。用"阳德之法"，以公开的道德教化百姓，重在肯定、鼓励对方，以德泽服人。② "阴贼之法"。对于情隐言伪者，则用此法决断。用"阴贼之法"，则要求掌握事物对立的两面，亦真亦假，以谋略惩治坏人。③ "信诚之法"。对于道成志直者，则用此法决断，要求信诚守常如一，以信义取信于民。④ "蔽匿之法"。对于奸小祸微者，则用此法决断，重在以仁爱包容他人的弱点与错误，以免水清无鱼，不利于团结人和调动人的积极性。⑤ "平素之法"。对于循常守故者，则用此法决断，重在遵循常理的规范性决策。任何事物都不是孤立地存在的，而是与其他事物存在千丝万缕的联系，事物总是错综复杂地联系在一起。因此，进行决策时，不能把鬼谷子讲的五种决策方法各自孤立起来，要根据事物的联系和复杂程度综合运用，或相互转化着灵活运用，才能收到奇效。

第一次鸦片战争的关键时期，被道光帝委以重任的"扬威将军"奕经，不根据敌我双方的实际情况，不按照科学的方法做出抗敌决策，反而去相信迷信。1841 年 12 月 15 日，奕经做梦梦到英军登船逃出大洋，就坚信这是天助他打败英军，据此做出了进军的决策。为了确定进军的具体日期，奕经又到所谓颇为灵验的西湖关帝庙抽了一签，上写"不遇虎头人一唤，全家谁保汝平安"。三天后，奉调浙江参战的土司安木穰率领队伍到达。这支土军全带虎皮帽，与签上的"虎头人"耦合了，奕经认为这是吉兆，重赏了他们。他在确定反攻日期时又以虎为准。按照十二属相寅属虎，1842 年就是壬寅年，1 月又是壬寅月，29 日又是戊寅日，四更时分又是甲寅时辰，凑了四只虎。可所谓的高人指点要"五虎制敌"，他又在军队里找到了属虎的安义总兵段永福并委以重任，让他执掌西路军，攻打宁波。但时年时月，浙江大雪，入春后又阴雨连绵，地面泥泞，空气潮湿，行军困难，有利于取胜的引火之物也不易燃烧。本不该此时出征，可是奕经迷信一个梦、一个卦，贸然做出了进攻的决策，结果惨遭失败，清廷被迫签下了丧权辱国的《南京条约》。

事物的发展有它自身的规律，决策者遵循这一规律，才能正确决断。因此，在做决策时，需要以过去的事为依据，验证未来事情的发展，再参照现在事情的状况和条件，综合分析自身所处的局势果断做出决策。即"度之往事，验之来事，参之平素，可则决之"。对于虽有危难但能够帮助别人博得美名、不用费多大力就可获成功的事、能够消除自己或委托决策者的祸患或者得到福报的事，就具有趋利避害的属性，就可以毫不犹豫地做出决断，诚如鬼谷子所言："危而美名者，可则决之；不用费力而易成者，可则决之""去患者，可贵则决之；从福者，可则决之"。

决策必须当机立断。决策要因时而动，勿失良机。领导活动的成功不仅取决于实力，还取决于时机的把握。决策是在一定的时间和地点做出的，错过一定的时间和地点，最优方案就可能变成最坏方案。历史的经验表明，成功的领导者与失败的领导者的分野，就在一个"断"字。善断之人成大器，寡断之徒丧家邦。所以，时机是关系决策成败的重要因素，决策必须抓住时机，当机立断；在千钧一发之际，当断不断，就会坐失良机，甚至给整个组织带来毁灭性的灾难。鬼谷子多次强调的"可则决之"，就是强调领导者一定要具有卓越的当机立断的魄力。《资治通鉴》上讲："疑者，事之害也。"意思是，犹豫不决是大害。古语也云："用兵之害，犹豫最大；三军之灾，生于狐疑""当断不断，反受其乱"。这些话从反面注解了"可则决之"的重要性。在历史上，犹豫不决、多谋寡断而终于导致身败名裂的例子屡见不鲜。秦末，刘邦与项羽各自率领攻打秦王朝的部队，刘邦先破咸阳，但刘邦兵力不及项羽，项羽大怒，派当阳君等攻打函谷关，项羽入咸阳后，到达鸿门，而刘邦则在坝上驻军。刘邦的左司马曹无伤派人密告项羽，说刘邦要在关中称王，项羽听后更加愤怒，项羽的谋士范增对项羽说："刘邦这次进咸阳，不贪图财货和美女，他的野心可不小。现在不消灭他，将来后患无穷。"项羽下令次日一早让兵士饱餐一顿，然后去击败刘邦的军队。一场恶战在即。刘邦从项羽的季父项伯口中得知此事后，大吃一惊，刘邦盛情款待项伯，并约为亲家，项伯答应在项羽面前说情，并让刘邦次日前来谢项羽。鸿门宴上，虽不乏美酒佳肴，但却暗藏杀机，项羽的亚父范增一直主张杀掉刘邦，免得留下后患，在酒宴上，一再示意项羽发令，但项羽却犹豫不决，当断不断。范增遂召项庄舞剑为酒宴助兴，趁机杀掉刘邦，项伯为保护刘邦，也拔剑起舞，掩护刘邦。在危急关头，刘邦部下樊哙带剑拥盾闯入军门，怒目直视项羽，项羽见此人气度不凡，当得知为刘邦的参乘时，即命赐酒，樊哙立而饮之，项羽命赐猪腿后，又问能否再饮酒。樊哙说，一杯酒还有什么值得推辞的。樊哙还乘机说了一通刘邦的好话，项羽无言以对，后来刘邦借机走了。刘邦部下张良入门为刘邦推脱，说刘邦不胜饮酒，无法前来道别，现向大王献上白璧一双，并向范增献上玉斗一双。项羽接过白璧，放在座席上。范增却非常生气，把玉斗摔在地上，摔得粉碎，拔出剑来，说："唉！真是没用的小子，没法替他出主意。将来夺取天下的，一定是刘邦，我们等着做俘虏就是了。"后来刘邦成为项羽的强敌，并在楚汉之争中消灭了项羽。美国著名企业家亚柯卡说："如果我必须用一个词来形容成功的企业家，那我会说：果断。"美国著名管理学家德鲁克也说过同样意思的话："经理人员必须经常在实际上不肯定的条件下用肯定的预感发言，缺乏这种品质就会产生严重后果。"当然，果断绝不意味着错断，而是建立在深思熟虑基础上果敢地正确决断。

鬼谷子在两千多年前就能提出决策是"圣人所以能成其事者"的论断，并提出决策的核心问题是利益得失的取舍等思想，是极其难得和宝贵的。西方世界的管理理论分为三个发展阶段，前两个阶段都没有高度重视决策在管理中的地位和作用。20世纪50年代，电子计算机和现代通信技术的出现和迅速普及，为决策提供了成熟的知识和完善的技术手段，决策思维过程可以用电子计算机模拟，人对决策行为的研究可以与人工智能的研究有机结合，从管理学中诞生出了管理决策学，西方的管理理论发展到了第三阶段。该理论的代表人物西蒙明确提出："决策是管理的心脏""管理的核心任务是决策，决策就是最大的管理"。在西蒙之前，传统的行政学只重视执行，而轻视执行前的选择和决定。西蒙突破了这一传统理论的局限，提出了行政理论既包括有效地执行决定，又包括正确地做出决定，而且执行本身也是决策。西蒙还对决策中利益得失的取舍问题有了独到的研究和见解，针对第一阶段管理理论的理性"经济人"假设决策利益得失取舍问题，也就是追求利益最大化为决策目标，提出了人类事实上只有有限理性，并认为这一特征制约着人们在决策利益得失取舍的全过程，个人或组织都不是全知全能的理性者，大多数个人或组织行为都是有限的理性，因此，人类决策行为就是追求一个相对满意的价值，而不是追求一个绝对最大的价值。在这种研究的基础上，他创立了著名的"有限理性决策模型"。西蒙还提出了决策流程的具体步骤：① 决策前，全面寻找备选方案；② 考察每一决策方案所可能导致的全部复杂性；③ 具备一套价值判断体系，作为评估和选择方案的准则。我不敢说西蒙一定读过《鬼谷子》，并受到了启发而形成了自己的理论，但是我可以肯定地说，西蒙的决策理论与鬼谷子的决策思想有很多相通之处。

四、鬼谷子"阴谋阳用"的计谋领导智慧

在《鬼谷子》"谋篇"中，鬼谷子说："故外亲而内疏者，说内；内亲而外疏者，说外；故因其疑以变之，因其见以然之，因其说以要之，因其势以成

之，因其恶以权之，因其患以斥之；摩而恐之，高而动之，微而证之，符而应之，拥而塞之，乱而惑之，是谓计谋。"意思是，表面亲密而内里疏远的人，要从内在的东西入手说服他，内在亲密而外表疏远的人，要从表面上切入说服他。要根据对方疑惑的问题改变说服的内容；根据对方的表现而判断说服的效果；根据对方的答辩确定自己的说服要点；根据情境和态势的变化来适时征服对方；根据对方的厌恶状况以权衡利弊；根据对方的顾虑而加以申斥；揣摩之后进行恐吓；抬高对方之后策划行动；打弱对方之后，加以扶正；辨明对方的真假之后再决定是否响应他；拥堵对方后，加以堵塞；扰乱之后，迷惑对方。这就叫作计谋。鬼谷子又说："计谋之用，公不如私，私不如结；结比而无隙者也。正不如奇；奇流而不止者也。故说人主者，必与之言奇；说人臣者，必与之言私。"意思是，计谋的运用，保密比公开的效果好；加深与对方的感情比私底下密谋效果好；感情深厚就不会让别人乘隙离间，出其不意比走寻常套路好，出奇计则可无往不胜；所以，游说国君就要谈论奇策；游说人臣就针对他的切身利益谈论私情才能奏效。鬼谷子还说："智用于众人之所不能知，而能用于众人之所不能。"意思是，真正的谋略是用在常人无法觉察之处，却可以做到常人无法完成的事情。

在《鬼谷子》"七十二计篇"，鬼谷子提出："智略计谋，各有形容，或圆或方，或阴或阳……圣人谋之于阴，故曰神；成之于阳，故曰明。"意思是，智慧谋略，各有形态，或圆或方，或阴或阳……圣明之人都在暗中运筹谋划，故谓之"神"；而在世上建功，为人所知，故谓之"明"。

在《鬼谷子》"摩篇"中，鬼谷子说："故物归类，抱薪趋火，燥者先燃；平地注水，湿者先濡。此物类相应于势。"意思是，世上的万物万事都归属于一定的种类，抱柴救火，干燥的柴火先被烧着；往平地注水，低洼处先湿。这些现象都是与各类事物的性质相应的。

《说文大字典》对"谋"做的注释是："计也，议也，图也，谟也。"所谓"计，筹策也；议，谋也；图，谋划也；谟，议谋也。""计、议、图、谟"这四个字意思接近，都是泛指策划与计谋。所谓"计谋"，是指为了达到尽可能取得最大利益或减少风险的目的，而针对某人、某件事或某种情势而预先设计的招法或策略。在古代战乱频繁，利益和风险往往与战争的胜负密切相关，因而计谋最早或者最多被运用在军事上，打仗时实施有计划的预谋，能够让敌军上当，陷入劣势，扬我优势，以达到取胜获利的目的。因为计谋是一种能够指导行为的有效思维方式，所以，在政治上和生活中也被广泛应用：大事大计谋，小事小计谋；远事远计谋，近事近计谋；深事深计谋，浅事浅计谋，以达到自己预期的目的。

计谋都是阴中谋，就是计谋在形成的过程中，不要让不该知道的人知道，这就是鬼谷子主张的"计谋之用，公不如私""智用于众人之所不能知""圣人谋之于阴，故曰神"。东晋的开国功臣王敦造反，其势力强大，很多人都因惧怕王敦，不敢反抗。他的堂兄王导不愿与他同流，坚持捍卫东晋司马氏皇室。此时，恰巧王敦得了急病，王导知道后，便召集几个最亲密的人进行了一番密谋，率领王氏子弟为王敦发丧。晋明帝司马绍亦假称王敦已死，下诏讨伐王敦的党羽。全国上下都认为王敦死了，于是不畏叛乱，奋勇杀敌，很快剿灭了王敦之流。

计谋的"谋"是属"阴"，即是在隐蔽状态下进行的。古语说："天地之化，在高在深；圣人之制道，在隐于匿。"如果计谋一旦泄露，不仅会使计谋"胎死腹中"，而且还会为此付出巨大的代价。武则天从感业寺回到宫中，成为昭仪。为了打击王皇后和萧淑妃，武则天主动与王皇后不喜欢的妃嫔、宫女们交好，并将唐高宗赏赐给她的贵重物品全部分给她们。这些妃嫔、宫女们得了武则天的好处，自然甘心做武则天的耳目，秘密观察王皇后、萧淑妃的一举一动，随时告知武则天。王皇后暗中与母亲柳氏求巫祝厌胜这样秘密的事，也让武则天得知。武则天报告给了唐高宗，唐高宗由此决定废后，武则天被立为皇后，成了最大的赢家。当了皇后的武则天继续在唐高宗身边安插眼线。麟德元年，唐高宗在政事上总被武则天掣肘，心有怨气，又得知武则天引道士行厌胜，于是他密召宰相上官仪起草废后诏书。这时武则天又从密报中得知此事，武则天赶来与唐高宗申辩。多情又软弱的唐高宗后悔了，把责任推给上官仪，放弃废后。武则天登基后，一些参与密谋废后的人被武则天所诛杀。

计谋有阴谋和阳谋之别，阴谋是阴中谋，阴中用；阳谋是阴中谋，阳中用。谋的时候在阴中，不让别人知道，用的时候在阳中，就算对方知道了计谋的用意也没关系，计谋用得光明磊落，这就是"成之于阳，故曰明"。

世上的事物是复杂的，复杂的事物是由多种相互影响和相互制约的因素构成的，因此，用计谋者在设计计谋时就不能"单打一"，必须拿出多个计谋去应付不断变化的情况，这就是鬼谷子说的"智略计谋，各有形容，或圆或方，或阴或阳"。计谋形成以后也要深藏不露。当然"深藏"的目的不是"藏"。"藏"也是为了"露",在时机成熟时,要毫不含糊地把计谋予以实施。世上万事千变万化,因为事件、环境都不是一成不变的,而且制订的计划与计划的实施又存在着时间和空间的差距,即使是制订得再周详缜密的计谋,也需要根据变化的情况,尤其是对方的反应而做相应的调整,即"因其疑以变之,因其见以然之,因其说以要之,因其势以成之,因其恶以权之"。在实施计谋时要与事物的性质相适应,要善于利用同类相感、内外呼应的原理才能奏效,也就是"抱薪趋火,燥者先燃;平地注水,湿者先濡。此物类相应于势"。在实施计谋时,还要出奇制胜,这就是鬼谷子倡导的"正不如奇;奇流而不止者也"。在《史记》"田单列传"中,司马迁记叙了田单出奇制胜的故事:田单是齐国王室的远亲,本来是一个名不见经传的佐理人员。公元前285年,燕国大将军乐毅带兵攻破齐国,占领了齐国大片土地,田单和本族人逃到即墨。即墨大夫战死后,田单因懂兵法,有智谋,被军民公推为将军。乐毅围攻即墨三年,未能破城。不久,燕昭王死了,与乐毅有嫌隙的燕惠王继位。田单抓住机会,马上派人到燕国暗中散布乐毅要当齐王的谣言,使燕惠王对乐毅产生了疑心,派骑劫代替了乐毅。一时,燕兵士气大落。田单组织人马,鼓舞士气,做好反攻准备。田单挑选了一千多头牛,把它们打扮起来。牛身上披着一块被子,上面画着大红大绿、稀奇古怪的花样。牛角上捆着两把尖刀,尾巴上系着一捆浸透了油的苇束。他又派人以诈降的办法进一步麻痹燕将。一天午夜,田单下令凿开十几处城墙,把牛队赶到城外,在牛尾巴上点上了火。牛尾巴一烧着,一千多头牛被烧得牛性子大发,朝着燕军兵营方向猛冲过去。齐军的五千名"敢死队"拿着大刀长矛,紧跟着牛队,冲杀上去,大破燕军,不久便完全收复了失地。司马迁评论说:"兵以正合,以奇胜。善之者,出奇无穷。奇正还相生,如环之无端。"

五、鬼谷子"进言献计"的进谏领导智慧

在《鬼谷子》"内揵术篇"中,鬼谷子说:"君臣上下之事,有远而亲,近而疏;就之不用,去之反求;日进前而不御,遥闻声而相思。事皆有内揵,素结本始。"意思是,君臣这种上下级之间的关系是个复杂的事情,有的距离很远却感觉很亲近,有的就在眼前却变得疏远;有的虽然凑在身边却得不到启

用，有的离开了却被诏求；有的天天跟在君主面前却不被信任，有的离君主遥远却听到声音就被思念。凡事都有建议和采纳两个方面，建议能够被采纳或被拒绝，这是由于内心相知的程度不同而致，根源于日常中的交往。鬼谷子又说："其用意，欲入则入，欲出则出；欲亲则亲，欲疏则疏；欲就则就，欲去则去；欲求则求，欲思则思。"意思是，谁想推行自己的主张，就要做到你可以随心所欲。想入政就能入政，想出世就能出世；想和君主关系亲近就亲近，想关系疏远就疏远；想为官就从政入职，想弃官就弃官而去；想让君主诏求就能让君主诏求，想让君主思念就能让君主相思。鬼谷子还说："内者，进说辞也。楗者，楗所谋也。"意思是，通过进谏来暗合君主的想法，并根据君主的想法谋划相应的策略来控制他的行为。鬼谷子接着说："欲说者务隐度，计事者务循顺。"意思是，要说服君王，就要把握好揣度尺寸，商量或谋划事情，一定要顺着君主的想法因势利导。鬼谷子也说："得其情乃制其术，此用可出可入，可楗可开。"意思是，只有对种种情况理解得十分透彻，再依据实际情况确定自己的主张并能运用语言技巧来暗合君主的真实想法，才能够找到一条控制君主思想和行为的有效方法。用你找到的这种方法，就可以通过在合适的时机进谏，让你的想法进出君主的内心，也可以跟随着君主心门的开启或关闭情况有收有放、有针对性地说服他来推行你的主张看法。

墨翟是站在君主的角度研究纳谏的智慧，与墨翟不同的是，鬼谷子是站在大臣的角度研究了进谏的智慧。进谏，过去是专指臣子对君主进言规劝；现在也泛指下级对上级、晚辈对尊长进行的劝告、建议。鬼谷子讲的是专指臣子对君主的进谏。鬼谷子认为，君臣之间的关系是进谏的基础。但是君臣的关系又很复杂："有远而亲，近而疏；就之不用，去之反求；日进前而不御，遥闻声而相思。"臣子与君主的亲疏远近决定了进谏者在国君心中的位势和认同感，也影响进言被接纳的可能性。因此，作为进谏者必须与国君"素结本始"，在平时就把君臣关系拉近、拉亲，这不仅能为进谏奠定感情基础，而且可以通过这种亲近的关系了解到君主的真实意图和想法，这样再做出进谏的选择和决定，就会游刃有余了。

进谏成功与否的关键因素就是进谏者与君主的心理契合度。因此，鬼谷子认为有智慧的进谏大臣往往会通过暗合君主的想法来谋划相应的进谏内容和将要采取的策略，就是"内者，进说辞也。楗者，楗所谋也"。现实中，要想和君主的心理契合度完全保持一致是很难做到的，鬼谷子给出的智慧就是有所隐秘地揣度切合的尺寸，商量或谋划事情一定要顺着君主的想法因势利导，才能说服君主接受进谏，亦即"欲说者务隐度，计事者务循顺"。否则，进谏不讲策略，不"循顺"利导，而是直揭龙鳞，不仅达不到进谏的预期目标，还可能搭上自己和全家的性命。商纣王大兴土木，强迫奴隶修建宫殿和摘星楼，整天在楼上沉湎于酒色之中。纣王的叔父比干对纣王坦率地直谏，并带着他去太庙祭祀祖宗，给他讲商汤创业时的艰难，盘庚用茅草盖屋，武丁和奴隶一起砍柴锄地，祖甲约束自己，喝酒从来不过 3 杯，唯恐过量误国……纣王表面点头称是，但却愈加荒淫暴虐。王宫里"流酒为池，悬肉为林"，还"令男女裸而相逐其间，是为醉乐"。纣王的爱妃妲己喜欢看人受虐的画面，于是发明了炮烙的刑具，就是用铜做成空心的柱子，行刑的时候，把犯人脱光衣服绑在柱子上，再把烧红的炭火放进铜柱子。妲己说她能辨认腹中胎儿是男是女，纣王就抓来 100 个孕妇试验。妲己让她们先坐下再站起来，然后对纣王说：先抬左腿者是男，先抬右腿者是女。纣王不信，妲己就命人当场剖腹检验。比干看到纣王和妲己害人取乐的场面，气得浑身发抖，强谏于王，直言他的错误，请求将妲己斩首，全门赐死！纣王愤愤地一句话也不说。比干说："当年汤王时，天下大灾，饿殍塞途，汤王下车抚尸而哭，自责无德。立即开仓济贫，饥者得食，寒者得衣，天下称颂。你今天的作为与先王的仁政背道而驰，若不改悔，天下就危险啦！"纣王气得拂袖而去。比干请来箕子和微子商议，让他们向纣王进谏。第二天，箕子去劝纣王，纣王却将箕子的头发剪掉囚禁起来，微子进谏，纣王依然不听，微子只好抱着祖先的祭器远走他乡。比干觉得为人臣子，"主过不谏非忠也，畏死不言非勇也，过则谏不用，则死忠之至也"。不能像微子那样一走了之，他甘冒灭族的危险，连续 3 天进宫抨击纣王的过错，纣王喝问："你为什么这样坚持？"比干说："君有诤臣，父有诤子，士有诤友，下官身为大臣，进退自有尚尽之大义！"纣王又问："何为大义？"比干答："夏桀不行仁政，失了天下，我王也学此无道之君，难道不怕丢失了天下吗？我今日进谏，正是大义所在！"纣王勃然大怒，说："吾闻圣人之心有七窍，信有诸乎？"纣王说罢，命人剖胸取心，比干毫无惧色，慷慨就戮。比干虽秉持正义，一身是胆，但因缺少进谏的智慧，最终赔上了自己和家人的性命。

臣子向君主进谏，不是也绝不可能是都在和君主的想法一致的条件下进行的，由于认知水平、价值取向、利害关系、思考角度的差异，进谏者的想法和君主的想法不一致，甚至完全不一致的情况是经常存在的，这时候也需要进谏，特别是臣子认为君主的想法和做法不正确时更需要进谏。在这种条件下的进谏更有价值,当然,也更有风险,因而也更需要技巧。首先要对进谏内容的种种情况理解得十分透彻,然后依据实际情况确定自己的主张并能运用语言技巧来暗合君主的真实想法。用这种方法,就可以通过进谏让你的想法进出君主的内心,也可以跟随着君主心门的开启或关闭情况有针对性地说服他,让他接受你的主张或看法。这就是"得其情乃制其术,此用可出可入,可楗可开"。在秦王嬴政十年,秦国宗室贵族借韩国派水工修灌溉渠,阴谋消耗秦的国力,谏秦皇下令驱逐一切客卿,秦王遂下了逐客令,客卿李斯也在被逐之列。李斯写了《谏逐客书》向秦王进谏。李斯先谈历史,以穆公、孝公、惠王、昭王四位国君召士纳贤为例,强调重用客卿的重要性。接着再谈现实,李斯列举了秦王的爱好,如昆山之玉、随和之宝、明月之珠,以及所佩太阿剑、所乘之纤离之马等,都是来自诸侯各国。然后,李斯表示如果没有客卿,秦国就不会"富利"和"强大";并说"非秦者去,为客者逐","此非所以跨海内、制诸侯之术",直接把谏言落到统一天下这个秦王最关心的问题上了,暗合了君主的想法,并进一步顺着秦王的感情、心理,把逐客的危害引申到不仅不能实现统一天下,而且还有亡国的危险。当时秦王的最大欲望是兼并天下,凡是与此欲望相背的,就必然被否定,凡是与此欲望相契合的,就容易被接受。李斯的谏言完全从秦国的利益着眼,从正反两个方面对事理的论说充分深刻,令人信服,使秦王接受,收回成命,由逐客变为留客、用客、重客,这就足以看出李斯《谏逐客书》中所蕴含的智慧。

六、鬼谷子"养志心通"的尚志领导智慧

在《本经》"阴符篇"中,鬼谷子说:"养志法灵龟。养志者,心气之思不达也。有所欲,志存而思之。志者,欲之使也。欲多则心散,心散则志衰,志衰则思不达。故心气一则欲不惶,欲不惶则志意不衰,志意不衰则思理达矣。理达则和通,和通则乱气不烦于胸中,故内以养志,外以知人。养志则心通矣,知人则识分明矣。将欲用之于人,必先知其养气志。知人气盛衰,而养其气志,察其所安,以知其所能。志不养,则心气不固;心气不固,则思虑不达;思虑不达,则志意不实。志意不实,则应对不猛;应对不猛,则志失而心气虚;志失而心气虚,则丧其神矣;神丧,则仿佛;仿佛,则参会不一。养志之始,务

在安己；己安，则志意实坚；志意实坚，则威势不分，神明常固守，乃能分之。"意思是，培养志的方法要效法灵龟。思想不畅达的人要培养自己的志气。志向是由一个人的欲望产生出来的，一个人心中有欲望才会有想法。所谓"志向"，就是欲望的使者。欲望产生志向，但绝不是欲望越多志向就越强烈，如果一个人的欲望过多了，老是放在心里，就会心神散乱。心神散乱，就会使志向衰弱；志向衰弱，思想力就不畅达。心的思想活动专注，人的思想活动就不会散乱，意志力就不会衰弱；意志力不衰弱，思想就会畅达；思想畅达，则心气通顺；心气通顺，乱气就不会在心中烦扰。所以，要对内养气，对外要明察各种人物。修养自己的心气，心情就通畅。了解他人的盛衰状况就能心明如镜，才能选对人、用对人。对于想要任用的人，必须先知道他养气的情况和心气的盛衰。知道他的心志状态，看其养气修志，观察他是否安稳，就知道他所具有的能力。不修养心志，心气就不牢固；心气不牢固，思想就不通达；思想不通达，意志就不坚定；意志不坚定，反应就不敏捷；反应不敏捷，就会失去心志，心气就虚弱；心气虚弱，就会丧失神采。神采丧失，就会精神恍惚；精神恍惚，"志""心""神"三者就不能集中统一运作了，就不能领会事物之间的本质联系和内在规律。开始修养心志，务必要先安定自己。自己安定了，意志才坚定充实；意志坚定充实，才能有威势；守住威势，才能调动一切。鬼谷子又说："心欲安静；虑欲深远。心安静则神策生，虑深远则计谋成；神策生则志不可乱，计谋成则功不可间。意虑定则心遂安，心遂安则所行不错。"意思是，谋划计策心要安静，思考要深远。心安静，精神就能清新充沛；思考深远，谋划事情就能全面周详。精神饱满充沛，志向就不可能被扰乱；谋划周详，事业的成功便没有阻隔。思想坚定，心灵便安宁；心灵安宁，所做的一切才能正确无误。接着鬼谷子又从反面强调说："计谋者，存亡枢机；虑不会，则听不审矣。候之不得，计谋失矣；则意无所信，虚而无实。"意思是，计谋是关系国家成败的关键。如果思想不通透的交融，听到的情况就不全面；得到的东西就会有偏差，以此构思的计谋就会失误。

在《鬼谷子》"反应篇"中，鬼谷子说："己欲平静，以听其辞、观其事、论万物、别雄雌。虽非其事，见微知类。"意思是，首先要使自己保持平心静气，以便细听对方的言辞，考察其言辞中的事物及事理，进一步考辨出万物的兴衰的状态，分辨出事物的真伪异同，虽然这不是事情本身，但我们可以根据其中的细微征兆和发展的迹象探索和推断出同类中隐含的重大事项。

心志，心之所想，表现为对某项事业或某个目标的热忱、向上的精神和追求的动力。心志是由人的欲望产生出来的，志向就是欲望的使者，即"有所欲，志存而思之。志者，欲之使也"。心志能量是人生成功的决定性力量。鬼谷子认为，心志有神威，固守神威，才能调动一切，即"神明常固守，乃能分之"。具体说，心志决定学业的成功。诸葛亮说："非学无以广才，非志无以成学。"曾国藩也说："人之气质，由于天生，本难改变，惟读书则可变化气质。古之精相法者，并言读书可以变换骨相。欲求变之之法，总须先立坚卓之志""古称'金丹换骨'，余谓立志即丹也"。心志决定事业的成功。美国管理学大师彼得·德鲁克也说："一个政治家如果不是浑身上下每一个毛孔都想当总统或首相，那他就很难成为一位伟大的政治家。"做普通人也是一样，如果没有"尚志"的精神支撑，就只剩下一具皮囊。只要你自己不卑躬屈膝，别人是无法骑在你的背上耀武扬威的。周处年轻时，为人蛮横强悍，任性使气，是当地一大祸害，与义兴河中一条蛟龙、山上一只白额虎并称为三大祸害，而三害当中周处为害最大。有人劝说周处去杀死猛虎和蛟龙，希望三个祸害相互拼杀。周处上山杀死了老虎，又下河斩杀了蛟龙。周处同蛟龙搏斗，在水里有时浮起、有时沉没，漂游了几十里远。经过了三天三夜，当地的百姓都认为周处必死无疑了，奔走相告。结果周处杀死了蛟龙从水中出来了。他听说乡里人以为自己已死而庆贺的事情，才知道大家实际上也把自己当作一大祸害，因此，有了悔改的心意。于是便到吴郡去找陆机和陆云两位有修养的名人。当时陆机不在，周处只见到了陆云，他就把全部情况告诉了陆云，并说："我想要改正错误，可是岁月已经荒废了，怕最终没有什么成就。"陆云说："古人珍视道义，认为'哪怕是早晨明白了圣贤之道，晚上就是死去也心满意足了'，况且你的前途还大有希望。再说人就怕立不下志向，只要能立志，又何必担忧好名声不能传扬呢？"周处听后就开始养志，最终成为一名很有作为的功臣。一个人的生命不能重复存在，生命也不能过度等待，尚志者的人生不会让激情和潜能在心底冬眠，而会像天空中的闪电，即使存在的时间短暂，也能迸发出让世人瞩目的耀眼光芒。

　　鬼谷子也特别强调领导者要养志，认为养志就是开发人的心志能量，也就是培养人的意志力，对目标执着追求，孜孜不已。关于养志的方法，鬼谷子说得很明确，即"养志法灵龟"。古人认为龟是有智慧的，龟性情稳定，以静制动，具有很强的意志，不容易受干扰。人要效法龟的这种静定性，"养志之始，务在安己；己安，则志意实坚；志意实坚，则威势不分"。也就是说，开始修养心志，务必要先安定自己。自己安定了，意志才坚实，意志坚实才能有神威。安定自己就需要有静气，天地之间最精绝的一个字就是"静"，儒释道对此的认识高度统一，儒家讲"静"，佛家讲"静"，道家也讲"静"，只有静下心来，才能走心走灵，才能"养志法灵龟"。否则，一个人不安己，欲望就会太多，如果一个人的欲望太多了，心神就不集中；心神散乱，心力分散，意志就会消沉；意志衰弱，就会使思力不畅达，这就是"欲多则心散，心散则志衰，志衰则思不达"。养志也包括涵养主见，能达到思不"烦"，心不"乱"，不被迷惑，不受干扰。这就"务在安己"，以使心气合一。如果能做到心气合一，欲望就无可乘之机，没有了欲望，就会心力集中，意志力就不会衰弱，意志力不衰弱，思想就会畅达。思想畅达则心气通顺，心气通顺，乱气烦恼自然随风而去。亦即"心气一则欲不偟，欲不偟则志意不衰，志意不衰则思理达矣。理达则和通，和通则乱气不烦于胸中"。领导者无论面临多大的困境和挑战，只要有高尚的志向，就会有排山倒海的力量，就能使局面发生根本性变化，使自己成为彻底的赢家。否则，即使有千经万论，也是镜花水月，干不成任何事业。世界上没有任何力量像心志这样对事业的成功有如此巨大的影响。所以，领导者能够"养志心通"，就能够克服领导活动中的万般艰难，跨越一切障碍。

鬼谷子认为，养志必须经历逆境和屈辱的痛苦历练。宝剑要经过千锤百炼才锋利，璞玉要经过打磨才能发出耀眼的光芒。在错综复杂的社会中，遭受屈辱和痛苦是在所难免的。屈辱和痛苦在佛学中被称为"逆增上缘"，对于养志者而言，屈辱和痛苦具有一种超强的反作用力，内心郁积的屈辱和忍受的痛苦越多越沉重，就越能激发起人内在的潜能，也越能涵养志意。当屈辱和痛苦来临时，采取隐忍的策略，积蓄力量再寻找机会。好事尽从难处得。非常之人方能忍非常之事，方能成非常之功业。《孟子》"告子篇"中，孟子说："故天将降大任于斯人也，必先苦其心志，劳其筋骨，饿其体肤，空乏其身。"领导者作为担当大任之人，就是要养这种大成者的心志。陈平是西汉名相，少时家贫，与哥哥相依为命，为了秉承父命，光耀门庭，不事生产，闭门读书。大嫂看不惯，不仅经常对他冷眼和讽刺，还经常为陈平只读书不干活和他哥哥吵架，为了消弭兄嫂的矛盾，面对大嫂一再的羞辱，他隐忍不发。随着大嫂的变本加厉，在忍无可忍的情况下，他离家出走，被哥哥追回后，又不计前嫌，阻止哥哥休嫂的念头，在当地传为美谈。一位老者很受感动，慕名前来，免费收徒授课。

陈平学成后，辅佐刘邦，成就了汉朝基业。只有经历过风风雨雨，才能收获春华秋实。雄鹰经历了无数次坠落悬崖、拼命飞翔的磨炼，才能搏击长空。人生在世，有的活得靓丽精彩、轰轰烈烈，有的活得黯淡无光、庸庸碌碌，为什么会有如此差别呢？关键在于是否"养志"。

鬼谷子还把"养志"和"知人"内在地联系起来，给我们领导者以智慧启迪。做人要养志，看人要看志，即"内以养志，外以知人"。养志是内敛之道，养志的关键在于"去欲"和"安己"。调理内心，使内心平静，就会有超强的心志。内养了超强的心志，对外就能明察各种人物。因为一方面有了心志就能保持平静的心态，细听别人的言辞，详细观察别人的行事，辨别出真伪异同，即"己欲平静，以听其辞、观其事、论万物、别雄雌"。另一方面有了心志，就有了明察别人的标准，通过别人在某些方面的细微征兆和迹象，就能推断出他的志向和由志向决定的发展结果，这就是"虽非其事，见微知类"。《史记》上记载，箕子看到商纣王吃饭时不用竹筷子而改用象牙筷子，箕子静下心来思考这一细微的变化，产生了深刻的联想：用象牙筷子，还会再使用陶碗吗？必然要配玉器啊。用象牙筷、玉器皿，还会吃一般的饭菜吗？必然要吃山珍海味啊。吃山珍海味，还会住茅草屋子吗？必然要盖楼阁啊。箕子便经常通过宫中的侍从打听消息。一天，侍从告诉他："你分析得很对，现在大王正准备盖楼阁呢。"箕子说："以小见大，以微见著，由此可知，商朝怕是不会长久了。"果不其然，商朝很快就灭亡了。这就是箕子"己欲平静"以"观其事"而"见微知类"的智慧。

鬼谷子还阐释了养志与计谋成败的问题。谋划计策必须深谋远虑，这就需要把心安静下来，不带情绪地冷静思考、深远地思考。人能养志，使身、心、灵合一，精神就能清新充沛，神气稳固思虑就能畅达深远，谋划事情就能全面周详，好的计谋跟着就来了。即"心欲安静；虑欲深远。心安静则神策生，虑深远则计谋成"。对鬼谷子这种见解，儒道释都有共同的认知。《荀子》"解蔽篇"上说："闲居静思则通。"道家言："灵台清静，静能生定，定能智慧生。"佛家也说："静能生慧，慧能生智。"

从主观愿望上讲，领导者都想有所作为，干出一番事业来，这就需要树立"鸿鹄之志"。墨子也曾经强调过："志不强者智不达。"意思是，无论你有多高的智商，如果没有无坚不摧的意志，也是成就不了事业的。现实社会中，有许多聪明过人、天分极高的人，就因为缺乏意志而未成大器。可见，无论社会如何发展，是兴是衰，"尚志"的自我意识都是人类生存和发展的最大价值，也是领导者突破成功"路障"的最重要内核力量。

七、鬼谷子"度权量能"的善任领导智慧

在《鬼谷子》"飞箝[①]篇"中，鬼谷子明确指出："引钩箝之辞，飞而箝之。钩箝之语，其说辞也，乍同乍异。其不可善者，或先征之，而后重累；或先重累，而后毁之；或以重累为毁；或以毁为重累。其用或称财货、琦玮、珠玉、壁帛、采色以事之。或量能立势以钩之，或伺候见涧而箝之，其事用抵戏。"意思是，用钩持箝制等引诱之辞，引出被考察者的内心真实情感，再用褒扬的方法控制他。这种引诱和褒扬的言辞在运用时，或大开大起，或大闭大抑，如果用了钩箝之辞还达不到目的，也可以先把他征召过来，然后给他重任考验他的才能，或者先让他担负重任，再诋毁他的不足，有时重用是要诋毁，有时诋毁是要重用，依据这一系列做法比较鉴别出一个人的优劣。那些经过考察初步确定重用之人，还需或者用钱财、玉璧、丝绸和美女来引诱收买，或者依据他的才能做出收留或不收留的举动考验之，或者使用"抵"之术，访察他的语言、行为中的纰漏威胁他。鬼谷子又说："心意之虑怀，审其意，知其所好恶，乃就说其所重，以飞箝之辞，钩其所好，以箝求之……为之枢机，以迎之随之，以箝和之，以意宜之，此飞箝之缀也。用于人则空往而实来，缀而不失，以究其辞，可箝而从，可箝而横，可引而东，可引而西，可引而南，可引而北，可引而反，可引而覆。"意思是，通过一个人的神态动向可以估测出其意念和怀想，然后又可审视出其好恶。我们就可以选其最重要的部分作为交谈的话题，这样就容易套引对方说出真实的情况。为了达到探寻真实情况的目的，我们往往要顺着对方的话锋说下去。也可以我方占主动，以询问者的姿态把话一会儿引向东，一会儿引向西，使别人失去自控力，情不自禁地随着你俯仰升沉。鬼谷子还说："用之于人，则量智能、权财力、料气势。"意思是，把这种"飞箝"之术运用于人时，就能识别一个人的智能、掂量一个人的才力，估测别人的气势，从而决定是否留用、升迁或罢免。

在《鬼谷子》"捭阖篇"中，鬼谷子说："凡度权量能，所以征远来近。立势而制事，必先察同异，别是非之语，见内外之辞，知有无之数，决安危之

---

① "箝"通"钳"。

计,定亲疏之事,然后乃权量之,其有隐括,乃可征,乃可求,乃可用。"意思是,凡是揣度人的智谋和测量人的才干,就是为了吸引远处的人才和招来近处的人才,造成一种声势,进一步掌握事物发展变化的规律。一定要首先考察派别的相同和不同之处,区别各种对的和不对的议论,了解对内、外的各种进言,掌握有余和不足的程度,决定事关安危的计谋。确定与谁亲近和与谁疏远的问题。然后权量这些关系,如果还有不清楚的地方,就要进行研究,进行探索,使之为我所用。鬼谷子还说:"夫贤、不肖;智、愚;勇、怯;仁、义;有差。乃可捭,乃可阖,乃可进,乃可退,乃可贱,乃可贵;无为以牧之。"意思是,有贤德之人,有不肖之人;有聪明之人,有愚蠢之人;有勇敢之人,有懦弱之人。捭阖之术告诉领导者在用人方法上,要有差别,要阴阳并用,可以开放,也可以封闭;褒贬适度,可以进升,也可以辞退;对贤德之人褒奖鼓励,对不肖之人要严法惩处;对勇敢之人要提拔重用,对愚蠢之人要舍弃辞退;对勇敢之人要使其尊贵,对懦弱之人要使其卑贱,通过无为而治的艺术,对各种不同的人进行掌握和驾驭。

在《鬼谷子》"谋篇"中,鬼谷子说:"夫仁人轻货,不可诱以利,可使出费;勇士轻难,不可惧以患,可使据危;智者达于数,明于理,不可欺以不诚,可示以道理,可使立功。"意思是,仁德君子轻视财物,就不要用金钱等利益来诱惑他们,但可以让他们捐资散财。勇武之士轻视灾难,就不可以用忧患来恐吓他们,却可以用他们来镇守危险之地和承接危险的任务;聪明智慧的人明达事理,不要用不诚实的手段来欺骗他们,而要正道晓谕他们,使其深明大义、兴建功业。

古今中外历代政治家、军事家、领导者都有一个共识:为政之要,惟在得人。得人又以知人最难。战国时哲学家杨朱在《法言》中提到,有人问到知人之难时说:"人和人的区别如果像泰山与蚂蚁、河海与小水洼一样,那太容易分辨了!可是如果要区别大圣与大奸,就太难了!"人类社会的复杂环境造就了人的复杂心理,表面上看去,几乎每一个人都正派、老实,但内心却都被包裹得严严实实,表面现象与内心的世界不一致是"知人难"的最根本原因。中国古人早就讲过"人心难测"。只有透过现象看到本质,才能真正认识一个人的心,从而来认识人。因此,历代政治家、军事家、领导者都在"透过现象看到本质"的识人技能上颇费心力,也有诸多论述。对此,作为一个善于运筹帷崛的权谋家鬼谷子也有独到的见解，提出了识别人才的"钩箝之法"。概括起来有这样几步招数：① 用中听、掏心窝的诱惑言辞或看似随意地抛出问题，引出被考察者内心的情感和立场，再用大开大起，或大闭大抑的言辞，做更深层次的观察。② 如果还观察不出来，就委以重任，并诋毁他的不足，以考验他的才能的优劣。③ 对初拟重用的人也要进一步考察，其手段是用钱财珠宝和美色来引诱收买，或者依据才能做出用或不用的举动进行考验，或者使用"抵"之术，访察他的语言、行为中的纰漏威胁他。

经过以上步骤的考察，还不到位，鬼谷子又提出在以下几种关系中进一步"度权量能"：了解他的志向同异、言辞是非的辨别能力、有无处理大事的才干、有没有转危为安的智慧、对待亲疏的态度如何等，来揣度人的智谋和测量人的才干，了解真情，择用人才，就是"先察同异，别是非之语，见内外之辞，知有无之数，决安危之计，定亲疏之事，然后乃权量之"。鬼谷子把上面所述的识人技巧称为"飞箝"之术，坚信把这种"飞箝"之术运用于识人时，就能识别出一个人的智能，掂量一个人的才力，估测一个人的气势，就是"用之于人，则量智能、权财力、料气势"，并由此决定是否任用、升迁或罢免。

在"善任"方面，鬼谷子基于对捭阖之术的深刻认识，也总结出了差异化的用人智慧。他认为人有"贤、不肖；智、愚；勇、怯；仁、义；有差"。贤德之人，是做大事最需要的人才，就要把贤德之人安排在相应的岗位，使其有能够发挥出潜力的空间。把贤德人才放错了位置，就如同把美玉放在了石子堆，是暴殄天物。所以，好钢要用到刀刃上，必须把贤德人才放在与其匹配的岗位上，还要通过褒奖和鼓励的手段，激励他们在各自的岗位上发挥更大的作用。不肖之人，就是罪无可赦、为人切齿痛恨的寡廉鲜耻之徒，对这种人要弃之不用，即使已经用了，一旦发现，要严法惩处。勇敢之人，可以用自己的生命力量去对待事业，去化解工作中的艰难险阻。对勇敢的人要提拔重用，要使其获得尊贵。愚蠢之人，在思考上愚，在行动上蠢，很容易被蒙蔽，成事不足，败事有余。对愚蠢的人必须舍弃辞退。懦弱之人，胆小、怕事，做事情没有自信，遇到问题总是逃避。对懦弱的人，也要排除在任用范围，即使已经用了，也要使其卑微低贱。这样，才能对各种不同的人进行掌握和驾驭。用鬼谷子的话表述就是，根据人性的差别，在任用时"乃可捭，乃可阖，乃可进，乃可退，乃可贱，乃可贵；无为以牧之"。鬼谷子在"谋篇"中，还把人才分为仁、勇、智三类，并阐释了对这三类人的"善用"智慧：对"仁者"，鼓励他们捐资散财；对"勇者"，让他们来镇守险地和委派他们去完成危险的任务；对"智者"，晓以大义，让其建功立业，亦即"仁人轻货，不可诱以利，可使出费；勇士轻难，不可惧以患，可使据危；智者达于数，明于理，不可欺以不诚，可示以道理，可使立功"。

我们再通过一个实例来加深对鬼谷子"度权量能"善任智慧的理解。春秋时期，子产担任郑国的宰相。他能够根据人才的长处和短处，扬其长，避其短，挖掘出别人最大的潜能。伯石是子产手下的一个很有才能的大臣，但是贪图利益、爱面子。一次，子产派遣伯石独自外出到别的国家办事。在交给他任务之前，熟悉伯石性格的子产郑重地对伯石说："这次要你去做的事情非常困难，你如果能圆满地完成任务，我会重重赏赐你。你想要什么奖赏呢？"伯石毕恭毕敬地回答说："为大王做事是我应尽的义务，我愿意为您效忠。还谈什么赏赐呢？"子产和颜悦色地说："有功就应当受禄。事成之后，你就搬到西城街上的那幢豪华的房子里去住吧！"伯石一听心有所动，但表面上仍然露出一丝难色，嘴上说着："不可不可！"还是高高兴兴地去完成任务了。伯石走后，一旁的门生不解地问子产："他身为大臣，已经拿了俸禄，为国家效力是应该的，您为何还要额外赏赐他？更何况其他大臣从来没有这样的待遇。"子产解释说："每个人的性格都是不一样的，我明白伯石这个人，他很看重利益和虚名。虽然表面上把话说得很好听，其实那都是虚伪之辞。每个人都有私欲，更何况是他！我给他一点利益，他就会卖命地办好我交给他的任务，更重要的是我知道他有这个能力！"门生还是不解："但是你不满足他的私欲他也不敢懈怠，毕竟那是他分内的事情！"子产回答说："你这样想就错了！那样他只是因为畏惧大王的威严去办事，就算完成了任务也会心怀怨恨。总这样下去，说不定会做出什么坏事来。对于这种人就是要利而诱之，才能激发他的能力，为己所用。"伯石圆满地完成了任务，回来就住进了那座大房子里。子产又禀明郑王赐给他一座城邑，伯石乐不可支。后来，伯石听到众人的议论，非常害怕，于是就找到子产要交回城邑，子产也就故意收回。过了几天，又重新发布命令赏赐给他。如此这般三次，伯石才接受。门生又好奇地问："第一次不要就算了，要么就一次赏给他，为何还要这样推来推去？"子产说："我是故意这样的。他这个人虚伪，这样既显得他谦虚礼让，又满足了他的私欲，一举两得。像伯石这样的人，让他没有个人欲望是困难的。满足他的欲望而让他办成所办的事情，这不也是国家的成功吗？城邑有什么值得吝惜的，难道它还会被搬走不成？"子产知人善任，不仅没有因为伯石的私欲和虚伪而弃之不用，相反，利用伯石的缺点，做到了尽其所能，为国家效力。

人才的"善任"还要遵循人才成长的规律。不同的人才有不同的成长期，必须区别对待。对处于潜质期的人才，要重在培养，用好后劲；对处于成长期的人才，要安排有挑战性的工作和任务，让他在追求卓越成效中成长；对处在成熟期的人才，要及时提拔，用高峰，延长峰值；对处于衰退期的人才，要交流换岗，促其转型升级。

"善任"还要善于辨别奸佞之徒。三国时，有一次刘备让一个客人去见诸葛亮，并说这个客人很不错，可以重用。诸葛亮见过后对刘备说："我观察来客的言谈举止，神情游移畏惧，低着头好几次显示出桀骜不驯的样子，外露奸俭，内藏邪恶。一般奸佞之徒大抵都是这样，此人必是曹操派来的刺客。"后来的事实果然证明了诸葛亮的判断，避免了刘备引火焚身。

现代西方管理三大定律中还有一个"彼得定律"，也称之为"彼得原理"，是美国学者劳伦斯·彼得（Dr. Laurence Peter）在对组织中人员晋升的相关现象研究后得出的一个结论：在各种组织中，由于领导者习惯于对在某个等级上称职的人员进行晋升提拔，加之每个人都有升职的愿望和往上爬的动力，因而许多或大多数主管总是被晋升到与其能力不相称的地位，即已到达他们无法胜任的阶层。彼得由此推论："每一个职位最终都将被一个不能胜任其工作的职工所占据。层级组织的工作任务多半是由尚未达到不胜任阶层的员工完成的。"每一个职工最终都将达到"彼得高地"，在该处他的提升商数（PQ）为零。对一个组织而言，一旦相当部分人员被推到其不称职的级别，就会造成组织的人浮于事，效率低下，导致平庸者出人头地，发展停滞。同样的道理，将一名领导者晋升到一个他不能胜任的层级，使其勉力支撑、无所适从，这不仅是他个人的不幸，也是组织的不幸。那么如何来解决彼得原理所描述的问题，西方的现代管理理论并没有给出答案和解决方法，我认为鬼谷子的"知人善任"为解决此问题提供了一种有效的方法和智慧。一个领导者如何才能快速上升到"彼得高地"呢？有两种途径：一种是上面层级的领导"拉动"，第二种是自我的"推动"。前者是最主要的途径。上层的领导者能够"知人善任"，为下属找一个能游刃有余的岗位使其好好发挥专长，而不是刻意"拉动"他们的职位，那么大部分的领导职位就会由能胜任的人来担任。

八、鬼谷子"明言得失"的语言领导智慧

在《鬼谷子》"权篇"中，鬼谷子说："佞言者，谄而干忠；谀言者，博而干智；平言者，决而干勇；戚言者，权而干信；静言者，反而干胜。先意承欲者，谄也；繁称文辞者，博也；纵舍不疑者，决也；策选进谋者，权也；他分不足以窒非者，反也。"意思是，花言巧语的人，以讨好的语言迎合别人，是为了博得忠心耿耿的美名；以华丽辞藻炫耀文采，是为了彰显博学智慧；以朴实平和的语言论证自己的主张，是为了表现自己的果敢和勇气；以忧虑的语言权衡利弊，是为了表现自己的真诚而令人信任；以镇静稳健的分析语言说话，体现出了反抗和追求胜利的精神。为了谋得自己的意图而逢迎他人尚未表露的欲望，就是谄媚；用繁多漂亮的词语去博得他人的欢心，就是吹嘘；即使有生命危险也不退缩的，就是有决心；投其所好而献计谋的人，就是玩弄权术；能揭示缺陷、指责别人过失的人，就是敢于反抗。鬼谷子又说："辞言有五：曰病、曰恐、曰忧、曰怒、曰喜。故曰，病者，感衰气而不神也。恐者，肠绝而无主也。忧者，闭塞而不泄也。怒者，妄动而不治也。喜者，宣散而无要也。此五者精则用之，利则行之。故与智者言，依于博；与拙者言，依于辨；与辨者言，依于要；与贵者言，依于势；与富者言，依于高；与贫者言，依于利；与贱者言，依于谦；与勇者言，依于敢；与愚者言，依于锐；此其术也，而人常反之。是故与智者言，将以此明之；与不智者言，将以此教之；而甚难为也。故言多类，事多变。故终日言不失其类，而事不乱；终日不变，而不失其主。故智贵不忘。听贵聪，辞贵奇。"意思是，游说辞令有五种：病、恐、忧、怒、喜。其中，病，是没有底，精神萎靡；恐，是指极度惧怕伤心，没有主意；忧，是指闭塞不通，无法宣泄；怒，是指疯狂妄动，不能自己；喜，是指漫无边际，没有重点。以上五种游说辞令，精通之后就可以运用，对自己有利时就可以实行。因此与聪明人谈话，就要依据博识多见的言辞；与笨拙的人谈话，就要善于巧辩；与善辩的人谈话，就要突出简明扼要；与地位显赫的人谈话，就要营造雄辩的气势；与富有的人谈话，就要善于高屋建瓴；与贫穷的人谈话，就要以利益相诱惑；与卑贱的人谈话，就要保持谦恭；与勇猛的人谈话，就要凭借果断；与愚昧的人谈话，就要依靠敏锐。所有这些都是游说的方法，然而人们的作为经常与此相反。与聪明的人谈话，就要让他明白这些方法；与不聪明的

人谈话，就要把这些方法教给他，而这样做是很困难的。游说辞令有许多类，所说之事又不断变化。如果整天游说而不越轨，就不会出乱子。即使多有变化，只要掌握住这些，就会万变不离其宗。所以对智者来说，最重要的是不妄加评论；听别人说话，最宝贵的是听得清清楚楚；对于思维来说，最宝贵的是是非分明；对于言辞来说，最宝贵的是变幻莫测的奇胜。

在《鬼谷子》"内楗篇"中，鬼谷子说："内者，进说辞也。楗者，楗所谋也。欲说者务稳度，计事者务循顺。阴虑可否，明言得失，以御其志。"意思是，所谓"内"就是采纳意见；所谓"楗"就是进献计策。想要说服他人，务必要先悄悄地揣测；度量、策划事情，务必要循沿顺畅的途径。暗中分析是可是否，透彻辨明所得所失，以便说服别人，继而驾驭他的思想。

古人讲"言为心声"，是指言谈是一个人心里想法的声音。言语是人们思想情感和内在品质的反映。仔细观察一个人平时的言谈，就可以了解他的思想状况和内在品质。他的语言表达能披露出他内心的世界，展示出他的品质特征。所以中国的历史上就有"闻其言，而见其人"之说。鬼谷子从"闻其言"的五个方面揭示了五种人的内心世界，为领导者察言观人提供了参考。用巧言谄媚来逢迎讨好别人的话是佞言，说佞言的人内心里是想讨好领导者而得宠幸，或者是想得到忠厚的美名，即"佞言者，谄而干忠"。谀言是吹嘘的大话、空话，说谀言的人，用自我吹嘘或吹嘘领导者的方式来彰显自己的智慧，即"谀言者，博而干智"。《荀子》"修身篇"中说："以不善和人者谓之谀。"唐太宗说："若惟扬美隐恶，共进谀言，则国之危亡，可立而待也。" 如果众官员一味地扬美隐恶，都说一些阿谀奉承的好听话，那么离国家灭亡的日子就不远了。"平言"是朴实平和的语言。平言者，是为了论证自己的主张，表现自己的勇敢，即"平言者，决而干勇"。戚言是忧伤和有顾虑的语言。戚言者，是为了用忧虑的语言来权衡事情的利弊，以此表现自己的认真和赢得别人的信任，即"戚言者，权而干信"。静言是镇静、平静的语言。静言者，以镇静、平和的语言和逆向思维方式分析问题，就是要表现反抗和追求胜利的精神，即"静言者，反而干胜"。

说服性语言，就是劝说别人听从自己的语言。游说别人和领导别人，最常用的语言就是说服性语言。说服性语言能否起作用，取决于说服效果，说服效果指的是被说服者的态度沿说服者说服意图的方向发生的变化程度。鬼谷子认为，针对不同类型的人，要用不同的语言表达技巧，才能够产生正定人心的作用，具有更好的说服效果。对此，鬼谷子总结出了一套具有说服效果的语言技巧：① "与智者言，依于博"。与智者谈话，就要用博识多见的言辞，让他在言谈中得到启迪和开悟。② "与拙者言，依于辨"。与拙者说话，要用透彻的观点和条理明辨的言辞，让他在言谈中辨清真伪和是非。③ "与辨者言，依于要"。朝鲜有句谚语：梳头要从发根梳起，谈话要从要点开始。与善辩的人谈话，一开始就要用简要的言辞，直抵其言谈要点。④ "与贵者言，依于势"。与自视高傲的人谈话，要用充分的自信心和凌然的气势和他交谈。⑤ "与富者言，依于高"。与富人谈话，不要以钱和物质为谈资，要用文化、艺术等高雅的言辞。⑥ "与贫者言，依于利"。与穷人谈话，要以利益为话题。⑦ "与贱者言，依于谦"。与卑贱者谈话，要用谦躬的姿态和言辞，让对方感受到尊重。⑧ "与勇者言，依于敢"。与勇敢的人谈话，不要示之以怯懦，而是要以勇敢的气魄与他交流。⑨ "与愚者言，依于锐"。与愚者谈话，要用鼓励的方式和言辞，让他重塑信心、痛改前非。这些都是与人谈话、说服别人的技巧。然而常人往往背道而驰。所以，与聪明人谈话时，就要用这些方法启发他；与笨人谈话时，就要把这些方法教授给他。然而事实上这些很难做到。所以谈话有各种方法，掌握这些方法，即使终日谈论，也会把事情做得有条不紊。即使事情不断变化，也不会失其主旨。所以就智者而言贵在不紊乱，听话贵在善辨真伪，聪颖则贵在善断是非，出言贵在变化奇妙，这就是鬼谷子强调的"此其术也，而人常反之。是故与智者言，将以此明之；与不智者言，将以此教之；而甚难为也。故言多类，事多变。故终日言不失其类，而事不乱；终日不变，而不失其主。故智贵不妄。听贵聪，辞贵奇"。

《邹忌讽齐王纳谏》里充满着语言的技巧和出奇制胜的魅力。齐王不善纳谏，大臣们或者不敢进谏，或者直言进谏遭到齐王的怒斥。邹忌决定向齐王进谏。见到齐王后，邹忌向齐王讲了一个故事：一天早晨，我穿戴好衣帽，照了一下镜子，对我的妻子说："我和城北徐公比，谁更美呢？"我的妻子说："您非常美，徐公怎么能比得上您呢？"城北的徐公是齐国最美的男子。我不相信自己比徐公美，而又问我的妾："我和徐公相比，谁更美呢？"妾说："徐公哪能比得上您呢？"第二天，有客人来拜访，我与他相坐而谈，问他："我和徐公比，谁更美呢？"客人说："徐公不如您美。"又一天，徐公来了，我仔细地看着他，自己认为不如徐公美；看着镜子里的自己，更是觉得自己与徐公相差甚远。傍晚，我躺在床上休息时想这件事，说："我的妻子赞美我美，是偏爱我；我的妾赞美我美，是害怕我；客人赞美我美，是有事情要求于我。"所以，他们都认为我比徐公美。讲完故事，邹忌话锋一转说："如今齐国有方圆千里的疆土，一百二十座城池。宫中的姬妾及身边的近臣，没有一个不偏爱大王的，朝中的大臣没有一个不惧怕大王的，全国范围内的百姓没有一个不有事想求助于大王的。由此看来，大王您受到的蒙蔽太严重了！"齐威王说："你说得很好！"于是就下了命令："大小的官吏、大臣和百姓们，能够当面批评我的过错的人，给予上等奖赏；上书直言规劝我的人，给予中等奖赏；能够在众人集聚的公共场所指责议论我的过失，并传到我耳朵里的人，给予下等奖赏。"命令刚下达，许多大臣都来进献谏言，宫门和庭院像集市一样热闹；几个月以后，还不时地有人进谏；满一年以后，即使有人想进谏，也没有什么可说的了。燕、赵、韩、魏等国人听说了这件事，都到齐国朝拜齐威王。这个故事启示我们，语言就是力量，它足以征服人心乃至一切。

关于游说的智慧，鬼谷子也提出了三个重要的技巧：① "阴虑可否"。要在私底下构思好游说的方案和方法，要认真斟酌方案和方法的可行性。尤其要思考说出去的话能否被对方认可和接受。② "明言得失"。各种关系说到底就是利害关系。最终能够打通障碍，让别人接受你游说的东西，关键点就在于利害关系的陈述。因此，游说时要把利害关系说清楚、说明白，而且要说出道理，切忌欺骗。③ "以御其志"。游说的目的就是利用语言通过攻心的方法说服别人，继而驾驭别人的思想。僖公三十年，晋文公和秦穆公联合围攻郑国，晋军驻扎在函陵，秦军驻扎在氾水的南面。佚之狐对郑文公说："郑国到了最危险的时刻！如让烛之武去见秦穆公，秦国的军队一定会撤退。"郑文公同意了。烛之武推辞说："我年轻时，尚且不如别人；现在老了，也不能有什么作为了。"郑文公说："我早先没有重用您，现在由于情况危急因而求您，这是我的过错。然而郑国灭亡了，对您也不利啊！"烛之武是个深明大义的人，应允了这件事。夜晚，用绳子将烛之武从城门上放下去，见到了秦穆公，烛之武说："秦、晋两国围攻郑国，郑国已经知道要灭亡了。假如灭掉郑国对您有好处，我怎敢冒昧地拿这件事情来麻烦您。越过邻国把远方的郑国作为秦国的东部边邑，您知道这是困难的，您为什么要灭掉郑国而给邻邦晋国增加土地呢？邻国的势力雄厚了，秦国的势力也就相对削弱了。如果您放弃围攻郑国而把它当作东方道路上接待过客的主人，出使的人来来往往，郑国可以随时供给他们缺少的东西，对您也没有什么害处。而且您曾经给予晋惠公恩惠，晋惠公曾经答应给您焦、瑕二座城池。晋惠公早上渡过黄河回国,晚上就修筑防御工事,您是知道的。晋国怎么会满足呢?现在晋国已经在东边使郑国成为它的边境,又想要向西扩大边界。如果不使秦国土地亏损,将从哪里得到他所奢求的土地呢?削弱秦国对晋国有利,希望您考虑这件事!"秦穆公非常高兴,就与郑国签订了盟约,并派遣杞子、逢孙、杨孙戍守郑国,于是秦国就撤军了。晋大夫子犯请求出兵攻击秦军。晋文公说:"不行!假如没有秦穆公的力量,我是不会到这个地步的。依靠别人的力量而又反过来损害他,这是不仁义的;失掉自己的同盟者,这是不明智的;用散乱代替整齐这是不符合武德的。我们还是回去吧!"晋军也就离开了郑国。在这个案例中,烛之武能够退秦师,就在于烛之武首先"阴虑可否",就是暗自拟订了游说方案,并反复思考了方案的可行性;其次,也是最重要的"明言得失"的游说语言。烛之武并不回避秦晋同盟郑必亡的事实,而是站在秦国的角度指出郑亡对秦国的害处,那就是晋国比秦国更强大了,并以史实来提醒秦穆公,晋国曾对不起秦国。而今天的晋君又贪得无厌,一旦郑亡,晋国强大了必然会伤害秦国。最后"以御其志",烛之武的游说看似处处为秦国着想,替秦国盘算,让秦穆公也有同感,驾驭了秦穆公的思想,使秦穆公对晋国死心,果断退师,其实言语辞令的重心是在处处为郑国着想,替郑国盘算,利益恰恰全在郑国。

领导者的行为可以高度概括为"言"和"行"两个方面。领导者必须扮演好"言"和"行"两个角色,不能偏废。语言作为思维的外在表现形式,是领导者交流思想、传递信息、表达意图、进行领导活动最重要的工具。但丁说:"语言对于工具之重要,正如骏马对骑士之重要。"如果领导者只是能干和会干而不善于运用语言这一"最重要的工具",那就只能做"将"而不能做"帅"。领导者做事情不是自己一个人干,而是领导大家一起干。领导者的工作就是以调动下属的积极性、主动性和创造性,围绕组织的意图去实现目标为主要内容。这主要体现在领导者的影响和率领作用上。领导者在组织中要起着影响一片、感召一面、决定一方的重要作用,这就离不开语言的交流和沟通。中外领导学界有一个共识,即领导者的语言具有履行领导职责、体现领导才能、塑造领导形象、展现领导魅力的功能。古今中外的历史上,大凡卓越的领导者几乎都是能言善辩的语言艺术家,他们通过精妙高超的语言艺术,以饱含理性、充满激情、合乎逻辑、富有感染力和鼓动性的讲话,组织集体成员、动员组织力量、安排部署任务、激励完成目标,创造了无与伦比的业绩和不朽的辉煌。可见,卓越的领导者必须具有和妙用"明言得失"的语言智慧。

"明言得失"的语言智慧，要求领导者讲究语言的针对性，要符合当时说话的场景、说话人的身份和心情以及听者的身份和心情，只有这样，领导者的话才能与被领导者或听者对上频道。

"明言得失"的语言智慧，要求领导者讲话必须突出重点、主题，语言要精练简洁，干脆利落，不拖泥带水。黑格尔说："最伟大的真理最简单。"没有人喜欢听一堆废话，即使你是大权在握的领导，也不会有谁买你的账。

领导者要掌握"明言得失"的语言智慧，要切忌讲空话和套话。用时下流行的套话进行生拼硬凑，乍听起来挺"新鲜"，玩味起来空洞无物，不仅不能给自己的讲话添彩，反而会让听者感觉俗气而生厌。

"明言得失"的语言智慧，要求领导者要注意语言是把双刃剑。孙子说过："赠人以言，重于珠玉，伤人以言，甚于剑戟。"领导者对下属讲话，与下属沟通，要用"重于珠玉"的"赠言"，不要用"甚于剑戟"的"伤言"。"赠言"能激起人的斗志，其力量远胜于物资的激励力量，荀子早就说过："君子赠人以言，庶人赠人以财。"

领导者要具有"明言得失"的语言智慧，就必须多读书扩大自己的知识面，"群书万卷常暗诵"，特别是要对名著和名诗广泛地涉猎，潜心苦读，揣摩寻味。领导者有了这种文化基因的积累，讲起话来就会有历史的纵深感和现实的开阔感，对下属来说更具说服力、吸引力以及感染力。

今天，从竞选演说到施政报告，从政治谈判到经贸洽谈，从直面危机事件到面对媒体，领导者的语言行为对领导活动起着重要的作用。因此，领导者掌握和灵活运用好鬼谷子"明言得失"的语言智慧尤为重要。

九、鬼谷子"以识细微"的治危领导智慧

在《鬼谷子》"抵巇篇"中，鬼谷子说："物有自然，事有合离。有近而不可见，有远而可知。近而不可见者，不察其辞也；远而可知者，反往以验来也。"意思是，天下万物都有自己的自然属性，社会事件也有分分合合的规律性。但是对这些自然性和规律性，有的近在眼前而熟视无睹，有的远在天边却全然知晓。近在眼前而没有看透，是因为没有仔细考察它们的特征和属性；远在天边而知晓，是因为对它们的过去和现在做了深入系统的勘验。鬼谷子又说：

"事之危也，圣人知之，独保其身；因化说事，通达计谋，以识细微。经起秋毫之末，挥之于太山之本。"意思是，事物危害的苗头刚刚显露，圣明之人就能够敏锐地察知，并且能够独自保持清醒的头脑，做出成功的反应。顺应事物发展变化的内在联系，从最细微的地方入手分析发展的趋势，制定和施展自己的谋略，在事物的发端上认识和解决。万事万物在开始时都像秋毫之末一样微小，一旦发展起来就像泰山的根基一样宏大。鬼谷子还说："巇者，罅也。罅者，涧也；涧者，成大隙也。巇始有朕，可抵而塞，可抵而却，可抵而息，可抵而匿，可抵而得，此谓抵巇之理也。"意思是，所谓"巇"，就是"罅"，所谓"罅"，就是"涧"，也就是裂痕。裂痕会发展成小的裂缝，小的裂缝会发展成中等裂缝，中等裂缝最终会发展成大的裂缝。小裂痕刚刚显示征兆和演变时，可以依次用"抵"的方法使其闭塞，用"抵"的方式使其消失，用"抵"的方式来让它闭息，用"抵"的方式来让它藏匿。若小的缝隙已经大到无法弥补了，那么就用"抵"的方式来取代它。这就是"抵巇"之术堵塞缝隙的道理。

鬼谷子认为，知危才能防危。因为"物有自然，事有合离"，所以知危防危就必须深入系统地探求和把握事物的属性和发展变化规律。为什么会出现"有近而不可见，有远而可知"的差距呢？原因在于对事物的属性和发展变化规律研究程度的不同，"近而不可见者"，对事物的属性和发展规律没有研究，是"不察其辞"使然；相反"远而可知者"，对事物的过去和现在做了深入系统的勘验，即"反往以验来"，从而认识和掌握了事物属性和发展规律的结果。两千多年前的鬼谷子在研究知危防危时，能够由事入理，从表象想到本质，从量变到质变，再到发展规律的研究，充满了哲学上的大智慧，今天的领导者也应该具备正确的危机认识观。

"以识细微"是知危防危的第一环节，也是最为关键的环节。哲学上的质量互变规律认为，任何事物的发展都遵循着一个由量变到质变的过程，没有积累到一定程度的量，就不会发生质的变化。细微的东西往往包含了大千世界的一切要素，反映事物的发展本质，代表着事物发展的方向，是忽视不得的。就危机事件而言，是先有"细微"的征兆，然后一点点积累从"巇"发展到"罅"，进而发展到"涧"。这就是"经起秋毫之末，挥之于太山之本"。鬼谷子在"捭阖篇"中说："即欲捭之贵周，即欲阖之贵密，周密之贵微，而与道相追。"意思是，打算捭阖的运作，最重要的原则是周密，而周密之中最可贵的是不能忽略，哪怕是最微小的事情，因为它与事物的规律是相伴随的。那么，危机事件最初出现的那个量，虽然是一种"细微"的征兆，但它却是危机事物的发端，"与道相追"。古人也有这样的说法："道自微而生，祸自微而成""不虑于微，终贻大患"。从危机的发端止息事端，消除芥蒂，是防患未然的最好方式。因此，知危防危首要的着力点就应该放在"以识细微"上，在危机事件还在未萌芽的状态，还没有造成危害时，就把它解决了，这样代价最小，获益最大。这也就是古人常讲的"明者见于未萌，智者避危于无形"。当然，危机事件的征兆"细微"，不易发现和觉察到，也不是一般人能觉察的，但有圣明能力的人可以知道，即"事之危也，圣人知之"。这就需要领导者刻苦努力去提升"以识"的圣明能力，在祸患发生之前就加以预防。魏文王问名医扁鹊说："你们家兄弟三人，都精于医术，到底哪一位最好呢？"扁鹊回答："大哥医术最高，二哥次之，我的医术最差。"魏文王问："为什么这样说呢？"扁鹊解释道："我的大哥懂得教人如何预防疾病，凡是与大哥接触过的人都很少生病，所以我称大哥医术最高；我的二哥所到之处，不管人们患的是什么小病，他都能治好，所以我称二哥医术次之；而当人们病情严重，病入膏肓之时，我能把病人从死神手中救回来，所以我称自己医术最差。"《黄帝内经》也说："上工治未病，不治已病，此之谓也。"扁鹊的话和《黄帝内经》的话讲的是一个道理：事后控制不如事中控制，事中控制不如事前控制，这就是防患未然、捉矢于未发的道理。除去杂草就要趁它未蔓延之时连根拔掉。具体到危机事件上，就是领导者一定要抓早、抓小、抓苗头，及早发现问题并解决问题，在祸患发生之前就加以预防，这就能收到事半功倍的效果。诸葛亮也说过："纤纤不伐，必成妖孽。"意思是，不注意、不纠正细微的差错，必然会酿成大患。

"抵之以法"是应对危机治理之术。危机的征兆一旦形成，就要采取具体措施，阻断危机事件的发展链，不让危机因素从"巇"发展到"罅"，再发展到"涧"而一发不可收拾。要达到这个目的，就要运用危机管理术，即"圣人见萌芽巇罅，则抵之以法"。鬼谷子对"抵之以法"的具体操作过程也做了详细的阐释：小的裂缝在内部开始显示征兆的时候，可以用"抵"的方法使其闭塞；小的裂缝在外部出现的时候，可以用"抵"的方式使其消失；小的裂缝公开出现的时候，可以用"抵"的方式来让它闭息；小的裂缝在暗中成长的时候，可以用"抵"的方式来让它藏匿。如果小的裂缝已经大得不能弥补了，那么就用"抵"的方式来取代它。这就是"巇始有朕，可抵而塞，可抵而却，可抵而息，可抵而匿，可抵而得"。"抵之以法"就是治理危机事件的"因化说事，通达计谋"之法。

鬼谷子说："抵巇隙为道术也。"作为"道术"，就极具应对作用的时间价值。危机事件具有突发性和发展快的特点，因此，一旦危机已经出现，酿成了事端，就犹如水坝决堤，必须以最短的时间、最快的速度"抵之以法"，控制危机事件的恶性蔓延。清朝乾隆四十五年五月初，云南省宝山县的农家缺粮，很多人吃不上饭，再三恳请当地县府"缓征"和"借贷社仓存谷"。知县李伟烈不仅封锁社仓不许借贷，还下令查访民间储粮，由此引发"乡民聚众闹衙"。李伟烈不仅没有控制住事态，还使事态不断升级，高潮时官民之间发生肢体冲突，伤者无数，此事引起各界震惊。此事经云贵总督舒常，以"六百里加急"上奏朝廷。朝廷立即降旨：一是对李伟烈"革职严审"；二是"缓征"并开仓借贷；三是待事态平息后，云南府"要查明为首倡议之人，即速严拿务获，从重办理"。这场危机事件很快就被平息了。在这次危机事件的处理上，就明显地使用了快速"抵巇隙"的招术。第一时间上奏朝廷，第一时间朝廷降旨，第一时间解决诉求，第一时间问责追责，再等事态平息后严惩"为首倡议之人"。这种处理危机事件的方法和技巧，堪称高明的"道术"。

防患未然是"以识细微"的领导智慧。杜渐防萌，慎之在始。古人讲："祸固多藏于隐微，而发于人之所忽者也。"意思是，祸患往往生于松懈不注意之中，明智的人应在祸患发生之前就加以预防。放起灯芯火，烧掉万重山。一些血的教训证明：看似微不足道的小问题，其背后往往潜藏着大的事故或者危机隐患，而人们往往就是忽视了那些小的隐患，最终酿成了大的事故或危机。欧阳修在《易童子问》中也说："人情处危则虑深，居安则意怠，而患常生于怠忽也。"《周易》"既济卦"讲："君子以思患而豫防之。"《乐府诗集》"君子行"也说："君子防未然。"唐朝的杜荀鹤在其《泾溪》诗中也有这样的诗句："却是平流无石处，时时闻说有沉沦。"告诫人们不要在环境平顺时放松戒备而酿成祸患。所以，领导者一定要牢牢地树立起防患未然的意识，要有"月晕而风，础润而雨"的敏锐，只有认真地做好事故或危机隐患的排查和整改，才能减少和避免事故或危机事件的发生，才能让社会更加安定和谐。

"以识细微"的"细微"，也可以称之为细节，或者细微发展到一定程度就成为细节。领导活动就是由一个个细节组成的，这些细节如人体的细胞一样重要，无视细节，最终就可能破坏大局，这就是"千丈之堤，以蝼蚁之穴溃"。

麦当劳前总裁弗雷德·特纳曾经说："我们的成功表明,我们的竞争者缺乏对细节的深层关注。"

当代西方的系统理论认为,所有庞大复杂的系统都是由无数有机联系、彼此制约的细节构成的统一整体,细节因其"小",往往被人不屑一顾,因其"细",又往往被人掉以轻心。但是,破坏力往往就产生于组成整体的"细微",机械手表只要有一个齿轮不运转了,整个手表就要停摆,所以,忽视了这些细节将会导致严重的后果。柏拉图说:"对于将军和政治家来说,如果只注意大事而忽略小节,他们的结果也不会太好。"西方管理理论中有个海恩法则和墨菲定律,讲的就是两千多年前鬼谷子"以识细微"的智慧。海恩法则(Heinrich's Law),是德国飞行员帕布斯·海恩对多起航空事故深入分析研究后提出的一个在航空界关于安全飞行的法则。海恩法则指出:每一起严重事故都是有征兆的,一起重大的事故背后必然有29起轻微事故,这29起轻微事故因素背后又有300起未遂先兆,300起未遂先兆背后又有1 000起事故隐患。海恩法则强调两点:一是事故的发生是量的积累的结果,任何重大事故的发生都是有细微端倪可查的;二是如果能够及时而敏锐地识别到这些事故的征兆和隐患,并立即进行控制或消除,阻断事故由萌芽、发展到发生的过程,那么,每一次重大的事故都可以避免发生。"墨菲定律"是由美国的上尉爱德华·墨菲(Edward A. Murphy)提出的。墨菲定律的主要内容是,如果事情有变坏的可能,不管这种可能性有多小,它总会发生,并且造成最大可能的损失。墨菲定律告诉人们,对任何事故隐患都不能有丝毫的疏忽大意,更不能认为隐患细微而抱着酿不成大祸的侥幸心理,必须果断地采取最有力的措施,把事故隐患消灭在细微状态。

十、鬼谷子"方圆有致"的处世领导智慧

在《本经》"阴符篇"中,鬼谷子说:"转圆法猛兽。转圆者,无穷之计也。无穷者,必有圣人之心,以原不测之智:以不测之智而通心术。而神道混沌为一,以变论万义类,说义无穷。"意思是,要把智谋运用得像转动圆球一样,就要像猛兽扑食那样,迅猛异常。所谓转圆,是指能构思出变化无穷的计谋。要构思出无穷的计谋,必须有圣人之心胸,以施展深不可测的智慧,再使用深不可测的智慧来沟通心术。哪怕自然之道神秘莫测混为一体,也可以变化的观点推测出万物变化的内在联系和规律,进而探明宇宙无穷无尽变化的奥

秘。鬼谷子又说："转圆者，或转而吉，或转而凶，圣人以道先知存亡，乃知转圆而从方。圆者，所以合语；方者，所以错事。转化者，所以观计谋；接物者，所以观进退之意。"意思是，所谓"转圆"，就是有的转化为吉祥，有的转化为凶险。圣人熟知自然之道而能先知存亡，然后按照道的规律灵活地"转圆""从方"。所谓"转圆"，就是语言要灵活，合乎相互的要求，使彼此融洽；所谓"转方"，就是使事物以规矩而行，按照原则和立场的要求正确地处理事务。"转化"就是为了观察和评估计谋的得失；"接物"就是为了观察和掌握别人进退的意图。鬼谷子还说："圆者不行，方者不止，是谓大功。"意思是，"圆"与"方"要相辅相成，方圆变通，灵活运转，计谋策略才能实现，才能兴功立业。

古代人认为，天是圆的，地是方的，而人在天地之间合理地生存的智慧也就隐藏在这方圆之间。鬼谷子认为，方圆之道是捭阖的具体体现，人生在世，如阴与阳，如圆与方。"方"是指做人的原则、立场和道德标准；"圆"是指处世的态度、手段和有效方法。"方"是对原则的遵循，对做人底线的坚守；"圆"是思路的变通，是手段的灵活。有圆无方则不立，有方无圆则滞泥，可方可圆则无往不利。在方圆之间转化，有的转为吉祥，有的转为凶险，即"或转而吉，或转而凶"。有智慧的人"有圣人之心"，知道方圆这种存亡之道，按照规律转圆成方，就会获得吉祥，亦即"圣人以道先知存亡，乃知转圆而从方"。没有"方"，这个世界就没有秩序，就没有制约，就不能自理；没有圆，这个世界就僵化，就不能灵活变通，就没有发展的生机。有圆有方，方圆有致，相辅相成，才能立业兴功，即"圆者不行，方者不止，是谓大功"。

"内方外圆"是"方圆有致"的智慧。鬼谷子认为，会转圆就会有"无穷之计"，可以推测出万物变化的道理，可以解释宇宙无穷无尽的奥秘，即"以变论万义类，说义无穷"。"内方外圆"的智慧深入国人之心，国人将这种智慧藏在一枚铜钱中（铜钱圆形，内部是一个方孔），意在通过日常生活的重要事物——货币，时时提醒人们处世要像铜钱那样"边缘"要圆活，要能随机应变；但"内心"要方正，要守得住原则和立场。要做到这种圆通而不圆滑，总体上就要当方则方，当圆则圆，坚持原则，又灵活变通、圆融有致。唐朝的文学家、思想家柳宗元为官之初"只方不圆"，看不惯官场的丑恶，刚直不阿，直言抨击，锋芒毕露，以至遭到了打击和报复，直到被流放后，方才觉悟："吾子之方其中也，其乏者独外之圆者……固若轮焉：非特于可进也……亦将于可退也。"柳宗元还以车为例，阐释"内方外圆"的智慧：车厢不方则无法载人；车轮不圆则不能向前。领导者懂得"内方"，就能堂堂正正地做事；懂得"外圆"，做事就会得心应手。

"随圆行方"是"方圆有致"的智慧。随圆行方是一种人生态度，也是一种处世哲学。鬼谷子讲："圆者，所以合语；方者，所以错事。"说话处事既要灵活、随和，又要品正方行。做人有方，做事有圆。圆无方不立，方无圆不通。随圆行方，才能相辅相成。纵观古今中外的领导者，在为人处世方面有两种对立的错误倾向：一种倾向是领导者方方正正、有棱有角，只方不圆，一根筋，认死理。这种领导者只知固守一些规矩和原则，不能根据具体情况进行灵活变通，在社会上处处遇到障碍，经常被撞得遍体鳞伤，其所领导的事业也发展艰难。另一种倾向是，领导者只有圆，没有方，没有原则，没有主见，没有定力，善于玩弄机巧，左右讨好。讲话态度不鲜明，让人摸不着头脑，模棱两可；办事犹犹豫豫，不果断，处处"打太极拳"，这样的领导者也很难真正在社会上做出一番事业。在鬼谷子看来，领导者的这两种错误倾向的实质就是把方与圆割裂了。前者是有方无圆，后者是有圆无方。以有方无圆或有圆无方两个极端方式行事的领导者，在历史上留下了很多笑柄。所以，鬼谷子认为，随圆行方才是领导者的通达智慧。《淮南子》"主术训"中说："智欲圆而行欲方。"《小窗幽记》中也说："执拗者福轻，而圆融之人其禄必厚。"领导者能随圆行方，就不会因坚持自己的主张而让人感到强加于人，不因发现了别人的弱点而咄咄逼人，不因突出自己的个性让人感到压迫和恐惧，不因自己比别人高明而盛气凌人。范续亭也曾经讲过"随圆行方"的智慧：无关原则的可以迁就，有关原则的不能苟且。战国时代，齐国有一个名叫淳于髡的人，他的口才很好，也很会说话。他常常用一些有趣的隐语来规劝君主，使君主不但不生气，而且乐于接受。司马迁的《史记》里说他"齐之赘婿也。长不满七尺，滑稽多辩，数使诸侯，未尝屈辱"。齐威王继位之初"淫乐长夜之饮"，国政荒乱，各国的诸侯也都趁机来犯，齐国濒临灭亡。群臣都因为畏惧齐威王，所以没有人敢出来劝谏。淳于髡针对齐威王好用隐语来表现自己的智慧的特点，随圆就方，对齐威王说："国中有大鸟，止王之庭，三年不蜚又不鸣，不知此鸟何也？"齐威王明白他的用意，用隐语回答说："此鸟不飞则已，一飞冲天；不鸣则已，一鸣惊人。"齐威王从此振作起来，治理朝政，收复失地，使齐国又强大起来。公元前 349 年，楚国出兵进犯齐国。齐威王命淳于髡带"黄金千镒，白璧十双，车马百驷"向赵国求援。淳于髡向赵王说明利害后，赵国当即派"精兵十万，革车千乘"援助齐国，楚国闻之，连夜撤兵。齐威王大喜，在后宫摆宴为淳于髡庆功。当齐威王问其能饮几杯酒时，淳于髡马上又随圆行方进谏说：饮酒可多可少，但"酒极则乱，乐极则悲；万事尽然"。齐威王也是个很有才智的君主，听了淳于髡的话，从此罢长夜之饮，除淫靡之风。淳于髡一生机智、幽默、直言会谏，属乱世贤臣。

　　"进退自如"是"方圆有致"的智慧。可进可退，进退自如，张弛有度，方显出大智慧。领导者本人以及他所领导的事业总会遇到是进还是退的选择，如果选择正确，进退自如，进则能豁然开朗，退则能海阔天空。何时进何时退，必须通过细察事物的现象、动向，不断地揣摩、深悟才能把握。所以，鬼谷子说："接物者，所以观进退之意。"在面临大抉择的重要关口时，更要懂得进和退的选择，把握那些足以决定社会发展潮流和天下大势的事物的动向，并由此来正确地决断自己的进退。刘邦为防止自己死后吕后专权误国，与吕后和大臣们杀白马盟誓，非刘氏子弟不得封王。刘邦死后，吕后独擅大权。她想立吕氏家族的子弟为王，就问王陵是否可以，王陵直言不讳地说："当年高祖盟誓，非刘姓不得为王，因此万万不可。"吕后大怒，转而问陈平，陈平却说："如今是太后执掌朝政，凡事可以自主。"吕后于是贬谪王陵，封了很多吕姓的子弟为王。王陵责备陈平："当年高祖盟誓时你也在，现在竟然违背誓言，你想献谄媚而谋高官厚禄吗？"陈平笑着说："当庭触犯太后之威，我不如你，可将来辅汉安刘，你就不如我了。"吕后死后，诸吕妄图作乱，正是陈平主动联络周勃等人，铲除诸吕，拥立汉文帝即位，保住了刘氏天下，并为"文景之治"的盛世奠定了基础。在面对吕后企图以吕代刘的不轨问话时，王陵仗义执言，坚决反对，虽让吕后无话可说，但也自身遭贬，没有控制住事态的发展。陈平则以圆融的方式做表面妥协，实际为将来铲除诸吕保全了自己的实力，最终实现了辅汉安刘的诺言。比较而言，王陵的做法是只方不圆，只进不退，陈平则是有方有圆，有退有进，进退自如，更有谋略，避免了汉朝历史被改写。官场上，求进难，而求退更难。曾国藩对很多官场风气深恶痛绝，但是"势之所处，求退不能"，在给弟弟的书信中他写道："腹中虽也怀些不合时宜，却一味浑含，永不发露。"心中看不惯，面上又一个不字也不讲，而是随大溜。曾国藩在最得意的时候果断选择阖术，遣散湘军，辞官回家，以避免招致清廷的猜疑，后来清廷再次启用了他，他也做到一品大员，却仍然是时刻捭阖转化。正因为曾国藩实时关注自己的状态，懂得何时捭，何时阖，能"方圆有致"，进退自如，所以做事有大成，成为有大事功的人物。可见，成方成圆者，足以成大器也。卓越的领导者一定要方正存心，圆通处世。

古希腊毕达哥拉斯学派认为："一切立体图形中最美丽的是球形，一切平面图形中最美丽的是圆形"。"方圆有致"的智慧最美妙之处也是由"圆"生发出来的。"方圆有致"又可以表达为领导活动中的原则性与灵活性的统一。原则性是"方"，灵活性是"圆"。领导活动中凡事都绝对依靠原则性或制度性，不曲不斜，僵硬刚直是解决不了问题的。在坚持原则性的前提下，发挥灵活性的艺术，以"圆"持"方"，以万变应不变方能化解领导活动中错综复杂的矛盾，凝聚整体的力量，共创大业。

第八章

《孙子兵法》中的领导智慧

孙子（约公元前 545 年—公元前 470 年），名武，字长卿，春秋末期齐国乐安（今山东惠民，也有说博兴或广饶）人，田氏家族后裔，后到吴国，任吴国将军，他曾率领吴国军队大败楚国军队，占领楚国都城郢城，几近覆亡楚国，是我国春秋末期的大军事家。

孙子为助吴王阖闾成就霸业而写的《孙子兵法》，全文十三篇。《孙子兵法》体系完备，内容博大，哲理深邃，境界高超。《孙子兵法》被后世尊为"兵家圣典""武学奇书"，置于《武经七书》之首，孙武本人也被尊称为"百世兵家之师""东方兵学鼻祖"。1123 年（宣和五年），北宋朝廷追尊孙武为"沪渎侯"。宋室依照唐代惯例，为古代名将设庙，七十二位名将中亦包括孙武。

历代名家圣贤对《孙子兵法》也都赞赏有加。

《尉缭子》中说："有提十万之众而天下莫当者，谁？曰桓公也。有提七万之众而天下莫当者，谁？曰吴起也。有提三万之众而天下莫当者，谁？曰武子也。"

司马迁曾说："世俗所称师旅，皆道孙子十三篇。"

《汉书·刑法志》中说："孙武、阖闾，世之善用兵者也，知或学其法者，战必胜。不晓什伯之陈，不知击刺之术者，强使之军，军覆师败，无其法也。"

曹操是第一个注释和阐发《孙子兵法》的军事家，称赞《孙子兵法》说："吾观兵书战策多矣，孙武所著深矣。"

唐太宗李世民说："观诸兵书，无出孙武；孙武十三篇，无出虚实。夫用兵识虚实之势，则无不胜焉。"

明代中期名将戚继光则以为：《孙子兵法》是"纲领精微"的"上乘之教"。

清初名臣郑端也说："古今谈兵之雄者，首推孙子。盖孙子能推黄帝太公之意，而武侯卫公又皆推孙子之意，故言兵者以孙子为宗，第孙子之微旨不传。"

孙武和他的军事思想享誉古今、蜚声中外，《孙子兵法》被译为英文、法文、德文、日文，该书成为国际上著名的兵学典范之书。拿破仑将《孙子兵法》作为必备的军事书籍随身携带阅读，第一次世界大战后德国威廉皇帝悔称不早知有《孙子兵法》而战败，世界著名军校美国西点军校将其作为军事战略学、战术学的必备教材。

两千多年过去了，无论是东方还是西方，无论是古代还是今天，几乎没有任何人或任何兵书能够撼动《孙子兵法》和孙武的地位。《孙子兵法》不仅是兵学取之不尽，用之不竭的谋略宝库，也是照耀和指导人类各个领域活动的智慧之光。

一、孙子"未战庙算"的战略领导智慧

在《孙子兵法》"始计篇"中，孙子说："兵者，国之大事，死生之地，存亡之道，不可不察也。"意思是，战争是国家的首要大事，它是人民面临生与死的关头，维系着国家存亡的命脉，不可不认真地仔细计算和谋划。孙子又说："夫未战而庙算胜者，得算多也；未战而庙算不胜者，得算少也。多算胜少算，而况于无算乎!"意思是，在未战之前，就在庙堂之中通过周密的分析、比较、谋划，如果我方取胜的条件充分，胜算的把握就大，开战后才可能取胜；如果只有六七成的胜利把握，胜算的把握就小；在开战前对能否取胜的条件不做周密的分析、比较，或分析、比较的结论是我方取胜的条件不充分，那在开战中就会失败。筹划周密，就能战胜，筹划不周，就会失败，更何况不做筹划怎么能够取胜呢？

在《孙子兵法》"谋攻篇"中，孙子说："上兵伐谋，其次伐交，其次伐兵，其下攻城。攻城之法，为不得已。"意思是，用兵之道最上策是以谋略胜敌，其次是以外交手段胜敌，再次是以野战胜敌，最下策是攻城。攻城是不得已之举。孙子又说："善用兵者，屈人之兵而非战也，拔人之城而非攻也，毁人之国而非久也，必以全争于天下，故兵不顿而利可全，此谋攻之法也。"意思是，善于用兵的人，迫使敌军屈服而不交兵血战，夺取敌人的城池不用武力攻取的办法，消灭敌国不要长久用兵，兵不血刃就能完全征服敌人而争横天下，做到自己的军队没有挫伤而获得全胜，这就是谋攻的原则。

何谓"庙算"？中国夏朝以来把庙视为神圣的地方，决定重大的事情都要去庙堂里占卜吉凶，祈求神灵护佑，这就是最早的"庙算"之意。到了春秋时期，"庙算"的含义也发生了变化，这种变化主要体现在"算"上，"算"的含义已经超越了占卜吉凶、祈求神灵，具有了审慎计算、周密谋划的意思。需要"庙算"的事，都是关乎国家命运和前途的大事，国家每每遇到这样的大事，国君就把大臣们召集到祖宗祠堂，集思广益，筹划与制订出相应的战略或者方案，然后组织实施。

从古至今，兴兵打仗都是国家最重要的事情，故《孙子兵法》开宗明义，

"兵者，国之大事，死生之地，存亡之道，不可不察也"。战争除了关系到生死存亡，也会给经济带来严重影响。《孙子兵法》不仅在"始计篇"从生死存亡的战争后果论述了重战的思想，在其"作战篇"也反复指出，"带甲十万"要"日费千金"，"久暴师则国用不足"，"兵外而国利者，未之有也"。出于战争后果的考虑，《孙子兵法》"火攻篇"告诫人们："非利不动，非得不用，非危不战。"孙子认为"伐谋"最为有利，故为"上兵伐谋"。"谋"，指以己方之谋略挫败敌方之谋略，孙子倡导"以全争于天下"的大战略，不战而屈人之兵，即"善用兵者，屈人之兵而非战也"。"伐谋"涉及对战争形势的判断，对战争态势的营造，对作战方向的确定，对将帅的选择，对战争资源和力量的动员等诸多问题，需要在重要的庙堂进行测算和谋划，以确保"安国全军之道"。曹操在注释《孙子兵法》时，就说道："计者，选将、量敌、度地、料卒、远近、险易，计于庙堂也。"

《孙子兵法》把战略策划的内容概括为"五事""七计"。

关于"五事"，《孙子兵法》上说："故经之以五事，校之以计，而索其情：一曰道，二曰天，三曰地，四曰将，五曰法。"意思是，要通过五个方面的分析来比较敌我双方的具体情况，来探索和预测战争胜负的情势。这五个方面是：一是政治；二是天时；三是地利；四是将领；五是法制。下面分别论述：① "道"。《孙子兵法》说："道者，令民与上同意也。可以与之死，可以与之生，而不畏危。"意思是，"道"就是让民众和统治者的意愿一致，如此民众就会和统治者共同生死，而不害怕危险。② "天"。《孙子兵法》说："天者，阴阳、寒暑、时制也。""天"是指昼夜、阴晴、寒暑、四季的更替。③ "地"。《孙子兵法》说："地者，远近、险易、广狭、死生也。"意思是，地势在远或近、险峻或平坦、广阔或狭窄这几个方面都会对战争起着决定性作用。④ "将"。《孙子兵法》说："将者，智、信、仁、勇、严也。"意思是，将领要具备足智多谋、赏罚有信、仁爱部下、勇敢果断、军纪严明等素质。⑤ "法"。《孙子兵法》说："法者，曲制、官道、主用也。""法"，是指军队的组织结构、官将的责权划分、人员编制、管理制度、资源保障、物资调配等。

关于"七计"，概括起来就是："主孰有道""将孰有能""天地孰得""兵众孰强""士卒孰练""法令孰行""赏罚孰明"。

孙子讲通过"五事""七计"的比较，就能得出敌我双方战争胜负结果的基本判断。《三国演义》中官渡之前谋士郭嘉对曹操说："公有十胜，绍有十败。"

郭嘉说："刘、项不敌也，公所知也。高祖惟智胜，项羽虽强，终为所擒。今绍有十败，公有十胜，绍兵虽盛，不足惧也；绍繁礼多仪，公体任自然，此道胜也；绍以逆动，公以顺率，此义胜也；桓、灵以来，政失于宽，绍以宽济，公以猛纠，此治胜也；绍外宽内忌，所任多亲戚，公外简内明，用人惟才，此度胜也；绍多谋少决，公得策辄行，此谋胜也；绍专收名誉，公以至诚待人，此德胜也；绍恤近忽远，公虑无不周，此仁胜也；绍听谗惑乱，公浸润不行，此明胜也；绍是非混淆，公法度严明，此文胜也；绍好为虚势，不知兵要，公以少克众，用兵如神，此武胜也。公有此十胜，于以败绍无难矣。"郭嘉的这段论述，就是对"主孰有道"的妙算。官渡之战前，曹营中的荀彧等人坚决主战，孔融等人则心存疑虑。孔融认为，袁绍除了地广兵强外，更可怕的是具备人才优势，文臣方面有田丰、许攸智谋出众，审配、逢纪忠心耿耿；武将方面有颜良、文丑勇冠三军，所以曹操方面很难取胜。荀彧的判断与之完全相反，他认为，袁绍兵虽多却法制不严；袁绍手下的谋士，田丰刚直犯上，许攸贪婪枉法，审配专断无谋，逢纪轻率自用，这些人凑在一起，互相掣肘，各不相容，必生内乱；至于颜良、文丑只是一勇之夫，一战可擒。荀彧对敌方人员的分析判断比孔融要深入、全面得多，也为后来的事实所证明。荀彧的这些分析和判断就是"未战而庙算胜"的智慧。

"庙算"，说到底，就是对事关全局的"大事"进行战略上的筹谋和计算。"庙算"就是看得远，"庙算"就是盯住大目标打大算盘，"庙算"就是"谋定而后动"。孙子在第一篇《计篇》中首先提出"庙算"，不仅仅是因为"庙算"在战争活动的时间顺序上排在首位，更是因为在战争指导中"庙算"发挥着至关重要的作用，是对战争的顶层设计，"庙算"得好，就能成竹在胸，主宰局势。战争活动也是领导活动的一个重要方面，因此，从更宽泛的意义上讲，就可以把"庙算"引申为整个领导活动中对事关全局的重大问题作战略的谋划与决策。现代领导者也必须善"庙算"。从宏观领导层面来说，就是领导者要有战略思维能力和战略决策能力。战略的特征就是具有全局性、长远性和根本性。领导活动的战略思维，是指领导者对关系领导活动全局的、长远的、根本性的重大问题进行分析、综合、判断、预见和决策的思维过程。战略思维涉及的对象往往是纷繁复杂的政治、经济、社会、文化系统和人与自然的生态环境复合系统及复杂过程。战略思维就是"全局之谋"和"万世之谋"，就是用世界的眼光高瞻远瞩、统揽全局、把握事物发展总体趋势和方向的"庙算"。彼得·德鲁克也高度重视战略问题，他指出，没有清晰明确的远景和战略的企业，就像流浪汉一样不知道该往哪里走，企业命运是极其危险的，因为它通常会走到不想去的地方。

作为个人、组织、群体或国家，决策是各项工作中的核心和关键，一切有效的领导活动都是正确决策的结果。决策分为战略决策和战术决策等类型，虽然战略决策和战术决策是互相融为一体的，但是战略决策决定了整体面貌，所以制定战略决策在领导活动中是非常重要的。战略决策是解决全局性、长远性、战略性的重大问题的决策，一般多由高层次决策者做出。正确的战略决策必须建立在"庙算"的基础上。战略思维能力和战略决策能力是各级领导者，特别是高级领导者处理重大而复杂问题应具备的基本素质和能力，领导者这种素质和能力的高低直接关系到国家的发展和命运、民族的荣辱与兴旺、组织的盛衰，关系到个人的成败。在 17、18 世纪之交，中国和俄国同时出现了有名的皇帝，中国的是康熙大帝，俄国的是彼得大帝。两个皇帝有许多共同点：同为少年登基，同样博学勤政，然而，两人在战略思维上却有很大的差距。彼得大帝以世界眼光看到了落后的俄国与先进的西欧的差距，通过开放，使落后的俄国与西欧先进的工商业实现了接轨，摆脱了落后局面。而康熙大帝则被大清的表面"繁荣"蒙蔽，进而夜郎自大，说"天朝物产丰盈，无所不有，原不藉外夷货物，以通有无"。并重新下达了禁海令，将一度开启的帝国大门关上了。闭关锁国的政策不仅使康乾盛世的辉煌没有持续多久，而且为世界列强侵略中国埋下了祸根。

孙子的"未战庙算"的战略智慧也为今天的西方学者所重视。著名领导学家约翰·阿代尔指出，战略思想是指"了解全部情况，在纷繁复杂中识别出本质，进行与重要程度相匹配的思考"。也就是说，领导的首要任务是确定方向，对此需要精密地策划和思考，设计战略和战术，以确保组织能够达成目标。美国《哈佛商业评论》2004 年 1 月号的"哈佛经典"专栏摘要介绍了具有"战略之父"之称的迈克尔·波特的文章《什么是战略》，波特指出了战略包括三个方面的内容：① 创造一种独特、有利的定位；② 在竞争中做出取舍，其实质就是选择不做哪些事情；③ 在企业的各项运营活动之间建立一种配称。波特的战略内容与孙子的"庙算"在大体上是一致的：战略是一个组织从今天的起点走向未来某一个阶段所期望位置的导航图；战略是关注未来而决定今天如何发展；战略注重环境提供的机遇和自身与环境之间建立配称的协调关系。所以，

"庙算"和制定战略就要对组织所处的外部环境和内部环境进行综合分析,外部环境主要是分析存在的机遇和挑战,内部环境主要是分析自己的优势和劣势,然后做出战略组合和决策。现代西方管理学工具 SWOT 分析法,就是这种"庙算"的体现。SWOT 分析即态势分析,就是将与研究对象密切相关的各种主要内部优势 S(Strengths)、劣势 W(Weaknesses)、外部的机会 O(Opportunities)和威胁 T (Threats) 等,通过调查研究列举出来,并依照矩阵形式排列,然后用系统分析的思想,把各种因素相互匹配起来加以分析,从中找出一个组织或企业"能够做的"(即组织的强项和弱项)和"可能做的"(即环境的机会和威胁)之间的有机组合,遵循"发挥优势因素,克服弱点因素,利用机会因素,化解威胁因素"的原则,制订出相应的发展战略、计划以及对策等。SWOT 方法用系统的思想将似乎独立的外部环境和内部环境因素相互匹配组合排列起来进行综合分析,得出一系列企业未来发展的可选择对策,使得企业战略计划的制订更具有科学性和可操作性。因 SWOT 分析具有独特价值,现在已经成为战略分析中最常用的方法之一。

二、孙子"悬权而动"的利害领导智慧

在《孙子兵法》"军争篇"中,孙子说:"掠乡分众,廓地分利,悬权而动。"意思是,掠夺敌乡,应分兵几路;开拓疆土,应区别利害。这些都必须先权衡好利害得失再采取行动。

在《孙子兵法》"火攻篇"中,孙子说:"非利不动,非得不用,非危不战。主不可以怒而兴师,将不可以愠而攻战。合于利而动,不合于利而止。怒可复喜也,愠可复悦,亡国不可复存,死者不可以复生。故明主慎之,良将警之。此安国全军之道也。"意思是,不是对国家有利就不要发动战争,没有预期利益就不要采取行动,没有得胜的把握就不要用兵打仗,并非到了危急关头就不要兴师作战。国君不能因为一时的愤怒而发动战争,将帅不能因为一时的怨恨而出阵交战。对国家有利的可以行动,对国家不利的便停止行动。这样愤怒可以重新变成喜悦,怨恨也可以转变为欢乐。但是,国家灭亡了,不可能再复存在,将士也不可能死而复生。所以,对待战争,明智的国君要慎重决定,优良的将帅要小心警惕,这是安定国家、保全军队的重要原则。

所谓"权"，最初是指秤锤，"悬权"的字面意思是将秤锤悬挂在秤杆上，以称量物品的重量。"悬权而动"的意思是，行动不可轻率，一定要权衡好利害得失，三思而后行。从哲学上讲，利与害是对立统一的关系，任何事物都有利与害两个方面，但是"利"和"害"不是对称的，有利大于弊的，也有弊大于利的；而且利与害的关系也不是固定不变的，在一定的条件下可以相互转化。这就有一个趋利避害的意识指导和选择问题。孙子提出的"悬权而动"就是强调，只有权衡好利害关系才能决定行动与否，即"非利不动，非得不用""合于利而动，不合于利而止"。周转着的 1 元钱的价值大于闲置着的 5 元钱的价值，就让这 1 元钱"动"起来；当 5 元钱周转"动"起来的价值小于闲置着的 5 元钱，尤其是小于闲置的 1 元钱，就让这 5 元钱闲置下来。当然孙子这里所说的"利"不仅指经济利益，而且指统揽全局，大处着眼的"利"。刘邦本是无赖，起于亭长而终有天下，这与他豁达的胸怀有关。司马迁评价刘邦"意豁如也"。刘邦在做亭长时，带着犯人去做苦工，遇上大雨走不动了，那些犯人就想跑。刘邦不但不追究，反而款待送行，大家看出他的心肠好，都不跑了，愿意跟着他干大事业。刘邦先攻入关中，秦王子婴派兵拦截，没想到刘邦绕过去了，进入武关，到达了坝上。刘邦派人到咸阳劝子婴投降。子婴才当了几天皇帝，痛哭流涕，不愿投降。妻子劝他，为了能保命，还是降了吧。子婴就绑了自己，坐上白马车，身穿白色衣裤，带上兵符玉玺，到轵道投降。刘邦的大将樊哙劝刘邦杀了子婴，其他人也附和。刘邦权衡利弊后说：杀有用吗？子婴是秦始皇儿子扶苏的儿子，而扶苏在三秦大地人缘好，杀了子婴会失去民心，不利；不杀，就会赢得民心，有利。于是刘邦把子婴交给有关人员，好生款待。这反映了刘邦的博大胸怀，更反映出了刘邦"悬权而动""合于利而动，不合于利而止"的大视野、大智慧。

获取比较优势是"悬权而动"的领导智慧。英国经济学家大卫·李嘉图在其代表作《政治经济学及赋税原理》一书中提出了比较成本贸易理论，也被后人称为"比较优势贸易理论"。该理论认为，国际贸易的基础是生产技术的相对差别而非绝对差别，以及由此产生的相对成本的差别。每个国家都应根据"两利相权取其重，两害相权取其轻"的原则，集中生产并出口具有"比较优势"的产品，进口具有"比较劣势"的产品。比较优势贸易理论在更普遍的基础上解释了贸易产生的基础和贸易利得。其实，不光是国际贸易，所有领导活动中的经济问题、政治问题、社会问题都存在着比较优势以及由此产生的比较利益问题。领导者的智慧就在于通过"悬权"找出比较优势，通过"而动"去获得比较利益。领导者必须明白，做任何事情都有成本，都要付出代价，关键是要认真权衡利弊，进行机会成本分析，才能做出正确决策，获取更大的比较利益。获取比较利益讲的就是经济学的"投入产出法"，不要去追一匹马，用追马的时间种草，到时你就会得到一批骏马。千万不要变成这样一种对局：收益变成了负数，风险却变得无限大。

　　组织利益至上是"悬权而动"的领导智慧。作为一个领导者，与所有自然人一样，也有个人利益，也追求个人效用最大化目标。但是作为一个领导者，又是一个社会人，必须具备的认知就是组织的根本利益、全局利益和长远利益至上，这就要使追求个人利益最大化的自利行为"化私为公"，转化为追求组织利益最大化的公益行为，在社会上各种力量逐利的博弈中，谋求组织的核心利益。鳌拜之所以成为孝庄和康熙的眼中钉，除了他功高盖主，培植个人势力，还在于他从来不考虑清朝的利益，只考虑自己的利益。为了一己私利，鳌拜不惜代价消灭异己，甚至牺牲清朝的利益。不管鳌拜立过多大的功劳，如果他在利害权衡中不能做到清朝的利益至上，那他的倒台只是时间问题。朝廷内部的党派团体之争基本是无法避免的，有时候矛盾加剧还会影响到大局。康熙对索额图和明珠两派的对立并不是不知情，也不是一味地去化解，而是为了至上的"组织利益"利用平衡之术，相互牵制，使朝政更加稳定。企业管理中，"悬权而动"获取至上的组织利益，也是最为智慧和高明的一种技巧。如在薪酬设计中，领导者一方面要注重竞争机制，加大业绩奖励的比重，建立起按业绩付酬的企业文化，发挥薪酬的激励作用，激发员工的士气与创新能力，为公司创造更多的效益，让公司持续生存下去；另一方面，公司也要重视员工的职业生涯规划，只要是能与公司一起成长起来的员工，都是公司的元老功臣，领导者应充分运用这些潜在的"生产力"，以一定的措施和承诺，让员工深刻体会到公司对其负责的态度，使其职业和利益与公司的事业和利益紧紧地联系在一起，把他们所拥有而未被激发的个人活力与智慧全部激发出来，变成公司的活力与智慧，实现组织利益的最大化。

三、孙子"知己知彼"的调研领导智慧

　　在《孙子兵法》"用间篇"中，孙子说："明君贤将所以动而胜人，成功

出于众者，先知也。"意思是，贤明的君主和贤能的统帅，之所以出兵就能战胜敌人，成就超过一般人，是因为他们能先知敌情。孙子又说："凡军之所欲击，城之所欲攻，人之所欲杀，必先知其守将、左右、谒者、门者、舍人之姓名，令吾间必索知之。"意思是，凡是要攻击的敌方军队，要攻占的敌方城池，要诛杀的敌方官员，必须事先了解那些主管将帅及其左右幕僚等亲信、负责通报情况和传令的官员、负责守门的卫士和内室近侍官员等的姓名，命令我方间谍务必彻底地了解清楚。

在《孙子兵法》"地形篇"中，孙子说："知彼知己，胜乃不殆；知天知地，胜乃可全。"意思是，在战争中，能准确地知道敌我双方的情况，就能获胜而没有危险。若能进一步掌握天气变化和地理形势，就完全有把握获胜。

在《孙子兵法》"九变篇"中，孙子说："故用兵之法，无恃其不来，恃吾有以待也；无恃其不攻，恃吾有所不可攻也。"意思是，用兵的原则，不要指望敌人不来，要依靠自己做好充分的准备，等待敌人来；不要指望敌人不来进攻，要依靠自己不可攻破的强大实力，使敌人不敢来冒犯。

在《孙子兵法》"军形"中，孙子说："胜兵先胜而后求战，败兵先战而后求胜。"意思是，打胜仗的军队是先具备必胜的条件然后再同敌人交战，失败的军队总是没有充分准备就先同敌人交战，期求侥幸取胜。

在《孙子兵法》"形篇"中，孙子强调说："昔之善战者，先为不可胜，以待敌之可胜。不可胜在己，可胜在敌。故善战者，能为不可胜，不能使敌之必可胜。"意思是，过去善于作战的人，要先为自己创造不被敌人战胜的有利条件，以等待可以战胜敌人的有利时机。避免被敌人战胜，主动权在于自己。可以战胜敌人，在于敌人是否暴露有被我利用的机会。所以，善于作战的人，能够为自己创造不被敌人战胜的优势条件，而不使敌人有可胜的时机和条件。

用兵作战也要遵守丛林法则，因此，孙子强调，不仅要求取胜，而且要求"全胜"。然而，用兵作战取胜和全胜的基础主要在于"知"。"知"是战争中获取胜利的关键环节，为此他提出了"知己知彼，百战不殆"的著名军事论断，这一论断是人类战争实践的科学总结和智慧结晶。古今中外的战争中，几乎找不到交战双方实力完全相等的战例，但是以弱胜强、以少胜多的战例则比比皆是，究其原因，是胜利方掌握了对手的情况，抓住了对手致命的要害，避实击虚，出奇制胜。关于"知"，孙子特别强调两点：一是在时间上要"先知"。围棋对弈讲的是先知对手后手棋,先知道了对手下一步乃至下几步将要行走的棋法、棋路,就可以在对弈中出一些"怪棋""险棋",置对手于死地。战争亦如下棋又不比下棋,结局不仅仅是胜负,而是关系到生死存亡,因此对"先知"有更高的要求。有了"先知",在战场上就可以出"先招""怪招""险招",出其不意攻其不备而获胜。所以,孙子说:"明君贤将所以动而胜人,成功出于众者,先知也。"二是在内容上要"多知"。孙子在"多知"上强调全面,具体要"三知":"知天""知地""知人"。"知天"可得"天之佑";"知地"可得"地之助";"知人"可得"人之用"。依据这几个方面的情况制订作战计划,就有把握取得战争的胜利。所以,孙子又说:"知天知地,胜乃可全。"孙子在"多知"上还强调细致,就是要把敌军各个方面、各个部位、各个环节、各种变化、各种活动以及各种人的姓名、习性、性格、爱好、长处、弱点都掌握清楚,即"凡军之所欲击,城之所欲攻,人之所欲杀,必先知其守将、左右、谒者、门者、舍人之姓名,令吾间必索知之"。准确地了解敌我双方的情况,就能取胜而不会有危险。孙子的"知"和"先知"的伟大思想,伴随人类军事发展而不断完善更新,作为战争的重要指导原则,演绎了一系列光辉战例。当今世界,作战理论、作战样式、作战手段虽然日新月异,但是孙子在两千多年前提出的"知己知彼,百战不殆"的军事论断放在今天也依然适用。

孙子关于"知己知彼"的思想给领导活动提供了有益的借鉴。

大兴调查之风是"知己知彼"的领导智慧。"知"是一个调查的过程。关于"调查",汉语字典的解释是"为了了解情况进行考察(多指到现场)"。调查研究的对象广泛,例如某项工作、某件事情、某个问题、某个经验、某个领域等,都可以成为我们调查的对象。调查不仅仅是一种工作方法,还是谋事的基础,而"谋事"主要是指决策;决策又是领导干部的重要职责之一。没有调查不仅没有发言权,而且没有调查更没有决策权,没有决策权领导者就不能履行职责。通过调查,领导者才能获得原始的、第一手的情况资料,可以了解事物的真相。调查能使领导者的认识更加接近客观实际。调查能力是各级领导干部必须具备的一项最基本的能力,大兴调查之风正是提升这种能力的具体实践。

实事求是的研究是"知己知彼"的领导智慧。关于"研究",现代汉语里的解释是"探求事物的真相、性质、规律等"。研究是在调查基础上的探求性活动,是从调查掌握的第一手材料中试图探索出事物的真相、性质、本质和规律。调查研究包括调查和研究两个阶段,先调查、收集相关材料,后研究、发现真实情况和事物之间的本质联系。在调查收集材料的过程中，人们获得了对客观事物的感性认识；在研究客观事物真相和事物之间的本质联系的过程中，人们的感性认识上升到了理性认识。调查研究是"实事求是"的思想作风的体现。"实事"，就是客观存在的事物，在这里可以理解为通过调查掌握的第一手材料；"求是"，就是对调查获得的信息资源的深层次发掘，以探求引起事物发生发展的终极原因、事物的根本属性和事物之间的本质联系，即规律性。研究的最后落脚点是揭示事物发展运行的规律，提供处置、解决实际问题的理论指导。研究有助于领导者更好地开阔视野、领悟规律、发现问题。

掌握调查研究的方法是"知己知彼"的领导智慧。关于"方法"，是指为获得某种东西或达到某种目的而采取的手段与行为方式。调查研究的方法是领导者搞好调查研究不可或缺的中介要素。调查研究方法是人们在从事调查研究过程中不断总结、提炼出来的，是指导领导者进一步搞好调查研究的步骤和路径。

在调查和研究两个环节中，调查环节是基础，研究环节是关键；而真正掌握调查和研究的正确方法又是整个调查和研究工作的关键之关键。领导者应该掌握的调查的基本方法有很多，主要有召开调查会、进行典型调查、观察、发放调查问卷、蹲点等方法，其中召开调查会和进行典型调查的方法是值得大力提倡的，而且是最行之有效的方法。通过这些方法进行调查，领导者自己的感官能够直接反映客观事物，能够排除他人人为因素对调查活动的影响，调查到的材料会更加真实可靠。研究的方法也多种多样，但领导者进行研究的主要方法是理论思维和实践检验。领导者在通过调查获取了感性材料之后，就要运用分析、综合、比较、抽象和概括等思维方式，把感性材料相关构成要素之间的内在联系、本质的特征和规律性的东西揭示出来，形成系统的理论结论。调查研究的最终目的是指导实践活动，促进经济和社会发展。领导者用得出的理论结论指导领导实践活动，实现由具体研究对象到一般事物的推广，完成调查研究成果转化，并通过实践检验使理论结论更加完善。

四、孙子"将孰有能"的选将领导智慧

在《孙子兵法》"作战篇"中，孙子说："故知兵之将，民之司命。国家安危之主也。"意思是，熟知用兵之法的将帅，是民众命运的掌握者，是国家安危的主宰啊！

在《孙子兵法》"谋攻篇"中，孙子说："夫将者，国之辅也。辅周则国必强，辅隙则国必弱。"意思是，将帅是国君的助手，若辅佐得周密，国家就必定强大，辅佐得有缺失，则国家必然衰弱。

在《孙子兵法》"计篇"中，孙子指出："将者，智信仁勇严也。"意思是，作为指挥打仗的将帅，必须足智多谋、赏罚分明有信、爱护士卒部属、勇敢果断、军纪严明。

在《孙子兵法》"九变篇"中，孙子说："将有五危，必死可杀，必生可虏，忿速可侮，廉洁可辱，爱民可烦。凡此五者，将之过也，用兵之灾也。覆军杀将，必以五危，不可不察也。"意思是，将帅在性格上有五种危险：有勇无谋，死拼蛮干，就可能中计被杀；临阵畏缩，贪生怕死，就可能被俘虏；性情急躁易怒，就可能经不起欺侮而失去理智；过分洁身自好和珍惜名誉，受不得委屈，就可能被敌人污辱而轻举妄动；只顾爱民，就可能经受不住地方的扰民行动而不能辨明利害，使军队疲于应付而陷入烦扰。这五种偏激性格都是将帅的缺陷、用兵的灾难。全军覆没，将帅被杀，都是由这五种危害所引起的，这是绝对要谨慎对待和认真加以考察的。

《孙子兵法》十分重视将帅（即领导者）在经国治军中的重要性和作用，在各篇中均有明确的阐述。从重要性上，孙子认为，懂得用兵之法的将帅，掌握着民众的命运，主宰着国家的安危，亦即"知兵之将，民之司命。国家安危之主"。从作用上，孙子认为，将帅是国君的助手，在协助国君处理国家要务时，所出的谋略周密准确，没有遗漏疏忽，国家就会强大起来；如果考虑不周全，有遗漏失算之处，国家就必然会衰弱下去，也就是"夫将者，国之辅也。辅周则国必强，辅隙则国必弱"。 孙子关于将帅的重要性和作用的认知，已经成为历史上一些重要人物的共识。曹操在《孙子兵法》注本中注："将贤则国安。"梅尧臣在《十一家注孙子》中也注："此言任将之重。"李筌注："将有杀伐之权，威欲却敌，人命所系，国家安危，在于此矣。"王晳注："将贤则民保其生而国家安矣。"俗话也说："欲冶兵者，必先选将。"也就是说，要想治理和统帅好军队，首先就要选择好将帅。鉴于将帅有如此重要的作用，孙子对选拔将帅的具体标准也提出了严格的要求："将者，智信仁勇严也。"王晳在《十一家注孙子》中解释说："智者，先见而不惑，能谋虑，通权变也。信者，号令一也。仁者，惠抚恻隐，得人心也。勇者，徇义不惧，能果毅也。严者，以威严肃众心也。"梅尧臣注："智能发谋，信能赏罚，仁能附众，勇能果断，严能立威。"

孙子提出的上述选拔将帅的五个方面的标准，通称为"五德"，具备五德者才为优秀将帅。我再结合领导智慧对将帅这"五德"标准作进一步的解读。

1. 智者

所谓"智"，是指有丰富的知识，有卓越的才能，有远见的韬略，有权变的智谋。将而无谋，兵之大忌，所以孙子明确地把"智"放在"五德"之首，这是其"尚智"思想的体现。在《孙子兵法》中，孙子多次强调为将者"智"的重要性。孙子在《孙子兵法》"地形篇"中说："料敌制胜，计险厄远近，上将之道也。知此而用战者，必胜；不知此而用战者，必败。"意思是，判断敌情，掌握主动，考察地形险易，计算道路远近，这些都是高明的将帅必须掌握的技能，懂得这些道理去指挥作战的将帅，必定能够取得胜利；不了解这些道理去指挥作战的将帅，必定会遭遇失败。在《孙子兵法》"九变篇"中又说："故将通于九变之利者，知用兵矣；将不通九变之利，虽知地形，不能得地之利矣；治兵不知九变之术，虽知五利，不能得人之用矣。"意思是，将帅能通晓灵活机变的运用，就是真正懂得用兵了。将帅不通达灵活机变的运用，即使了解地形，也不能凭借地利战胜敌人。治军不了解机变的权术，即使懂得"五利"，也不能充分发挥部队最大的战斗能力和作用。《六韬》上说："将不智，则三军大疑。"诸葛亮也曾经说过："为将而不通天文，不识地利，不知奇门，不晓阴阳，不看阵图，不明兵势，是庸才也。" 作为一个领导者，手中把握的是一个组织或企业生存、发展的命脉，如果没有过人的智慧，那么他所带领的组织或企业就不会有光明的前景。

2. 信者

所谓"信"，是指将帅遵言信行、一诺千金的品格。将帅讲究信义才能博得属下的信服和拥戴。《孙膑兵法》中说："将者不可以不信，不信则令不行，令不行则军不专，军不专则主无名，故信者，兵之足也。"意思是，将帅不可不信，不信就使命令无法贯彻执行，将令不能贯彻执行，军队就不能专一，军队不专一，君主就无法扬名天下，所以"信"好比是军队的脚。孙子讲的"信"可以概括为取信于人与施信于人两个方面。取信于人，就是通过赏罚有信而取得调兵遣将的权威。《十一家注孙子》"杜牧篇"中说："信者，使人不惑于刑赏也。"意思是，将帅赏罚有信，赏罚分明，公正无私，才能树立令行禁止的权威。所以，作为将帅必须言必信，行必果，这样才能有效地号令三军。施信于人，就是身为将帅，面对繁多事务，不可能也不应该事必躬亲，而是要授权于下属，并且任人以信。领导对下属越信任，下属就越会领知遇之恩，报信任之力，主动充分地展现其才干，创造出最好的业绩。"信"是为人处事之根本所在。"信"也是领导者的一种无形但却宝贵的财富。一个组织或者企业，金钱和物质损失是可以计算甚至可以挽回的，而失去信誉所造成的损失却是难以计算和不能挽回的。组织或企业的领导者亦是如此，一旦失信于组织成员或企业员工，人格和威信就会被打折扣，在领导活动中就再也无法得到组织成员或企业员工的认同和支持，给领导活动造成不可挽回的损失。西方的著名学者詹姆斯·库泽斯和巴里·波斯纳也指出："合作的核心是信任。信任是组织内部和外部人际关系方面的中心课题。失去信任你不可能当好领导者，失去信任你不可能取得非凡的事业成就。"

3. 仁者

所谓"仁"，是指将帅必须具备的仁爱与正义的品质。仁能附众，仁义慈爱的将帅会拥有好的声誉，能受到士卒的爱戴。孙子认为对待士卒需以仁相待，即尊重士卒的人格，与士卒同甘苦共患难。《孙膑兵法》中说："将者不可以不仁，不仁则军不克，军不克则军无功，故仁者，兵之腹也。"意思是，将帅不可以不仁爱，不仁爱军队就很难取得成功，军队不能攻克敌军，则将帅就无法取得功业，所以仁爱是领兵的中心事项，就像人必须有腹心一样。《孙子兵法》"地形篇"中又说："视卒如婴儿，故可与之赴深溪；视卒如爱子，故可与之俱死。"意思是，将帅对待士卒就像对待婴儿一样呵护备至，士卒就会和将帅一起跳入急流深谷；将帅对待士卒就像对待爱子那样关怀有加，士卒就会和将帅一起去战场赴死。可见，将帅对士卒施行仁德，以仁治军，惠抚恻隐，才能"上下同欲"，克敌制胜。《六韬》上曰："将不仁，则三军不亲。""仁"也是中国儒学中最核心的一个观点。作为一名领导者，具有仁爱的品质，就拥有了一种软实力，而领导活动中的"仁"这种软实力，体现的是一种"双赢"的领导境界：领导者会赢得大家的支持，把众人团结到自己的身边来；组织成员或企业员工会赢得领导者的关心和爱护。

4. 勇者

所谓"勇"，是指将帅勇猛果断的精神。这是强调将帅心理品质对军队的影响。将帅的"勇猛果断"表现在两个方面：一是表现在决策上。在千载难逢的机遇面前，要勇于决断，敢于负责，以赢得战争的主动权。切不可犹犹豫豫，坐失良机。杜牧曰："勇者，决胜乘势，不逡巡也。"王皙曰："徇义不惧，能果毅也。"当然，对于一个合格的将帅而言，谋略和勇敢必须统一起来。有勇无谋是冒失，有谋无勇是腐儒。"勇"要有"智"的支持，否则，"勇"就会成为鲁莽，充其量也就是个武夫而已。《十一家注孙子》"杜牧篇"中引用吴起的话说："凡人之论将，常观于勇。勇之于将，乃数分之一耳。夫勇者必轻合，轻合而不知利，未可将也。"二是表现在迎难而上，历险前行上。《六韬》中曰："将不勇，则三军不锐。"在艰难危险面前，特别是在生死存亡的危急关头，将帅不身先士卒，士兵就没有勇武斗志，战争就无法取得胜利。这种与"智"相辅相成的"勇"，也是今天的领导者应该具有的心理品质。其一，领导活动是充满艰难险阻的过程，领导者如果没有迎难而上、乘风破浪、历险前行的"勇"，则无法带领团队有所作为。其二，领导活动是开拓创新的过程，领导者只有具备开拓、创新精神才能领导团队不断向前。而创新就必然会有风险，因此领导者还必须勇于承担风险，敢于向风险挑战，勿错失良机。其三，领导活动有成功也有失败，领导者必须有勇气面对。在工作中遭遇失败之时，需要有"勇"承担责任，反省自己并改正错误。在遭遇错误非议时，要有自信的"勇"，始终坚持自我，领导团队坚定不移地向正确的方向前进。在工作中取得成绩时，更需要"勇"，战胜自己贪恋名利的欲望，保持清醒的头脑和淡定的心，不居功、不自傲。

5. 严者

所谓"严"，是指以严明军纪，严明法令，统一全军行动和意志。军队作战需要严明的纪律和军令，才可以"服强齐众"，一盘散沙似的乌合之众是没有战斗力的。《孙子兵法》"地形篇"中指出："厚而不能使，爱而不能令，乱而不能治，譬若骄子，不可用也。"意思是，厚待士卒而不能使用他们，溺爱士卒而不能命令他们，士卒违法乱纪也不能受到严肃惩罚，这样的士卒就像娇生惯养的孩子，是不可以用来作战的。《六韬》上曰："将不强力，则三军失其职。"俗语也讲"军令如山"。军令就如大山一样威严、不可懈怠，更不可侵犯。

也正是有了严明的军纪，军队才可以统一领导、统一指挥、统一号令，在战场上才可能所向披靡，取得攻必克、战必胜的成绩。当然，严和宽要有机结合起来，《孙子兵法》"行军篇"中说："令之以文，齐之以武。""文"指厚赏、爱卒，"武"指重罚、严刑。二者是相辅相成的关系，缺一不可。要用厚赏和爱兵如子之心来鼓舞士卒，又要用军纪军法来整治规范士卒，这样才能让士卒敬畏和拥护，心悦诚服地去打仗。领导者就是一个组织或企业中的"将"。在领导活动中，念好"严"字经，在一定意义上比随和更能够建立威信。其一，法令和制度要严。在领导活动中必须有严格的规章制度和铁一般的严格纪律作为准则和约束，行动才能整齐划一，号令才能贯彻到底。否则，就没有了规矩，就没有了执行力。其二，赏罚手段要严。在领导活动中，有了明确而严格的奖赏与惩罚手段，领导者又能够严格地运用这些手段，就会形成对组织成员的激励和制约，就能够兴功规过，其法令必然得以贯彻执行。其三，自省和律己要严。作为领导者，如果能严格自我要求、自我约束，"三省吾身"，达到慎独慎微的境界，并能以宽宏大度的态度来对待别人，必然会有人遵从。

孙子还讲"为将五危"。《孙子兵法》"九变篇"中说："将有五危，必死可杀，必生可虏，忿速可侮，廉洁可辱，爱民可烦。凡此五者，将之过也，用兵之灾也。覆军杀将，必以五危，不可不察也。"意思是，将帅在性格上有五种危险：有勇无谋，死拼蛮干，就可能招致杀身之祸；临阵畏缩，贪生怕死，就可能被俘；性情急躁易怒，就可能经不起欺侮而失去理智；过分洁身自好和珍惜名誉，受不得委屈，就可能被污辱而引发冲突；爱护民众，就可能经受不住地方的扰民行动而不能辨明利害，使军队疲于应付而陷入烦扰。这五种都是将帅性格上的缺陷、用兵的灾难。全军覆没，将帅被杀，都是由这五种危害所引起的，是绝对要谨慎对待和认真加以考察的。

吉姆·柯林斯（Jim Collins）早年在斯坦福大学商学院从事教学与研究工作，并获得杰出教学奖，先后任职于麦肯锡公司和惠普公司。与杰里·I. 波勒斯合著了《基业长青》。后来自己又出版了《从优秀到卓越》，书中提出了著名的"五级领导者"管理模式。第一级领导者关注行动，致力于实现目标任务，发挥个人技能。第二级领导者关注团队业绩，致力于实现团队的目标，配合团队其他成员一起开展工作，性格和善，善解人意，是优秀的团队成员。第三级领导者已经成为完全意义的领导者，有着明确的领导意识，有很强的意志力、控制力，追求高效率，领导其他成员利用各种资源，朝着既定的组织目标前进。

第四级领导者创建组织愿景，并为目标赋予意义，把目标变为团结与激励组织的力量。第五级领导者的鲜明特征是，对事专心，对人诚心，既有很强的意志力，又明显谦虚、谦恭；既很执着，又很平和，形成貌似矛盾的双重性格。他能够洞察事物趋势，能够果断把握机会，具有极强的沟通技巧，在复杂多变的情况下，通过一系列综合思考的决策技巧，应变式地找出或开发新的解决方案。后来，吉姆·柯林斯对他的"五级领导者"模式做了进一步的说明："五级领导者"是个金字塔模型。最好的第五级领导者也要有第四级、第三级、第二级和第一级领导者的长处。也就是要有第一级领导者的行动能力，第二级领导者的协作能力，第三级领导者的卓有成效的执行能力，第四级领导者的方向性、愿景性方面的高瞻远瞩能力。最终，才能成为不断超越自我和超越竞争对手的卓越领导者。其实，孙子"将孰有能"中提出的选拔将帅的"智、信、仁、勇、严"的标准，完全覆盖了吉姆·柯林斯的"五级领导者"模式的标准。

五、孙子"求之于势"的任势领导智慧

在《孙子兵法》"势篇"中，孙子说："善战者，求之于势，不责于人故能择人而任势。任势者，其战人也，如转木石。木石之性，安则静，危则动，方则止，圆则行。故善战人之势，如转圆石于千仞之山者，势也。"意思是，善于用兵打仗的人，总是注意利用有利于自己的态势取胜，而从不对下属求全责备，因此，他们能够选择适当的人才去利用，创造有利的态势。善于凭借有利的态势指挥作战，就像滚动木头、石头一样。木头和石头的性质是，放在平坦安稳之地就静止不动，放在险峻之地就滚动。方形的木石容易静止，圆形的木石容易滚动。所以，善于指挥作战的人是用轻微的力量营造出巨大的制胜态势，就像从千仞之高的山上滚下圆石一样。其冲击力极大，势不可挡，这便是兵法上所说的"势"。孙子又说："激水之疾，至于漂石者，势也；鸷鸟之疾，至于毁折者，节也。故善战者，其势险，其节短。势如扩弩，节如发机。"意思是，湍急奔泻的流水，以至于能冲走石头，这就是水势强大的作用；鸷鸟疾飞搏击，以致能捕杀其他鸟兽，是因为它击发节奏掌握得准确。所以，善于作战的指挥者，他所造成的态势是险峻的，他发动攻势的节奏是短促有力的。其势就像满弓待发的弩，节奏就像搏动弩机那样突然。

在《孙子兵法》"计篇"中，孙子说："计利以听，乃为之势，以佐其外。

势者，因利而制权也。"意思是，根据有利条件而制定的计策已经被采纳，就要为作战创造相应的"势"，作为外在的辅助条件来配合具体的军事行动。所谓"势"，就是根据条件的变化灵活地采取相应的措施或行动。

在《孙子兵法》"谋攻篇"中，孙子说："凡用兵之法，全国为上，破国次之；全军为上，破军次之；全旅为上，破旅次之；全卒为上，破卒次之；全伍为上，破伍次之。是故百战百胜，非善之善者也；不战而屈人之兵，善之善者也。"意思是，衡量战争取胜的一般原则是，以能使敌国完整无损的降服为上策，如果采取战争手段攻破敌国使其残缺受损便略逊一筹；能使敌人一军将士完整无缺降服是上策，而动武力击溃敌人一个军，便略逊一筹；能使敌人一旅将士全员降服是上策，而用武力击溃敌人一个旅便略逊一筹；能使敌人一卒官兵完整无损降服为上策，击溃一卒兵众就差一等了；能使敌人一伍士卒全员降服为上策，击溃一伍士卒就差一等了。所以百战百胜，并不是好中最好的；在战争进攻之前，先让敌人的军事指挥和作战等能力严重短缺，因根本无力抵抗而降服，才是高明之中最高明的。

"势"，《辞海》中解释为位置的差距，由高俯低谓之"势"。"势"，是不见其形，但见其有的一种力量、威力。孙子以水状"势"。说："激水之疾，至于漂石者，势也。"历史上以水描写"势"的大有人在，李白的千古名句："黄河之水天上来，奔流到海不复回。"范仲淹的咏瀑布诗："迴与众流异，发源高更孤。下山犹直在，到海得清无。"说的就是水所体现的位差势能。孙中山的"世界潮流浩浩荡荡，顺之者昌，逆之者亡"，说的是社会发展所体现的天下大势，军魂所体现的是"势"的精神威力等。

势差是世界上一切能源的源头，因此"势"的差异与变化，会使事物的发展产生各种各样的格局、状态和结果。从军事战争上讲，善于作战的指挥员，不是要求部队拼命去取胜，而是从自己营造或借助的"势"中去取胜。他善于选择人才而巧妙地任用"势"。他指挥军队作战所造成的态势就像从千仞之高的山上滚下圆石一样，势不可挡。这便是孙子说的"善战者，求之于势，不责于人故能择人而任势"。

"善战人之势，如转圆石于千仞之山者。"孙子认为，攻城略地，百战百胜也不足为道，因为"攻城为下，攻心为上"，创造出使敌方失去指挥作战能力的心理攻势，让敌方根本无力抵抗而投降，才是上上策。这就是"是故百战百胜，非善之善者也；不战而屈人之兵，善之善者也"。

孙子"求之于势"的军事论断，为领导活动提供了"用势"的智慧。势本身是一种潜在能力，用势就是将潜在能力发挥出来产生实际效果。就像悬崖山顶上的圆石，虽然具有重力势能，可以不用外力做功的情况下滚下悬崖，但是你不去用一个初始的外力将其推下悬崖，它还是原封不动地立在那里。这个初始外力"推"的过程，就是用势，亦即"求之于势"。

善于造势是"求之于势"的领导智慧。"造势"是领导者利用自然的、社会的、心理的条件所制造出的推动和促进领导活动开展的态势、情势、场势、形势。成功的领导者善于通过各种方法营造出一种有利于预期的事态演变的趋势、大势。纵观历史，推动社会进步的人都是识大势，懂得因时造势，因势治世的。孙子特别推崇的"不战而屈人之兵"，就是强调运用势能营造出的一种心理战术，在这种势能的压迫下让敌方丧失斗志，缴械投降。这种没有铁血杀戮而取得的成功，得益于"造势"的妙用。

顺势而为是"求之于势"的领导智慧。凭借业已具备的趋势而推进活动的开展和事业的发展，则称之为顺势而为。如春作秋收的日常农业活动。时势是规律，是发展的方向，是前进的力量。顺势，如同顺水行舟，以最小的力的付出取得最大的前进动力；反之若逆势，就像逆水划船，纵然使出全身的力量，还可能不进而退。自古时势造英雄，凡是逆时势而动者，轻则事业失败，重则祸国殃民。诸葛亮为了报效先主刘备的知遇之恩，明知道三国当中蜀国国力最弱，还逆势而为，多次北伐，弄得蜀国本来就不强盛的国力变得更加衰弱，而他逆天而行的北伐也没有太多的成果，连自己也死在北伐途中。在近代史上，也有人逆潮流而动，结果被"势"碾得粉身碎骨。历史给了袁世凯一次为中国做贡献的机会，但袁世凯没有珍惜这次机会，由于个人私心膨胀，袁世凯最终背叛了中华民国（历史性的大错误，称帝），把民国五年改为"洪宪元年"。袁世凯称帝消息一经传出，立即遭到全体人民的反对。孙中山先生发表《讨袁宣言》，号召全国人民共同"戮此民贼"。1916 年 3 月 22 日袁世凯宣布取消帝制。1916 年 5 月西南四省成立军务院，地点在广东的肇庆，遥尊黎元洪为总统，一些袁世凯的心腹也相继独立。1916 年 6 月 6 日袁世凯在郁愤中病死。袁世凯死后，在不同帝国主义国家的支持下，原来的北洋军阀集团分裂成以段祺瑞为首的皖系、以冯国璋为代表的直系等。各系军阀争权夺利，互相混战，使中国陷入了四分五裂，直接影响了中国的现代化进程。

吴敦颐说："天下，势而已矣。"什么叫天下？整个社会，整个国家，整个世界，就叫天下。"势而已矣"，就是不可抗拒的历史潮流。看黄河之水天上来，要想其倒流，是不可能的事。对一个领导者而言，领导活动的成功并不仅仅是靠自身努力或者自身某种特质，在历史的发展趋势中，个人的力量微不足道，顺势而为则成功，逆势而为则失败。这就是所谓"选择大于努力"的道理。顺势而为是主动利用势，而不是随波逐流地顺势而为。顺势而为就是当领导者有能力洞察到这"势"，并在所能调动的资源、影响力的范围当中结合事物发展规律做到"为"。

借势而行是"求之于势"的领导智慧。借势是利用已有之势来弥补自己的不足和提升自身的能力。古人云："假舆马者，非利足也，而致千里；假舟楫者，非能水也，而绝江河。君子生非异也，善假于物也。"君子的"假于物"，就是借势。唐朝诗人王之涣有句诗："欲穷千里目，更上一层楼。"为了望远，就得去登高，或者说借助登高，才能望得更远。田忌与齐王赛马，原来上马对上马、中马对中马、下马对下马的对垒，是 0:3 的结局；后来田忌采取孙膑的建议，重新组成下马对上马、上马对中马、中马对下马的对垒组合，以 2:1 胜了，这就是借错位组合而形成总体优势。三国时期，曹操挟天子以令诸侯，便是借皇帝之势、借汉朝 400 年基业之势以成霸业；明朝，便是借驱除胡虏之势以复汉室江山；牛顿"站在巨人的肩膀上"，就是借助已有成功者所打造的基石或平台来发展成就自己。西方经济学上有个产业集群效应，是指在一个特定区域内将一定产业的众多具有分工合作关系的企业与其发展有关的各种机构、组织等行为主体，借助市场的纽带把纵横交错的网络关系紧密联系在一起的空间积聚体，如工业园区、产业园区等，在这个园区内置业的各行为主体可以共享基础设施的外部优势，并根据产业上下游的关系借助集群形成的外部优势，实现产供销和各种服务的最佳链接，获得最好的比较利益。按照天文学的讲解，月亮本身并不发光，它的光是通过太阳折射而形成的。宇宙的物体没有主观能动性都能相互借光形成自己的优势，作为有主观意识的领导者，更要懂得借助组织成员的智慧和力量壮大自己和组织的优势，来快速地促进事业的成功和组织的发展。

古人又云："观千里不能自顾其耳，举千钧不能自拔其身。非目的疾、力不及也，势也。"大意是，一个人就算是千里眼，能够做观察之事，却也看不见自己的耳朵；能举起千斤重的物品，却也不能把自己一百多斤的身体举起来。

这不是因为眼力和力气达不到，而是因为"不得势"。领导者要取得领导活动的成功，不在用己，而在用人，这就要通过用势来弥补自己"目不疾、力不及"的缺陷。明朝的吕坤就曾经说过："善用力者，举百钧若一羽，善用众者，操万旅若一人。"每个领导者都面临工作的压力，要想让自己领导的事业顺利发展，就要认清有利条件和不利条件，特别是大局的发展趋势，借众力之势生风，如此才会大有作为。

乘势而上是"求之于势"的领导智慧。乘势而上，是指趁着到来的良好发展的大势向更好的方向发展。乘势就是依托发展趋势的外部巨大力量成就自身的发展，"好风凭借力，送我上青云"，乘势而上使内力和外力高度融合，形成飞跃发展。历史上，乘势的先例不胜枚举，大到社会形式的更替，小到春作秋收的日常，无一不是乘势。孔明借东风，是乘天势坐收破曹奇功；白起血战长平，是乘地势助秦皇一统天下；刘邦推翻暴秦统治，则是乘人势建立汉朝基业。有一次，孟子的学生公孙丑问孟子："如果您在齐国掌权，您能做出管仲那样的功业吗？"孟子说："你们齐国人只知道管仲如何有本事，而不研究当时各国的形势，那怎么能治理好国家呢？就是武王、周公那样的明君贤相，遇到不利的形势，也同样治理不好国家。所以，这正如你们齐国的谚语'虽有智慧，不如乘势；虽有镃基，不如待时'。"

乘势则是对于即来大势的精准把控。势有时间，真正的乘势是恰到好处。乘势早了，趋势还未到，势必造成成本飙升、投入透支、资源浪费，也达不到需要的条件，无法实现期望的目标；乘势晚了，大势已去，结果就是毫无作为，只能面对"过去式"无奈感叹。一个领导者能否认识大势，需要根据领导者的学识、眼界、阅历、见识来判断。势是对各种因素累积后产生某些效果的能力，有各种影响因素就必定有各种累积的表现。领导者应该从历史中寻找端倪，在过往事例中寻找共同点，从而发现"势"的苗头，预测"势"的发展走向；领导者要立足于现实，并将"过去时"与"现在时"和"将来时"贯通起来，将层层因素及其累积结构搞清楚，便能识别出大势以驭之。

强弱转化是"求之于势"的领导智慧。势，还可以通过强弱转化而创造出来。如果我方的力量不够强大，我就想办法使敌方的力量衰弱下去，你弱了，我就相对强大了；或者是我与敌方的力量势均力敌，想办法削弱敌方的力量，也就相对增强了我方的力量，这也是造势。管仲辅助齐桓公称霸中原，但南方的楚国与齐国抗衡。当时，齐国有好几位大将军纷纷向齐桓公请战，请求率重兵攻打楚国。宰相管仲反对用武力攻打楚国，他说："楚国是大国，其势力与齐国旗鼓相当，武力攻打不仅要消耗尽我们辛苦积蓄下来的粮草，也会造成生灵涂炭。我们不能干两败俱伤的事。"管仲说完，带大将军们看炼铜去了，将军们揣摩不透炼铜与征服楚国有什么关系。一天，管仲派100多名商人到楚国，去购买只有楚国才有的鹿。楚国人只把鹿当作食物，两枚铜币就能买一头。管仲派去的商人在楚国散布谣言："齐桓公好鹿，不惜重金收购。"楚国商人见有利可图，开始大量购鹿，致使鹿的价格很快由起初两枚铜币一头上涨到五枚铜币一头。楚成王和楚国大臣知道后很高兴，因为10年前卫懿公好鹤而使卫国灭亡，齐桓公好鹿就是步其后尘。楚国君臣为此而在宫殿里大吃大喝地庆贺，等待齐国由盛转衰，他们好坐得天下。最后管仲把鹿价又提高到每头四十枚铜币。楚人见一头鹿的价钱与数千斤粮食相同，便放下农具做猎具，纷纷奔往深山去捕鹿，连楚国官兵也停止训练，也将兵器换成猎具，偷偷上山捕鹿。一年间，楚国铜币堆积成山，但是土地却一片荒芜。楚国人想拿铜币去买粮食，但管仲早已号令各诸侯国禁止卖粮食给楚国。结果，楚军人饥马瘦，战斗力锐减。管仲趁着两国力量对比发生变化之机，迅速组织八路诸侯之军，直逼楚境。楚成王内外交困，被迫派大臣求和，同意听从齐国的号令，不再割据一方，欺凌小国。管仲兵不血刃，只是转化了力量对比的态势就制服了本来很强大的楚国。

六、孙子"以迂为直"的思维领导智慧

在《孙子兵法》"军争篇"中，孙子说："凡用兵之法，将受命于君，合军聚众，交合而舍，莫难于军争。军争之难者，以迂为直，以患为利。故迂其途，而诱之以利，后人发，先人至，此知迂直之计者也。"意思是，大凡用兵作战的原则，从将帅开始接受君命，到集合民众组织军队，安营扎寨，再到开赴战场与敌对峙，没有比率先争得制胜的主动权，即"军争"更难的事了。"军争"中最困难的地方就在于以看似迂回进军的方式实现更快到达预定战场的目的，把看似不利的条件变为有利的条件。所以，迂回前进，从曲折难行中走出捷径，又以小利引诱敌人在中途停留，这样虽然我军出发在后，却能先于敌人到达战地，这样做的将帅就是知道迂远转变为近直之计的人。

"迂"和"直"是一对矛盾，具有对立统一的关系。所谓"迂"，就是曲

折、绕远；所谓"直"，就是直线、直路。两点之间直线距离最短，这是数学常识，为人所共知。但是，在军事学上，直线最危险，到达目标的近路、捷径最容易遭到敌人的阻击或者遭遇敌人的埋伏。在军事学上两点之间的最短距离不是直线距离，应该是危险最小或者阻力最小的曲折路径，即"军争之难者，以迂为直"。"迂"与"直"这对矛盾关系，在一定的条件下会相互转化，直线、直路反而难行和充满各种风险，于是"直"变成了"迂"；而曲折、绕远反而易行和安全，于是"迂"变成了"直"。公元前 354 年，势力强大的魏国在将军庞涓的指挥下包围了赵国的都城邯郸。第二年，赵国向齐国求救。齐国任命田忌为将，孙膑为军师，率军八万出征。田忌本来的作战意图是带领军队直接去赵国与魏军作战，但孙膑认为，魏国的精兵都在攻打赵国，国内势必空虚，主张采取避实击虚的灵活战术，迂回到魏国的国都大梁（今河南开封），形成兵临城下包围之势。田忌采纳了孙膑的计谋，遂率军进攻魏国。庞涓知道后，丢掉粮草辎重，星夜从赵国撤军回国救急。孙膑预先在魏军回国的必经之地桂陵（今河南长垣西北）设下埋伏，当魏军劳师跋涉、疲惫不堪地进入埋伏圈时，齐军突然出击，大败魏军。这就是历史上有名的战例"围魏救赵"。这种战法在表面看来是舍近求远，实际上是绕开问题的表面现象，去解决问题的本源，收到了"以迂为直"的神奇制胜效果。

《孙子兵法》中的"以迂为直"，不仅是军事上权变谋略中出奇制胜的一种韬略，而且是很有价值的领导智慧。

"以迂为直"的曲折发展，是事物发展的普遍规律。根据唯物辩证法的"否定之否定规律"，世界上的一切事物的发展，都不是直线式的，都表现出螺旋式的上升、波浪式的发展、曲折式的前进。用人们耳熟能详的话来表达这个哲学意思，就是"前途是光明的，道路是曲折的"。唐代常建写了一首《题破山寺后禅院》的诗，有"曲径通幽处，禅房花木深"的诗句，其中的"曲径通幽"，会让人领略到"以迂为直"的智慧奥妙。精明的领导者能够看到事物发展中的直中之曲和曲中之直，并通过迂回应变达到预期的目标。

在自然界中水是最具有"以迂为直"的智慧的。路曲通天，水曲流远。水在流向大海的过程中，遇到阻力，不与之争锋，不正面直撞，而是顺势迂回绕过去，千回百转最终流向大海。领导学中有个"U"形理论，很具有"以迂为直"的智慧属性。就是在领导活动中，遇到某种障碍，或者百思不得其解的问题时，就要转换思维方式，换个思路找出路。让思维拐个弯，换个方向突围，也许就避开了难以消除的障碍；难以解决的问题，也许就迎刃而解了。作为一个领导者，当你身处"山重水复疑无路"的困境甚至是绝境时，换个思路去另辟蹊径，就会走出困境，走向"柳暗花明又一村"。这就是"水"给我们的智慧启迪，也是"U"型领导理论的真谛。

"三明治的批评方法"也是"以迂为直"的领导智慧。在领导活动中，下属难免会犯这样或那样的错误，作为领导者不能听之任之，要进行批评帮助，怎样批评下属，使下属接受批评、认识错误、积极改正，对领导者来说也是一种考验。有的领导者批评下属直来直去，生硬地批，对立地批，使用很多"否定的""负面的""谴责的"语言，结果引起了下属的反感和对立情绪，严重的还会发生冲突。换一种"迂"的方式批评下属，也就是用尊重的、肯定的、和风细雨的方式批评下属，再加一些寄予希望和信任的话，下属会感觉舒服和容易接受。人性中最基本的渴望是被尊重，每个人都有荣辱感，这种"迂"的批评技巧会让下属知道好坏，进而就会主动做自我批评，于是领导者便轻松地把批评下属变成了下属的自我批评。美国总统柯立芝发现他的女秘书工作中经常出差错。一天早上，女秘书走进办公室，柯立芝对她说："今天你穿这身衣服真漂亮，正适合你这样年轻漂亮的小姐。"女秘书受宠若惊。柯立芝接着说："但你不要骄傲，我相信你处理的公文也能和你一样漂亮。"果然，从那天起，女秘书处理公文几乎没再出错。有位朋友知道了这件事，问柯立芝是怎么想出来这样好的方法的。柯立芝说："这很简单，你看过理发师给人刮胡子吗？他要先给人涂肥皂水，为的是刮起来使人不疼。"这种肥皂水哲学体现的就是"以迂为直"的智慧。

孙子还讲了一个与"以迂为直"类似的智慧思想："以患为利"。"以患为利"，从领导智慧上理解就是把自己的弱点转化为自己的优点，把对自己不利的态势转化为有利的态势。有一次，美国前总统克林顿正在发表总统竞选演说，突然，一个反对者在人群中高喊："垃圾！狗屎！"这个人的意思是说，克林顿在"胡说八道"，在"说空话"。场下一片哗然，但是，克林顿面对不利局面很冷静，报以容忍的笑，并不直面他的话的本意，而是做了一个"迂"的反唇相讥："这位先生，我马上就要谈到你提出的脏乱问题了！"从而赢得了热烈的掌声，化"患"为"利"。

"求忌直也，曲之乃得"。2011年6月，南美大陆最大的火山群开始喷发，面积达上千公里。火山灰沿着安第斯山脉蔓延，智利和阿根廷两国的许多地方都覆盖了厚厚的火山灰。灾后如何清理这些火山灰令两国政府十分头痛。由于火山灰质量轻，不易堆积，传统的清理方法是掺水沉淀后用大卡车拉走。这种办法耗时费力。阿根廷南部有一个名叫安格斯图尔拉的小镇，距离火山口只有40千米，全镇覆盖了厚达30厘米的火山灰。据估计，总量多达450万立方米，至少需要90万车次的运输才能清理出去。镇长多明格兹"悬权而动"，他知道火山灰可以用来替代砂石制造空心砖或混合沥青作为建筑道路的材料。经过努力，安格斯图尔拉镇与一些建筑商签订了几份合同，推销出去了一部分火山灰。但火山灰太多了，短时间内还是无法清理干净。于是多明格兹又开始想办法。有一天，他和远在亚洲的网友聊天。网友请求他寄些火山灰留作纪念，并说可以付钱。这件事启发了他，他立刻在网上开了店，开始向全球各地出售火山灰。生意好得出奇，多明格兹开始向全镇收购火山灰。小镇居民清理火山灰的热情高涨，再也不是垂头丧气的样子了。一小瓶火山灰可以卖到2～13美元。仅仅两个月，小镇成功化害为利，靠出售火山灰就净赚300多万美元。又如垃圾会污染环境，但利用得好可以发电，做出很好的有机肥。这就是孙子所讲的"以迂为直""以患为利"的智慧。

七、孙子"君不御将"的授权领导智慧

在《孙子兵法》"势篇"中，孙子说："凡治众如治寡，分数是也。"意思是，管理人数多的军队和管理人数少的军队是一样的，抓住编制员额有异这个特点就行了。

在《孙子兵法》"谋攻篇"中，孙子分析胜败条件时提出，"将能而君不御者胜"。意思是，如果主将精通军事，又善于变通，那么作为最高管理者的"君"就不能横加干涉，必须充分放权，让其有根据战场态势的变化而权宜处置的决定和指挥的权力，这种"君不御将"的授权，对主将不加牵制，必定会取得胜利。

在《孙子兵法》"九变篇"中，孙子指出："凡用兵之法，将受命于君，合军聚众。"意思是，大凡用兵之法，将帅接受国君的命令，征集人马组建军队。但在具体的指挥作战中，孙子又主张："君命有所不受。"意思是，君主的某些不适合当时战场情况的命令，将帅就可以不接受。

在《孙子兵法》"地形篇"中，孙子说："故战道必胜，主曰无战，必战

可也；战道不胜，主曰必战，无战可也。"意思是，如果战场的各种条件显示有利于我军获胜，即使国君命令不打，将帅也要坚决打。反之，如果战场的各种条件显示不利于我军获胜，即使国君命令必须打，将帅也可以决定不打。

孙子提出的"将能而君不御"的思想，反映的是一个相宜授权的问题，体现的是一种授权的艺术。授权是指上级给予下属一定的权力和责任，使其在一定监督之下，处理问题有相当的自主权。领导层次越高，自由的幅度就越宽，酌情处理问题的余地就越大，可能采取的授权的范围也越宽广，就更要讲究"凡治众如治寡，分数是也"的授权智慧。"将能而君不御"是"古之善为君者"之法，它"劳于论人，而佚于治官"，通过知人善任，在不"伤形费神，愁心劳意"的状态下，就能治理好百官。真正运用好"将能而君不御"的领导智慧，就要把握住以下几个要点。

第一，因事择人，视能授权。孙子指出了"君不御"的前提是"将能"，其中包含着领导者自己所不及的"能"。领导授权要视其"能"，将帅必须具有完成任务方面的专长和能力，君主也必须根据具体任务的性质和特殊要求去选择能够独立胜任的人。只有择人恰当，知人善任，授权才能收到"君不御者胜"的效果。

第二，明确权责，适度授权。"君不御将"并非说"君"在任何事上都"不御将"，而是分清自己的职责，不去插手"将"工作范围内的事。但是"将受命于君"，领导者要对被授权的人讲清所授予的权力和责任范围，讲清执行该项任务要达到的具体目标，让被授权人摸清领导的意图，以避免"野马脱缰"。同时，授权不是将自己的领导权力全部授给某人，而是将有关事项的某些权力适当授予若干适合被授权的人。授权不能"越位"，不属于自己权力范围内的事，不能授权。

第三，用人不疑，勿妄干涉。"不御"，就是授权后领导者不能横加干涉，让被授权人有被信任感、安全感、责任感和认同感，在特定的环境下，即有胜算的机会或条件，可以"君命有所不受"，甚至"主曰无战，必战可也"，如果没有战胜的机会和条件，即使"主曰必战"也要"无战"，从而充分发挥其主动性、积极性和创造性，赢得战场上的主动权。如果用而又疑，特别是在"君不知"的情况下盲目"御将"，搞瞎指挥，"将"就会提心吊胆，无所适从，"三军"就会"既惑且疑"，自乱阵脚。康熙是中国多民族国家的捍卫者，奠定了清朝兴盛的根基，开创了康乾盛世。作为清朝的一国之君，康熙在激烈的朝廷内部斗争过程中，本来已经养成了一种多疑的习惯，但是每当在关键时刻、关键战役中，还是坚持用人不疑，疑人不用，给予下属充分的信任和授权。在收复台湾那场战役中，面对降将施琅的作战方略，多少人反对和怀疑，但是康熙还是坚定支持，按照施琅的意见裁减八旗水师，给其平台总督和大清水师授权，结果施琅大败郑经，成功收复台湾岛，助康熙完成了统一大业。

第四，掌握指挥，监督控制。"君不御将"并不等于完全听之任之，不闻不问，推卸责任。授权以后基本职责还在领导者肩上，如果出了问题，领导者应勇于承担责任，这样下属才会乐意接受授权，并在接受授权后大胆地开展工作。"放手"不等于"撒手"，"不疑"不等于"不管"，领导者仍需要握住掌控领导局面的指挥棒，运用必要的监控手段，让所有被授权者在自己的指挥下有序活动，以避免偏离目标方向或出现滥用权力的现象。这就如同放风筝，领导既要把下属们一个个放飞到天空中，但无论他们飞得多高，领导手中始终要抓住风筝线，下属能力弱了，就收一收线，下属能力强了，就放一放线，保证一切都在领导的掌控之中。

"君不御将"的授权艺术，是领导者的分身术和成事术，对调动下属的积极性，培养锻炼下属干部更好地完成群体目标都有很大的作用。这对于现代的领导者，尤其是自以为"学富五车，才高八斗"的领导者来说，是避免成为"事务主义者"的好方法和好途径。

若领导者不授权给下属，就像把猿猴的手脚捆起来而命令它跳跃一样，又像把弓箭手的眼睛蒙起来而强迫他射箭一样。拿破仑兵败滑铁卢就是这样一个反面案例。1815 年 6 月，法军和反法联军在比利时小镇滑铁卢进行决战。法军主力 7 万人，首先同普军 8 万人交战，普军败退。拿破仑抽调了一支 3 万人的部队由格鲁希指挥追击普军。被击溃的普军重新集结，一路增援滑铁卢的英军，一路从右翼围攻法军。激烈的战斗使英军无力支撑，法军也疲惫不堪。双方都在焦急地等待援军，谁的援军先到，谁就是历史性会战的胜利者。而当时格鲁希的部队还在离滑铁卢只有 3 小时路程的地方寻找普军。当滑铁卢传来了炮声时，他的部下急切地请求格鲁希命令部队去滑铁卢增援拿破仑。但格鲁希强硬地说："在拿破仑收回成命以前，他绝不偏离自己的责任前去增援。"其实，拿破仑曾经写给格鲁希便条让他在下午速速驰援滑铁卢战场，然而这张便条给得太晚了，因为有拿破仑的命令在先，而且以往拿破仑给别人下的命令，都要求下属必须遵照执行。于是，格鲁希遵行拿破仑下达的追击普军的命令，反倒坏了大事。反法联军的援军率先到达滑铁卢，因此反法联军获得了决定性胜利。这次战役导致了拿破仑帝国的灭亡。此战役也是拿破仑一世的最后一战。拿破仑战败后被流放至圣赫勒拿岛，从此退出历史舞台。

孙子关于"君不御将"的授权智慧对领导活动同样适用。作为组织的领导者，要学会"将能君不御"的授权艺术。为此，领导者要缔造组织环境和维系组织氛围；要有驾驭人的能力和战略；要充分放权，主抓宏观，具体事务要放手；要坦诚对待自己的短处，不嫉贤妒能，心甘情愿为能力超己的下属"搭舞台"；对下属委以责任和信任，并当下属遇到困难时给予必要的支持和帮助。即使下属在工作中犯了错误，领导者也应该进行善意的开导。英国行为科学家L.W. 波特认为：一个成功的领导者往往非常注重对犯了错误的下属进行开导，他们会谨慎使用批评、质问的语气，而不会死死地将自己的眼光锁定在下属的错误上。只有这样，才能鼓励下属发出光和热。如果领导者事必躬亲，从头管到脚，下属就会形成唯命是从，从众封闭的习惯，就发挥不出主动性和创造性，长此以往就会患上"弱智病"。艾森豪威尔在任美国总统期间，有一天正在打高尔夫球，白宫送来急件请他批示。总统助理已经在急件上拟好了两项简单的选项"赞成"或者"否定"，只需要他从中选出一个签上名即可。但艾森豪威尔只是用眼睛瞄了一下急件，就在两个项下都签上了名字，并告诉总统助理："请狄克（即副总统尼克松）帮我批吧。"然后，又若无其事地打起了高尔夫球。就是这样一个"懒"总统，领导美国取得了和平安定，创造了美国历史上空前的繁荣。

西方的领导生命周期理论是由科曼首先提出，后由保罗·赫西和肯尼斯·布兰查德予以发展的理论，也称情境领导理论，这是一个重视下属的权变理论。领导的生命周期理论与菲德勒一样把领导维度划分为工作行为和关系行为。但不一样的是，赫西和布兰查德认为每一维度有低有高，从而组成以下四种具体的领导风格：① 命令型领导方式（高工作—低关系）：领导者定义角色，告诉下属应该干什么、怎么干以及何时何地去干。② 说服型领导方式（高工作—高关系）：领导者同时提供指导性的行为与支持性的行为。③ 参与型领导方式（低工作—高关系）：领导者与下属共同决策，领导者的主要角色是提供便利条件与沟通。④ 授权型领导方式（低工作—低关系）：领导者提供极少的指导或支持。领导生命周期理论对下属成熟度也划分了四个阶段：第一阶段，下属对于执行某任务既无能力又不情愿。他们既不胜任工作又不能被信任。第二阶段，下属缺乏能力，但愿意执行必要的工作任务。他们有积极性，但缺乏足够的技能。第三阶段，下属有能力，却不愿意干领导者希望他们干的工作。第四阶段，下属既有能力又愿意干让他们干的工作。领导生命周期理论也提出了有效领导方式的选择方法：当下属成熟程度为第一阶段时，需要得到具体而明确的指导，应选择命令型领导方式。当下属成熟程度为第二阶段时，领导者需要采取高工作—高关系行为：高工作行为能够弥补下属能力的欠缺；高关系行为则试图使下属在心理上"领会"领导者的意图，应选择说服型领导方式。当下属成熟程度为第三阶段时，出现的激励问题，领导者运用支持性、非领导性的参与风格可获最佳解决，应选择参与型领导方式。当下属成熟程度为第四阶段时，领导者不需要做太多事，因为下属愿意又有能力担负责任，应选择授权型领导方式。可见，赫西和布兰查德的领导生命周期理论，以及由此提出的有效领导方式与孙子的"将能君不御"的授权智慧是不谋而合的。

八、孙子"上下同欲"的团队领导智慧

在《孙子兵法》"始计篇"中，孙子说："道者，令民与上同意也。可以与之死，可以与之生，而不畏危。"意思是，所谓"道"，就是让民众和君主有共同的心愿，这样就可以与君主同生共死，而不怕任何危难。

在《孙子兵法》"谋攻篇"中，孙子讲到"知胜有五"中明确指出："知可以战与不可以战者胜，识众寡之用者胜，上下同欲者胜，以虞待不虞者胜，将能而君不御者胜。"意思是，知道在什么情况下可以打的和不可以打的，就能胜利；懂得兵多怎样打的和兵少怎样打的，就能胜利；全国上下和全军上下同心同德的，就能胜利；用自己的有准备对付疏忽懈怠的敌人，就能胜利；将帅有才能而君主又不加掣肘的，就能胜利。

在《孙子兵法》"九地篇"中，孙子强调："当其同舟而济而遇风，其相救也如左右手。"意思是，当他们同船渡河，遇到大风，他们就会像左右手一样互相救援。孙子又指出："犯三军之众，若使一人。"意思是，指挥全军将士，如同指挥一个人那样。

孙子认为，领兵打仗有五点可以谋得胜算，其中之一就是部队能做到"上

下同欲"。在孙子看来，真正的"道"，就是民众和君主有共同的心愿，这样民众就可以与君主同生共死，不怕危难，同舟共济，即"道者，令民与上同意也。可以与之死，可以与之生，而不畏危""当其同舟而济而遇风，其相救也如左右手"。"上下同欲"，是部队的力量源泉和成功的精神保障。有了"上下同欲"的凝聚力和向心力，才能聚合部队的力量，提高部队的战斗力。孙子还认为仅仅具有强壮的战马和高大疾驰的车队是不足为恃的，只有形成"上下同欲"的"犯三军之众，若使一人"的"齐勇如一"的同心同德的部队才是攻必克、战必胜的根本保证。俗话也说"单枝易折，整树难移""齐心的蚂蚁吃角鹿，合心的喜鹊捉老虎"。最伟大的力量就来自于"同欲"合力。孙子"上下同欲者胜"这一治军谋战格言，千百年来，得到无数政治家、军事家的认同。曹操读《孙子兵法》认为"上下"是指君臣，并注曰："君臣同欲。"张预注曰："百将一心，三军同力。人人欲战，则所向无前矣。"蔡锷将军说："军队之为用，全侍万众一心。"历史上每一次惊心动魄的兵家决战的结局都证明胜出的总是上下同欲、和衷共济的一方。伟大的领导者，就是由"上下同欲"的强大团队支撑起来的。

合作共赢的团队协作精神是"上下同欲者胜"的智慧。团队是领导活动中最具领导意义的组织形式，它的规模可大可小，小到几个人，大到成千上万人。为什么有的团队人心不齐、力量难聚、号召乏力，工作没有效率呢？一个重要原因就是缺乏团队的协作精神，使团队的合力因为互相抵触而被化解掉，使团队整体业绩因为内耗而下滑了。团队协作能力对于一个团队至关重要，团队的根本功能或作用就在于提高团队整体的业务表现，只有协同合作的团队才能使团队的工作业绩超过成员个人的业绩，团队业绩大于各部分之和。丛林法则蕴含着这样一个道理："狼群的力量来自于每一头狼，而狼的力量又来自于狼群。"每个团队成员都必须清楚自己在和其他团队成员协同工作，团队的所有工作成效最终会在一个点上得到检验，这就是协作精神。团队协作精神是团队内部形成的上下一致、相互支持、密切合作、无私奉献的群体精神。团队协作精神的核心是合作共赢。"合作共赢"与"上下同欲"可谓一脉相承。团队成员有共同的心愿，才能集合团队群体的力量，提高工作的效率，实现理想的目标。只有"上下同欲"，团队成员才会和衷共济、奋发图强，才能做成团队想要做的事情，实现团队的梦想。

志同道合的团队共同愿景是"上下同欲者胜"的智慧。愿景是一个团队为之奋斗希望实现的未来美好图景。"愿景"是引导与激励团队成员关于未来情境的意象描绘，是团队的旗帜，指引着团队前进的方向。在正确的方向上，"上下同欲"才是"胜"的基础。没有愿景的团队就如同众多人执笔画图，不知道要画什么，东涂一下，西涂一下，只能是涂鸦，画不出完整的图画。因此，作为团队的领导者，一定要为团队设计出愿景，在不确定和不稳定的环境中做出方向性的导向，通过志同道合的共同愿景把团队全体成员聚集到一个核心焦点状态上，去"无尽追求"和绘画未来最美好的图景。并借此愿景有效培育与鼓舞团队内部所有成员提升能力，激发个人潜能，促使成员竭尽全力，"齐勇如一"地实现团队各个阶段的奋斗目标。除了团队愿景，还有团队成员的个人愿景，个人愿景是发自个人内心的、最热切渴望实现的未来美好图景。团队成员的个人愿景与团队愿景有一致的地方，也有不一致的地方。一致的地方，对团队的共同愿景产生向心力；不一致的地方，对团队的愿景产生离心力。团队领导者要善于把团队成员的个人愿景与团队共同愿景整合起来，这样既能达到整体功能大于部分功能之和的效果，又能让团队成员为一个自己认为至高无上的愿景献上无限心力，追求个人愿景实现"英雄梦想"的同时推动团队愿景的实现。

同甘共苦的团队领导者典范是"上下同欲者胜"的智慧。领导者想成就一番大事业，必须靠大家的共同努力。纵观古今中外，凡是在事业上成功的领导者，都是善于与下属同甘共苦的典范。"上下同欲"的主导方在"上"的领导者。《宋史》上讲："人不率则不从，身不先则不信。"作为领导者要以正义为先、仁义为要、爱民为本、公而忘私，要能够放低身段与普通群众打成一片，有福同享，有难同当，保持上下之间的关系十分融洽，才能做到上有所呼，下有所应，万众一心向着既定的目标奋进。战国时期名将吴起，其为将却十分尊重士兵的主体地位，与士兵同衣共食，卧不设席，行不骑马，亲负粮草；关心士兵的疾苦，士兵战伤疮口长脓，愿亲口为之吸脓水。吴起的这种与士兵同呼吸、共命运、心连心的作为，赢得了"上下同欲"的兵心，他率领的军队所向披靡。

树立典型的团队榜样也是"上下同欲者胜"的智慧。典型人物具有非凡的感染力，好榜样就是看得见的领导力。心理学有一条定律：生命具有模仿的天性，在一个群体行为中，5%是领头人，15%是中坚力量，80%是跟从者。领导团队也是一样的道理，那就是用榜样的高度提升团队的水平。毋庸置疑，塑造出伟大的榜样就会造就出伟大的团队。团队的领导者一定要有这样的理性自觉：启事在教诲，成事在榜样，教诲是条漫长的道路，借助榜样的力量是条捷径。在团队建设工作中，要注意树立好典型。特别是开展一项新的工作时，更要注意使用典型引路的工作方法。从哲学上讲，就是从个别到一般，再从一般到个别的方法，通过这样的方法把领导工作的意图和要求通过典型具体化、形象化，让具有开创性、阶段性、示范性意义的"领头人"带动"中坚力量"和"跟从者"。团队成员的思想越被榜样所引导和激励，就越会形成"上下同欲"的步伐和力量，这就创造出了"一花引来百花开""万紫千红春满园"的无限风光。

西方世界也大力提倡团队建设和以"共同的愿景"来统一团队的方向和行动。亚里士多德就认为："离群索居者，不是野兽便是神灵。"又说："一只燕子捎不来春天，一个晴日带不来生机。"美国麻省理工学院教授彼得·圣吉在其《学习型组织》一书中指出的五项修炼之一的"共同愿景"是团队成员所共同持有的意象或景象，它能够形成团队成员上下一体的感觉和共同的欲望，因而能够成为团队行动一致的指南针和蓝图。如果领导者能够站在山巅，把个人提出的令人心动的愿景转变成团队成员所期待的共同愿景，并不断地为这一共同愿景着上鲜明的色彩和规划出清晰的实现过程，这一共同的愿景就会成为每一个团队成员共同的奋斗目标。因此，用愿景吸引追随者，用愿景统一大家的意志和行动，就是"上下同欲者胜"的领导智慧。

九、孙子"治心治气"的激励领导智慧

在《孙子兵法》"军争篇"中，孙子讲"治心"的智慧，他说："以治待乱，以静待哗，此治心者也。"意思是，用自己的严整来对待敌人的混乱，用自己的镇静从容来对待敌人的骚动不安，这就是掌握了治心的方法。孙子又强调："善用兵者，避其锐气，击其惰归，此治气也。"意思是，善于用兵打仗的将帅，总是先避开敌人的锐气，即避开敌军士气旺盛、斗志昂扬的时候，等到其士气低落衰竭或思归时再去攻打，这就是掌握了治气的方法。孙子还明确指出："无邀正正之旗，无击堂堂之陈。"意思是，不要去迎击旗帜整齐、队伍统一的敌人。不要去攻击部署周密、阵容强大、士气饱满的敌人。

治心，就是通过有效手段提高将士的心理素质和战斗意愿，同时，采取有效方法扰乱敌方的心理，使其惊慌失措，丧失战斗意愿。这就是"以治待乱，以静待哗"。高明的将帅指挥作战不是只会诉诸武力，而是善于运用治心的智慧营造敌我双方心理转化的态势，通过夺心达成对敌的优势。

治气，就是通过选择最有效的方式来提升将士们的战斗士气。所谓士气，是指军队的战斗意志。军队打仗在一定程度上就是将士们的士气的比拼，部队里将士的士气高低直接决定着战斗的胜败。在战斗中，我们一方面要鼓舞自己团队的士气；另一方面，不要去迎击旗帜整齐、队伍统一、阵容强大、士气饱满的敌人。这就是"无邀正正之旗，无击堂堂之陈""避其锐气，击其惰归"。

历史上的曹刿就具有"治心治气"的智慧，我们先来看一下"曹刿论战"的原文："十年春，齐师伐我。公将战。曹刿请见。其乡人曰：'肉食者谋之，又何间焉？'刿曰：'肉食者鄙，未能远谋。'乃入见。问何以战。公曰：'衣食所安，弗敢专也，必以分人。'对曰：'小惠未遍，民弗从也。'公曰：'牺牲玉帛，弗敢加也，必以信。'对曰：'小信未孚，神弗福也。'公曰：'小大之狱，虽不能察，必以情。'对曰：'忠之属也。可以一战。战则请从。'公与之乘，战于长勺。公将鼓之。刿曰：'未可。'齐人三鼓。刿曰：'可矣。'齐师败绩。公将驰之。刿曰：'未可。'下，视其辙，登轼而望之，曰：'可矣。'遂逐齐师。既克，公问其故。对曰：'夫战，勇气也。一鼓作气，再而衰，三而竭。彼竭我盈，故克之。夫大国难测也，惧有伏焉。吾视其辙乱，望其旗靡，故逐之。'"这场战役发生在鲁庄公十年，齐国举大兵进攻鲁国，鲁国处于劣势。曹刿谒见鲁庄公，劈头就问"何以战"，鲁庄公先提出了有贵族支持，被曹刿否定；接着鲁庄公又说有神明保佑，又被曹刿否定；最后鲁庄公说察狱以情，得到了曹刿的肯定。曹刿知道，战争的胜负既不取决于贵族的支持，也不取决于神明的保佑，而是取决于民心向背。他认为"察狱以情"是"忠之属也"，"忠"是尽职于民，也就是"取信于民"，这样就会赢得民心，于是肯定"可以一战"。曹刿重视民心得失与战争胜负关系的思想，确实比那些高高在上的"肉食者"高明。这一仗发生在鲁国的长勺，对鲁国来说，地形地物熟悉，便于得到人力支援和物资供给，在士气上也利于鲁国向有利方面转化。在具体的战役过程中，开始鲁军按兵不动，养精蓄锐。齐军第一次击鼓进军，士气正旺；第二次击鼓，士气开始低落；第三次击鼓，士气已经完全衰竭。在士气上到了彼竭我盈的关键时刻，曹刿果断地下达了进攻令，采取"敌疲我打"的方针，致使"齐师败绩"，鲁国终于化劣势为优势。

历史上这种"治心治气"的成功案例很多。1398 年，朱元璋驾崩，因为太子朱标早逝，皇位由皇太孙朱允炆世袭。建文帝朱允炆登基后，为加强皇权，巩固中央集权，听取大臣齐泰、黄子澄的意见，开始采取"削藩"政策。燕王朱棣的几个兄弟都被解决掉了，他也有兔死狐悲之感。1399 年，朱棣打着"诛齐黄，清君侧，靖国难"的口号起兵造反。由于他能征惯战，久经沙场，又有一支曾经与蒙古人作战的骑兵，所以战斗开始时取得了节节胜利。但是后来遇到几个强敌打了几次大败仗，将领们开始埋怨他，进而流言四起，人心涣散，队伍的士气也十分低落。面对阻力重重的不利形势，燕王认真地反省自己，找到失败的原因，他不仅让自己的内心更加坚强，也不断和大家回忆起曾经的辉煌，并对现实做了客观分析，重新调整了作战方案，让将士们相信了自己，看到了胜利的曙光。燕王的新举动再次凝聚了人心、鼓舞了士气，最后燕王的军队一鼓作气攻占金陵，而朱允炆在皇宫大火中不知所踪。朱棣即位，江山易主，开辟了"永乐盛世"的新天地。

"治心治气"也是领导激励的智慧。在领导活动中，组织成员的工作效率以及事业的兴旺发达都与人心和士气密切相关。在领导学上，把凝聚人心和鼓舞士气称之为"激励"。激励就是让组织成员在心态和士气的作用下，把显能和潜能都充分发挥出来，干出不平凡的事业来。人的潜能是可以激发的，给你 50 千克鹅卵石你扛不动，给你 50 千克黄金你可能扛起来就走。美国哈佛大学行为学教授詹姆斯（W.James）曾对 1 000 名员工进行了试验，他发现，员工在没有受到激励的条件下只发挥了自己能力的 20%～30%，而在受到充分激励和鼓舞的情况下，他们的能力可以发挥到 80%～90%。詹姆斯由此感叹：团队士气相当于三倍的生产率。足见领导过程中激励士气的作用和意义。衡量一个领导者成功与否，应该基于他在多大程度上激励下属接近或实现了自己全部的显能和潜能。明代的王阳明也曾经说过："天下事有所激有所逼而成者居其半。"

现代心理学研究表明：组织成员的积极性以需要为基础，它是由动机引起的。动机是由一种目标或对象所引导、激发和维持的个体活动的心理倾向或内在驱动力，是人类行为的始发动因素。美国心理学家亚伯拉罕·马斯洛在其论文《人类激励理论》中提出，人类需求像阶梯一样从低到高按层次分为五种：生理需求、安全需求、社交需求（归属需求）、尊重需求和自我实现需求。按照这一理论，人的士气产生的基础和源泉就是人的生理和心理需求。人们在生理需要和心理需要的基础上产生自觉行动或自觉地调节行动的动机。心理学的原理指明，追求高层次的需要是人永无止境的渴望和动力源泉。五个层次需求中，自我实现需求是最高层次的需求，马斯洛说：人类最高的欲望就是"自我实现"，要让不为金钱物质所利诱的人对工作有热忱的唯一方法，就是"让他们对人类的存在价值有所觉悟"。所以，自我价值是实现个人的理想、抱负、追求最具心气和士气的层级。到了这个层级上的人物，大多是某一个领域的顶尖人物，甚至是时代巅峰人物。处在巅峰，人们会尊重你，处在底端，可能没人会关注你。这就是为什么有些实现了人生价值的领导者个人的生命结束以后，还久久地活在人们心中的缘故。著名领导学家约翰·阿代尔在《战略领导》一书中指出："士气只能为成功或对最终成功的渴望所鼓舞。提供更好的食物、更好的办公室或更好的报酬只能给士气带来瞬间的效果，因为钱财或物资不能买来本质上属于精神层面的东西。"因而，有智慧的领导者，一定要用远大的目标和自我实现的价值追求激发下属的潜能，最大限度地去提升组织成员的士气和组织绩效。

心态的力量制约着形体的力量。领导者能够吸引追随者就是在于"治心"，领导者具备高超的"治心"智慧能得下属的死力。《三国演义》"第二十六回"写道：当刘备得知关羽在曹操营中，修书一封托人投于关羽，"书云：'备与足下，自桃园缔盟，誓以同死。今何中道相违，割断恩义？君必欲取功名、图富贵，愿献备首级以成全功。书不尽言，死待来命。'关羽见书毕，大哭曰：'某非不欲寻兄，奈不知所在也。安肯图富贵而背旧盟乎？'"刘备一封深沉而大义的书信，直抵关羽的心扉，让曹操百般施恩以夺关羽之心的用心顷刻白费。有一次，拿破仑骑马穿越一片树林，忽然听到了一阵紧急的呼救声。他扬鞭策马，顺着叫喊声来到了一个湖边。他看见了一个落水的士兵距离岸边已有 30 多米，还正往深水处漂移。岸上几个士兵谁也不会游泳，无可奈何地呼喊着。拿破仑问道："他会游泳吗？"一个士兵回答说："他只能划几下，现在不行了，漂到深水里，刚才喊救命。"拿破仑随即从侍卫手里取过一支手枪，并大声朝落水士兵喊道："你还往河当中爬什么，赶快游回来。再往前去，我就开枪把你毙啦！"说完，朝那人的前方开了两枪。落水的士兵听到了岸上的喊话和枪响声，猛然地回转身来，拼命往回划，居然很快回到了岸上。被救的士兵惊魂初定，连忙拜谢拿破仑，并不解地问："长官，我是不小心落到水里去的，快要淹死了，你还要枪毙我，这是为什么呢？您的子弹差一点就打中了我，真把我吓死了！"拿破仑笑着说："傻瓜！不吓你这一下，你才真的会淹死！你再往前漂去，越漂越远，你就再也漂不回来了。这是一个荒野深湖，周围没有居民。

你看，这里几个人有谁能下水救你呀？你吓了一跳，不就回过头来救自己了吗？"经他这么一说，士兵们恍然大悟地笑了。当人们处于困境之中时，进退两难，在没有任何外援的情况下，只有自己救自己。拿破仑开枪充分利用了落水士兵怕死求生的心理，而把子弹打在落水者前边，使他不敢再往前漂，带着求生的动机而转身拼命往岸边游。这一案例揭示的正是通过激发和鼓励，能使人们产生一种内在驱动力，朝着所期望的目标前进的心理学原理。领导者自身也要"治心""治气"，始终保持一种足球场上带球往前冲的激情，率领团队成员去实现人生价值。领导者如果没有这种心力和士气，就没有活力，有谁愿意追随一个没有活力和激情追求人生价值的领导者呢？

"治心治气"，从根本上说，就是通过刺激方法使成员的动机心理强化，从而使其保持一种昂扬向上的士气。领导活动的最终目的是将下属及员工的心态和士气全面调动起来，形成一种持续强大的动力，高效率地实现既定目标，以取得最佳的工作绩效。因此，领导者必须善于营造积极的心态和高昂的士气，营造团队精神的氛围，推动和维持团队成员实现组织使命和目标，以获取领导活动效益的最大化。

十、孙子"以水为师"的权变领导智慧

在《孙子兵法》"虚实篇"中，孙子说："夫兵形象水，水之形避高而趋下，兵之形避实而击虚；水因地而制流，兵因敌而制胜。故兵无常势，水无常形。能因敌变化而取胜者，谓之神。"意思是，用兵打仗的方式就像流水一样，流水的习性总是避开高处而流向低处。用兵作战的方式就是避实而击虚。水是受到地形的制约而形成自己的形状和流动方向，作战是根据敌情的变化而制定不同的取胜战法。所以，用兵打仗没有刻板僵化的战法，如同水随地势的高下，没有固定的流向和不变的形状一样，能根据敌情虚实变化而选择相应的战法取胜的，这就叫作用兵如神了。

孙子认为"兵形象水"，因此，他师法自然之水，用取象比类的思维方法，取譬于水，类比兵法，从水的属性中类比出了用兵的智慧。从"水避高趋低"的属性中，孙子总结出"兵之形要避实就虚"的智慧；从"水无常态"的属性中，孙子总结出了"兵无常势"的智慧；从水"因地而制流"的属性中，孙子总结了"兵因敌而制胜"的智慧。

自然界的水是万物之灵，最具权变性，表现在多方面。比如，水遇热变态。水以三种状态存在：固态、液态和气态。这三种状态是在不同的温度下呈现的。0℃以下，水将由液态变为固态的冰状；高于0℃，水将由固态溶化为液态；100℃以上，水将由液态生成气态；低于100℃，水将由气态凝结为液态。再如，水因势而动。升到天上，为云霞；落在地上，为雨雪；在天上，飘动；在地下，流动。又如，水随境就形。在圆形物体中，它就呈现圆形，在方形物体中，它就呈现方形，在不规则的物体中，它就呈现不规则形状。我们看过几百条河流，几百座湖泊，为什么看不到两个形状完全一样的江河或者湖泊呢？这就是水的权变性：你给我一个不同的形状，我就给你呈现出一个不同的面貌。不仅水具有权变性，凡事有经必有权，有法必有变。因循僵化，自古误尽英雄。孙子"以水为师"，阐述了不死守兵法，不僵化呆板，动静屈伸唯变所适地灵活处理战争中矛盾的主旨，赋予了兵法"因敌变化而取胜者，谓之神"的理念，充分体现了兵贵变通、法不凝滞的权变智慧。

　　"权变"是孙子整个用兵思想体系的关键词。孙子强调在"取其法度"的基础上做出宏观决策之后，还要根据具体情况的变化"兼以巧思"，不断调整、适时控制，以保证决策的科学性和决策实施的可行性。这种"权变"思想在其他篇中也有体现，如《九变篇》中说："故将通于九变之利者，知用兵矣；将不通于九变之利者，虽知地形，不能得地之利矣。治兵不知九变之术，虽知五利，不能得人用矣。"意思是，将帅能够通晓根据作战地形的优势因地制宜，就是真正知道如何用兵了。将帅不懂得九变地利的，虽然了解地形，也不可能依靠地形优势战胜敌人。如果不精通九变的战法，虽然知道五种利害关系，也不能充分发挥将士们的战斗作用。再如《始计篇》中说："势者，因利而制权也。"意思是，所谓"势"，就是根据有利条件而采取相应的措施或行动。这些思想阐明了将帅在作战指挥上要善于根据不同情况随机应变，灵活运用战略战术的重要意义。

　　孙子"以水为师"的权变智慧与西方的"权变"理论（Contingency Theory）是相通的。20世纪60年代以前的领导理论主要侧重于研究组织内部的领导活动问题，追求普遍适用的、最合理的领导理论、模式与方法，而这些领导理论、模式与方法在解决组织面临瞬息万变的外部环境时产生的问题又没有效力。即使是某种组织形式、领导模式、领导方法在某种情况下效果卓著，然而换一种情境就可能失效。20世纪70年代以后，人们对领导活动的有效性进行深入研究后发现，组织形式、领导模式、领导方法的有效性依赖于组织内部的条件和外部环境的共同约束。在美国首先兴起了权变理论，此理论受到广泛的重视。权变理论认为，领导组织是社会大系统中的一个开放型的子系统，受环境的影响。领导活动必须根据组织内部条件在社会大系统中的变化和相互作用，采取相应的领导方式，从而保持对环境的最佳适应。领导活动的有效性不是仅仅取决于领导者不变的素质和行为，而是取决于领导者、被领导者和外在环境条件三者的协调关系，即领导活动的有效性是领导者、被领导者和外在环境三个变量的函数。权变理论的核心是，每个组织的内在要素和外在环境条件都各不相同，因而在领导活动中不存在一种最好的、一成不变的，或者适用于任何情境的领导模式和方法，成功领导活动的关键在于把组织内部的条件与所处的外部环境的发展变化有机统一起来，即通过组织的各个子系统内部和各子系统之间的相互联系，以及组织和它所处的环境之间的联系，来确定各种变数的关系类型和结构类型，并针对不同的具体情境及其变化状况寻求不同的最合适的领导模式或方法。所以，权变理论，又称情境理论，"权变"的意思就是根据外部的环境变化而随机应变。可见，权变理论就是水性智慧的一种体现。

权变理论将重点转移到了领导情境上，特别是领导者与工作情境之间的关联上，这会让我们得到很多的领导智慧。首先，权变理论告诉领导者应成为一个权宜变化的人，不断地调整领导模式与方法，领导风格一定要贴近各自的组织情境需要，使其不失时机地适应外界的变化。其次，权变理论还告诉领导者，不应该要求自己和自己领导下的各级领导者，在所有情境下都是完全胜任的领导者，因此，要将自己和自己领导下的各级领导安排在与他们的领导风格相符的工作情境中。最后，当领导者发现自己领导下的各级领导者明显被放在与他们的领导风格不相适应的情境中时，就该调整工作情境变量或者把他们调动到另一个岗位上，因为权变理论要求领导者要与其所处的工作情境相符，但是没有要求领导者适合每一种情境。传统的领导理论，如领导者特质理论，以领导者为出发点，而以领导者个人的内在素质或行为来探究领导现象，不仅忽略了领导环境的重要作用，而且也忽略了被领导者在领导活动中的作用。在领导活动中，领导者是发生作用的主体，被领导者是被作用的客体。没有被作用的客体，发生作用的主体也就失去了被作用的对象，因此，忽略对被领导者的研究，就不能了解领导活动的全貌。权变领导理论研究把领导者个人特质、被领导者的行为及领导环境相互联系起来，从而创造了一套比较完善的领导理论体系。通观这种领导理论体系，其精髓思想就是孙子的"以水为师"。

参 考 文 献

[1] 金良年. 论语译注[M]. 上海：上海古籍出版社，2012.

[2] 冯达甫. 老子译注[M]. 上海：上海古籍出版社，2006.

[3] 陈鼓应. 庄子今注今译[M]. 北京：中华书局，1983.

[4] 管仲. 管子[M]. [唐]房玄龄，注. [明]刘绩，补注. 刘晓艺，校. 上海：上海古籍出版社，2015.

[5] 吴毓江. 墨子校注[M]. 北京：中华书局，1993.

[6] 张觉. 韩非子译注[M]. 上海：上海古籍出版社，2007.

[7] 曹胜高，等. 六韬·鬼谷子[M]. 北京：中华书局出版社，2007.

[8] 郭化若. 孙子兵法译注[M]. 上海：上海古籍出版社，2012.